성문지

Śrāvakabhūmi, 聲聞地

역주자 안 성 두安性斗

독일 함부르크대학에서 인도불교를 공부하고, 유가사지론을 주제로 박사학위를 했다. 금강대학교 연구원과 교수를 거쳐 현재 서울대학교 철학과 교수로 인도불교철학을 강의하고 있다. 연구 분야는 유식학을 중심으로 한 인도불교와 티벳불교 분야이다.

성문지Śrāvakabhūmi, 聲聞地

1판 1쇄 인쇄 2021년 12월 20일
1판 1쇄 발행 2021년 12월 30일

역주자 | 안성두
발행인 | 이방원

발행처 | 세창출판사
신고번호 · 제1990-000013호 | 주소 · 서울 서대문구 경기대로 58 경기빌딩 602호
전화 · 02-723-8660 | 팩스 · 02-720-4579
http://www.sechangpub.co.kr | e-mail: edit@sechangpub.co.kr

ISBN 979-11-6684-072-2 93220

· 이 책은 한국연구재단의 지원으로 세창출판사가 출판, 유통합니다.
· 잘못된 책은 구입하신 서점에서 바꾸어 드립니다.

이 번역서는 2019년 대한민국 교육부와 한국연구재단의 지원을 받아 수행된 연구임 (NRF-2019S1A5A7068717).

성문지

Śrāvakabhūmi, 聲聞地

불제자들의 수행도

Annotated Translation of the **Śrāvakabhūmi**

안성두 역주

세창출판사

성문지(Śrāvakabhūmi) 해설

1. 불교사상사에서 「성문지」(Śrāvakabhūmi)의 위치

현존하는 『성문지』는 대승불교가 학파적인 의미에서 성립되기 시작했던 시기에 瑜伽師地論(Yogācārabhūmi, 이하 『유가론』)의 첫 부분인 본지분을 구성하는 17지의 하나로서 편찬되었다. 여기서 『성문지』는 13번째 地로서 제14지인 「독각지」(Pratyekabhūmi)와 제15지인 「보살지」(Bodhisattvabhūmi)와 함께 삼승을 구성하기 때문에 이 개소의 내용은 주로 성문을 향하고 있다고 보인다. 『성문지』가 『유가론』의 편찬 이전에 기존에 성문승들 사이에서 독립적인 문헌으로서 성립되어 유통되었는지, 또 그것이 『유가론』 편찬 과정에서 그대로 수록되었는지, 아니면 『유가론』의 편찬 과정에서 재구성해서 편찬된 것인지는 확실하게 답해질 수 없지만, 이 텍스트의 내용이나 구성 형식에서 볼 때 재구성된 것이라 보인다.

이미 5세기 초에 「보살지」에 대한 異譯인 曇無讖(Dharmakṣema)에 의한 『菩薩地持經』(T1581)과 求那跋摩(Guṇavarman)에 의한 『菩薩善戒經』(T1582)에서 현존하는 『유가론』의 다른 부분에 대한 언급이 나오기 때문에, 우리는 늦어도 400년 무렵까지는 현존 형태와 비슷한 내용을 가진 『유가론』이 단일한 텍스트로서 이미 편찬되어 있었다고 추정할 수 있다. 그렇다면 「성문지」의 최종적인 편찬도 그 이전에 이루어졌을 것이다.

「보살지」가 대승에서의 중요성과 독립된 구성 때문에 독립된 문헌으로서 인도에서 유통되고 또 여러 차례 한역되었지만, 「성문지」는 대승불교 전통에서의 상대적인 비중 때문에 단지 현장의 『유가론』 번역에만 포함되어 전해지며, 인도불교에서 과연 이 텍스트가 독립된 문헌으로 유통되었는지는 확인되지 않는다. 그렇지만 이 텍스트는 넓은 맥락에서 '禪經類' 문헌과 소위 Yogalehrbuch와 밀접한 관계가 있으며, 당시 인도승원에서 삼승의 전통에 따라 같이 수행하던 승려들을 위한 수행 매뉴얼의 역할을 했을 것이라 생각된다. 그리고 그 수행방법은 「성문지」라는 명칭 때문에 반드시 성문들에게 한정되었다고 간주할 필요는 없을 것이다. 뒤에서 보게 되듯이 여기서의 수행방법은 '勝解'(adhimok.sa) 등 후대 대승불교에서 중요하게 사용된 요소를 포함하고 있으며, 또한 지관쌍운 개념의 원래 형태와 그 도입맥락이 제시되고 있기 때문에, 어느 정도 소승의 입장에서 대승을 포괄하려는 시도로 해석될 수 있는 측면도 나타난다. 「성문지」의 이런 성격 때문에 후대 티벳불교에서도 수행을 위한 지침서로서의 역할이 중시되었을 것이다. 이제 「성문지」의 내용에 들어가기 전에 먼저 『유가론』의 성격에 대해 간단히 설명해 보자.

2. 『유가론』의 저자 문제

『유가론』은 한역으로 100권이 넘는 방대한 분량의 저작이다. 동아시아 전통에서 『유가론』은 미륵Maitreya[nātha]의 저작으로서, 그리고 티벳 전승에서는 無著(Asaṅga)의 저작으로 설해지고 있다. 소위 『유가론』의 '저자' 문제에 관해서는 대승불교 유식학파의 실질적 개창자로서의 무착과 미륵 간의 관계에 대한 종교적 기술이 이러한 전승의 배경을 이루고 있다고 보인다. 하지만 인도에서 찬술된 불교문헌에서 보이는 익명성을 고려할 때 이러한 전승은 어떤 종교적 상징의 의미에서나 또는 찬술과정에서의 핵심적 역할에 기인하는 것으로 보이며, 현대적 의미에서 저작권과 관련된 엄밀한 저자를 가리키지는 않는다고 생각된다. 이런 종교적 설명과는 다른 맥락에서 근대학계에서 미륵의 역사적 실존성에 대한 논의가 제기되어 왔지만,[1] 『유가론』의 저자와 편찬적인 특성에 대한 본격적인 논의는 역사적이고 문헌학적 관점에서의 텍스트 내용에 대한 분석적 고찰을 통해서 제기되었다.

프라우발너(Frauwallner 1969: 173)는 『유가론』이 여러 세대에 걸쳐 편찬된 텍스트라고 지적하고 있다. 이는 『유가론』이 동아시아나 티베트 전통이 말하듯이 어떤 한 사람의 저작이 아니라 그 속에 역사적으로 다양하게 발전된 불교사상의 여러 측면들을 포괄하고 있음을 가리킨 것이다. 슈미트하우젠은 프라우발너의 이런 관점을 구체적으로 발전시켜 『유가론』 내에 사상사적으로 이질적이고 모순적인 여러 요소들이 제시되어 있다는 사실을 보여 주면서, 『유가론』이 "이질적인 자료들의 복합체"(Schmithausen 1969: 817)라고 지적하고 있다. 알라야식의 기원에 대한 대작으로 평가되는 〈알라야식: 유가행파 철학의 핵심적 개념의 기원과 발전〉에서 그는 알라야식과 관련해 『유가론』 「意地」에 전5식은 동시에 생기할 수 없다는 주장이 제시되는 반면, 「섭결택분」(T30: 580c8-9)에서는 알라야식은 다른 7종 識과 동시에 생기한다는 주장이 제시되고 있음을 지적한다.[2] 전자는 전통적인 아

---

1 이 문제에 대해서는 『보살지』 p.446, fn.5를 볼 것.

2 이에 대해서 Schmithausen 1987: 참조. 최근 Deleanu(2006: Introductory Study)는 『유가론』과 관련해 기존 학계에서 수행된 연구 성과를 잘 요약, 제시하고 있는데, 본 설명에서 이를 참조했다.

비달마의 식 개념에 의거한 반면에 후자는 동시적으로 생기하는 다층적인 식 개념에 의거한 설명일 것이다. 슈미트하우젠과 비슷한 시기에 수구로(勝呂信靜 1976)도 『유가론』에 대한 독립적 연구를 통해 『유가론』이 다수인에 의해 편찬된 저작이란 결론을 내리고 있다. 또한 알라야식 이외에 삼성설의 관점에서 『유가론』의 성립을 논하는 아라마키(荒牧典俊 2000)의 관점도 구체적인 면에서 차이는 있지만 커다란 틀에서 『유가론』의 복수편찬자설을 따르고 있다.

이러한 선구적 연구에 힘입어, 비록 현대 학계에서도 向井明(1981) 등 몇몇 학자들은 아직도 『유가론』이 한 사람의 저작이라고 하는 입장을 옹호하고 있지만, 대다수 학자들은 『유가론』을 이루는 자료들은 여러 시기에 걸쳐 성립되었으며, 그것들이 다수의 인물에 의해 수집되고 편찬된 것이라는 사실에 동의하고 있다.[3]

3. 『유가론』의 구성

『유가론』은 한역에 따르면 5부로 구성되어 있다. 5부의 명칭은 「本地分 Maulī Bhūmiḥ」, 「攝決擇分 Viniścaya-saṃgrahaṇī」, 「攝釋分 *Vyākhyā-saṃgrahaṇī」, 「攝異門分 Paryāya-saṃgrahaṇī」 및 「攝事分 Vastu-saṃgrahaṇī」이다.[4]

---

3 Schmithausen(1987: 185; n.451)은 무착이 『유가론』의 편찬과정에 어떤 방식으로든 참여했을 가능성은 배제하지 않고 있다. 그렇지만 이 편찬과정에서 과연 무착이 '어떤 방식으로 참여했는지'는 인도에서 불전편찬 과정에 대한 정보의 결여로 확정적으로 답해질 수 없을 것이다.

4 반면 티벳역에 따르면 6부로 구성되어 있으며 순서도 한역과 차이가 난다. Maulī Bhūmiḥ (sa'i dngos gzhi), Viniścaya-saṃgrahaṇī (rnam par gtan la dbab pa bsdu ba), Vastu-saṃgrahaṇī (gzhi bsdu ba), *Vinaya-saṃgrahaṇī ('dul ba bsdu ba), Paryāya-saṃgrahaṇī (rnam grang bsdu ba), *Vyākhyā-saṃgrahaṇī (rnam par bshad pa bsdu ba)이다. 원래 한역에서 「섭사분」의 일부를 이루는 Vinaya-

먼저 「본지분」을 보자. 「본지분」은 『유가론』 전체의 약 절반에 해당되는 분량을 가진 문헌으로 사상사적으로 가장 고층에 속하고 또 핵심적인 부분을 이룬다. 그런데 「본지분」이란 명칭은 「섭결택분」에서 첫 번째 부분을 가리키는 명칭으로서(Schmithausen 2000: 245, note 3), '本maulī'의 의미는 뒤따르는 네 개의 攝分saṃgrahaṇī과 대비하여 중심부분을 이룬다는 점에서 붙여진 것으로 보이며, 이 점에서 분명 후대의 명명법이라고 추정된다(이에 대해서 Deleanu 2006: 45). 따라서 「본지분」이 텍스트로 편찬될 당시에 어떤 명칭으로 불렸는가는 명확하지 않다. 다만 『유가론』을 十七地라고 하는 명명법이 이미 『유가론』(YBh 3.1ff.)에 나타나는 것으로 미루어 본지분이 17地로 이루어졌기 때문에 보통 『十七地論』(Saptadaśabhūmika)이란 별칭으로 통용되었거나, 또는 넓은 의미에서 네 개의 攝分을 포함한 현존의 『유가론』 전체를 十七地論이라고 보았을 수도 있을 것이다.[5]

---

saṃgrahaṇī를 티벳역에서 독립된 장으로 배대한 것은 『유가론』이 번역되었을 당시의 형태상의 변화를 반영하고 있거나 또는 티벳전승에서의 변용이라고 볼 수도 있지만, 이는 「섭결택분」(T30: 654b)에서 『유가론』이 17지와 4종 攝으로 이루어져 있다는 언급을 고려할 때 『유가론』 자체의 구분과는 거리가 있는 것이다. 이와 관련해 Deleanu(2006: 46f.)는 *Vinayasaṃgrahaṇī를 티벳역에서 독립된 장으로 설정한 것은 「섭사분」과 「섭석분」과 함께 경율론 삼장에 배대하기 위한 것이라고 지적하면서, 하지만 이는 초기 번역목록이나 Bu ston의 목록에도 나오지 않는다고 지적하고 있다.

5 『十七地論』이란 명칭의 문헌은 비록 현존하지는 않지만 진제(Paramārtha, 499-569)에 의해 번역되었다고 전해진다. 이 경우 『십칠지론』은 보통 전자의 의미에서 「본지분」의 별칭으로 이해되어 왔다. 하지만 최근 大竹晋(2013: 140-145)이 제시하고 있듯이 진제가 『十七地論』이란 이름으로 지시하고 있는 문헌은 반드시 동일하지 않다는 사실이다. 특히 진제역 『섭대승론석』에서 『十七地論』으로 지시하는 세 개소 중에서 한 군데가 「섭결택분」을 가리키고 두 군데가 「본지분」을 가리키고 있다면 이를 「본지분」과 외연상 동일시하기는 어려울 것이다. 따라서 이 맥락에서 『십칠지론』이란 넓은 의미에서 『유가론』을 가리킨다고 보는 것이 타당할 것이다. 이와 관련하여 『유가론』을 十七地(Saptadaśa bhūmayaḥ)와 동일시한 『유가론』 앞부분의 설명이 주목된다. 이 설명은 기존의 알려진 명칭인 十七地를 이제까지 텍스트 장르를 가리키던 Yogācārabhūmi란 명칭으로 대체하고 확정하기 위해 사용된 것으로 보인다. 만일 이런 해석이

『유가론』의 구성:

I. 本地分 Maulī Bhūmiḥ

1. 五識身相應地	Pañcavijñānakāyasaṃprayuktā bhūmiḥ
2. 意地	Manobhūmiḥ
3. 唯尋唯伺地	Savitarkā savicārā bhūmiḥ
4. 無尋唯伺地	Avitarkā savicārā bhūmiḥ
5. 無尋無伺地	Avitarkāvicārā bhūmiḥ
6. 三摩呬多地	Samāhitā bhūmiḥ
7. 非三摩呬多地	Asamāhitā bhūmiḥ
8. 有心地	Sacittikā bhūmiḥ
9. 無心地	Acittikā bhūmiḥ
10. 聞所成地	Śrutamayī bhūmiḥ
11. 思所成地	Cintamayī bhūmiḥ
12. 修所成地	Bhāvanāmayī bhūmiḥ
13. 聲聞地	Śrāvakabhūmiḥ
14. 獨覺地	Pratyekabhūmiḥ
15. 菩薩地	Bodhisattvabhūmiḥ
16. 有餘依地	Sopadhikā bhūmiḥ

옳다면 우리는 왜 진제(Paramārtha, 499-569)가 『십칠지론』이란 용어로 반드시 『유가론』을 지칭하지 않고 때로는 『불성론』이나 『십보성론』을 가리키는 것으로 (이에 대해서는 大竹晉 2012: 140-145 참조) 폭넓게 사용했는가를 이해할 수 있다. 마치 Yogācārabhūmi가 무착 이전에 하나의 문헌장르를 가리키고 있던 것처럼 이 용어는 진제가 활동할 당시 인도에서 넓은 의미에서 대승의 불교유가행자의 문헌을 가리키는 것으로 Yogācārabhūmi와 혼용되어 사용되었다는 사실을 암시하고 있다고 보인다.

17. 無餘依地	Nirupadhikā bhūmiḥ	
II. 攝決擇分	Viniścaya-saṃgrahaṇī	
III. 攝釋分	*Vyākhyā-saṃgrahaṇī	
IV. 攝異門分	Paryāya-saṃgrahaṇī	
V. 攝事分	Vastu-saṃgrahaṇī	

『유가론』 전체의 항목들을 요약적으로 일람하기 위해서는 최근 크라우(Kragh)가 편찬한 The Foundations for Yoga Practitioners의 방대한 서문이 도움이 된다. 따라서 여기서는 『유가론』의 내용을 다시 정리하기보다는 구성상의 문제를 거론하고자 한다.

「본지분」을 구성하는 17地의 명칭을 보면, 제1장과 제2장은 의식작용과 관련된 마음의 분석이며, 제3~5장은 선정이나 무색정의 단계를 거친 사유(尋, vitarka)나 미세한 사유(伺, vicāra)라는 언어의 유무에 따라 구별한 것이다. 제6~7장과 제8~9장 역시 명상의 단계를 다양한 분류방식에 따라 명명한 것이다. 제10~12장은 문·사·수 三慧에 따른 수행단계의 구분이며, 제13~15장은 삼승에 따른 수행자의 구분으로서 각기 성문지와 독각지 그리고 「보살지」이다. 마지막 제16~17장은 두 종류의 열반을 나눈 것이다.

그런데 이 17지의 명칭을 보면 「본지분」의 편찬자가 어떤 기준이나 내용을 갖고 「본지분」을 구성하고 있는지 명확하지 않다. 먼저 각 地의 명칭이 거기서 취급되는 내용과 일치하는 것은 아니라는 사실이다. 『유가론』의 편찬자는 곳곳에서 백과전서적 설명을 나열하면서 전통적 아비달마에서 다루어진 주제들을 다루면서, 나아가 이를 유가행파의 관점에서 변용해서 제시하고자 하지만 제목과 내용 간의 불일치 때문에 체계적 설명을 기대하기 어렵다는 점이다. 이와 관련하여 또 다른 지적할 것은 「본지분」의 구성상의 원칙이 명확하지 않다는 점이다. 프라우발너(Frauwallner 1971)가 밝히고 있듯이, 『유가론』과 비슷한 시기에 편찬되었을 것이라고 추정되는 『阿毘曇心論』이나 『入阿毘達磨論』과 같은 아비달마 논서가 사성제의 도식을 논서 편찬에 적용함을 통해 교설의 체계화를 시도했다는 것은 잘 알려져 있다. 『유가론』의 편찬자는 유가행자의 [수행의] 토대라는 제명에 어울리게 선정수행에 중점을 둔 마음의 체계를 구축하고자 했다고 보인다. 하지만 「본지분」의 품명에서 전통적인 선정의 분류에서 사용된 용어가 주로 사용되고 있는 것 외에 이들 용어와 설명을 통해 편찬자가 텍스트 전체를 어떤 의도로 구성하고 있는가는 명확해 보이지 않는다.

「본지분」을 뒤따르는 네 개의 攝分은 다양한 측면에서 「본지분」을 보완하기 위해 편찬에 추가된 것이다. 그중에서 「섭결택분」은 「본지분」의 17지에서 제시된 여러 주제들 중에서 선정된 주제를 해명하고 있다. 이런 해명에서 경량부나 유부 등 다른 학파에 속한 해석을 제시함에 의해 비교, 보완하고 주석한 것이다. 「섭결택분」의 설명 중에서 많은 것들이 유식학파의 해석과 일치하지 않고, 불교 내의 다른 아비달마학파에 귀속된다는 사실은 이미 법상종 학자들에 의해서도 명확히 인식되어 왔다. 「섭결택분」의 첫머리에 등장하는 알라야식의 논증 부분은 『유가론』에서 알라야식을 처음으로 명확히 논증하는 부분이다. 또한 「보살지」 「진실의품」[6]에 대응하는 소위 〈五事章 Pañcavastu〉[7]은 「진실의품」에서 다루어진 불가언설의 사태(vastu)와 언어와의 관계를 다섯 범주에 의거해서 설명하고 있으며, 이

---

6 「진실의품」(Tattvārthapaṭala)에 대한 상세한 연구는 高橋晃一 2005를 볼 것.

7 五事는 相(nimitta), 名(nāman), 分別(vikalpa), 正智(saṃyagjñāna), 眞如(tathatā)이다. 〈오사장〉에 대한 연구는 J. Kramer 2005를 볼 것.

것이 유식학파의 삼성설의 주요한 원천이라는 것은 〈오사장〉에 뒤따르는 삼성에 대한 설명에서뿐 아니라 『顯揚聖教論』(T1603)이나 진제의 『三無性論』(T1617)[8]과 같은 문헌에서 쉽게 엿볼 수 있다. 따라서 알라야식 내지 삼성의 개념과 사상내용에 의거해서 이 부분이 『유가론』의 여러 부분들 중에서 성립사적으로 가장 후대의 것이라고 평가되고 있다. 하지만 여기에 『해심밀경』 전체가 포함되어 있어 이 경이 원래 『유가론』과 매우 밀접한 관련을 맺고 있음을 추정하게 한다. 이를 통해 초기 유가행파의 사상은 후대의 유식적인 해석으로 발전될 소지를 갖고 있음을 보여 주고 있다고 말할 수 있다.

반면에 「섭석분」은 어떻게 경의 의미를 제시하는가의 문제, 특히 논쟁할 때에 어떻게 수사학적이며 논리적인 주장을 개진할 수 있는가를 다루고 있다. 델하이(Delhey 2013)[9]에 따르면 이 부분은 「문소성지」의 因明(hetuvidyā)에 대한 설명과 世親(Vasubandhu)의 저작 Vyākhyāyukti(『釋軌論』)와 관련이 깊다.

마지막 부분인 「섭이문분」이 다루는 항목은 독립된 요약송에 따르면 "師, 第一, 두 가지 慧, 4종의 善說, 因緣, 施, 戒, 道"와 관련된 동의어(paryāya, 異門)이다. 이 부분은 또한 삼보의 공덕을 회상하기 위해 사용된 소위 "iti pi so" 정형구에 대한 주석을 이루고 있다.[10]

「섭사분」은 성립사적으로 다른 세 攝分에 비해 초기의 것이다. 「섭사분」은 크게 經(sūtra)의 주제들을 다룬 契經事(T30: 771b-868b)와 律(vinaya) 주제들을 다룬 調伏事(868c-878a24), 論母(mātṛkā = abhidharma)의 주제들을 다룬 論母事

8 두 문헌에 대한 대조연구는 宇井伯壽 1965를 볼 것.

9 이에 대해서는 Martin Delhey 2013 및 Kragh 2013: 229 참조.

10 이 내용과 "ity api sa" 정형구에 대해서는 Skilling 1994: 265-309 및 M. Delhey 2013; Kragh 2013: 229-230의 설명을 볼 것.

(878a25-881c)로 구성되어 있다. 여기서 특징적인 것은 「섭사분」 〈계경사〉 항목이 『잡아함』에 대한 해설문헌으로서,[11] 『잡아함』에서 다루어진 주제들을 다시금 항목별로 정리하여 제시하고 있다는 점이다. 이는 『유가론』을 구성하는 다른 부분들이 수행도나 명상법과 관련된 주제를 집중적으로 다루는 것과 대조되는 것이다.

이렇게 다양한 방식으로 구성되어 있는 『유가론』의 역사적 층위를 문헌학적 검토를 통해 재구성하려는 시도가 1960년대 이후 학계에서 수행되어 왔다. 일반적으로 「본지분」과 「섭사분」은 가장 고층에 속하는 부분이며, 반면 「섭결택분」은 가장 신층에 속한다고 평가된다. 이를 판정하는 기준의 하나가 내용과 사용된 개념이다. 예를 들어 유식학의 가장 기본적 개념인 알라야식(ālayavijñāna)[12]이나 유식성(vijñaptimātratā)[13] 개념이 『유가론』의 각 부분에서 명시적으로 사용되고 있는지, 아니면 그것의 사용이 기대되는 곳에서 다른 전통적 개념을 사용하고 있는지를 검토해 보는 것이다. 이런 연구들에 의해 『유가론』이 단일 저자의 작품이 아니라 일종의 백과사전과 같은 성격의 문헌으로서 복수의 저자에 의한 편찬이라는 사실이 구체적인 증거로서 제시되고 있다.

---

11 이는 남경학파인 呂徵에 의해 1930년대에 밝혀졌고, 다시 독립적으로 연구를 수행한 向井明(1985: 8ff.)에 의해서도 지적되고 있다.

12 Schmithausen(1987: 14)은 알라야식 개념의 발전을 분석하면서 『유가론』은 (1) 알라야식 개념이 언급되지 않는 「성문지」와 「보살지」, 「섭사분」, (2) 알라야식 개념이 간헐적으로 언급되는 「본지분」의 남은 부분, 그리고 (3) 알라야식을 상세히 논의하고 『해심밀경』을 인용하는 「섭결택분」의 세 층위로 구분한다.

13 荒牧典俊(2000: 39, n.2)은 유식성 개념의 발전과 관련해서 여러 불전에서의 14단계를 작업가설로서 제안하고 있는데, 그중에서 『유가론』에 해당되는 단계는 여섯 단계이다. (1) 「성문지」의 세 층위, (2) 「섭사분」, (3) 「보살지」의 두 층위, (4) 「섭결택분」의 알라야식 논증부분 등, (5) 「섭결택분」의 유심지, (6) 「본지분」이다.

이런 기준에 따라 『유가론』의 新·古層을 구분한다면, 「본지분」과 「섭사분」이 가장 고층에 속하며, 「본지분」 중에서도 가장 오랜 부분은 알라야식 등의 개념이 전혀 등장하지 않는 「성문지」와 「보살지」라고 평가된다. 그 중에서도 「성문지」는 여러 연구자들에 의해 가장 오래된 층위라고 간주되고 있다. 델레아누(Deleanu 2006: 156f.)는 세 가지 점을 지적한다.

(1) 「성문지」는 『유가론』의 다른 부분에 고유한 구절이나 교설을 전제하거나 의존하지 않는다. 그는 「성문지」가 보여 주는 두 가지 교차인용(ŚrBh 281,6+467,7)의 경우에서도 후대에 편찬자의 손에 의해 가필되었을 것이라고 해석한다. 델레아누는 ŚrBh 467,7에서 8해탈(aṣṭau vimokṣāḥ)과 8勝處(aṣṭāv abhibhvāyatanāni), 10遍處(daśa kṛtsnāyatanāni)를 설명하기 위해 사마히타지(Samāhitabhūmi, 三摩呬多地)를 언급하는 경우를 예로 들어, 이 세 개념이 이미 초기불전에서 잘 알려진 개념이기 때문에 사마히타지의 설명을 전제할 필요가 없을 것이며, 또 사마히타지를 제시하는 방식도 특이하다고 지적한다. 따라서 이 교차인용은 후대에 가필되었을 것이라는 점을 설득력 있게 보여 준다. 문제는 그가 설명하지 않은 ŚrBh 281,6의 경우이다. 여기서는 여러 nimitta("관념상")에 대한 설명이 samāhitabhūmi의 교차인용을 통해 제시되고 있는데, 여기서의 교차인용의 경우 내용이나 형식적인 측면에서 어느 곳이 더 선행하는지 확인하기 어렵다. 먼저 형식적인 측면에서 네 번째 항목인 실행되어야 할 관념상(niṣevanīyaṃ nimittam)에 대한 설명이 누락되어 있으며, 또한 4종의 제거되어야 할 관념상(parivarjanīyanimitta) 중에서 (iii) saṅgha-nimitta와 (iv) vikṣepa-nimitta의 나열순서가 바뀌어져 있다. 또한 내용적인 측면에서도 두 텍스트는 큰 차이를 보여 준다. 「성문지」에서 인식대상으로서의 관념상의 설명은 ŚrBh II.3.1을 연상시키며, 또 원인으로서의 관념상의 설명에서는 Samāhitabhūmi에서의 삼매의 자량이라는 단순한 정의를 샤마타와 비파샤나로 확장하려는 의도적인 고려가 보인다.

그리고 4종의 제거되어야 할 관념상을 ālambana-nimitta와 nidāna-nimitta로 한정하여 설명하려는 시도는 분명히 「성문지」의 설명이 Samāhitabhūmi보다 발전된 것임을 보여 준다고 생각된다. 이는 여기서 실행되어야 할 관념상에 대한 설명이 맥락상 중요하지 않기에 누락되었다는 점에서도 방증될 것이다. 하지만 그렇다고 「성문지」 전체가 Samāhitabhūmi보다 후대라는 결론은 나오지 않으며, 단지 이 개소가 『유가론』 전체의 최종적 편찬단계에서 삽입되었다고 보는 것이 타당할 것이다.

(2) 「보살지」나 「섭결택분」에 전문이 인용된 『해심밀경』도 「성문지」에 의존하고 있다. 그는 예를 들어 4종 도리(yukti)가 「성문지」에서 도입되고 상세히 정의되고 있지만, 「보살지」와 『해심밀경』은 이를 당연한 것으로 언급하고 있다고 지적한다. 또한 그는 양자가 「성문지」를 전제하고 있다는 증거로서 진소유성과 여소유성의 한 쌍의 개념을 들고 있다(Deleanu 2006: 166; 174). 「보살지」 진실의품에서 이 개념은 단지 제시되고 있을 뿐이며, 『해심밀경』(SNS VIII.20.1-2)에서도 이 개념은 보살이 알아야 할 의미(artha)로서 나열되고 있을 뿐이지만, 「성문지」에서는 사태의 구극성(vastuparyantatā)으로서 여러 차례 명상대상의 맥락에서 사용되고 있다는 점이다.

(3) 「성문지」에서 설해진 많은 교설들은 『유가론』의 다른 개소와 비교해 볼 때 철학적 발전의 최초 단계에 있다. 예를 들어 멸진정 개념의 기술에서 「성문지」는 알라야식을 언급하지 않는 전형적인 유부의 관점을 따르고 있다는 점이다. 이는 (Schmithausen 1987: 18ff.이 보여 주듯이) Samāhitabhūmi가 비슷한 맥락에서 알라야식을 언급하는 것과는 차이가 있는 것이다.

최근 델레아누는 『유가론』 각 부분의 성립연대에 대해 이제까지 학계의 연구성과에 의거해서 정리하면서, 여기에 『대비바사론』에서 유가사가 수행했던 수행 경험의 이론화의 측면[14] 및 또한 한역으로 전승되고 있는, 당시 Yogācārabhūmi라고 불리던 일군의 문헌을 포함시켜 『유가론』의 성립사에 대한 다음과 같은 가설을 제시하고 있다.[15]

배경:

1세기경: 설일체유부 유가사(Yogācāra)와 선경류 문헌의 편찬

100년경: 衆護(Saṅgharakṣa)의 *Yogācārabhūmi(安世高에 의한 CE. 148-168 사이의 한역) 『道地經』 (T607); 法護(Dharmarakṣa)에 의한 CE. 284년의 『修行道地經』 번역.

100년경: 馬鳴(Aśvaghoṣa)의 Saundrananda 및 Buddhacarita(佛所行讚)

『유가론』의 편찬

Phase I: 「성문지」 편찬, 200-270년경

Phase II: 「보살지」 편찬, 230-300경

Phase III: 「본지분」의 나머지 부분과 「섭사분」, 「섭석분」, 「섭이문분」의 편찬, 270-340년경

Phase IV: 『解深密經』의 편찬, 300-350년경

Phase V: 「섭결택분」의 초기 부분의 편찬. 320-350년경

Phase VI: 「섭결택분」의 후기 부분의 편찬 및 추가와 삽입, 상호인용 과정을 포괄하는 『유가론』의 최종 편집 (Asaṅga無著이 편집에 참여?), 350-380년경.

---

14 西義雄(1959: 219-265)은 『대비바사론』에서 교리 사이의 모순과 대립이 생겨날 경우 瑜伽師에게 문의했다는 사실을 지적하고 있다. 이는 불교가 이론과 경험 사이에서 단순히 경험에 우선적 가치를 두었다는 것을 의미할 뿐 아니라, 나아가 경험에 의거해서 이를 체계화하는 작업이 중시되었음을 역설적으로 보여 주는 것이다.

15 Deleanu 2006: 195-6에서 인용.

4. 「성문지」의 구성과 내용

「성문지」는 모두 네 瑜伽處(yogasthāna)로 구성되어 있다. yogasthāna에서 yoga는 좌법과 같은 특정한 기법을 가리키는 것이 아니라, 불교에서는 보통 "spiritual practice"(Deleanu 2006: 26)나 "ascetic or spiritual effort" (Schmithausen 2007: 213)를 의미한다. 「성문지」에서 yoga는 특히 信(śraddhā), 欲(chanda), 精進(vīrya), 方便(upāya)이라는 4종의 정신적 수행이나 노력을 가리킨다. 그리고 sthāna(處)는 기본적으로 토대나 근거, 또는 장소의 의미를 갖고 있으며, 그런 점에서 '불교의 정신적 수행의 근거/토대'를 의미하지만, 여기서는 단순히 'chapter'의 의미로 이해하는 것이 좋을 것이다.[16] 이렇게 본다면 瑜伽處는 yoga에 대한 수행론적 관심을 보여 주는 분류법으로 간주될 수 있다. 유가처라는 명칭으로 장을 구분한 것은 마찬가지로 『유

---

16 sthāna(處)가 chapter의 의미로 사용되었다는 점에 대해 Deleanu (2006: 36, fn.18 참조). 그는 AKBh 제2장에서 kośa-sthāna가 ŚrBh처럼 다만 숫자로 표시되고 있음을 지적한다. AKBh 110: abhidharmakośabhāṣye indriyanirdeśo nāma dvītīyaṃ kośasthānaṃ. (구사론에서 根品이라고 하는 제2 Kośa-sthāna이다). 비록 『구사론』이 「성문지」보다 후대이긴 하지만, 두 번째 『구사론』의 chapter("dvītīyaṃ kośasthānaṃ")=근품이라고 하는 AKBh의 설명 방식을 고려하면, ŚrBh의 yoga-sthāna에서 yoga도 어떤 특정한 텍스트나 텍스트 장르를 가리키고 있다고 보인다. 그런 점에서 Deleanu는 Renou의 이해에 따라 yoga-sthāns라는 용어는 yogācārabhūmi 이후에 형성되었거나 또는 yogācārabhūmi 자체가 원래 ŚrBh의 명칭이었을 것이라고 추정한다. 하지만 나는 차라리 yogācārabhūmi라는 단어가 우리가 지금 다루고 있는 '특정' 텍스트를 가리킨 것이 아니라, 『修行道地經』이 yogācārabhūmi라고 불린 데에서 알 수 있듯이 텍스트의 장르를 가리키고 있으며, 특히 새로운 대승의 실재성 경험을 포함해서 전통적 수행도를 포괄하는 방식으로 수행했던 유가행자(yogācāra)의 수행 경험의 매뉴얼을 가리켰던 일반명사로 간주된 것은 아닌가 하고 생각한다. 그런 문헌들 중에서 가장 대표적인 것이 『유가사지론』이었을 것이다. 이렇게 볼 때 『유가론』을 가리켰던 『十七地論』이 때론 현존하는 『유가론』에 포함되지 않는 내용도 포함하고 있다는 사실이 납득될 수 있을 것이다. 그렇지만 이 문제에 대한 상세한 해명은 소위 Yogalehrbuch와 『수행도지경』을 위시한 '禪經'류 문헌들에 대한 포괄적인 연구를 기다려야 할 것이다.

가론』에 포함된 「보살지」(Bodhisattvabhūmi)에서도 사용되고 있다. 다만 「보살지」가 각각의 處(chapter)의 주제를 持(ādāra) 등으로 구체적으로 제시하는 반면에, 「성문지」는 제1유가처(prathamaṃ yogasthānam), 제2유가처(dvītīyaṃ yogasthānam) 등으로 숫자로 표시하고 있다.

먼저 「성문지」의 각 유가처의 구성에 대해 보자. 「성문지」는 『구사론』이나 『청정도론』처럼 단일 저자에 의해 체계적인 방식으로 구성된 것이 아니다. 개아(pudgala)에 대한 기술처럼 같은 주제에 대한 서로 중복되는 설명도 있으며, 또한 이를 다른 곳에서는 달리 분류해서 설하기도 한다. 이는 「성문지」의 편찬자들이 다른 층위의 경전의 자료들을 필요에 따라 사용하고 있음을 보여 준다. 이하에서는 먼저 각 유가처의 주요 내용을 설명을 위해 선택적으로 제시하겠다.

I. 제1유가처 = ŚrBh I.

1. 종성지
2. 취입지
3. 출리지
    3.1. 세간도에 의한 이욕
    3.2. 출세간도에 의한 이욕
    3.3. 자량: 13종

II. 제2유가처 = ŚrBh II.

1. 개아(pudgala): 28종
2. 개아의 건립(pudgala-vyavasthāna): 11종의 차이에 의한 구별
3. 인식대상(ālambana, 所緣)

3.1. 변만소연(vyāpy ālambanam)

3.2. 淨行所緣(caritaviśodhanam ālambanam)

3.2.1. 不淨所緣

3.2.2. 慈愍所緣

3.2.3. 緣性緣起所緣

3.2.4. 界差別所緣

3.2.5. 阿那波那念所緣 (ānāpānasmṛti)

3.3. 善巧所緣(kauśalyālambana): 온선교 등의 5종 선교

3.4. 淨惑所緣(kleśaviśodhanam ālambanam):

3.4.1. 세간도에 의한 번뇌의 정화

3.4.2. 출세간도에 의한 번뇌의 정화

4. 教授(avavāda)

5. 훈련항목(śikṣā)

6. 훈련항목과 상응하는 법

7. 요가의 괴멸(yoga-bhrāṃśa)

8. 요가(yoga)

9. 작의(manaskāra)

10. 요가에 의해 행해져야 하는 것: 4종

11. 유가행자(yogācāra): 3종

12. 요가의 수습(yoga-bhāvanā):

12.1. 想의 수습(saṃjñā-bhāvanā)

12.2. 보리분의 수습(bodhipakṣya-bhāvanā): 37보리분법의 수습

12.2.1. 사념처

12.2.2. 4정단

12.2.3. 4神足

2.7. 加行究竟果 作意

이상은 네 유가처의 주요 항목을 나열한 것이다. 구성상 ŚrBh I.3의 세간도와 출세간도, 자량의 구별은 「성문지」 전체의 내용에 해당될 것이다. 그런 점에서 ŚrBh I.3.3에서의 13종의 자량과 ŚrBh IV에서의 세간도와 출세간도의 구성이 「성문지」의 중심축이 되고, ŚrBh II의 이론적 구조와 ŚrBh III에서 이 구조를 초보행자를 위해 실천적으로 적용하는 방식으로 이루어져 있다고 보인다. 이는 「성문지」 전체를 총괄하는 요약송에서 〈如應而安立(*viniyoga)〉이란 용어를 이를 보여 주기 위해 사용한 것에 의해서도 알 수 있을 것이다. (이에 대해서는 ŚrBh I.의 첫 부분과 각주 참조). 그럼 그 특징을 구체적으로 살펴보자.

ŚrBh I.1과 ŚrBh II.1-2에서 종성(gotra)과 개아(pudgala)의 상세한 분류와 설명은 수행을 위한 능력과 성향 등에 따른 구별일 것이다. 종성에 관한 상세한 기술은 유가행파의 문헌인 「보살지」와 대승장엄경론 등에서도 첫머리에 나오기 때문에 수행자의 능력과 기질에 따른 수행도의 선택이란 점에서 중요하지만, 「성문지」에 있어서도 사정은 마찬가지일 것이다. 왜냐하면 대승이 등장하기 이전이나 또는 대승이 적극적으로 불교를 대표하기 이전에 불교수행자를 모두 성문이라고 불렀을 때에는 종성과 개아의 구별은 상대적으로 덜 중요했겠지만, 요가교의서(Yogalehrbuch)가 보여 주듯이 삼승의 수행자가 같은 승원이나 스승 밑에서 수행하는 상황에서 수행자 개개인의 관심과 성향은 수행도의 선택에서 중요했을 것이기 때문이다.

그리고 ŚrBh I.3에서 세간도와 출세간도의 간략한 기술에서는 세간도를 4정려와 4무색정을 통한 이욕이라고 말하고, 출세간도는 사성제에 대한 앎을 통한 이욕이라고 하는 점에서 일반적인 기술이지만, ŚrBh IV.에서 핵심적 역할을 하는 7종 작의라는 용어가 여기서는 보이지 않는다. 이는 이 부분이 오래된 수행도를 반영하는 것이라 생각된다. 그리고 ŚrBh I.3에서 13종의 자량의 기술은 세간도와 출세간도에 따른 이욕의 상태를 획득하기 위한 일종의 예비수행의 성격을 가진 것이다.

ŚrBh II.은 17개의 항목을 다루고 있는데, 각각의 항목들은 체계적인 성격을 갖고 유기적으로 결합되었다기보다는 수행에 필요한 여러 사항들을 나열한 것으로 보인다. 그중에서 내용상 가장 중요한 항목은 II.3 〈所緣(ālambana)〉 항목이다.

II.3의 소연 항목은 명상의 대상을 (1) 변재하는 인식대상(遍滿所緣), (2) 행위를 정화시키는 인식대상(淨行所緣), (3) 선교라는 인식대상(善巧所緣), (4) 번뇌를 정화시키는 인식대상(淨惑所緣)의 4종으로 구분하여 상설하고 있는 부분으로 성문지 전체를 통해 가장 중요한 부분이고, 또 성문지의 기술상의 특징이 가장 잘 드러난 부분이기도 하다고 생각된다. 이를 도식으로 보여주는 것이 좋을 것이다.

(1) 변만소연: 4종
- (1.1) 분별을 수반한 영상: 비파샤나의 대상
- (1.2) 분별을 여읜 영상: 샤마타의 대상
- (1.3) 사태의 구극성(事邊際性): 진소유성과 여소유성
- (1.4) 행해져야 할 것의 완성(所作成辦): 轉依와 분별을 여읜 지견의 획득

(2) 淨行所緣: 5종
- (2.1) 不淨 (aśubhā)

(2.2) 慈愍 (maitrī)

(2.3) 緣性緣起 (idaṃpratyayatā-pratītyasamutpāda)

(2.4) 界의 差別 (dhātuprabheda)

(2.5) 數息觀 (ānāpānasmṛti)

(3) 善巧所緣: 5종

(3.1) 蘊에 대한 선교,

(3.2) 界에 대한 선교,

(3.3) 處에 대한 선교,

(3.4) 緣起에 대한 선교,

(3.5) 處와 非處에 대한 선교

(4) 淨惑所緣 (kleśaviśodhanam ālambanam)

(4.1) 세간도에 따른 번뇌의 정화

(4.2) 출세간도에 따른 번뇌의 정화

여기서 소연 항목은 크게 (1)과 (2-4)로 나누어진다. (1)이 샤마타와 비파샤나의 수습 및 그 결과와 관련된다면, (2-4)는 샤마타와 비파샤나의 대상인 소지사로서 설명되고 있다.

먼저 (1)의 항목은 비파샤나의 대상인 유분별영상과 샤마타의 대상인 무분별영상으로 나누어진다. 이것은 아래 (2-4)에서 제시된 인식되어야 할 사태(所知事)들을 비파샤나의 방식에 의해 관찰하거나 또는 샤마타의 방식에 의해 적정하게 할 때 나타나는 이미지, 즉 영상(pratibimba)이다. 유분별영상이란 비파샤나의 방식에 의해 관찰할 때 생겨나는 영상이며, 무분별영상이란 그것을 다시 샤마타의 방식에 의해 심을 적정하게 할 때 파악하는 의식작용으로부터 사라지는 영상이다. 그렇지만 이 무분별 영상은 존재론적으로 완전히 소거되는 것이 아니라 단지 분별하지 않음으로써 나타나지 않고 잠재해 있는 영상으로서 간주되고 있다. 그런 점에서 무분별 영상이란 '분별을 여읜 영상'일 뿐이다. 그리고 (1.3) 사태의 구극성은 진소유성과 여소유성으로서, 소지사 각각의 항목 전체를 인식대상으로 해서 명상하거나(=진소유성), 또는 인식대상의 진실성인 진여로서(=여소유성) 명상하는 것이다. 여소유성에는 이런 인식대상들을 4종 도리(yukti)에 따라 이해하는 것도 포함된다. 마지막 소작성판(1.4)은 전의를 성취하고 영상을 초월해 인식대상을 직접지각하는 것으로 설명된다.

(2)의 항목은 소위 동아시아에서 五停心觀으로 명명된 것으로서, 다섯 가지 대표적인 명상대상이다. 이것들은 아비달마 문헌에서는 물론 禪經類 문헌에서도 다양하게 결합되어 나열되고 있다. 반면 (3)의 항목은 초기불교 이래 불교의 중심교설들에 대한 능숙함을 훈련하기 위한 항목일 것이다. 그리고 (4)는 수행도의 차이에 의한 번뇌의 정화를 구별한 것으로 ŚrBh I.3의 구별을 이은 것이다. 하지만 이 부분의 설명에서는 ŚrBh IV에서 구분의 기준으로 제시된 7종 작의(manaskāra)는 언급되고 있지 않다.

전체적인 구성상 주목되는 점은 (1) 변만소연 항목이 ŚrBh II에서 새롭게 등장하고 중심적 역할을 하고 있다는 점이다. 이는 나머지 (2-4) 항목들이 ŚrBh III에서 명시적으로 설해지고 있는 반면, (1)은 언급되고 있지 않고 있다는 사실에서도 나타난다. 하지만 나는 ŚrBh III의 해당 부분의 설명에서 변만소연이 비록 명시되고 있지는 않지만, 삼매를 샤마타에 속한 삼매 외에 다시 비파샤나에 속한 삼매도 포함시키고 있는 데에서 (1)의 구조가 암시된 것은 아닐까 하고 생각하고 있다. 만일 나의 작업가설이 타당하다면, ŚrBh III의 삼매의 새로운 정의는 변만소연의 체계구성으로 이끌었을 것이다(이에 대해서는 후술).

ŚrBh III은 서술 방식에서 볼 때, 다른 유가처에서의 이론적 설명방식과

뚜렷한 차이를 보여 준다. III에서는 매우 구체적으로 제자가 스승을 방문하여 가르침을 청하는 것에서 시작하여 그가 초보수행자로서 어떻게 가르침을 명상실천에 적용하는가의 방식을 다루고 있다. III.3 〈다섯 가지 점들에 대한 검토〉에서 가장 흥미로운 부분은 III.3.3 〈심일경성〉과 III.3.5 〈작의의 수습〉 항목이다.

심일경성에서 「성문지」는 "그 일경성은 샤마타에 속한 것이며, 비파샤나에 속한 것이다. 그중에서 샤마타에 속한 [심일경성]은 바로 9종 심주와 관련된 것이고, 반면 비파샤나에 속한 것은 4종의 지혜의 작동과 관련된 것"이라고 정의하면서, 전통적으로 샤마타와 관련된 심일경성을 비파샤나로 확대시킨다. 그리고 관찰수행은 여섯 가지 사태를 고찰하는 것으로 설명하는데, 그중에서 흥미로운 것은 앞의 〈소연〉 항목에서 여소유성으로 배대된 4종 도리(yukti)가 다시 상세히 비파샤나의 수습으로서 실천에 적용되고 있다는 점이다.[17]

이런 설명이 ŚrBh II.3.1의 〈변만소연〉 항의 설명과 관련이 깊다는 것은 샤마타와 비파샤나의 기능이 거의 비슷한 방식으로 설해지고 있는 것에서도 나타난다. III.3.3.2.9.2에서 비파샤나의 대상은 "관념상을 수반하고 또 분별을 수반한 부정 등의 인식대상"으로 명시되고 있다. 그리고 샤마타의 인식대상에 대해서는 다음과 같이 언급한다. "비파샤나의 관념상을 되돌린 후 바로 그 인식대상을 샤마타의 행상에 의해 작의한다. 그때 그는 저 인식대상을 버리지도 않고 또 취하지도 않는다. 그 [무분별영상]을 인식대상으로 하는 샤마타가 작동하기 때문에, 따라서 그는 [인식대상을] 버리지도 않는다. 또한 그는 관념상을 취하지 않고 분별하지도 않기 때문에, 따라

17 특히 증성도리를 현량과 비량, 성언량과 관련해서 설명하는데, 여기서는 SNS X.7.4.7의 4종 도리(yukti)의 증성도리 중에서 언급된 비유의 역할이 전혀 나오지 않는 점이 주목된다.

서 [인식대상을] 취하는 것도 아니다. 이와 같이 내적으로 축약하기 때문에 인식대상을 제견한다."

그리고 여기서 샤마타와 비파샤나의 순차적 수습의 과정은 화가가 그림 그리는 일에 비유되고 있다. 화가가 그림을 지우고 다시 그림에 의해 마침내 원본보다 더 실재적인 그림을 완성하듯이, "그는 반복해서 승해하고 또 계속해서 제견하기 때문에, 그의 승해는 인식되어야 할 사태의 직접지각에 이를 때까지 더욱 청정하고 더욱더 명료한 것으로 생겨나기 때문이다."

III.5.3의 〈작의의 수습〉 항목에서 흥미로운 점은 III.3.5.3. 〈초보자의 작의의 수습〉 항목이다. 여기서 초보자가 어떻게 ŚrBh II.3.2의 5종 淨行所緣을 다시 샤마타와 비파샤나의 대상으로 명상하는가의 방식이 설명되고 있다.

ŚrBh IV에서는 ŚrBh I.3에서 간단히 언급되고, 또 ŚrBh II.3.4에서 약설했던 세간도와 출세간도가 상세하게 다루어지고 있다. 그러나 여기서 논의되는 방식은 새로운 7종 작의라는 범주에 의한 수행도의 구분이다. 세간도는 하지를 거칠다고 보고 상지를 적정하다고 보면서 이욕을 하는 방식으로 無所有處로부터의 이욕으로 나아가거나 無想定(asaṃjñisamāpatti) 및 정려와 집중상태를 통해 다섯 가지 신통력(abhijñāna)을 산출하는 것으로 설명된다. 반면 출세간도는 사성제에 대해 7종 작의를 일으킴에 의해 아라한과에 이르는 것으로 설명된다. 7종 작의를 통한 수행도의 재구성이라는 특징 외에도 ŚrBh IV는 각각의 단계에 심일경성의 작용을 전제하고 있다. 「성문지」의 표현을 인용하면, "[심·신]의 輕安(praśrabdhi)과 심일경성(cittaikāgratā)이 향상되고 확장되고 증대된다. 그에게 견고하고 확고하며 단단한 작의가 일어나고, 인식대상(ālambana)에 대한 청정한 勝解(adhimokṣa)가 일어나, 샤마타(śamatha, 止)와 비파사나(vipaśyanā, 觀)에 의해 관념상(nimitta, 相)들이 포착

되었을 때”(ŚrBh IV 첫 부분) 초보자는 가행을 시작하는 것이다. 이런 점에서 ŚrBh IV는 ŚrBh III의 삼매의 정의를 세간도와 출세간도에 적용하는 것이다. 만일 이런 해석이 올바르다면, 7종 작의는 수행도에서 샤마타와 비파샤나가 함께 작동하는 상태를 나타내기 위해 사용되었을 것이다.

이상에서 우리는 「성문지」의 네 유가처의 주요 내용들을 스케치했다. 각각의 유가처의 내용과 서술방식에는 커다란 차이가 보인다. 이런 구성상의 차이에서부터 Deleanu(2006: 147f)는 「성문지」가 『구사론』이나 『섭대승론』 등과 비교할 때 그것이 편찬자에 의해 잘 기획되고 조직된 텍스트라기보다는 여러 다른 층위와 자료들을 포함하고 있다고 본다. 이에 대해 누구도 이의를 제기하지는 않겠지만, 문제는 각각의 유가처의 연관성을 어떻게 보는가이다. Deleanu는 넓은 텍스트의 통일성의 관점에서 말하자면, ŚrBh I+II 와 III+IV 사이에는 관심과 강조점의 차이가 있다고 본다. 전자는 실천적인 요가의 계발과 기법보다는 이론적 관심을 반영하고 있다. 반면에 ŚrBh III의 기술은 수행을 시작하는 제자가 스승을 방문해서 가르침을 청하는 것에서 시작해서 보다 생생한 현실적인 장면을 보여 준다. 여기서도 아비달마적 분류가 나오지만, 그것은 단지 나열에 그치는 것이 아니라 구체적으로 명상기법에 적용하는 방식으로 설명되어 있다. 가장 비근한 것이 6종의 비파샤나의 관찰을 부정관 등의 명상대상에 적용하는 구절이다. 이에 따라 Deleanu는 3장과 4장이 원래의 「성문지」의 핵심 부분이었을 것이며, 반면에 1장과 2장은 요가 교설을 분류하는 부분으로서 후대의 문헌층위였을 것이라고 추정한다.

ŚrBh III은 Yogalehrbuch와 비슷한 방식으로 서술하고 있다는 점에서 분명히 유가사의 경험이나 실천적 관심을 보다 반영하고 있다고 보이며, 또한 위에서 서술했듯이 삼매가 기-관 양자에 모두 속한 것으로서 정의되는 부분은 매우 중요한 의미를 갖고 있기 때문에, 이 새로운 삼매의 경험에 의

거해서 실천적으로 행해지는 부분이 후에 ŚrBh II.3.1의 변만소연 항으로 체계화되었을 것이라 생각되며, 이는 ŚrBh IV의 전체적 구조도 2종 삼매에 의해 진행된다고 전제되는 한에서 마찬가지라고 보인다. 그렇다면 적어도 ŚrBh IV를 III과 체계구성의 측면에서 동일선상에 놓을 수는 없을 것이다. 왜냐하면 7종 작의에 따른 세간도와 출세간도의 구성은 ŚrBh III이나 II에서의 淨惑所緣의 설명보다 한층 발전된 것으로 보이기 때문이다.

하지만 나는 「성문지」 전체의 구성에서 볼 때, 비록 각각의 유가처에는 상이한 층위의 여러 자료들이 포함되어 있기에 어느 유가처가 더 오래되었는지를 확정하기는 어렵다고 생각하지만, 각각의 유가처에는 느슨한 연관성이 보인다고 생각된다. 나는 이런 연관성이 삼매 개념의 확장 속에서, 다시 말해 삼매를 샤마타에 속한 심일경성을 넘어 비파샤나에 속한 심일경성으로 확장하는 데에서 찾을 수 있다고 생각하면서, 비록 「성문지」의 모든 자료가 (그것의 편찬상의 문제 때문에) 이를 지지하는 것은 아닐지라도, 전체 구조를 유기적으로 이어 주려는 편찬자의 의도는 아닐까 하고 추정하고 있다.[18]

5. 「성문지」의 사상과 학파귀속성의 문제

만일 「성문지」가 『유가론』 중에서 최초기 작품으로서 단일한 저자의 소산이 아니라 편찬물이라는 성격을 갖고 있다면, 그 사상이나 내용은 어느 학파에 속하는지의 문제가 제기된다. 학파소속성은 일반적으로 부파 중

18 이런 주장은 언뜻 『유가론』 내지 그것의 일부인 「성문지」가 다수인에 의한 편찬이라는 지적과 모순된 것처럼 보일지도 모르지만, 이 텍스트가 편찬 단계에서 어느 정도 의도에 맞게 조정되었을 가능성을 배제하는 것은 아니다.

의 어느 부파에 가까운가 하는 것이다. 용어상에서 보았을 때, 『유가론』은 Schmithausen(1970)이 보여 주었듯이 근본설일체유부의 용어법을 사용하고 있으며, 따라서 근본설일체유부와의 친연성이 인정될 것이다. 이런 주장은 「섭사분」이 유부에 귀속되는 『잡아함경』의 구성을 따르고 있다는 점에서도(Mukai 1985) 방증될 수 있을 것이다.

하지만 사상내용에서 보았을 때, 「성문지」의 몇몇 내용들은 유부의 유가행자들에게 귀속될 수 있는 여러 특징들을 보여 주며, 몇몇 경우에 경량부에 귀속될 수 있는 특징도 보여 준다. Deleanu(2006: 160; 215, n. 141)는 그 근거로서 vitarka가 집합개념으로 사용되고 있으며, 이는 vitarka와 vicāra가 다른 기능을 나타내기보다는 언어화 과정의 다른 단계를 보여 주기 위한 것이며, 이런 용법은 AKBh에서 발견되는 경량부의 해석과 가깝다고 지적한다. 거기서 두 개념은 동시에 사용될 수 없지만, 반면 유부에서는 한 찰나의 식 속에서 동시에 작용할 수 있는 것이다.

하지만 델레아누가 제시하는 것보다 직접적이고 강력한 경량부적 영향은 「성문지」의 도처에서 번뇌의 잠재성인 隨眠(anuśaya)과 그 현세적 분출인 纏(paryavasthāna)을 명확히 구별하고 있는 데에서 드러난다.[19] 우리는 『구사론』 수면품(AKBh V)에서 수면과 전을 번뇌의 잠재성과 분출로 구별하는 해석이 경량부에 귀속되며, 반면 양자를 단지 번뇌의 미세성과 거친 상태로 간주하는 것은 유부라고 하는 명확한 설명을 알고 있다. 번뇌의 수면이란 kleśa-anuśaya를 tatpuruṣa로 풀이한 것이다. 그 복합어 해석은 『구사론』에서 kāmarāga-anuśaya가 karmadhārya로 해석되어야 할 것인지 아니면 tatpuruṣa로 해석되어야 할 것인지에 대한 문제제기에 대해 각기 유부와 경

19 몇 가지 개소를 제시하면 ŚrBh I.3.3.5.3.(3); I.3.3.9.1.(vi); II.12.2.2.2.; 12.2.3.(i-ii); 14.1.(5); IV.1.3.5; 2.1.2.2 등이다.

량부의 해석상의 차이를 보여 주고 있다. 즉, 유부는 "바로 감각적 욕망에 대한 탐욕이 수면"(kāmarāga eva anuśaya)이라고 karmadhārya로 해석하고, 반면에 경량부는 "감각적 욕망의 수면"(kāmarāgasya anuśaya)이라고 tatpuruṣa로 풀이하는 것이다. 전자가 수면을 단지 번뇌의 미세한 형태에 지나지 않는다고 보는 데 비해, 후자는 특정한 형태의 번뇌로서 번뇌의 잠재성이라고 보는 것이다. 세친은 경량부의 해석에 동의하는데, 유식학파도 마찬가지로 번뇌의 분출과 그 잠재성을 명확히 구별함으로써 이 복합어 해석에서 보여 주는 경량부의 설에 따르고 있다.[20]

「성문지」도 anuśaya(隨眠)와 paryavasthāna(纏)를 명확히 구별함으로써 『구사론』 이전에 이미 요가행자들의 명상 경험에서 이런 구별이 수행되고 있음을 보여 준다. 몇 가지 예를 들면, ŚrBh I.3.3.5.3.(3)에서 anuśaya(隨眠)는 의지체에 부착된 것(āśraya-sanniviṣṭa)으로 설명되고 있는데, 마찬가지로 IV.2.1.2.2에서 "갈애의 수면 등 의지체에 부착된 것"으로 설명되고 있고 "그것에서 생겨난 분출(paryavasthāna, 纏)"과 명시적으로 대비되고 있다. I.1.3.(i)에서 "의지체에 부착된 것"은 "알라야에 대한 갈애"로서,[21] 열반하지 못하는 성질을 가진 개아의 첫 번째 표징으로 간주된다. 이 구절은 수면을 의지체에 부착된 것으로 보고, 또 번뇌의 분출을 그 [번뇌의 수면]에서 생겨난 것으로 대비시킨다는 점에서 隨眠과 纏을 분리시키는 해석이다. ŚrBh III.12.2.2.2+12.2.3.에서도 隨眠과 纏은 "[번뇌의] 분출로부터 나의 심은 해탈되었지만, 모든 방식으로 잠재력으로부터는 아니다."라고 하여 구별되는 두 양태로서 설명되고 있다. 이러한 구별은 「성문지」 도처에서 확

20 이에 대해서는 Waldron 2003: 70f; 안성두 참조

21 이 구절은 신체에 부착된 추중이나 잠재적 번뇌와 관련해서 알라야식의 유래를 논의하는, 그런 생리학적 해석을 공유하고 있음을 보여 준다고 Schmithausen(1987: 67; n. 480)은 설명하고 있다.

인되지만, 흥미로운 것은 내가 확인할 수 있는 한에서 초보자의 수행을 설하는 ŚrBh III에서는 이런 명확한 구별이 나타나지 않는다는 점이다.

번뇌의 잠재성을 그 분출과 구별하는 것은 분명히 경량부적 영향이나 또는 경량부 사유와의 공통성을 보여 주고 있지만, 그것이 온전히 경량부에 귀속될 수 있는지 아니면 어떤 공통된 경험에 의거해서 경량부와 「성문지」의 기술로 발전된 것인지는 확답하기 어렵다. 다만 여기서는 이 구별이 함축하고 있는 잠재적 심적 상태의 인정은 종자설의 도입이나 Kṣemakasūtra의 의미에서 잠재적인 자아의식의 발견과 그다지 내용적으로 멀리 떨어져 있지 않다는 점도 지적하고 싶다.[22] 이와 관련하여 ŚrBh II.3.1에 〈레바타경〉의 인용에서 흥미로운 설명이 보인다: "욕계에서의 이욕을 행하고자 원하면 욕[계]의 거침과 색[계]의 적정함에 대해, 또는 색계로부터의 이욕을 행하고자 원하면 색[계]들의 거침과 무색[계]의 적정함에 대해 심을 묶는다. 또는 모든 곳에서 有身見(satkāyadṛṣṭi)으로부터 벗어나고 해탈하고자 원한다면, 고제와 집제, 멸제와 도제에 심을 묶는다."

위의 인용에서 세간도에 의한 이욕과 사성제에 의한 이욕이 구별되고 있다. 사성제를 대상으로 하는 명상이 출세간도를 가리킨다는 것은 분명하다. 주목되는 점은 모든 곳에서, 즉 삼계에서 有身見(satkāyadṛṣṭi)[23]의 완전

---

22 잠재적인 자아의식은 ASBh 62,3f.에서 '구생의 유신견' (sahajā satkāyadṛṣṭiḥ) 개념과 연관되어 있는데, Schmithausen(1987: 148)은 이 개념이 『크세마카경』(SN 22. 89; 『잡아함』 103)과 관련된 문제맥락에서 왔다고 추정하고 있다. 안성두 2003b: 75ff. 참조.

23 satkāyadṛṣṭi는 有身見으로 한역되거나 薩迦耶見으로 음사되며, 티벳역은 'jig tshogs la lta ba'이다. MN I 299에서 satkāya는 오온으로 간주된다. 즉, 영원하거나 안락한 것이 아니라 무상하고 고통스러운 것이다. 따라서 satkāya는 티벳역이 보여 주듯이 잘못된 견해의 내용이 아니라 잘못된 인식의 대상을 가리킨다. YBh 26,18에서 종자의 동의어로서 satkāya, upādāna가 언급되는데, 이는 오취온이 satkāyadṛṣṭi의 토대가 된다는 것을 의미할 것이다. 이에 대해서는 Schmithausen 1987: 157-160 참조. 유식문헌에서 satkāyadṛṣṭi는 비슷하게 아견과 아소

한 제거를 위해서는 사성제의 명상이 필요하다는 설명이다. 이는 고 내지 도를 대상으로 하는 유신견이 존재한다는 것으로서, 유신견이 견소단 내지 수소단으로 간주되고 있음을 의미한다. 이런 해석은 유신견을 견고소단으로 보는 유부의 해석이나 또는 경량부에 귀속되는 104종의 번뇌의 분류와는 달리, 3계와 견소단+수소단의 5부에 모두 배속시키는 것으로서, 『유가론』의 128종의 번뇌의 분류에 내용상 대응할 것이다.[24] 따라서 여기서 말하는 유신견은 유부교학에서 설명하듯이 (또는 경량부의 번뇌 분류가 함축하듯이) 단지 예류에 든 성자에 의해 이미 제거된 자아의식이 아니라, 수행자가 열반에 이를 때까지 그에게 존속해 있는 심층적인 자아의식을 가리킬 수밖에 없다. 이는 YBh 162,11-13에서 satkāyadṛṣṭi를 "… 오취온(pañcopādānaskandha)을 자아나 자아에 속한 것으로 보는 자에게 있어서 확정되거나(nirdhāritā) 확정되지 않은(anirdhāritā) 염오된 판단(kliṣṭā prajñā)"으로 정의할 때에 사용된 "확정되지 않은(anirdhāritā)"이란 표현에 함축되어 있으며, 또한 섭결택분(T30: 621b7-10)에서 아견을 parikalpita(kun brtags pa, 分別起)와 sahaja(lhan cig skyes pa, 俱生)로 나눈 것 중에서 후자에 해당될 것이다. 따라서 위의 맥락에서 유신견을 언급한 것은 자아의식의 잠재성의 의미를 가리킬 것이다.

이렇게 본다면, 「성문지」의 설명이 경량부와 유사한 점이 있다고 해도 전적으로 경량부에 귀속시키기는 어렵다는 것은 분명해 보인다. Deleanu(2006: 159f.)도 앞에서 지적한 Schmithausen(1973)의 연구를 예로 들면서 텍스트 전체를 경량부 문헌으로 간주하기는 어렵다고 생각하면서,

---

견을 포함하는 것으로 설명된다. TrBh 29,20f.: tatra satkāyadṛṣṭir yat pañcopādānaskandheṣu ātmātmīyadarśanam. ("유신견이란 오취온에 대해 자아나 자아에 속한 것이라고 보는 것이다.")

24 유부의 98종의 번뇌설과 경량부에 귀속되는 104종의 번뇌설, 그리고 유가론의 128종의 번뇌의 분류의 의미와 구조에 대해서는 안성두 2003b 참조.

「성문지」와 같이 명상에 관심이 깊은 텍스트로서 소위 禪經류 문헌으로부터의 영향을 고려하고 있다.

이 맥락에서 가장 먼저 떠오르는 것은 「성문지」에서 명상대상을 의도적으로 산출하는 소위 勝解(adhimokṣa)와 그 대상을 다시 소거하는 제견(vibhāvanā)의 방식이 명상기법으로서 빈번히 사용되고 있다는 점이다.[25] 관상법(visualization)으로서의 승해는 일반적으로 볼 때 대승의 영향을 반영하고 있다고 보이지만(Deleanu 1993; Yamabe 1999: 76), Schmithausen은 「성문지」에서 사용되는 이 기법이 대승의 그것과 유사하지만 소승적 명상기법이라고 본다. 「성문지」의 승해 개념에 대해서는 보다 상세한 연구가 필요하지만, 승해작의가 진실작의의 이전 단계로서 구별되어 사용되고 있는 것은 『구사론』이나 『청정도론』과 비슷하지만, 동시에 진실작의가 증성도리에 의한 추론이나 유비를 사용하여 승해작의에서 경험한 것이 궁극적으로 타당하다고 확인하는 것으로 설명되는 점도 주목되어야 할 것이다. 왜냐하면 「성문지」에서 제법의 진실성으로서 여소유성은 진여 및 도리로서, 여기서는 특히 증성도리로서 이해될 수 있기 때문이다.

여기서 나는 「성문지」와 선경류 문헌과의 차이점 내지 발전된 측면을 강조하고 싶다. 그것은 삼매를 샤마타와 비샤나 양자 모두에 속한 것으로 해석하는 「성문지」의 특색과 관련되어 있다. 예를 들어 『좌선삼매경』의 기술에서 무루도를 획득하는 直趣涅槃道는 4선근으로 설명된다. 반면 선정에 의지하는 길은 『수행도지경』에서 보았듯이 유루도로 간주되고 있어, 선정에 대한 낮은 평가가 이들 선경류 문헌들의 특색임을 보여 준다. 더욱 直趣涅槃道는 4선정에 의지할 필요가 없다는 진술은 이 경이 직취열반도로서의 8정도와 세간도로서의 4선정을 준별하고 있음을 보여 준다.[26] 원래 8정

---

25 이는 관상법에 의거하지 않는 「보살지」와 대비될 것이다.

도가 正定, 즉 삼매에 의해 정점에 달하고 있음을 고려할 때, 선경류 문헌에서 출세간도에서 4선정을 배제하는 것은 샤마타 수행에 대한 전통적인 해석을 반영하는 것이라 보이지만, 이는 앞에서 언급했듯이 삼매를 샤마타와 비파샤나에 모두 포함시키는 「성문지」의 해석의 취지와는 전혀 다른 것이다. 이런 점에서 「성문지」의 사상적 발전 내지 특징이 인정될 수 있을 것이다.

6. 「성문지」의 산스크리트본과 티벳역, 한역, 주요한 주석문헌 그리고 우리말 번역

「성문지」의 산스크리트 사본은 처음으로 인도의 학자인 Rāhula Sāṅk Rtyāyana에 의해 1938년 티벳의 Zhva lu사에서 발견되었고, 네가티브 필름으로 복사되었다.[27] 그 필름이 인도 Patna의 Bihar Research Society에 보관되었다. 이 사진본은 중국이 Zhva lu 사의 사본을 마이크로필름으로 복제하기까지 세계학계에서 활용 가능한 유일한 성문지 사본이었다. 그리고 이 사진본에 의거해서 Karunesha Shukla는 Śrāvakabhūmi of Ācārya Asaṅga (K. P. Jayaswal Research Institute, Patna 1973)라는 제목으로 출판했다. 하지만 그의 편집본은 티벳역과의 체계적인 비교작업을 하지 않았기 때문에 학문적으로 신뢰할 수 없다는 비판을 받았다(de Jong 1976). 그 후에 「성문지」 사본에 의거한, 추가적이고 체계적인 교정 작업은 비로소 일본의 大正大學 연구팀에 의해 이루어졌다. 그들은 당시 북경에 보존된 「성문지」 사본의 마이크로필름을 구해 이를 티벳역과 한역에 의거해 체계적으로 교정

26 안성두 2003a: 17ff.

27 이하 산스크리트 사본에 관한 상세한 보고는 Deleanu 2006: 51ff.를 보라.

해 나갔고, 제3 유가처의 비판편집본이 현재까지 출판되었다(ŚrBh I; 1991; II: 2007; III: 2018). 그리고 남은 제4 유가처의 전반부인 세간도의 부분은 Deleanu(2006)에 의해 비판 교정되어 출판되었다. 따라서 본 번역에서는 제3 유가처의 번역까지 대정대학팀의 비판교정본을 주로 이용했고, 나머지 제4 유가처의 부분은 Deleanu의 비판교정본과 Shukla본 및 사본을 활용했다.

「성문지」의 티벳역은 rNal 'byor spyod pa'i sa las nyan thos kyi sa (Peking 5538; Derge 4037)로서, Derge 판본(195a7)에 있는 콜로폰에 따르면 인도 학승인 Jinamitra와 Ye shes sde 등에 의해 9세기 초에 번역된 것이다. Deleanu(2006: 74)는 「성문지」 티벳역이 매우 신뢰할 만하다고 평가하며, 그의 평가는 타당하다고 생각된다. 산스크리트와 한역과 비교해 읽었을 때 티벳역은 충분히 의미를 전해 주며, 여러 텍스트 사이의 상이한 구문 이해에서 원래의(?) 의미를 추정하는 데 도움을 준다.

그리고 한역은 (648년에 번역 완료된) 유가론에 포함된 현장역만이 존재한다. 본 번역에서는 대정신수대장경(T)을 참고로 했고, 다른 판본은 이용하지 않았다. (유가론의 여러 한문 판본에 대해서는 Deleanu 2006: 113ff. 참조).

인도에서 저작된 『유가론』의 주석서 중에서 最勝子(*Jinaputra)에 의해 저술된 *Yogācārabhūmivyākhyā가 가장 방대하지만, 단지 극히 일부만이 『瑜伽師地論釋』(T30.1580)으로 한역되어 전한다. 여기에 「성문지」도 한 차례 언급되고 있다.[28] 동아시아에서 찬술된 『유가론』에 대한 주석서는 基가 편찬한 『瑜伽師地論略纂』(T1829)이 있고 여기에 「성문지」 주석도 포함되어 있다. 그리고 道倫이 편찬한 『瑜伽論記』(T1828; 『韓國佛教全書』 13-14)에도 「성문지」에 대한 여러 주석자들의 해설이 수집되어 편찬되어 있다.

---

28 그것은 T30: 887b2-23에 나온 것으로, 그 내용에 대해서는 Deleanu 2006: 251을 볼 것.

그리고 본서에서 제시된 「성문지」의 목차는 기존에 출간된 텍스트와 다르다. 일본 대정대학교에서 출간된 세 권의 「성문지」 목차는 너무 상세하게 쪼개져 있어 전체 구성을 잘 보여 주지 못하고 있다고 보이며, 이는 델레아누의 책도 마찬가지다. 따라서 본서에서는 먼저 「성문지」의 목차를 구성하는 데 있어 전체 텍스트의 내용을 일목요연하게 조망할 수 있도록 하는 데 중점을 두었다. 이를 위해 텍스트 자체의 논리를 따라가면서 목차를 나누려고 했으며, 이를 통해 전체 내용을 파악하는 데 도움을 주려고 했다. 하지만 지나친 세분화를 피하려다 보니 제시한 장절 구분에 부합되지 않는 부분도 나타난다고 고백해야 할 것이다. 덧붙여서 번역의 장절의 구분에서 단지 Shukla본(ŚrBh)과 한역(Ch.)만을 제시하고, 티벳역이나 성문지사본의 대응개소는 제시하지 않았다. 산스크리트 원문을 읽고자 하는 전문가들은 ŚrBh(1-3) 및 Deleanu(2006)의 과문(synopsis)에서 대응하는 구절을 쉽게 발견할 수 있을 것이다.

마지막으로 「성문지」 번역에서 번역용어의 선택과 관련한 문제를 언급하고 싶다. 이미 「보살지」 번역에서도 언급한 바 있지만, 산스크리트 용어에 대응하는 적절한 번역어를 선택하는 것은 번역자에게 가장 힘든 일의 하나이다. 비록 한역과 티벳역이 존재하지만, 이를 현대의 감각으로 살려내기는 어려운 일이다. 더구나 「성문지」처럼 수행론적 함축성이 강한 텍스트를 번역하기 위해서는 이론적 지식 위에 깊은 수행의 경험이 요구될 것이지만, 이는 필자와 같은 낮은 근기를 가진 자에게는 참으로 어려운 과제일 것이다.

그렇지만 적어도 공통된 이해의 기반을 위해서 「성문지」 번역에서 두 가지 극단적 형태의 전통용어의 보존이나 그 반대 경우를 모두 피하는 것이 좋다고 생각한다. 예를 들어 전통적인 한문용어나 구문을 그대로 사용하는 경우의 위험이다. 비록 나는 현장의 번역이 매우 훌륭한 것이라는 점을 실감하고 있지만, 1400년 전의 구문을 그대로 사용하는 것은 좋은 번역자의 태도는 아니라고 믿는다. 반대로 번역용어의 자의적 선택은 소통의 단절로 이끈다는 점이다. 우리는 학문적 작업이 동시대인과의 소통은 물론 역사적 전통과의 소통이라는 측면도 갖고 있다는 사실을 기억해야 한다. 전통적 술어를 완전히 버리고 혼자 선택한 자신만의 용어로 불교적 경험을 말하고자 할 때의 곤란함을 우리는 보곤 한다. 자신이 선택한 현대적 번역이 맞는지의 여부를 떠나 이는 용어의 공유를 통해 우리가 구축해 왔던 불교의 역사적 이해의 지평을 붕괴시킬 위험이 크다고 생각된다. 더욱 불교사상에서 전문술어는 매우 복잡한 심리적 측면이나 그것과 관련된 대상의 상태를 표현하고 있으며, 따라서 이런 전문술어를 개인적인 술어로 풀이하는 것은 불교학의 기반을 파괴하는 것이며, 나아가 이런 용어로 표현되는 불교의 명상경험의 전달을 방해하거나 왜곡시킬 가능성이 다분할 것이다. 따라서 나는 성문지 번역에서도 이런 두 극단을 피하기 위해 「보살지」 번역에서 제안한 것처럼 최소한의 번역의 기준을 제시하고 이에 따르는 것이 필요하다고 믿는다. 따라서 중복의 위험을 무릅쓰고 「성문지」 번역에서도 적용된 몇 가지 경우를 다시 제시하겠다.

(가) 어떤 용어가 전문술어의 의미에서 사용될 경우 혼란을 피하기 위해 잘 알려진 한문용어를 채택하려고 했다. 특히 심소법의 설명일 경우 현장역을 채택하는 것을 원칙으로 했다. 이 경우 처음 나오는 곳에서 산스크리트 원어를 병기했다. 하지만 일반적 문맥에서 사용되는 경우, 다시 말해 동사적 의미로 사용되는 경우 가장 근접한 의미를 지닌 현대어로 바꾸어 번역했다.

(나) 하지만 전문술어일지라도 빈번히 나오고 또 『유가론』에서 보다 다른 의미를 함축한 경우에는 원의미를 전하고자 했다. 예를 들면 anuśaya를 '隨眠' 대신에 '잠재성'이라고 번역한 경우이다. 隨眠이란 번역어가 비록 전

문술어이지만 현대 한국어에서 거의 의미를 전달해 주지 못하며 또 한글로 적었을 경우 잘못된 인상을 주기 때문이다. 마찬가지로 paryavasthāna를 전문술어인 '纏' 대신에 '분출'로 번역했다. 이것이 유식논서에서 이 단어의 원의를 적절히 전해 줄 수 있다고 생각하기 때문이다.

(다) 동일한 단어일지라도 문맥에 따라 달리 번역하기도 했다. 이는 위에서 제시한 경우와 다른 경우에는 비록 같은 술어라고 해도 맥락상 요구되는 경우에는 달리 번역했다. 하지만 이 경우에는 산스크리트 단어를 병기했다.

성문지 세부목차

성문지 I(ŚrBh I)

3. 所緣(ālambana)

- 3.1. 변만소연(vyāpy ālambanam)
  - 3.1.1. 유분별 영상
  - 3.1.2. 무분별 영상
  - 3.1.3. 사태의 구극성(事邊際性)
  - 3.1.4. 행해져야 할 것의 완성(所作成辦)
  - 3.1.5. 다른 경의 인용을 통한 경증
- 3.2. 淨行所緣(caritaviśodhanam ālambanam)
  - 3.2.1. 不淨所緣
    - 3.2.1.1. 부정의 정의
    - 3.2.1.2. 탐욕의 구별
  - 3.2.2. 慈愍所緣
  - 3.2.3. 緣性緣起所緣
  - 3.2.4. 界差別所緣
  - 3.2.5. 阿那波那念所緣
    - 3.2.5.1. 입출식념의 정의와 작용
    - 3.2.5.2. 입출식에 익숙함
    - 3.2.5.3. 결론
- 3.3. 善巧所緣(kauśalyālambana)
  - 3.3.1. 온과 온에 대한 선교
  - 3.3.2. 계와 계에 대한 선교
  - 3.3.3. 처와 처에 대한 선교
  - 3.3.4. 연기와 연기에 대한 선교
  - 3.3.5. 處와 非處에 대한 선교
- 3.4. 淨惑所緣(kleśaviśodhanam ālambanam)
  - 3.4.1. 세간도에 따른 번뇌의 정화
  - 3.4.2. 출세간도에 따른 번뇌의 정화
    - 3.4.2.1. 사성제

성문지 III(ŚrBh III)

1. 스승과의 만남
    1.1. 스승의 방문
    1.2. 스승의 응답과 격려
2. 스승의 질문과 답변의 검토
    2.1. 스승의 4종의 질문
    2.2. 4종의 대답에 대한 검토
        2.2.1. 네 가지 점들에 대한 질문
        2.2.2. 말에 의한 검토
        2.2.3. 행동(ceṣṭā)에 따른 검토
        2.2.4. 타심지(cetaḥparyāyajñāna)에 의한 검토
3. 다섯 가지 점들에 대한 제어
    3.1. 삼매의 자량의 보호와 적집
    3.2. 遠離에 주하는 자(praviviktavihārin)
        3.2.1. 처소의 원만
        3.2.2. 위의의 원만
        3.2.3. 감소
    3.3. 삼매(samādhi)
        3.3.1. 2종 삼매
            3.3.1.1. 샤마타에 속한 삼매
            3.3.1.2. 비파샤나에 속한 삼매
                3.3.1.2.1. 4종 비파샤나
                3.3.1.2.2. 비파샤나의 3종 유형과 여섯 측면에서 인식대상의 개별관찰
                    3.3.1.2.2.1. 비파샤나의 세 유형
                    3.3.1.2.2.2. 여섯 측면에서 인식대상의 개별관찰
                    3.3.1.2.2.3. 여섯 측면에 따른 구별의 이유
                    3.3.1.2.2.4. 여섯 측면에 따른 오정심관의 분석

▌성문지 IV(ŚrBh IV)

성문지

Śrāvakabhūmi

聲聞地

성문지(Śrāvakabhūmi)

제1 유가처

(ŚrBh I)

삼보에 귀의합니다.

모든 성문지를 총괄하는 요약송이다.

> 종성과 개아, 적용,[1] 세간적인 것과 출세간적인 것이
> 여기서 요약하면 [성문들의] 토대(地)들이다.

요약송이다.

> 종성과 취입, 출리라는 명칭으로 설한 세 地들이
> 요약하면 성문지라고 한다.

1 위에서 '적용'이라고 번역한 단어는 티벳역으로 nges par sbyor 〈ba〉이고 한역은 如應安立이다. ŚrBh(1)이 제안하듯이 이 단어에 대응하는 산스크리트어는 ŚrBh 411,6에서 동사형태로 viniyujyate (한역: 如應安立)로 나와 있고, 따라서 명사형 *viniyoga가 대응할 것이다. 왜 여기서 viniyoga가 성문지 전체를 포괄하는 keyword로 사용되었는가는 바로 이 단어는 초보수행자가 샤마타와 비파샤나에 '적용'하거나 그것을 '실행'하는 의미로 사용되기 때문이다.

1. 종성지(gotrabhūmi)

1. 종성지 (Ch. 395c12)

종성지란 무엇인가?

답: 種姓과 종성의 건립, 종성에 주하는 개아들의 표징 그리고 종성에 주하는 개아(pudgala), 이들 모두를 하나로 요약한 것을 종성지라고 한다.

1.1. 종성의 정의

그중에서 종성(gotra)[2]이란 무엇인가? 답: 종성에 주하는 개아의 종자라는 요소이다. 그것은 존재하는, 즉 비존재하지 않는 것으로, 종성에 주하는 개아들이 그 조건을 획득한다면 열반을 획득하고 촉증할 수 있는 힘이 있게 되는 것이다.

---

2 gotra는 기본적으로 "lineage, clan, family, etc."(Schmithausen 1969: 114-5; Seyfort Ruegg 1976)를 의미한다. 특히 불교 요가행자의 경험을 다루는 『유가론』에서 이 단어는 고유한 맥락에서 사용되고 있다. Schmithausen(1969: 45+n.47)에 따르면 gotra는 Anlage, [Heils-]Anlage를 의미하며, 보다 정확히 말하면 종성이란 "본래부터 주어진 깨달을 수 있는 선천적인 근거(natürliche, von Anfang an gegebene Anlage zu Heil)"를 가리킨다(Schmithausen 1973: 123). 『보살지』 p. 45 (n. 1) 참조.

그 종성의 동의어는 무엇인가? 종자(bīja)와 界(dhātu), 본성(prakṛti)이라는 명칭이 동의어이다.[3]

그렇다면 그 [종성]의 자성은 무엇인가? 그것은 신체와 구별된 것이며, 6처에 포함된 것이며, 자연적으로 획득된 것이며, 무시 이래 연속해서 온 것이다. 종성과 종자와 계와 본성이라는 명칭을 가진 동의어들에 대해 종성이라고 한다.

1.2. 종성의 건립 (Ch. 385c26)

종성의 건립(vyavasthāna)[4]이란 무엇인가?

1.2.1. 종성의 미세성

저 종성은 미세하다고 해야 하는가, 아니면 거칠다고 해야 하는가?

답: 미세하다고 말해야 한다. 그 이유는? 그 종자가 결과를 산출하지 않고 결과를 성립시키지 않는다면 따라서 그것은 미세하다고 한다. 결과를 산출하고 결과를 성립시킬 때 종자와 결과를 하나로 압축한 후에 따라서 저 종성은 거칠다고 한다고 알아야 한다.

1.2.2. 종성의 단일상속성

문: 그렇다면 저 종성은 단일한 상속에 속하는가 아니면 다수의 상속에

---

3 『보살지』(BoBh 2,1f)에서 종성의 동의어로서 근거(ādhara), 유지(upastambha), 원인(hetu), 의지(niśraya), 기반(upaniṣad), 선행요소(pūrvaṃgama), 잠재요소(nilaya)가 나열되고 있다.

4 vyavasthāna는 『유가론』에서 '安立' 또는 '建立'으로 한역되며, 설명하려는 대상을 개념이나 범주를 갖고 규정하는 것을 가리킨다. 따라서 "종성의 건립"이란 '종성에 대한 개념적 규정' 정도를 의미할 것이다. 이하에서 이 단어를 전문술어로서 그대로 사용했다.

속한다고 해야 하는가?

답: 단일한 상속에 속한다고 해야 한다. 그 이유는? 어떤 법들이 상이한 특징을 갖고 또 상이한 존재를 갖고 생겨날 때, 그것들은 각각 자체의 다양한 상속을 갖고 다양하게 생겨난다고 설해야 한다. 저 종자는 6처들과 독립한, 구별된 특징을 가진 것이 아니며, 무시 이래 연속해서 진행된 것이며, 그와 같이 자연적으로 획득된 6처의 상태에 대해 종성(gotra)과 종자(bīja), 계(dhātu)와 본성(prakṛti)이라는 명칭과 언설들을 가설했기 때문에 따라서 그것은 단일한 상속에 속한다고 한다.[5]

1.2.3. 열반하지 못하는 네 가지 원인

문: 만일 종성에 주하는 개아들은 열반할 수 있는 성질을 갖고 있지만, 종성에 주하지 않는 자들은 열반할 수 있는 성질을 갖지 못하고 있다고 본다면, 무엇 때문에 열반할 수 있는 성질을 가진 자들은 과거세부터 오랫동안 윤회하면서 열반하지 못했는가?

답: 네 가지 원인에 의해 열반하지 못했다. 네 가지 [원인]은 무엇인가? 難處에서 태어났고(akṣaṇotpanna), 방일하고(pramatta), 잘못된 이해를 하고(mithyāpratipanna), 장애되었다(āvṛtta)는 단점 때문이다.[6]

---

5 『보살지』(BoBh(W) 3,1ff)의 종성에 대한 설명에서 종성은 본성적으로 존속하는 것(prakṛtistha; 本性住種姓)과 개발된 것(samudānīta; 習所成種姓)의 2종으로 구별되고 있다. 그 중에서 본성주종성에 대해 비슷한 설명이 보인다. "본성주종성은 보살이 가진 6처의 특별한 양태(ṣaḍāyatanaviśeṣa)이며, 그와 같은 양상으로 연속적으로 내려온 것이고(paramparāgata), 무시이래로(anādikālika) [자연적] 성질에 따라 획득된 것(dharmatāpratilabdha)이다. … 또한 그 종성은 종자(bīja)라고도 불리고 계(dhātu), 본성(prakṛti)이라고도 한다. 또한 그 [종성의] 결과가 아직 완전히 성취되지 않았을 때에는 결과가 결여되었기 때문에 미세한 것이며, 그 결과가 완전히 성취되었을 때에는 결과를 수반하기에 거친 것이다."(안성두 역 2015: 46-47).

6 이들 네 단점은 초기경전에서 8종 難處로서 설해진 것과 관련이 있다. (1) 어려운 곳에서 태어

(i) 그중에서 난처에서 태어났다는 것은 무엇인가? 4부 대중들과 현자, 올바른 길을 걷는 자, 진실한 자들이 가지 않는 벽지의 도둑이나 강도들 속에서 태어나는 것이다. 그것이 난처에서 태어난 것이라고 한다.

(ii) 방일하다란 무엇인가? 4부 대중들과 현자, 올바른 길을 걷는 자, 진실한 자들이 가는 그곳에서 도둑이 아니고 강도들이 아닌 자들 중에 태어나지만, 욕망의 대상들에 탐닉하고 향수하고, 단점으로 보지 않고 출리를 알지 못하는 것이다. 그것이 방일한 것이라 한다.

(iii) 잘못된 이해를 가졌다란 무엇인가? 그는 중심부의 사람들 속에 태어나서 성장하더라도 비불교도의 견해를 가진 후에 '보시는 없다'는 말에서부터 '이 [현생]과 다른 존재(bhava)를 알지 못한다' '행위의 과보는 없다'에 이르기까지 그와 같이 보고 그와 같이 말하는 것이다. 비불교도의 이러저러한 견해를 통해 제불이 출현하지 않고 정법을 설하는 선우들이 없을 때에 얻게 되는 것 그것이 바로 잘못된 이해를 가진 것이라고 한다.

(iv) 장애되었다란 무엇인가? 중심부의 사람들 속에 태어나기까지 앞에서와 같고, 또 붓다가 세상에 출현하시고 정법을 설하는 선우들을 얻게 되더라도, 그는 어리석고 우물거리며 또 논의할 수 없으며, 손짓으로 표현하고, 잘 설해지고 잘못 설해진 제법의 모든 의미를 요지할 수 없다. 그는 무간업을 짓고 오랜 번뇌를 갖고 있다.

1.2.4. 열반할 수 있는 성질을 가진 자의 두 가지 조건 (Ch. 396b7)

열반할 수 있는 성질을 가진(parinirvāṇadharmaka) 자들에게 그것이 결여되어 있고, 없으며, 근접해 있지 않은 열반할 수 없는 조건들은 무엇인가?

남(生無暇: 지옥, 축생, 아귀, 邊地), (2) 방일(=長壽天), (3) 잘못된 이해, (4) 장애(6근의 불구족)이다. 이에 대해서는 Hui-Min 1994: 71 참조.

두 가지 조건이 있다. 두 가지란 무엇인가? 주요한 [조건]과 부차적 [조건]이다.

1.2.4.1. 주요한 조건

주요한 조건(pradhāna-pratyaya)이란 무엇인가? 정법을 주제로 한 타인의 말(parato ghoṣa)과 내적인 여리작의(yoniśomanaskāra)이다.

1.2.4.2. 부차적 조건

부차적 조건(hīna-pratyaya)이란 무엇인가? 많은 부차적 조건들이 있다.

즉, (1) 자신의 원만, (2) 타인의 원만, (3) 법에 대한 선한 욕구, (4) 출가, (5) 계의 율의, (6) 근의 율의, (7) 음식에 대한 양을 아는 것, (8) 이른 밤과 늦은 밤에 깨어서 수행, (9) 정지를 갖고 주함, (10) 원리, (11) 덮개로부터의 청정, (12) 삼매에 의지함이다.[7]

(1) 그중에서 자신의 원만이란 무엇인가? 사람의 몸으로 됨, 중심부에서 태어남, 감각기관이 결여되지 않은 상태, [뛰어난] 영역에 대한 맑은 믿음, 업이 전환되지 않은 상태이다

(i) 사람의 몸으로 됨이란 무엇인가? 예를 들면 여기서 어떤 이가 사람들과 비슷한 부분을 갖고 태어나서, 남자는 남근을 갖추고, 여성은 여근을 갖춘 것이다. 이것이 사람의 몸으로 됨이다.

(ii) 성스러운 장소에서 태어남이란 무엇인가? 예를 들면 여기서 어떤 이가 앞에서처럼 진실한 사람들이 가는 그런 중심부에서 태어나는 것이다. 이것이 성스러운 장소에서 태어남이다.

---

7 이들 12개의 부차적 조건들에서 (i-iii)과 (v-ix)의 8종이 ŚrBh I.3.3.의 출리지에서 설한 13종의 자량 중에서 앞의 8종과 일치한다.

(iii) 감각기관이 결여되지 않은 상태란 무엇인가? 예를 들면 여기서 어떤 이가 무감각하지 않고 귀머거리가 아니라고 상설한 것이다. 또는 사지나 지절이 결여되지 않은 자는 선품을 증득하기 위해 사지나 지절이 결여되지 않은, 즉 귀 등이 결여되지 않은 모습으로 되어야 한다. 이것이 감각기관이 결여되지 않은 것이라고 설해진다.

(iv) [뛰어난] 영역에 대한 맑은 믿음(prasāda)이란 무엇인가? 예를 들면 여기서 어떤 이가 여래께서 설하신 법과 율에 대해 믿음, 즉 마음의 맑은 믿음을 획득하게 되었다. 이것이 [뛰어난] 영역에 대한 맑은 믿음이라 한다. 그중에서 [뛰어난] 영역이란 모든 세간과 출세간의 白法들이 생겨나기 위한 여래께서 설하신 법과 율이다. 그런데 그 [법과 율]에 대해 선행하는 강력한 힘에 의해 믿음이 있을 때, 그것이 [뛰어난] 영역에 대한 맑은 믿음이다. 왜냐하면 [그것이] 모든 번뇌와 때의 더러움을 제거하기 때문이다.

(v) 업이 전환되지 않은 상태란 무엇인가? [업이란] 5종 무간업들에 대해서이다. 즉 어머니를 살해했기에, 아버지를 살해했기에, 아라한을 살해했기에, 승단을 분열시켰기에, 여래에 대해 악한 마음으로 피를 나게 했기에, 그들 중에서 하나에 의해서이다. 그가 무간업을 바로 현재세에 짓지 않고 행하지 않았을 때, 이를 업이 전환되지 않은 상태라 한다. 행해지고 적집된 이들 5종 무간업들은 바로 현재세에서 전환된 후에 열반을 위한 성스러운 수행도의 작용을 위해 일어날 수 없다. 따라서 이것들이 업이 전환되지 않은 상태라고 설해진다.

바로 스스로 이것에 의해 심신복합체가 5종의 지분들에 의해 원만하게 된다. 따라서 자신의 원만이라고 설해진다.

(2) 타인의 원만이란 무엇인가? 제불의 출현, 정법의 교설, 교설된 정법의 존속, 존속하는 법들의 일어남, 그리고 타인으로부터의 연민이다.

(i) 그중에서 제불의 출현이란 무엇인가? 예를 들면 여기서 어떤 이가 모

든 중생들에 대해 능숙함과 이익의 의향을 일으킨 후에 몇 천의 난행들과 또 커다란 복덕과 지혜의 자량에 의해 삼아승기겁의 후에 최후의 신체를 획득하고 보리좌에 앉은 후에 5개(蓋)를 제거하고 4념주에 잘 안주한 마음을 갖고 37 보리분법을 수습한 후에 위없는 정등각을 깨달으셨다. 그것이 제불의 출현이라고 설해진다. 과거세와 현재세, 미래세에 바로 이와 같이 모든 붓다와 세존께서 출현하시는 것이다.

(ii) 정법의 교설이란 무엇인가? 이와 같이 불세존들과 그의 제자들이 세상에 출현하신 후에 세상에 대한 연민과 관련해 사성제, 즉 고·집·멸·도에서부터 契經, 應頌, 記別, 諷頌, 自說, 因緣, 譬喩, 本事, 本生, 方廣, 希法, 論義라는 [12분의] 법[8]의 교설을 행하신 것이 정법의 교설이라 설해진다. 진실한 제불과 붓다의 제자들에 의해 표현되고 교설되고 칭송된 이 법이 따라서 정법이며, 그것을 설하는 것이 정법의 교설이라 설해진다.

(iii) 교설된 법들의 존속이란 무엇인가? 정법이 설해지고 법륜이 구를 때 불세존은 살아 계시고 주하시며, 나아가 불세존이 열반하셨을 때에도 정행이 소멸하지 않고 정법이 은멸하지 않는 한 [존속한다]. 이것이 정법의 존속이라고 설해진다. 그 [정법의] 존속은 승의법을 현증하는 방식에 의해서라고 알아야 한다.

(iv) 존속하는 법들의 일어남이란 무엇인가? 정법을 증득한 자들은 사람들에게 정법을 작증할 수 있게 하는 힘이 있다고 안 후에 증득된 대로 수순하는 교수와 교계를 일으킨다. 이것이 존속하는 법들의 일어남이라 설해진다.

(v) 타인으로부터의 연민이란 무엇인가? 타인이란 보시자와 시주들이다. 그들은 저 [수행자]에게 필요한 생활필수품들을 갖고 즉 의복과 음식,

---

8 12분교는 ŚrBh I. 3.3.10에서 正法의 내용으로서 상세히 정의되고 있다.

坐具와 臥具, 병에 맞는 약 등의 필수품들을 갖고 연민한다. 이것이 타인으로부터의 연민이라 설해진다.

(3) 법에 대한 선한 욕구란 무엇인가? 예를 들어 여기서 어떤 이가 여래나 여래의 제자로부터 법을 들은 후에 믿음을 얻는다. 그는 저 [믿음]을 얻은 후에 그것을 훈련한다. 집에 머무는 것은 욕망들에 결박되어 머무는 것이다. 황무지(abhyavakāśa)로 출가한 후에 나는 모든 처자와 친척, 재물과 곡식, 보석을 버리고 잘 설해진 법과 율에 있어 온전히 집에서부터 집이 없는 상태로 출가할 것이다. 출가한 후에 정행을 통해 올바로 수행할 것이다. 선법에 대해 바로 그와 같이 생겨난 욕구가 법에 대한 선한 욕구라 설해진다.

(4) 출가란 무엇인가? 바로 법에 대한 선한 욕구 때문에 네 번의 공지(jñapticaturtha)를 통한 갈마[9]의 구족이나 또는 사미계를 받는 것이 출가라 설해진다.

(5) 계의 율의(śīla-saṃvara)란 무엇인가? 그와 같이 출가한 자는 계를 갖추고 주하며, 별해탈율의에 의해 보호되어 있으며, 행위의 영역을 갖추고 있으며, 작은 죄들에 대해서도 두려움을 보고, 훈련항목들을 수지하고 훈련한다. 이것이 계의 율의라고 설해진다.

(6) 근의 율의(indriya-saṃvara)란 무엇인가? 그는 바로 그 계의 율의에 의거한 후에 정념을 보호한 자가 되며, 정념이 견실하며, 정념에 의해 그 마음이 지켜지며, 평등한 상태에서 행하게 된다. 그는 눈을 갖고 색을 본 후

---

9 "네 가지 공지를 통한 갈마"(jñapticaturthena karman)는 白四羯磨로 한역된다. 이것은 불교 수계의식에서 행해지는 네 개의 공개적인 질문을 나타낸다. 한 승려가 수계를 받을 때 먼저 그에게 계를 주는 羯磨師가 먼저 대중들에게 수계하려는 어떤 비구가 출가하려고 한다고 공지하고(jñapti=白), 이어 대중들에게 찬성 여부를 묻는 질문을 세 차례 더 공지하는 것이다. 앞의 공지와 후의 세 차례의 공지를 합해 四羯磨라 부른다.

에 주요 특징을 취하지 않으며, 부수적 특징을 취하지 않는다. 그 [특징을 취하기] 때문에 악하고 불선한 요소들이 그의 마음에 흐르게 될 것이다. 그것들을 억제하기 위해 정행하며 안근을 보호하고 안근에 의해 제어를 한다. 그는 귀를 통해 소리를, 코를 통해 향을, 혀를 통해 맛을, 신체를 통해 접촉을, 의를 통해 법을 인지한 후에 주요 특징과 부수적 특징들을 취하지 않는다. 그 [특징을 취하기] 때문에 악하고 불선한 요소들이 그의 마음에 흐르게 될 것이다. 그것들을 억제하기 위해 정행하며 意根을 보호하고 의근에 의해 제어를 한다. 이것이 근의 율의라고 설해진다.

(7) 음식에 대한 양을 아는 것이란 무엇인가? 그와 같이 감각기관이 제어된 그는 바른 사유를 통해 음식을 먹는데, 자부심 때문도 아니고 취하기 위함도 아니고 미용 때문도 아니고 장식 때문도 아니라, 신체를 유지하고 존속하기 위해, 기갈을 면하기 위해, 梵行에 도움이 되기 위해서이다. "나는 과거의 감수를 끊을 것이며, 새로운 [감수를] 일으키지 않을 것이다. 나에게 노력과 힘, 즐거움과 죄를 여읜 상태, [편안한] 접촉에 주하는 상태가 일어날 것이다." 이것이 음식에 대해 양을 아는 것이라 설해진다.

(8) 이른 밤과 늦은 밤에 깨어 있는 수행이란 무엇인가? 그와 같이 음식에 대한 양을 아는 그는 낮에 경행과 앉아 있음에 의해 장애를 일으킬 수 있는 법들로부터 심을 정화한다. 그는 이른 밤에 경행과 앉아 있음에 의해 장애를 일으킬 수 있는 요소들로부터 심을 정화한 후에 머무는 곳에서 나와 머무는 곳의 외부에서 두 발을 씻은 후에 오른편으로 누워 발에 발을 올려놓고서 사자좌를 한다. 그는 광명상을 지니고, 정념과 정지를 갖고 일어나려는 생각을 작의하면서 밤의 후반부에 신속히 깨어난 후에 경행과 앉아 있음에 의해 장애를 일으킬 수 있는 요소들로부터 심을 정화한다. 이것이 이른 밤과 늦은 밤에 깨어 있는 수행이라고 설해진다.

(9) 정지를 갖고 주함이란 무엇인가? 그와 같이 깨어 있는 수행을 하는

그는 왕래할 때에 정지를 갖고 주한다. 관찰하고 반조할 때, [신체를] 펴고 구부릴 때, 승복과 의발을 지닐 때, 먹고 마시고 씹고 음미할 때, 잠에 의해 피곤을 제거할 때, 행주좌와하고 깨어 있고 말하고 침묵할 때에 정지에 주한다. 이것이 정지에 주함이라고 설해진다.

(10) 遠離란 무엇인가? 그는 이들 법들에 의해 수행처를 정화한 후에 갖가지 좌구와 와구에 머문다. 좌구와 와구란 아란야와 나무 아래, 빈집, 산 계곡, 동굴, 초가, 뚫린 장소, 무덤, 숲, 평야, 외진 곳이다. 이것이 원리라 설해진다.

(11) 덮개로부터의 청정이란 무엇인가? 아란야에 가거나 나무 아래에 가거나 간에 그는 5종의 덮개(nivaraṇa, 蓋)로부터, 즉 탐욕, 진에, 혼침과 수면, 도거와 악작, 의심으로부터 심을 정화한다. 그는 이들 덮개로부터 심을 정화한 후에 삼매의 능숙함 속에 덮개가 없음을 확립한다. 이것이 덮개로부터의 청정이라고 설해진다.

(12) 삼매에 의지함이란 무엇인가? 그는 심의 수번뇌를 야기하고 잡염을 야기하는 5蓋를 끊은 후에, 욕망의 대상을 여의고 악하고 불선한 요소들을 여의고 거친 사유와 미세한 사유를 수반한, 원리에서 생겨난 喜와 樂을 지닌 초선에 이른 후에 주한다. 그는 거친 사유와 미세한 사유들의 적정으로부터, 내적인 맑은 믿음으로부터, 심이 하나로 된 상태로부터 거친 사유와 미세한 사유를 여읜, 삼매에서 생겨난 희와 낙을 가진 제2선에 이른 후에 주한다. 그는 喜로부터 이욕했기에 평정하게(捨) 주하며, 정념과 정지를 갖고, 신체를 통해 낙을 감수한다. 성자들은 "평정하고 정념을 갖고 낙에 머문다."고 말한 제3선에 이른 후에 주한다. 그는 낙을 끊고 고를 끊었기 때문에 또 이전의 심적 기쁨과 우울함이 사라졌기 때문에, 고와 낙을 여읜 捨念淸淨의 제4선에 이른 후에 주한다. 이것이 삼매에 의지함이라고 설해진다.

1.2.5. 종성의 건립의 결론

그는 이 순서로 자신의 원만을 선행요소로 하고 삼매에 의지함을 마지막으로 하는, 뒤로 갈수록 뛰어나고 더욱 뛰어나고 가장 뛰어난 조건들을 수집한다. 이와 같이 심이 청정해지고 깨끗해지고, 더러움을 여의고, 수번뇌를 떠나고 곧고 활동력이 있고 안주하고 동요가 없는 상태를 얻었을 때, 만일 그가 사성제와 관련하여 그것들을 변지하고 끊고 촉증하고 수습하기 위해 타인으로부터 교수와 교계를 얻는다면, 이와 같이 그는 노력에 의해 수반된 작의와 그것에 의존하는 정견을 일으키기 위한 능력과 힘을 갖게 된다. 그는 그 정견에 의해 사성제를 현관하고 해탈을 완성시키며, 무여의 열반계로 반열반하는 것이다. 그중에서 정견에서부터 해탈의 완성과 무여의열반까지가 종성의 증득이라고 알아야 한다.

그리고 자신의 원만에서부터 삼매에 의지함까지가 열등한 증득의 조건이라고 알아야 한다. 사성제의 교설과 교수를 주요 내용으로 하는 타인으로부터의 말과 여리작의가 뛰어난 증득의 조건이라고 알아야 한다.

이것이 종성의 건립이다.

1.3. 종성에 주하는 개아의 표징 (ŚrBh 16,7; Ch. 397c25)

종성에 주하는 개아의 표징(liṅga)들은 무엇인가?

답: 열반하지 못하는 성질을 가진 자(aparinirvāṇadharmaka)의 표징들이 있는데, 종성에 주하는 개아의 표징들은 그것과 반대라고 알아야 한다.

그런데 열반하지 못하는 성질을 가진 개아가 그것들을 갖추었을 때, "그는 열반하지 못하는 성질을 가졌다."고 알아야 하는, 열반하지 못하는 성질을 가진 자의 표징들은 무엇인가?

답: 많은 열반하지 못하는 성질을 가진 자의 표징들은 많지만, 그렇지만

나는 일부만을 설할 것이다.

(i) 여기서 열반하지 못하는 성질을 가진 개아에게 바로 처음부터 의지체에 부착되어 있는(āśraya-sanniviṣṭā) 알라야에 대한 갈애(ālayatṛṣṇā)는 모두 모든 방식으로 일체 제불의 [도움으로]도 끊지 못하는 성질을 갖고 또 근절될 수 없다(anutsādya). [왜냐하면 그것은] 오랫동안 [의지체에] 침투되어 왔고(dūrānugata)[10] [그리고] 견고하게 부착되어 있기 때문이다.[11] 이것이 종성에 주하지 않는 개아의 첫 번째 표징이다.

(ii) 또한 종성에 주하지 않는 다른 개아가 있다. 그는 여러 법문들에 의해 다양하고 많은 윤회의 단점들을 들은 후에, 또 여러 법문들에 의해 다양하고 많은 열반의 공덕들을 들은 후에, 아무리 작다고 해도 희론과 윤회에 대해 염리를 불러일으키는 단점의 인식과 과환의 인식을 과거세에서도 일으키지 않았고, 미래세에서도 일으키지 않을 것이고, 현재세에서도 일으키지 않는다. 또 열반과 갈애의 소멸, 이욕, 열반에 대해 작고 적더라도 깨끗할 뿐인 공덕의 인식과 장점의 인식을 과거·미래·현재세에서 일으키지 않았고 일으키지 않을 것이고 일으키지 않는다. 이것이 종성에 주하지 않는 자의 두 번째 표징이다.

(iii) 또한 종성에 주하지 않는 다른 개아가 있다. 그는 처음부터 강력한, 자신에 대한 부끄러움과 타인에 대한 부끄러움을 갖고 있지 않다. 따라서

---

10 dūrānugata의 의미와 교정에 대해서는 Schmithausen 1987: n. 1059 참조. 여기서 이 술어의 의미는 "permeating [it] (or: continuing) for a long period"이다.

11 이 구절은 Schmithausen(1987: 165f, n. 1057)에서 다루어지고 번역되고 있다. 여기서 특히 ālaya-tṛṣṇā 개념이 āśraya-sanniviṣṭā과 연결되어 사용되고 있는데, 그는 ālaya-tṛṣṇā가 ālaya=tṛṣṇā라는 동격한정복합어가 아니라, ālaya를 "그가 집착하는 것"이라는 대상적인 의미로 해석한다. 따라서 여기서 ālaya는 kāmaguṇa(sense-objects)나 ātmabhāva(basis of personal existence)와 같은 의미로 사용되었고, object-of-clinging [like sensual pleasure or (one's basis of) personal existence]로 이해될 수 있다고 해석한다.

그는 마음에 거리낌이 없고 두려움이 없이 기뻐하는 마음으로 모든 악을 행한다. 그 때문에 그는 언제나 후회하지 않는다. 그 때문에 현세에 재물과 관련한 자신의 손상만을 본다.[12] 이것이 종성에 주하지 않는 자의 세 번째 표징이다.

(iv) 또한 종성에 주하지 않는 다른 개아가 있다. 고·집·멸·도에 대해 일체 방식으로 완성되고 명료하고 이치에 맞고 명백하고 이해할 수 있는 정법이 설해질 때, 마음이 [그쪽으로] 조금 끌리거나 조금도 신해하지도 못한다. 과거세와 현재세, 미래세에서 머리털이 곤두서고 비탄이 터져 나옴을 얻는 것은 보아 무엇 하겠는가? 이것이 종성에 주하지 않는 자의 네 번째 표징이다.

(v) 또한 종성에 주하지 않는 다른 개아가 있다. 만일 어떤 때나 어떤 시간에 잘 설해진 법과 율 속에서 출가하지만, 그는 왕에 의해 핍박되거나 도둑들에 의해 핍박되거나, 빚에 쫓기거나 공포에 쫓기거나 생활고에 압도당해서 [출가하는 것이지], 자신을 제어하기 위해서나 자신을 적정하게 하기 위해서 또는 스스로 열반하기 위해서 [출가하지] 않고, 사문이나 바라문의 상태를 위해서 [출가하지] 않는다. 또는 그와 같이 출가했더라도 재가자와 출가자들과 함께 주하면서, "나는 천신이나 다른 천중으로 태어날 것이다."라고 하는 [그릇된] 소원 때문에 梵行을 행하거나, 또는[13] 훈련항목을

12 사본의 손상 때문에 해독하기 어렵다. 티벳역: gzhi des tshe 'di'i zang zing dang bcas pa'i bdag nyid nyams pa kho na tsam du mthong bar zad de/. 한역: 由是因緣 自身財寶衰退過患. 티벳역에 따라 번역했지만, 티벳역의 tshe 'di(=現世)에 대응하는 한역이 없다.

13 이하의 "훈련항목을 어기고 … 범행자라고 칭한다면"까지의 여덟 항목은 Mvy 9136-9144에 나열되어 있다: (1) duḥśīlah (2) pāpadharmaḥ (3) antarpūtir (4) avasrutaḥ (5) kaśaṃbakajātaḥ (6) śaṅkhasvarasamācāraḥ (7) aśramaṇaḥ śramaṇapratijñaḥ (8) abrahmacārī brahmacārīpratijñaḥ. Mvy의 읽기는 VyY(Lee 2001: 46ff)에서도 확인된다. 여기서 dge slong gang (1) tshul khrims 'chall ba/ (2) sdig pa'i chos can/ (3) khong myangs pa/ (4) 'dzag pa/

어기고 끊으며, 나쁜 계를 지니고, 내적인 부정물이 있고, 유출하고, 조개에 의해 오염된 물과 같고,[14] 소라 소리를 [내면서] 돌아다니고,[15] 사문이 아니지만 사문이라고 칭하고, 범행자(brahmacārin)가 아니지만 범행자라고 칭한다면, 과거세와 현재세, 미래세에서 종성에 주하지 않는 개아의 출가는 이와 같다고 알아야 한다. 또 훈련하고자 하지 않는 개아에게 출가와 수계, 비구의 상태는 없다. 이런 방식으로 이런 의도에 의해 실질적으로 출가한 것이 아니라, 출가의 징표와 자세만을 가짐에 의해 '[그는] 출가했다'는 명칭을 얻은 것이다. 이것이 종성에 주하지 않는 자의 다섯 번째 표징이다.

(vi) 또한 종성에 주하지 않는 다른 개아가 있다. 신체나 말, 의도로 선업을 지을 때, 그가 [더 나은] 존재를 희구하거나 또는 모든 미래의 탁월한 재생을 희구하거나, 또는 재산을 의도하면서 뛰어난 재산을 희구한다면, 이것이 종성에 주하지 않는 자의 여섯 번째 표징이다.

그에게 이러한 종류의 많은 특징들이 존재하는데, 그것들을 갖춘 자가

---

(5) shing rul lta bu/ (6) bong bu ltar kun tu spyod pa/ (7) dge sbyong ma yin par dge sbyong du khas 'che ba/ (8) tshangs par spyod pa can ma yin par tshangs par spyod pa can du khas 'che ba de … ; 堀内(2015: 166)에 따르면 섭이문분(T30: 770b10ff; D 'i 43b5-44a6) 및 섭사분(T30: 819a20-23) 등에도 상세한 설명이 있다. 위의 ŚrBh 이외에도 § 3.4.2.(x)의 수계의 훼손을 다루는 부분에서도 비슷한 8종의 나열이 나오는데, 두 군데에서 (1)과 (2)의 기술은 VyY와 Mvy와 차이가 있는데, 堀内(2015: 166)에 따르면 이는 ŚrBh가 수계의 훼손의 맥락에서 종성에 주하지 않는다고 보기 때문일 것이다.

14 BHSD s.v. kaśaṃbakajāta. 이 단어는 VyY에서 shing rul lta bu로 제시되어 있고, YBh에서는 shing rul gyis brnyogs pa'i chu lta bur gyur pa(T30: 398b10-11: 外現眞實, 如水所生雜穢蝸牛)이다. 섭이문분의 해설에 따르면 염오된 물로서, 蝸螺(달팽이, 소라=파계)에 의해 오염된 물을 마셔도 (=청문해도) 갈증을 없앨 수 없는 것으로 설명된다.

15 śaṅkhasvarasamācāra이란 직역하면 "소라 소리를 [내면서] 돌아다님" 정도의 의미이다. VyY: bong bu ltar kun tu spyod pa; 티벳역 lung bong ltar kun tu spyod "소처럼 행함"이며, 한역은 螺音狗行이다. 堀内(2015: fn. 7)는 "Pāli에서 sankassara(의심)로서 전체적으로 의심하면서 행하는 자"를 의미할 것이라 제안한다.

열반하지 못하는 성질을 가진 자로서, 열반하지 못하는 성질을 가진 자라고 불린다.

1.4. 22종의 종성에 주하는 개아 (ŚrBh 19,7; Ch. 398b25)

종성에 주하는 개아란 무엇인가?

답: 종성에 주하는 개아가 있다. 그는 (i) 바로 종성에 주하고 있지만 아직 [수행도에] 들어가지 않았고 아직 출리하지 않았으며, (ii) [수행도에] 들어갔지만 출리하지는 않았으며, (iii) [수행도에] 들어갔고 출리했으며, (iv) 미약한 근을 가졌으며, (v) 중간의 근을 가졌으며, (vi) 예리한 근을 가졌으며, (vii) 탐욕을 행하는 자이며, (viii) 진에를 행하는 자이며, (ix) 우치를 행하는 자이며, (x) 나쁜 곳에서 태어난 자이며, (xi) 좋은 곳에서 태어난 자이며, (xii) 방일한 자이며, (xiii) 방일하지 않은 자이며, (xiv) 邪行을 하는 자이며, (xv) 사행을 하지 않는 자이며, (xvi) 장애를 가진 자이며, (xvii) 장애를 여읜 자이며, (xviii) [열반에] 멀리 있는 자이며, (xix) [열반에] 가까이 있는 자이며, (xx) 성숙한 자이며, (xxi) 미성숙한 자이며, (xxii) 청정한 자이며, (xxiii) 청정하지 않은 자이다.

(i) 종성에 주하는 개아가 바로 종성에 주하고 있지만, [수행도에] 들어가지도 않고 출리하지도 않았다는 것은 무엇인가? 예를 들어 여기서 어떤 개아가 출세간의 종자들을 구비하고 있지만, 진실한 자와의 교제나 정법의 청문에 의존하여 여래께서 설하신 법과 율에 관해 믿음을 얻지 못하고, 계를 수지하지 않았으며, 청문한 것을 파악하지 못하고, 보시를 증대시키지 못했고, 견해를 곧게 하지도 못했다. 그는 종성에 주하면서 [수행도에] 들어가지 않고 출리하지도 않은 자이다.

(ii) 종성에 주하면서 [수행도에] 들어갔지만 출리하지 않은 자란 무엇인

가? 앞에서 설한 黑品과 반대의 白品에 의해 종성에 주하고 또 [수행도에] 들어갔다고 알아야 한다. 그렇지만 다음과 같은 차이가 있다: 성스러운 수행도와 그것의 결과인 번뇌와의 비결합을 아직 얻지 못한 것이다.

(iii) 종성에 주하면서 [수행도에] 들어갔고 출리한 자란 무엇인가? 그것은 바로 [앞에서] 설했던 것이지만, 다음과 같은 차이가 있다: 성스러운 수행도와 그것의 결과인 번뇌와의 비결합을 얻은 것이다.

(iv) 미약한 근을 가진 개아란 무엇인가? 어떤 개아에게 인식되어야 할 사태인 인식대상에 대해 청문과 사유, 수습으로 이루어진 작의와 상응하는 근들이 극히 둔하고 미력하게 진행하는 것이다. 즉 信·根·念·慧·定[16]에 의해 법(dharma)이나 義(artha)를 통달할 수 있거나 또는 진실을 신속히 통달할 수 있는 능력이 없고 힘이 없는 것이다. 그가 미약한 근을 가진 개아라고 설해진다.

(v) 중간의 근을 가진 개아란 무엇인가? 인식되어야 할 사태인 인식대상에 대해 그의 근들이 극히 둔하게 진행하지는 않지만, 모든 것은 앞에서처럼 상세히 말해져야 한다. 그가 중간의 근을 가진 개아라고 설해진다.

(vi) 예리한 근을 가진 개아란 무엇인가? 어떤 개아에게 인식되어야 할 사태인 인식대상에 대해 청문과 사유, 수습으로 이루어진 작의와 상응하는 근들이 둔하지 않게, 미력하지 않게 진행되는 것이다. 즉 信·根·念·慧·定에 의해 법(dharma)이나 義(artha)를 통달할 수 있거나 또는 진실을 신속히 통달할 수 있는 능력이 있고 힘이 있는 것이다. 그가 예리한 근을 가진 개아라고 설해진다.

(vii) 탐욕을 행하는 개아란 무엇인가? 염착을 불러일으키는 인식대상에

---

16 이들 5종 요소는 37보리분법에서 5根과 5力을 구성하는 법들이다. 그 내용과 의미에 대해서는 ŚrBh II.12.2.4.를 보라.

대해 강력하고 오랜 시간 탐을 가진 자가 탐욕을 행하는 개아라 설해진다.

(viii) 진에를 행하는 개아란 무엇인가? 미워함을 불러일으키는 인식대상에 대해 강하고 오랜 진에를 가진 자가 진에를 행하는 개아라고 설해진다.

(ix) 우치를 행하는 개아란 무엇인가? 인식되어야 할 사태에 대해 강하고 오랜 우치를 가진 자가 우치를 행하는 개아라고 설해진다.

(x-xvii) 나쁜 곳에서 태어나고, 방일을 행하고, 사행을 행하고, 장애를 가진 자들이란 앞에서처럼[17] 알아야 한다. 좋은 곳에서 태어나고, 방일을 행하지 않고, 사행을 행하지 않고, 장애를 여읜 자들이란 그것과 반대라고 알아야 한다.

(xviii) [열반에서] 멀리 있는 개아란 무엇인가? 시간의 장구함 때문에 또는 가행의 장구함 때문에 열반에서 멀리 있는 개아가 있다.

그중에서 시간의 장구함 때문에 [열반에서] 멀리 있는 [개아란] 무엇인가? [어떤 개아는] 수백 생을 지나, [어떤 개아는] 수천 생을 지나, [어떤 개아는] 수십만 생을 지나, 그 후에 뛰어난 조건을 얻어 열반할 수 있는 것이다. 가행의 장구함 때문에 [열반에서] 멀리 있는 [개아란] 무엇인가? 오직 종성에만 주하면서 들어가지 않는 자이다. 그는 신속하게 열반을 위한 조건들을 획득할 수 있지만, 열반을 향한 가행을 착수하지 않기 때문에 가행의 장구함 때문에 멀리 있는 것이지, 시간의 장구함 때문은 아니다. 이것이 멀리 있는 개아라 설해진다.

(xix) [열반에] 가까이 있는 자란 무엇인가? 시간의 근접 때문에 열반에 가까이 있는 개아가 있고, 가행의 근접 때문에 열반에 가까이 있는 [개아도] 있다.

---

17 네 가지 요소들은 ŚrBh I.1.2.3에서 열반할 수 있는 성질을 가진 자들이 그럼에도 오랫동안 윤회하면서 열반하지 못했는가의 이유로서 제시된 것이다.

그중에서 시간의 근접 때문에 열반에 가까이 있다는 것은 무엇인가? 신체와 의지체의 마지막 존재에 주하면서 그는 바로 그 신체로서 열반하고 그 찰나에 장애 없이 번뇌의 끊음을 현증하는 것이다. 그것이 시간의 근접 때문에 열반에 가까이 있는 것이다. 가행의 근접 때문에 열반에 가까이 있다는 것은 무엇인가? 그는 종성에 주하고 이미 취입한 자이다. 그 양자를 하나로 압축해서 가까이 있는 자라고 설해진다.

(xx-xxi) 미성숙한 개아란 무엇인가? 개아는 저 [최후의 신체]에 의거해서 열반과 定性離生에 들어가게 되는데, 그 최후의 신체를 아직 획득하지 못한 개아가 미성숙한 개아라 설해진다. 성숙한 개아란 무엇인가? 개아는 저 [최후의 신체]에 의거해서 열반과 定性離生에 들어가게 되는데, 그 최후의 신체를 획득한 개아가 성숙한 개아라 설해진다.

(xxii-xxiii) 청정하지 않은 개아란 무엇인가? 성스러운 수행도를 아직 일으키지 않고 그것의 결과인 번뇌와의 비결합을 작증하지 않은 자가 청정하지 않은 개아라 설해진다. 청정한 개아란 무엇인가? 그것과 반대된다고 알아야 한다.

이들이 종성에 주하는 개아라고 알아야 한다. 즉 아직 들어가지 않은 자들은 들어가게 하고, 성숙하지 못한 자들은 성숙시키며, 청정하지 못한 자들은 청정하게 하기 위해 불세존들이 세간에 출현하시고 법륜들을 굴리셨고 훈련항목들을 세우신 것이다.

중간의 요약송이다.

> 자성과 그것들의 확립, 표징들과 개아,
> 그들 일체를 요약해서 종성지라고 알아야 한다.

2. 趣入地(avatārabhūmi)

2. 취입지(ŚrBh ---; Ch. 399b19)

[수행도에] 들어가기 위한 토대(趣入地)란 무엇인가?

> 취입의 자성과 건립, 취입하는 자들의 특징, 취입한 개아
> 이 모든 것을 요약해서 취입지라고 설한다.

2.1. 취입의 자성

[수행도에] 들어감(avatāra, 趣入)의 자성이란 무엇인가?

여기서 종성에 주하며, 열반의 종자의 성질을 갖춘 개아가 붓다가 출현하고 도적이 아니고 강도가 아닌 중심부의 사람들 속에서 앞에서 상세히 설했던 것처럼[18] 태어날 때, 바로 처음부터 붓다와 붓다의 제자들을 보고

---

18 앞의 종성지에서 "4부 대중들과 현자, 올바른 길을 걷는 자, 진실한 자들이 가는 그곳에서 도둑이 아니고 강도들이 아닌 자들 중에 태어나지만,"의 설명을 가리킨다.

근처로 가서 존경하며, 그들로부터 법을 들은 후에 먼저 믿음(=信)을 획득하고 계를 수지하고 청문을 이해하고 보시를 증대하고 견해를 청정하게 한다.

그 후에 법을 수지한 원인과 조건에 의해 신체가 파괴된 후에, 그 생이 다한 후에도 이숙의 6처에 포섭된 뛰어난 근을 가진 성자의 상태를 얻게 된다. 그에게 그 [근]들도 최고와 최상의 믿음이 생겨나는 토대로 되며, 최고와 최상, 진실한 계의 수지와 청문의 이해, 보시의 증대, 견해의 청정의 토대로 된다. 극히 최고이며 최상이며 진실한 信 등의 법들도 다른 이숙의 토대가 되며, 이숙 또한 출세간의 법과 상응하는 다른 선의 토대로 된다.

이와 같이 그가 동일한 원인과 토대에 의해 동일한 것을 제공하는 힘을 일으킴에 의해 점차 그곳에 주한다면, 열반과 定性離生(samyaktvaniyāma)[19]에 들어가게 되며, 최후의 신체를 얻게 될 때까지 성스러운 생으로 진행하는 것이 취입이라 설해진다.

그것은 무엇 때문인가? 그가 그때 열반을 얻게 되고, 열반으로 향하고, 차례로 나아가고, 완전히 구극에 도달하기 위해 수행도와 길과 성취에 들어가고 올바로 들어가고 잘 들어가기 때문에 따라서 [수행도에] 들어간 자라고 설한 것이다. 그것이 [수행도에] 들어감의 자성이다.

2.2. 취입의 건립 (ŚrBh ---; Ch. 399c17)

[수행도에] 들어감의 건립이란 무엇인가? (i) 종성이 있는 자, (ii) [수행도에] 들어간 자, (iii) 성숙해가는 자, (iv) 성숙된 자, (v) 이미 [수행도에] 들어

---

19 samyaktvaniyāma는 전문술어로서 定性離生, 즉 '윤회존재를 떠남이 본성적으로 확정된 것'이다. 예류에 들어간 성자나 대승에서 초지에 들어가는 것을 가리킨다.

갔지만 성숙해가지도 않고 성숙되지도 않은 자, (vi) 이미 [수행도에] 들어갔고 성숙해가지만 성숙되지는 않은 자, (vii) 이미 [수행도에] 들어갔고 성숙된 자이지만 성숙해가지는 않는 자, (viii) [수행도에] 들어가지도 않고 성숙된 것도 아니고 성숙해가지도 않은 자이다.

2.2.1. 8종의 취입한 자의 건립

(i) 그중에서 종성을 가진 자란 무엇인가? 답: 앞에서와 같다.[20]

(ii) 그중에서 이미 [수행도에] 들어간 자란 무엇인가? 종성에 주하는 개아가 이전에 여래가 설하신 법과 율에 대한 믿음을 얻지 못했기 때문에 먼저 [그것을] 획득하고 계를 수지하고 정법을 듣고 보시를 증대하고 견해를 청정하게 하는 것이 이미 [수행도에] 들어간 자라고 설해진다.

(iii) 성숙해가는 자(paripacyamāna)란 무엇인가? 그와 같이 이미 [수행도에] 들어간 개아가 거기에 주한다면, 열반과 올바른 상태로 확정되게 되는 최후의 신체를 획득하는 것을 제외하고, 이미 [수행도에] 들어간 자는 이후에 그 이후의 생에서 최고와 최상, 진실하고 극히 수승한 근들을 성취해가는 것이 성숙해가는 것이라고 설해진다.

(iv) 성숙된 자(paripakva)란 무엇인가? 그가 그곳에 주할 때, 열반과 올바로 확정된 상태에 들어가게 되는 최후의 신체를 얻게 되는 것이 성숙한 자라고 설해진다.

(v) 이미 [수행도에] 들어간 자이지만 아직 성숙해가지도 않고 성숙된 것도 아닌 자란 무엇인가? 여래께서 설하신 법과 율에 대해 먼저 믿음과 견해의 청정에 이르기까지 증득하지만, 그 후에 하나의 생조차도 지나지 않은 것이다. 그는 이미 [수행도에] 들어간 자이지만 성숙해가지도 않고 성숙

---

20 앞의 1.4.에서 설명된 〈종성에 주하는 개아〉 항목을 볼 것.

된 자도 아니라고 설해진다.

(vi) 이미 [수행도에] 들어갔고 성숙해가지만 성숙되지는 않은 자란 무엇인가? 여래께서 설하신 법과 율에 대해 먼저 믿음과 견해의 청정에 이르기까지 증득했고, 그 후에 한 번이나 두 번 또는 많은 생도 지났지만, 그곳에 주할 때 열반과 정성이생에 들어가게 되는 최후의 신체를 증득하지 않는 자이다. 그는 이미 [수행도에] 들어갔고 성숙해가는 자이기도 하지만, 성숙된 자는 아니라고 설해진다.

(vii) 이미 [수행도에] 들어갔고 성숙된 자이지만 성숙해가는 자는 아니라는 것은 무엇인가? 그와 같이 이미 [수행도에] 들어간 바로 그 개아가 그곳에 주한다면 열반과 정성이생에 들어가게 되는 최후의 신체를 증득하고 획득하게 되는 것이다. 그는 이미 [수행도에] 들어갔고 성숙된 자이지만, 성숙해가는 자는 아니라고 설해진다.

(viii) [수행도에] 들어가지도 않고 성숙해가는 자도 아니고 성숙된 자도 아니라는 것은 무엇인가? 열반할 수 있는 성질을 가진 개아가 단지 종성에 주하면서[21] [수행도에] 들어가지 않는 것이 [수행도에] 들어가지 않고 성숙해가는 자도 아니고 성숙된 자도 아닌 개아라고 설해진다.

그렇지만 그는 [수행도에] 들어가거나 성숙할 능력이 있다. 반면에 [수행도에] 들어가거나 성숙할 능력이 없는 개아도 있다. 예를 들면 종성이 없는 자이고 열반할 수 있는 성질을 갖지 않은 개아는 끝내 [수행도에] 들어가거나 성숙할 능력이 없다. 하물며 열반할 수 있는 능력이 있겠는가!

2.2.2. 취입한 개아의 6종 분류 (ŚrBh 25,3; Ch. 400a23)

모든 개아는 여섯 가지 점에 의해 포섭된다. 여섯 가지란 무엇인가? 가능

21 여기까지 ŚrBh에 산스크리트가 없다.

성이 있고(bhavya), 하품의 선근을 갖추고 있고, 중품의 선품을 갖추고 있고, 상품의 선근을 갖추고 있고, 구경을 향해 노력하며, 구경에 도달한 자이다.

(i) 그중에서 가능성이 있는 개아란 무엇인가? 종성에 주하고 있지만, 처음부터 여래에 의해 설해진 법과 율에 대한 믿음을 지금까지 획득하지 못한 내지 견해를 곧게 하지 않은 자가 가능성이 있는 개아라고 설해진다.

(ii) 그중에서 하품의 선근을 갖추고 있는 자란 무엇인가? 종성에 주하는 자가 그럼으로써 여래에 의해 설해진 법과 율에 대해 처음부터 믿음을 얻고 내지 견해를 곧게 했을 때, 그가 하품의 선근을 갖추고 있는 개아라고 설해진다.

(iii) 그중에서 중품의 선근을 갖추고 있는 자란 무엇인가? 종성에 주하는 개아가 처음부터 여래에 의해 설해진 법과 율에 대해 믿음을 얻은 후에 내지 견해를 곧게 한 후에, 그 이후에 한 생이나 두 생 또는 여러 생을 산출하고 발전한다. 그러나 그곳에서 머물 때 열반하고 정성이생에 들어가게 되는 최후의 신체를 획득하지는 않는다. 그가 중품의 선근을 갖추고 있는 개아라고 설해진다.

(iv) 그중에서 상품의 선근을 갖추고 있는 개아란 무엇인가? 개아가 발전할 때, 그는 그곳에서 열반하고 정성이생에 들어가게 되는 최후의 신체를 획득한다. 그가 상품의 선근을 갖추고 있는 개아라고 설해진다.

(v) 그중에서 구경을 향해 노력하는 개아란 무엇인가? 그는 최후의 신체를 획득한 후에, 루의 소멸을 위해 올바른 교수와 교계 또는 정법의 청문을 얻은 후에 올바로 가행하지만, 모두 모든 방식으로 정행해서 루의 소멸을 획득하지 못하며 구경에 이르지 못한다. 그가 구경을 향해 노력하는 개아라고 설해진다.

(vi) 그중에서 구경에 도달한 자란 무엇인가? 루의 소멸을 위해 올바로 교수와 교계를 받은 그는 그와 같이 정행하고, 모두 모든 방식으로 루의 소

멸을 획득하고 행해야 할 것을 다 행했고 최고의 청량한 상태를 획득하게 된다. 그가 구경에 이른 개아라고 설해진다.

그중에서 가능성이 있는 자의 종류에 속하는 개아는 종성에 의지한 후에 종성에 안주하기 위해 하품의 선근들을 얻고 [수행도에] 들어가게 된다. [수행도에] 들어간 그는 하품의 선근들에 의지한 후에 안주하기 위해 중품의 선근들을 얻고, 그것들에 의해 자신을 성숙시킨다. 그와 같이 성숙해가는 그는 중품의 선근들에 의지한 후에 안주하기 위해 상품의 선근들을 얻고 성숙한 자가 된다. 상품의 선근들이라는 원인에 의해 증득된 자체존재의 획득에 의해 그가 자량을 이끌어내고 심일경성에 접촉하고 정성이생으로 나아가며, 예류과나 일래과 또는 불환과를 촉증하지만, 최고의 결과인 아라한의 상태를 촉증하지는 못하는 그때에 그는 구경을 향해 노력하는 자라고 설해진다. 그렇지만 그가 모든 번뇌의 끊음으로서의 아라한의 상태를 촉증할 때, 그는 구경에 도달한 자가 된다.

이들 초·중·후의 모든 성문들의 행위는 6종 개아의 확립에 의해 제시되었다. 그중에서 종성에 의해 성문의 행위의 처음이 제시되었고, 구경에 의해 마지막이, 그리고 그것과 다른 것에 의해 [성문의 행위의] 중간이 제시되었다.

2.2.3. 취입한 개아들의 열반 (ŚrBh 27,2; Ch. 400c12)

이미 [수행도에] 들어간 개아들에게 열반까지의 시간은 양적으로 정해져 있으며, 모든 이에게 균등한가? 아니면 열반까지 시간은 양적으로 정해져 있지 않고 모든 이에게 균등하지 않게 정해져 있는가?

답: 그들에게 열반까지의 시간은 양적으로 정해지지도 않았고, 모든 이에게 균등한 것도 아니다. 그렇지만 이치에 따라 그들에게 열반은 조건에 따라 얻어지는 것이라고 알아야 한다. 어떤 자들에게는 오랜 기간을 거

쳐, 어떤 자들에게는 극히 오랜 기간을 거치지는 않고, 어떤 자들에게는 신속하게 열반이 이루어진다. 그렇지만 신속히 열반하는 종성에 주하는 모든 개아는 확실히 세 번의 생을 산출한다. 한 [생]에서는 취입하고, 다른 한 [생]에서는 성숙되어 가고, 다른 생에서는 성숙한 자가 되어 바로 거기서 열반한다. 만일 열반하지 않는다면 그는 확실히 有學으로서 죽으며, 또 다른 7생을 산출한다.

이것이 [수행도에] 들어감의 건립이다,

2.3. 이미 [수행도에] 들어간 개아들의 표징

(ŚrBh 28,14; Ch. 400c24)

[수행도에] 들어간 개아의 표징들은 무엇인가?

(i) 여기서 단지 [수행도에] 들어갔을 뿐인 종성에 주하는 개아는 다른 재생에 들어갔을 때에도 정념의 상실을 얻는다. 그에게 자신의 스승 및 법과 율이 있고, 또 잘못 설해지고 잘 설해진 법과 율이 비록 있다고 해도, 여러 방식으로 잘못 설해진 법과 율의 찬탄과 칭찬, 이로움을 들은 후에 [수행도에] 들어가지 않고 출가하지 않는다. 비록 출가해서 [수행도에] 들어가더라도 그는 재빨리 퇴환한다. 본성적으로 그에게 그것에 대한 애락이 존재하는 것이다.[22] 꿀 속에서 태어난 벌레가 양념장에 들어가 있고, 욕망의 대상을 향수하는 자가 진흙 속에 흘러가는 덩어리에 던져져 있는 것처럼, 그와 같이 그것은 이전의 원인의 힘을 지님에 의해 [던져져 있는 것이다].

---

22 ŚrBh(1) p. 53에서는 "그의 본성에서 그것에 애락해서 안주하는 것은 아니다."고 부정사를 넣어 번역했지만, ŚrBh 사본이나 편집본 자체에 부정사가 없으며, 또한 의미상으로도 타당하지 않을 것이다.

반면에 잘 설해진 법과 율의 찬탄과 칭송, 이로움을 듣는 자는 그렇지 않다. 또는 작거나 하열한 [찬탄 등]을 듣거나 듣지 않은 후에 재빨리 [수행도에] 들어가거나 출가한다. 그와 같이 출가했고 이미 [수행도에] 들어간 자는 퇴환하지 않는다. 본성적으로 그에게 그것에 대한 애락이 존재한다. 꿀 속에서 [태어난] 벌레가 꿀 속에, 또는 욕망의 대상을 향수하는 자가 강한 욕망의 행위 속에 [던져져 있는 것처럼], 그와 같이 그것은 이전의 원인의 힘을 지님에 의해 [던져져 있는 것이다]. 이것이 [수행도에] 들어간 개아의 첫 번째 표징이다.

(ii) 또한 [수행도에] 들어간 개아는 악취와 난처로 인도하는 번뇌들과 분리되지는 않았지만, 난처들 속에 재생하지는 않는다. 세존께서는 이미 [수행도에] 들어간 개아를 의도하신 후에 다음과 같이 설하셨다.

> 어떤 이에게 세간적인 강력한 정견이 존재할 때에도,
> 그는 천 번의 재생 동안에 악취로 가지 않는다.[23]

반면 그가 점차 성숙으로 인도하는 상품의 선근들 속에 들어갔을 때 그는 난처들 속에서 재생하지 않고 다른 곳에서도 [재생하지] 않는다. 이것이 이미 [수행도에] 들어간 개아의 두 번째 표징이다.

(iii) 또한 [수행도에] 들어간 개아가 정념을 갖고 불·법·승의 공덕들을 들은 후에 광대하고 선하고 출리를 야기하는 심의 맑은 믿음을 얻는다. 더욱더 그 인식대상에 의해 맑은 믿음의 윤택함이라는 심의 상태로 인해 눈물이 떨어지고 머리털이 곤두섬을 얻는다. 이것이 이미 [수행도에] 들어간 개아의 세 번째 표징이다.

---

23 UV 128,7-8; ŚrBh(1), p.55에서 인용.

(iv) 또한 취입한 개아가 모든 죄를 가진 상태의 현행들에 대해 본성적으로 강한 자신에 대한 부끄러움과 타인에 대한 부끄러움을 갖고 있다. 이것이 이미 취입한 개아의 네 번째 표징이다.

(v) 또한 [수행도에] 들어간 개아는 욕구를 갖고 있다. 즉, 설명과 독송, 질문과 수행, 작의에 대한 강한 욕구를 갖고 있으면서 선이란 무엇인가를 심구한다. 이것이 이미 [수행도에] 들어간 개아의 다섯 번째 표징이다.

(vi) 또한 [수행도에] 들어간 개아는 죄를 여읜 일체의 행위들과 모든 받은 것들 그리고 선품을 향한 가행들을 적집하기 위해 견고하게 시도하고 강렬하게 시도하고 확고하게 시도한다. 이것이 이미 [수행도에] 들어간 개아의 여섯 번째 표징이다.

(vii) 또한 [수행도에] 들어간 개아는 먼지가 희박한 종류에 속하며, 매우 희박한 번뇌의 분출을 일으키지 [그것의] 지속적 연관성을 세우지 않는다. 또 그는 諂과 誑이 없이, 憍와 慢, 我見을 제어하고 공덕들에 집착하고 단점들을 증오한다. 이것이 이미 [수행도에] 들어간 개아의 일곱 번째 표징이다.

(viii) 또한 [수행도에] 들어간 개아는 증득해야 할 광대한 점들에 대해 위축된 마음이 없이, 스스로 경멸하지 않고 무력함 속에 안주하지 않고, 많은 승해를 지니고 있을 때, 이것이 이미 [수행도에] 들어간 개아의 여덟 번째 표징이다.

[수행도에] 들어간 개아들에게 이러한 종류의 많은 표징들이 있다고 알아야 한다. 그들 중에서 일부만을 설했다.

하품의 선근들에 주하는, [수행도에] 들어간 자의 이 표징들은 하품이고, 결함이 있고, 지속적이고, 청정하지 않다. 중품의 선근들에 주하는 자의 [표징들은] 중품이며, 상품의 선근들에 주하는 자의 [표징들은] 상품이며, 결함이 없고, 지속적이며, 청정하다. 이것들이 이미 [수행도에] 들어간 개아의 표징들이라고 설해진다.

그 표징들을 갖추고 [수행도에] 들어간 [개아]가 [수행도에] 들어간 자라고 불린다. 종성에 주하는, [수행도에] 들어간 개아들에게 이들 표징들은 추론적인 것이라고 알아야 한다. 오직 제불과 세존들 그리고 최고의 구경에 도달한 성문들이라는 구제자들이 그것에 대해 현량으로 보시고, 극히 청정한 지견에 의해 종성과 [수행도에] 들어감을 경험하시는 것이다.

2.4. 취입한 개아 (ŚrBh 32,3; Ch. 401b26)

이미 [수행도에] 들어간 개아(avatīrṇāḥ pudgalāḥ)들이란 무엇인가?

[수행도에] 들어간 개아가 있다. 그는 (i) 단지 [수행도에] 들어갔을 뿐이지 성숙해가는 자도 아니고 성숙된 자도 아니고 출리한 자도 아니다. (ii) 성숙해가는 [자이지만] 성숙된 자도 아니고 출리한 자도 아니다. (iii) 성숙한 [자이지만] 출리한 자는 아니다. (iv) 출리했지만 성숙한 자는 아니다.

이들의 차이는 앞에서처럼[24] 알아야 한다. 종성지에서 설했던 그것과 다른 미약한 근을 가진 개아들의 차이는 여기에서도 이치에 따라 알아야 한다.

[수행도에] 들어감의 자성과 확립, [수행도에] 들어간 자들의 표징들, [수행도에] 들어간 개아들, 이 모든 것을 요약한 후에 취입지라고 설해진다,

요약송이다.

> 자성과 그것의 확립, 표징과 개아,
> 이들 모두가 요약해서 취입지라고 알려진다.

---

24 ŚrBh I.2.2.1을 보라.

3. 出離地(naiṣkramyabhūmi)

3. 출리지(ŚrBh 33,1; Ch. 401c11)

출리지란 무엇인가? 답: 세간도에 의해 이욕(vairāgya)으로 가는 것과 출세간도에 의해 이욕으로 가는 것, 그리고 그 양자를 위한 자량이다. 그것을 하나로 총괄해서 출리지라고 설한다.[25]

3.1. 세간도에 의한 이욕

세간도에 의해 이욕으로 가는 것이란 무엇인가? 여기서 어떤 이가 욕계에서 거침을 보면서, 그는 등지에 의한 재생과 연결되고, 세속적 욕망과의 떨어짐에서 생겨난 희와 낙을 가진 초선에서 적정을 본다. 그는 그와 같이 보고 그것에 자주 주하면서 욕계와의 이욕을 얻고, 초선에 들어간다. 이와 같이 초선으로부터 그 위에서 일체 낮은 영역들에 대해 거칠다고 보며, 또

---

25 출리지를 구성하는 세 개의 부분들 중에서 첫 번째 세간도에 의한 이욕과 두 번째 출세간도에 의한 이욕 양자는 ŚrBh IV에서 7종 작의에 의해 세간도와 출세간도의 범주에서 다루어지고 있다. 반면 마지막 요소인 양자의 자량은 이하에서(ŚrBh I.3.3.) 13종으로 구분되어 설해지고 있다.

일체 위의 영역들에 대해 적정하다고 본다. 이와 같이 보고 그것에 자주 주하는 그는 무소유처로부터 이욕을 얻고 비상비비상처에 들어간다. 이것이 세간도에 의해 이욕으로 가는 것이라고 설해진다. 이것보다 위도 없고 이것보다 상위의 것은 없다.

3.2. 출세간도에 의한 이욕

출세간도에 의해 이욕으로 가는 것이란 무엇인가? 여기서 어떤 이가 진실한 사람을 보고 성스런 가르침들에 통달해 있으며 성스런 가르침들을 받아들이고 있으며, 고를 고의 측면에서, 집을 집의 측면에서, 멸을 멸의 측면에서, 도를 도의 측면에서 여실하게 알며, 有學의 지견을 구비하고 있다. 또한 그 이후에 수행도를 수습하면서 삼계에 속한 견소단과 수소단의 법들로부터 자신을 분리시키고 해탈시킨다. 이와 같이 그는 삼계를 초월하게 된다. 이것이 출세간도에 의해 이욕으로 가는 것이다.

3.3. 자량(sambhāra) (ŚrBh 36,11; Ch. 402a10)

자량이란 무엇인가? 자신의 원만, 타인의 원만, 선법에의 욕구, 계의 율의, 근의 율의, 음식에 대해 양을 아는 것, 이른 밤과 늦은 밤에 깨어서 수행함, 정지를 갖고 주함, 선우의 상태, 정법의 청문과 사유, 무장애, 포기, 그리고 사문의 장엄이다.[26] 이 요소들이 세간도와 출세간도에 의해 이욕으로 가기 위한 자량이라고 설해진다.

---

26 이들 13종의 자량이 ŚrBh I.3.3.의 주제이다.

3.3.1-3. 자신의 원만, 타인의 원만, 선법에의 욕구

그중에서 자신의 원만과 타인의 원만 그리고 선법에의 욕구의 구별은 앞에서처럼[27] 알아야 한다. 그것은 종자를 획득하는 부차적인 조건(hīna-pratyaya)과 관련하여 설해진 것이다.

3.3.4. 戒律儀(śīlasaṃvara)

3.3.4.1. 계의 율의의 정의 (ŚrBh 37,7; Ch. 402a21)

계의 율의란 무엇인가? 예를 들어 여기서 어떤 이가 계를 갖추고 주하며, 내지 훈련항목(śikṣā, 學處)들을 수지한 후에 훈련하는 것이다.

3.3.4.2. 상세한 분석적 설명

1) 어떻게 계를 지니고 주하는가? 그가 수지한 대로 훈련항목들에 대해 신업을 범하지 않고 구업을 범하지 않으며, 결함 없이 행하고, 과실 없이 행할 때 그와 같이 계를 지닌 자가 된다.

2) 어떻게 그는 별해탈율의에 의해 보호받는가? 7종의 무리(nikāya)[28]에 속한 계를 별해탈율의라고 한다. 무리의 구별에 의해 율의들이 많이 있지만, 이 맥락에서는 비구의 율의에 의거하여 별해탈율의에 의해 보호받는다고 말한다.

3) 어떻게 그는 행위(ācāra)를 갖추게 되는가? 행동거지(īryāpatha)나 행해야 할 것(itikaraṇīya), 또는 선품을 향한 가행(kuśalapakṣaprayoga)에 의거하여 세간에 수순하고 세간을 넘어서지 않으며 율에 적합하고 율을 넘어서지 않

---

27 ŚrBh I.2.4.2.에서 설해진 12개의 부차적 조건들 중에서 앞의 세 조건을 가리킨다.

28 7종의 무리란 비구와 비구니, 식샤마나(śikṣamāṇa), 사미와 사미니, 재가자와 재가여인으로, 성문지 제2유가처 § 2.2에 나온다.

는 행위를 갖춘 것이다.

(i) 그중에서 행동거지에 토대를 둔 행위가 왜 세간을 넘어서지 않고 율을 넘어서지 않는가? 어떤 곳에서 행해져야 하고 또 어떻게 행해져야 할 것이 있을 때, 그것에 대해 또 그와 같이 행하는 것이다. 그렇기에 세상 사람들에 의해 비난받지 않고, 현명하고 올바로 행하는 진실한 사람과 법을 함께 행하는 자들, 율을 지닌 자들, 율을 배우는 자들에게 비난을 불러일으킬 수 있는 죄가 없다. 행위에서처럼 주하고, 앉고, 누워 있음에서도 마찬가지라고 알아야 한다.

(ii) 왜 행해야 할 것(itikaraṇīya)에 토대를 둔 행위가 세간을 넘어서지 않고 율을 넘어서지 않는가? 행해야 할 것이란 옷을 입는 것과 대소변, 물, 지팡이, 마을에 들어감, 걸식으로 음식을 얻고 먹는 것, 바리때를 씻고 놓는 것, 발을 씻고, 와구를 설치하는 것이다. 그것의 요약은 의발과 관련된 일이다. 또는 그것이 무엇이든 이러한 부류의 것이 행해야 할 것이라고 불린다. 또 이치에 따라 어떤 곳에서 행해야 할 것과 어떻게 행해야 할 것이 있을 때 그곳에서 그와 같이 행한다. 그럼으로써 세상 사람들에게 비난받지 않고 욕먹지 않는 것이다. 율을 지닌 자들과 율을 배우는 자들. 올바로 행하는 법을 함께하는 자들에게 비난받지 않고 욕먹지 않는다. 이와 같이 행해야 할 것에 토대를 둔 행위는 세간을 넘어서지 않고 율을 넘어서지 않는다.

(iii) 선품을 향한 노력에 토대를 둔 행위는 왜 세간을 넘어서지 않고 율을 넘어서지 않는가? 선품이란 예를 들면 독송, 스승들을 공경하고 봉사함, 병자를 돌봄, 상호 연민심을 확립한 후에 욕구하는 것을 주는 것, 설법과 가행, 법의 청문에 열심이고 게으르지 않은 자에게 질문함, 지식이 있는 범행자들에게 몸으로 봉사하는 것, 타인들로 하여금 선품을 받아들이게 하는 정법의 교설, 은거에 들어가서 결가부좌를 하는 것, 이러한 부류나

또는 다른 법들이 선품을 향한 노력이라고 불린다. 이와 같이 선품을 향해 노력하는 그가 이치에 따라, 설해진 대로 어떤 것에 대해 행해야 하는 것을 그대로 행한다면, 그는 세상 사람들과 율을 지닌 자와 율을 배우는 자들, 현명하고 올바로 행하는 진실한 사람들, 함께 법을 행하는 자들에게 비난을 받지 않고 욕을 먹지 않는다. 이것이 선품을 향한 노력에 토대를 둔 행위가 세간을 넘어서지 않고 율을 넘어서지 않는 것이라고 불린다.

이 측면들을 갖춘 행위가 행위의 갖춤이라고 불린다. 이와 같이 그는 행위를 갖춘 자가 된다.

4) 그는 어떻게 [계의] 영역을 갖춘 자가 되는가? 비구에게 다섯 개의 [계의] 영역이 아닌 것이 있다. 무엇이 다섯인가? 도살장,[29] 사창가, 술집, 왕가, 그리고 다섯 번째로 짠달라의 축제(caṇḍālakaṭhina)이다. 여래께서 제정하신 [계의] 영역이 아닌 곳들을 버린 후에 다른 죄를 여읜 영역에서 행할 때, 그는 그곳에서 적절한 때에 그와 같이 [계의] 영역을 갖춘 자가 된다.

5) 그는 어떻게 작은 죄들에 대해서 두려움을 보는 자가 되는가? 작은 죄란 사소하고 극히 사소한 훈련항목들이다. 그것들에 대한 훼범이나 훼손이 알려졌을 때 그것들의 훼범이 작은 죄라고 불린다. 왜냐하면 저 훼범이 조금 행해졌기 때문에, 따라서 작은 [죄]라고 불린다.

그는 왜 두려움을 보는 자가 되는가? '나는 이 [훈련항목]들을 훼손했기 때문에 획득하지 못한 것을 획득할 수 없으며, 증득하지 못한 것을 증득할 수 없으며, 촉증하지 못한 것을 촉증할 수 없으며, 또는 악취에 가거나 악취를 얻은 자가 되며, 스스로 자신을 비난할 것이며, 스승이나 천신, 범행을 같이하는 현자들이 나를 자연적으로 비난할 것이며, 사방팔방에서 나

29 산스크리트 ghoṣa는 '소리' 또는 "울부짖는 소리"로서, ŚrBh(1)에 따르면 도살장(sūnā)으로 설명된다. 티벳역은 shan pa(도살자)이고 한역은 唱令家로 풀이한다.

에 대한 나쁜 평가와 소문, 명성과 영예가 퍼질 것이다.' 그는 현재와 미래의, 그것을 원인으로 하는, 원하지 않는 법들에 대해 두려움을 보는 자가 된다. 저 사소하고 극히 사소한 훈련항목들을 생계 때문이라도 고의로 훼범하지 않는다. 언제나 어떤 곳에서나 정념의 상실 때문에 훼범했다면 바로 신속히 여법하게 회복하고 [훼범으로부터] 벗어난다. 이와 같이 그는 작은 죄들에 대해서 두려움을 보는 자가 된다.

6) 어떻게 훈련항목들을 받아들인 후에 훈련하는가?

답: 과거에 별해탈율의를 받았을 때, 그는 받은 白四羯磨에 의해 몇몇 훈련항목(śikṣāpada)들의 요체를 듣고, 과도하고 그것과 다른, 별해탈경에서 설하고 있는 250개의 훈련항목을 상냥하고 친절하며 예의바르고 좋아하는 궤범사와 친교사에게서 들은 후에 '저는 모든 곳에서 훈련할 것입니다'고 서원한 후에 약속한다. 그 후에 한 달의 4분의 1 동안 별해탈경을 설한 후에, 그는 모든 훈련항목들을 수지하기 때문에 별해탈율의를 얻게 된다. 그 이후에 여러 훈련항목들에 대해 능숙하게 되고 그런 한에서 그것들을 범하지 않으며, 또 범했다면 여법하게 회복한다. 반면에 그가 훈련항목들에 대해 능숙하지 않다면, 그의 인식이 성취되지 않은 자는 이전에 서원을 통해 수지함에 의해 받았던 그 [훈련항목]들을 성취의 능숙함을 통해 받아들인다. 궤범사나 친교사가 이전에 설했던 대로의 항목들을 갖고 앞에서처럼 성취의 능숙함을 통해 다시 수지한 후에, 그는 가르침을 받은 대로 더하지도 않고 빼지도 않고 스승이나 스승과 같은 자들이 가르쳤던 훈련항목들에 대해 훈련하며, 의미와 문장을 전도되지 않고 파악한다. 이와 같이 수지한 후에 그는 훈련항목들에 대해 훈련한다.

여기까지 이 계의 율의에 대한 구별이 상세히 설해졌다.

3.3.4.3. 요약적 설명 (ŚrBh 42,21; Ch. 403a22)

요약적 의미란 무엇인가? 요약적 의미는 세존께서 해설하신, 파괴되지 않는 것으로 특징지어지고, 자성으로 특징지어지고, 자성적으로 공덕으로 특징지어지는 세 가지 특징을 가진 훈련항목이다.

그것은 무엇인가라고 한다면, "계를 갖추고 주한다"고 먼저 말한 것에 의해 먼저 계의 율의가 파괴되지 않는 것으로 특징지어짐이 해설되었다. 또 "별해탈율의에 의해 보호된다"는 말에 의해 자성으로 특징지어짐이 해설되었다. 또 "행위의 영역을 갖추고 있다"는 말에 의해 타인을 고려한 후에 그와 같이 받은 별해탈율의가 공덕으로 특징지어짐이 해설되었다.

그와 같이 타인들은 행위의 영역을 갖추고 있음을 인지한 후에, 맑은 믿음을 갖지 않은 자들은 믿게 하고, 맑은 믿음을 가진 자들은 더욱 더 그렇게 되고, 맑은 믿음을 가진 자들은 맑은 믿음을 강화시키며, 마음에 싫어함이 없고 비방도 행하지 않는다. 그렇지 않다면 계를 갖추고, 행위의 영역을 갖춘 자에게 이 공덕은 타인에 의해 영향받은 것으로서 장점이 되지 않을 것이다. 이것과 반대되기에 그에게 단점이 있게 될 것이다.

"작은 죄들에 대해서도 두려움을 보는 자이며, 훈련항목들을 받아들인 후에 훈련한다"는 말에 의해 내적으로 지배적인 공덕과 정점으로 특징지어지는 것이 설명되었다. 그 이유는 무엇인가? 이와 같이 행위의 영역을 갖춘 그는 타인에 의해 영향받은 공덕과 장점을 획득하지만, 그러나 계를 파괴한 후에 그것을 인연으로 해서 악취들에서 재생한다. 또는 앞에서처럼 아직 획득하지 못한 것을 획득하기에 적합하지 않은 상태를 [얻는다]. 또한 작은 죄들에 대해서도 두려움을 보는 자가 되는데, 하물며 커다란 [죄]들에 대해서겠는가?

그는 훈련항목들을 받아들인 후에 훈련한다. 그것을 인연으로 해서 신체가 파괴된 후에 선취들에서 재생한다. 또는 앞에서처럼 아직 획득하지 못한 것을 획득하기에 적합한 상태를 [얻는다]. 이 이유에 의해 내적으로 영향받는 것이 계의 율의의 공덕과 장점이라고 불린다.

다른 설명이 있다. 요약하면 세존께서 계를 수지함과 계가 출리로 이끎, 그리고 계의 수습을 설하셨다.

그중에서 "계를 갖추고 주한다"고 말한 것에 의해 계의 수지가 해설되었다. "별해탈율의에 의해 보호된다"고 말한 것에 의해 계가 출리로 이끈다는 것이 해설되었다. 왜냐하면 별해탈율의에 의해 포섭된 계는 증상계학이라고 설해지기 때문이다. 증상계학에 의거해서 증상심학과 증상혜학이 수습되며, 이와 같이 그는 증상계에 의거한 후에 [그것을] 선행요소로 한 후에 일체 고통을 소멸하기 위해 출리한다. 따라서 별해탈율의는 출리로 이끄는 계라고 불린다. "행위의 영역을 갖추고, 작은 죄들에 대해서도 두려움을 보는 자이며, 훈련항목들을 받아들인 후에 훈련한다"고 하는 말에 의해 계의 수습이 해설되었다. 이 측면들에 의해 별해탈율의가 수습되어야 한다. 이와 같이 [계는] 수습되고 잘 수습되는 것이다.

바로 이 하나의 계의 율의가 6종의 교설로 나타난다고 알아야 한다.

3.3.4.4. 계를 훼손하는 열 가지 이유 (ŚrBh 44,21; Ch. 403b29)

이 계의 율의는 열 가지 이유들에 의해 훼손된다. [그것과] 반대로서 마찬가지로 열 가지 이유들에 의해 원만하게 된다.

어떤 열 가지 이유들에 의해 훼손되는가? 그는 본래부터 [계의 율의를] 잘못 수지하고 있으며, 극히 침잠해 있고, 극히 벗어났으며, 방일과 게으름에 사로잡혀 있고, 잘못된 원을 갖고 있고, 행위의 훼손에 의해 사로잡혀 있으며, 생활방식의 훼손에 의해 사로잡혀 있고, 양변에 빠져 있으며, 출리하지 않는 자이며, [계의] 수지를 잃은 자이다.

(i) 어떻게 그는 본래부터 [계의 율의를] 잘못 수지하고 있는가? 이 [맥락]

에서(iha) 어떤 이가 왕에게 쫓겨 출가했거나 도둑에 쫓겨 출가했거나 빚에 빠지거나 두려움에 빠지거나 생계에 대한 두려움에 빠져서 사문의 상태나 바라문의 상태, 자신의 적정과 자신의 억제, 자신의 열반을 위해서 [출가하지] 않았다면, 이와 같이 그는 본래부터 [계의 율의를] 잘못 수지한 것이다.

(ii) 어떻게 그는 극히 침잠해 있는가? 여기서 어떤 이가 부끄러움이 없고, 둔하고 후회하며, 게으르며, 훈련항목들에 대해 태만하다면, 그는 이와 같이 극히 침잠해 있게 된다.

(iii) 어떻게 그는 극히 벗어났는가? 여기서 어떤 이가 [계의 율의를] 잘못 수지하고 있으며, 부적절하게 후회하고, 잘 행해져야 할 항목들에 대해 후회의 생각을 하며, 부적절한 항목에 대해 타인들에 대해 경멸하거나 증오하는 마음을 일으키고 느낀다면, 그는 이와 같이 [계의 율의로부터] 극히 벗어나게 된다.

(iv) 어떻게 그는 방일과 게으름에 사로잡혀 있는가? 이 [맥락]에서 어떤 이가 과거세에서 잘못(āpatti)을 저질렀을 때, 그는 정념의 상실 때문에 그 [잘못]을 여법하게 참회하지 않았다. 과거세에서처럼 미래세와 현재세에서도 잘못을 저질렀을 때, 그는 정념의 상실 때문에 그 [잘못]을 여법하게 참회하지 않는다. 또한 과거의 잘못 때문에 후에 잘못을 저지르지 않기 위해 '내가 그러저러하게 행하고 머무르면서 잘못을 저지르지 않으려는 것처럼 바로 그와 같이 나는 행하고 머물 것이다.'라는 강한 열의를 일으키지 않는다. 그가 그와 같이 잘못을 저지르면 그와 같이 행하고 머문다. 그는 과거와 미래, 현재에 수반되는, 과거세에 행해야만 하는, 함께 행하는 방일을 갖고 잠에 대한 낙과 누움의 낙, 옆으로 누움의 낙을 받아들인다. 활력이 없고 태만하고, 열의를 갖추지 않은 그는 현자와 범행자들에게 몸으로 봉사하지 않는다. 이와 같이 그는 방일과 게으름에 사로잡혀 있다.

(v) 어떻게 그는 잘못된 원을 갖고 있는가? 이 [맥락]에서 어떤 이가 '나는

계나 생활준칙 또는 고행이나 범행에 주함에 의해, 천신이나 천신의 일원이 될 것이다.'라는 원을 세운 후에 梵行을 한다. 그는 재물과 공경을 바라면서 타인에게서 재산과 공경을 요구하고 재산과 공경을 구한다. 그는 이와 같이 잘못된 원을 갖고 있다.

(vi) 어떻게 그는 행위의 훼손에 의해 사로잡혀 있는가? 이 [맥락]에서 어떤 이가 행동거지나 행해야 할 일, 또는 선품을 향한 가행에 의거한 후에 앞에서처럼 세간을 넘어서고 계율을 넘어선다. 이와 같이 그는 행위의 훼손에 의해 사로잡혀 있다.

(vii) 왜 그는 생활방식의 훼손에 의해 사로잡혀 있는가?[30] 이 [맥락]에서 어떤 이가 큰 욕망을 갖고 있고, 만족하지 않고, 기르기 어렵고, 유지하기 어려운 종류에 속한다. 그는 非法으로, 즉 여법하지 않게, 옷을 구한다. 비법으로, 즉 여법하지 않게, 음식과 좌구 및 와구, 병에 따른 약과 생활도구를 구한다.

① 그는 의복과 음식, 좌구와 와구, 병에 따른 약과 생활도구 때문에 자신의 공덕을 일으키게 하는 원인이 아닌, 가장되고 거짓된 행동거지를 보여 주며, 흥분되지 않은 근의 상태, 동요하지 않는 근의 상태, 적정한 근의 상태를 타인들에게 보여 준다. 그럼으로써 타인들은 그가 공덕이 있음을 알고 음식과 좌구 및 와구, 병에 따른 약과 생활도구들을 보시하고 행해야겠다고 생각한다.

② 그는 까마귀처럼 [떠들고], 재잘거리며, 교만하고, 놀이하고, 명칭과 종성을 취하고 있고, 또 많이 청문하고, 법을 지닌 자이다. 오직 재물과 공

30 아래 설명은 초기불교 이래 邪命(mithyājīva)으로서 정리된 (i) 속임(kuhanā), (ii) 자랑(lapanā), (iii) 암시(naimittikatā), (iv) 강요(naiṣpeṣikatā), (v) 이익에 의해 이익을 구함(lābhena lābha-niścikīrṣatā)이라는 다섯 개의 키워드를 상세히 설명한 것이다. 이에 대해서는 BHSD s.v. mithyājīva를 보라. 또 MVy 2493-2497항을 볼 것.

경 때문에 붓다께서 말하셨거나 성문들이 말하신 법을 타인들에게 말하거나, 또는 그것이 무엇이든 자신의 진실한 공덕들을 보탠 후에 스스로 자랑하거나 타인들로 하여금 자랑하게 한다.

③ 또는 또 다른 특징을 갖고[31] 보여 준다. 그는 여러 가지 중에서 사문에 속한 생활필수품들을 구할 때, 최고의 것이나 많은 것 또는 보다 나은 것을 구한다. 비록 결핍되지 않았더라도 낡은 의복을 보여 준다. 이와 같이 옷이 결핍하다는 것을 나타낸 후에 믿음을 가진 바라문과 재가자들은 많고 좋은 옷을 보시해야 하고 행해야 할 것이라고 생각한다. 옷과 같이 여러 가지 사문에 속한 생계를 위한 도구도 마찬가지다.

④ 재물이 없고 존재하지 않을 때에는 믿음을 가진 바라문과 재가자들로부터 원하는 것을 얻지 못한 그는 강제로 구걸하고, 강요하고 강요한 후에 그에게 욕을 한다.

⑤ 또는 하찮은 것을 얻은 후에 재물이 있을 때에는 그 재물이 하찮다고 욕하고 폄하한다. 보시자와 시주에 대해 다음과 같이 말한다. "선남자여! 선남자들과 선여인들은 그대에 비해 하층이고 가난하지만, 그들은 이와 같은 좋은 것을 보시했고, 기쁜 마음으로 보시했다. 왜 그대는 그들보다 상층이고 부유한데, 그와 같이 기쁜 마음으로 보시하지 않고 좋은 것이 아닌 작은 것을 보시하는가?"

이와 같이 그가 이 이유들에 의해 ① 속임(kuhanā) ② 자랑(lapanā) ③ 암시(naimittikatā)[32] ④ 강요(naiṣpeṣikatā) ⑤ 이익에 의해 이익을 구함(lābhena lābha-

---

31 ŚrBh(1) anuttareṇa("최고의"); 하지만 티벳역 mtshan ma gzhan dag gis과 한역(相)이 보여 주듯이 *nimittāntareṇa("다른 특징을 갖고") 정도가 내용상 타당할 것이다. 왜냐하면 이 항목은 naimittikatā를 다룬 것으로, 여기서 좋은 것을 갖고 보여 주는 것이 아니라, 반대로 나쁜 옷을 보여 줌으로써 보시자에게 은연중 좋은 것을 보시하라고 암시하는 태도를 가리키기 때문이다.

niścikīrṣatā)[33]에 의거한 후에, 음식과 좌구 및 와구, 병에 따른 약과 생활도구들을 타인들로부터 구할 때, 그는 비법으로 [구하는 것이다]. 반면 그가 비법으로 [구할 때], 그에게 삿된 생활방식이 있게 된다. 이와 같이 그는 생활방식의 훼손에 의해 사로잡혀 있다.

(viii) 왜 그는 두 극단에 빠져 있는가? 이 [맥락]에서 어떤 이가 욕망의 대상에 대한 낙을 행하고 탐닉할 때, 법에 맞거나 또는 비법으로 타인으로부터 얻은 의복과 음식, 좌구와 와구, 병에 따른 약과 생활도구들을 향수하고, 단점을 보지 못하고, 출리를 알지 못한다. 이것이 하나의 극단이라고 불린다. 또한 여기서 어떤 이가 자신을 괴롭히는 일에 종사하면서 여러 방식으로 자신을 괴롭히고, 고통을 주고, 어려운 행동준칙을 받아들인다. 예를 들면 못 위에 누워 있고, 재에 누워 있고, 나무통에 누워 있고, 판자에 누워 있고, 기마자세로 서 있고(utkuṭuka-sthita), 기마자세로 서서 단멸의 요가를 행하며, 불 속으로 돌아다니고, 내지 세 번 불속으로 돌아다닌다. 불에 들어가고 내지 세 번 물에 들어간다, 한 발로 서서 태양을 따라 [몸을] 돌린다. 이런 부류의 자신을 괴롭히는 일에 종사하는 것이 두 번째 극단이다. 이와 같이 그는 두 극단에 빠져 있다.

(ix) 어떻게 그는 출리하지 못하는가? 이 [맥락]에서 어떤 이가 '바로 이 계나 또는 생활준칙에 의해 청정하게 될 것이며, 해탈하고 출리하게 될 것이다.'라는 [삿된] 견해를 갖고 계나 또는 생활준칙에 집착한다. 모든 계가 비불교도들에게 비록 잘 보호되고 있고 잘 청정하게 되었다고 해도, 그것은 유사한 청정이기 때문에 출리로 이끌지 못한다고 설해진다. 이와 같이

---

32 여기서 naimittikatā는 암시하는 것 정도의 의미를 나타낸다. 하지만 naimittikatā는 다른 맥락에서 타인들의 행운과 불행을 점성술 등에 의해 예언하는 것을 가리키기도 한다.

33 ŚrBh(1) 80,1: lābhena lābhaṃ niścikīrṣatāṃ; 하지만 이는 lābhena lābha- 또는 labhāsya niś-로 수정되어야 할 것이다.

그는 출리하지 못한다.

(x) 어떻게 그는 [계의] 수지를 잃은 자인가? 이 [맥락]에서 어떤 이가 모든 방식으로 부끄러움이 없고 사문의 상태를 고려하지 않을 때, 그는 나쁜 계를 지니고, 악한 법을 갖고, 내적인 부정물이 있고, 유출하고, 조개에 의해 오염된 물과 같고, 소라 소리를 [내면서] 돌아다니고, 사문이 아닌데 사문이라고 말하며, 범행자가 아닌데 범행자라고 칭한다.[34] 이와 같이 그는 [계의] 수지를 잃는다.

이들 10종 이유에 의해 계가 범해졌을 때 계의 훼손이라고 세존께서는 설하셨다. 또한 세존께서는 파계(śīlavyasana)도 설하셨다. 그 [파계]는 이들 이유 중에서 두 개의 이유에 의해서라고 알아야 한다. 즉, 출리로 이끌지 않는 것과 [계의] 수지를 잃은 것이다. 그것과 다른 이유들에 의해서는 오직 계의 훼손이라고 알아야 한다.

3.3.4.5. 계의 원만 (ŚrBh 51,16; Ch. 404c10)

바로 이 흑품으로서 건립된 이유들의 반대로서 백품에 속한 이유들에 의해 계의 원만과 계의 청정이 있다고 알아야 한다,

3.3.4.6. 계에 대한 다른 설명방식

3.3.4.6.1. 경전의 인용 (ŚrBh 52,1; Ch. 404c11)

(i) 다른 곳에서 세존께서는 계를 근본적인 항목이라고 설하셨다. 다음과 같이 게송에서 설하셨다.

---

34 이 8종의 항목은 ŚrBh I.3.(v)에서 종성에 주하지 않는 개아를 다루는 경우에도 나타난다. 해당부분의 각주 참조.

근본에 잘 안립한 자는 심의 적정에 대해 기뻐하며,
성스러운 정견과 상응하고 악한 견해와 상응하지 않는다.

(ii) 다른 곳에서 다음과 같이 장엄(alaṃkāra)이라는 말로 설하셨다. "계의 장엄을 갖춘 비구나 비구니는 불선을 끊고 선을 수습한다."

(iii) 다른 곳에서 도향(anulepana)이라는 말로 설하셨다. "계의 도향을 갖춘 비구나 비구니"라고 앞에서와 같다.

(iv) 다른 곳에서 향(gandha)이라는 말로 설하셨다. "아난다여! 그것은 향에서 생겨난 것으로 있다. 그것의 향은 순풍에 의한 것이거나 역풍에 의한 것이거나, 순풍과 역풍에 의한 것이다."

(v) 다른 곳에서 잘 행한 것(sucarita, 妙行)이라는 말로 설하셨다. "신체를 잘 행한 자의 과보는 현세와 미래에서 원할 만한 것이며, 말을 잘 행한 자에게도 마찬가지다."

(vi) 다른 곳에서 율의(saṃvara)라는 말로 설하셨다. "보시자와 시주는 계를 갖추고, 율의에 주하고, 전승의 견해를 갖추고, 과보를 보는 자이다." 또한 "계를 갖추고 주할 때 별해탈율의에 의해 보호받는다."고 설해졌다.

3.3.4.6.2. **인용에 대한 설명** (ŚrBh 53,6; Ch. 405a2)

(i) 어떤 이유로 세존께서는 계를 근본이라는 말로 설하셨는가?

근본이라는 의미는 토대의 의미이고 유지의 의미이다. 이 계는 모든 세간적이고 출세간적인, 죄를 여읜, 최고이며 최상의 낙의 공덕들을[35] 일으키고 획득하기 위한 토대이다. 따라서 근본이라는 말로 설해진다. 예를 들면 땅이 초목과 약초, 수풀이 생겨나기 위한 토대이며, 유지하는 것처럼, 마찬

35 ŚrBh 53,9: sukhāhārāṇāṃ. 한역 快樂功德은 sukhaguṇānāṃ으로 읽고 있다.

가지로 계는 상세하게 앞에서처럼 말해져야 한다.

(ii) 어떤 이유로 [세존께서는] 계를 장엄이라는 말로 해설하셨는가?

답: 그것과 다른 장신구들이 있을 때, 그 장신구들은 그가 소년이고 아이이고 검은 머리를 갖고 있고, 신선한 젊음을 갖추고 있는 한에서, 그에게 아름다움을 준다. 그렇지만 이와 같이 노쇠하고, 80세나 90세의 나이든 자, 이가 빠지고, 머리가 흰 자에게는 아니다. 다만 저 걸친 장식구들을 갖고 그가 마치 배우처럼 나타날 때는 제외한다. 병에 걸렸을 때나 재물이 부족할 때, 친척이 죽었거나 그런 [상황에] 직면해 있을 때는 꾸미지 않는다. 반면 계는 모든 사람을 모든 때에 깨끗하게 한다. 따라서 장엄이라는 말로 설해진다.

(iii) 어떤 이유로 [세존께서는] 계를 도향이라는 말로 설하셨는가?

선하고 죄를 여읜 계의 수지는 모든 나쁜 계의 수지를 원인으로 하는 신체의 번민(paridāha)과 심의 번민을 제거한다. 열에 달아오른 자가 최고의 여름의 열기에 직면했을 때 단향(candana) 나무의 도향이나 까르푸라(karpūra)[36] 나무의 도향을 [몸에 바르는 것이다]. 이 이유로 계를 도향이라고 부른다.

(iv) 어떤 이유로 세존께서는 계를 향이라는 말로 설하셨는가?

계를 가진 사람에게 사방으로 아름다운 칭송과 칭찬, 명성과 영예가 퍼지거나, 또는 뿌리나 과실의 향에서 생겨났거나 바람에 날려진 다양한 꽃의 향들에서 사방으로 좋은 향이 퍼진다. 이 이유에 의해 계는 향에서 생겨난 것이라는 말로 설해진다.

---

36 karpūra 나무는 Camphor로 알려진 것으로 여기서 강하고 쏘는 향과 맛을 가진 흰색의 화합물이 추출된다. 차가운 느낌을 주는 것으로서 몸에 kapha로 인한 불균형을 잡는 데 효과가 있다. https://www.planetayurveda.com/library/karpura-cinnamomum-camphora/

(v) 어떤 이유로 [세존께서는] 계를 잘 행해진 것이라는 말로 설하셨는가? 이 행위는 낙으로 인도하고, 천계로 인도하고, 선취로 인도한다. 따라서 이 행위는 잘 행해진 것이라고 설해진다.

(vi) 어떤 이유로 [세존께서는] 계를 율의라는 말로 설하셨는가? 이 법은 소멸(nivṛtti)을 자성으로 하고, 소멸로 특징지어지고, 적정(virati)을 본성으로 한다. 따라서 율의라는 말로 설해진다.

3.3.4.7. 계의 율의의 청정을 위한 개별관찰 (ŚrBh 55,4; Ch. 405a29)

계의 율의를 청정하게 하기 위한 세 개의 개별관찰(pratyavekṣā)이 있다. 셋이란 무엇인가? 身業의 개별관찰, 語業의 개별관찰, 意業의 개별관찰이다.

(i) 이들 업을 개별관찰하는 자는 어떻게 계의 율의를 깨끗하게 하는가? 몸으로 어떤 업을 행하고자 원할 때 바로 그 [업]을 다음과 같이 개별관찰한다. '자신과 타인들을 괴롭히는 나의 불선한 身業은 고를 일으키고 고를 이숙시키는가? 아니면 자신과 타인들을 괴롭히지 않는 나의 선한 身業은 낙을 일으키고 낙을 이숙시키는가?'

만일 이와 같이 개별관찰하는 자가 '자신과 타인들을 괴롭히는 나의 불선한 身業은 고를 일으키고 고를 이숙시킨다'고 안다면, 그는 그 업을 억누르고, 행하지 않고, 주지 않는다. 반면 만일 그가 앞에서처럼 '나의 선한 신업은 [자타를] 괴롭히지 않는다.'고 안다면, 그는 몸으로 그 업을 억누르지 않으며, 준다. 과거세에서 몸으로 어떤 업을 행했을 때, '[자타를] 괴롭히는 나의 이 [업]은 [고를 일으키고 고를 이숙시키는 것]이 아닌가?'라고 그 업을 반복해서 개별관찰한다. 만일 이와 같이 개별관찰하는 그가 '저 신업은 나를 괴롭힌다' 하고 안다면, 지식이 있고 범행을 같이하는 자들에게 고백하고 여법하게 회복한다. 반면 만일 이와 같이 개별관찰하는 그가 '저 신업은 나를 괴롭히지 않는다'고 안다면, 그는 바로 저 희열과 환희을 갖고 밤낮으로 훈련하면서 자주 주한다. 이와 같이 그의 저 신업은 과거와 미래, 현재세에서 잘 개별관찰되고, 매우 깨끗하게 된다.

(ii) 어업도 신업과 마찬가지라고 알아야 한다.

(iii) 과거의 제행을 조건으로 해서 意(manas)가 일어난다. 미래와 현재의 제행을 조건으로 해서 意가 일어난다. 그 의를 앞에서처럼 '이 意는 나를 괴롭히는 것인가?'라고 반복해서 개별관찰한다. [만일 저 의업이 흑품이라면], 저 의업을 일으키지 않고, 억누르고, 허용하지 않는다. 반면 [만일 저 의업이] 백품이라면, 저 의업을 일으키고, 억누르지 않고, 허용한다. 이와 같이 그에게 저 의업은 과거와 미래, 현재세에서 개별관찰되고, 매우 깨끗하게 된다.

그 이유는 무엇인가? 과거와 미래, 현재에 어떤 사문이나 바라문들이 신업과 어업, 의업을 개별관찰을 했고, 행할 것이고, 행하고 있다면, 또 깨끗하게 했고, 깨끗하게 할 것이고, 깨끗하게 한다면, 또 자주 주했고, 주할 것이고, 주하고 있다면,[37] 그들 모두는 이와 같이 개별관찰한 후에, 또 깨끗하게 한 후에 [그런 것이다]. 세존께서 라훌라 장로에게 다음과 같이 설하셨다.

> 라훌라여! 너는 신업과 어업, 의업을
> 반복해서 개별관찰하고, 붓다의 교설을 정념하라.
> 라훌라여! 너는 사문의 업을 훈련하라.
> 그것에 대해 네가 훈련한다면, 너는 탁월하고 악업을 [짓지] 않는다.

---

37 ŚrBh 57,8-9: vākkarma manaskarma pratyavekṣya pariśodhya pariśodhya bahulaṃ vyāhārṣuḥ. [= ŚrBh(T1), p. 92,1f.]. Cp. Ch. 405b27-29: 於身語意三種業中, 或已觀察, 或當觀察, 或正觀察, 或已清淨, 或當清淨, 或正清淨, 或已多住, 或當多住, 或正多住,

그가 '저 신업과 어업, 의업이 나를 괴롭히는가?'라고 앞에서처럼 상세하게 고찰하는 것이 개별관찰(pratyavekṣaṇā)이다. 반면 그가 일부는 억누르고 [내지] 고백하고, 일부는 허용할 때, 그는 바로 그 희열과 환희를 갖고 밤낮으로 훈련하면서 자주 주한다. 이것이 청정하게 함(pariśudhana)이라고 설해진다.

3.3.4.8. 계의 율의의 이로움 (ŚrBh 58,1; Ch. 405c12)

청정한 계의 율의의 이로움은 다음과 같이 10종이라고 알아야 한다. 열 가지란 무엇인가?

(i) 여기서 계를 지닌 사람은 스스로 계의 청정을 개별관찰하면서 후회 없음을 얻는다. 후회가 없는 자에게 환희가 있고, 심이 환희하는 자에게 희열이 생긴다. 희열에 찬 마음을 가진 자의 신체는 輕安하다. 신체가 경안한 자는 낙을 감수한다. 즐거워하는 자의 심은 집중되고, 심이 집중된 자는 여실하게 알고 여실하게 본다. 여실하게 알고 보면서 그는 염리하고, 염리한 그는 離欲한다. 이욕한 자는 해탈하며, 해탈한 자에게 '나는 해탈했다'고 하는 智見이 일어나고, 내지 무여의 열반계로 열반한다. 계를 지닌 사람은 계의 청정에 의해 영향받은 후회 없음을 얻고, 점차로 열반에 이른다. 이것이 첫 번째 계의 이로움이다.

(ii) 또한 계를 지닌 사람은 죽음에 직면했을 때 '내게 신·구·의에 의해 선행이 행해졌고, 신·구·의에 의해 악행은 행해지지 않았다'고, 또 '나는 복덕을 행하고 선을 행하고 두려움의 공포로부터 벗어난 자들의 존재형태(gati)를 죽은 후에 갈 것이다.'라고 좋은 존재형태로 가기 위한 두 번째 후회 없음을 얻는다. 왜냐하면 후회가 없는 사람의 죽음은 아름다우며, 임종은 아름다우며, 내세도 아름다운 것이다. 이것이 두 번째 계의 이로움이다.

(iii) 또한 계를 지닌 사람에게 사방팔방에서 아름다운 칭송과 칭찬, 명성과 영예가 퍼진다. 이것이 세 번째 계의 이로움이다.

(iv) 또한 계를 지닌 사람은 심신의 번민 없이 편안히 잠자고 편안히 깨어난다. 이것이 네 번째 계의 이로움이다.

(v) 또한 계를 지닌 사람은 잠들어 있어도 천신들에게 보호를 받는다. 이것이 다섯 번째 계의 이로움이다.

(vi) 또한 계를 지닌 사람은 타인으로부터 악행을 무서워하지 않고, 두려워하지 않고, 공포에 빠지지 않는다. 이것이 여섯 번째 계의 이로움이다.

(vii) 또한 계를 지닌 사람은 살인자나 반대자, 적들에게 설사 곤욕을 당하더라도 보호받는다. 언제나 '그는 [계를 지닌] 사람이다'라고 알고, 벗의 상태나 중립적인 상태로 된다. 이것이 일곱 번째 계의 이로움이다.

(viii) 또한 [계를 지닌 사람은] 앞에서처럼 귀신이나 야차(yakṣa), 인간이 아닌 자들에게 설사 곤욕을 당하더라도 바로 그 계 때문에 보호받는다. 이것이 여덟 번째 계의 이로움이다.

(ix) 또한 계를 지닌 사람은 여법하게 작은 노력으로 타인들로부터 이득, 즉, 의복과 음식, 좌구와 와구, 병자에게 필요한 약품과 [기타] 필수품들을 얻는다. 또 계를 들었기 때문에 왕과 왕족, 도시민과 촌민, 재산가, 장자, 상인들의 존경과 존중을 받는다. 이것이 아홉 번째 계의 이로움이다.

(x) 또한 앞에서처럼 [계를 지닌 사람에게] 모든 소원들이 성취된다. 만일 크샤트리아의 대가문이나 바라문의 대가문, 거사의 대가문, 4대왕중천이나 33천, 야마천이나 도솔천, 화락천이나 타화자재천과 비슷한 상태로 재생하기를 바란다면, 계들이 청정해졌기 때문에 그와 같이 재생한다. 만일 '나는 정려에 들어간 후에 현재의 낙에 주할 것이다. 색계에 속한 천신들과 비슷한 상태로 재생하고 싶다'고 바란다면, [그곳에] 주하고 재생한다. 따라서 계를 지닌, 이욕자의 소원이 성취되는 것이다. 만일 '[색계를] 초월한 후

에 적정하고 [색의 형태로부터] 해탈한 무색계들을 갖춘 후에 주하고 싶으며, 무색천에 속한 천신들과 비슷한 상태로 재생하고 싶다'고 바란다면, 앞에서처럼 [그곳에 주하고 재생한다]. 만일 '구경에 이른 열반을 증득하고 싶다'고 바란다면, 계들이 청정해졌기 때문에 또 모든 곳에 대해 이욕했기 때문에, 그것을 증득한다. 이것이 열 번째 계의 이로움이다.

계의 주제영역(śīla-skandha)이 분석적으로 설명되었고, [계의] 갖춤과 훼손이 설명되었고, [계의] 설명방식들이 설명되었고, 청정을 위한 개별관찰이 설명되었으며, 이로움이 설명되었다.

이 계의 율의는 모든 종류로 완성된 것이고, 자량에 의해 포섭된 것이라고 설명되었고 명시되었고 해명되었다. 그것에 대해 자신을 사랑하고 사문과 바라문의 상태를 원하는 선남자들은 훈련해야 한다.

요약송이다.[38]

분석적 설명은 3종이라고 알아야 하며, 갖춤은 10종이다.
다른 설명방식은 6종이며, 청정은 3종이라고 생각되고,
이로움은 10종이다. 이것이 계의 율의이다.

---

38 이 요약송(uddāna)은 티벳역(D 25b3)에서는 bar gyi sdom = antaroddāna로 표현되어 있다. 한역에서는 § 3.3.4. 〈戒律儀 (śīlasaṃvara)〉 항목의 앞부분에 제시되어 있다. 이 요약송은 출리도의 네 번째 주제인 계를 분류한 것이다. 3종 분석적 설명은 § 3.3.4.1.에서, 10종의 갖춤은 § 3.3.4.2+3.3.4.3.에서, 6종의 다른 설명방식은 § 3.3.4.4.에서, 3종 청정은 § 3.3.4.5.에서, 10종 이로움은 § 3.3.4.6.에서 설해졌다.

3.3.5. 根律儀(indriyasaṃvara) (ŚrBh 63,14; Ch. 406b7)

3.3.5.1. 根律儀의 정의

근의 율의란 무엇인가? 여기서 어떤 이가 근들에 의해 [근의] 문을 지키고 주하면서, 잘 보호된 정념을 갖고 있으며, 견실한 정념을 갖고 있다. 상세한 것은 [앞에서와 같다].

1) 그중에서 어떻게 그는 근들에 의해 [근의] 문을 지키고 주하는가? 그가 잘 보호된 정념을 갖고, 견실한 정념을 갖고 있으며, [안근] 내지 意根(mana-indriya)을 보호하고, 의근을 갖고 제어를 할 때, 그와 같이 그는 근들에 의해 [근의] 문을 지키고 주한다.

2) 어떻게 그는 잘 보호된 정념을 갖는가? 여기서 어떤 이가 감관의 문을 보호하는 것과 관련하여 들었던 것을 취하고 사유하고 수습한다. 또 그는 문·사·수에 의해 영향받은 정념을 획득했다. 그는 바로 저 획득된 정념을 잃지 않기 위해, 증득하기 위해, 상실하지 않기 위해, 적시에 바로 들었을 때에 노력을 하고 반복수행을 하고, 사유와 수습에 대해서도 노력을 하고 반복수행을 한다. 그는 가행을 그치지 않고 가행을 중지하지 않는다. 이와 같이 그는 청문에 의해 증득한 정념과 사유와 수습에 의해 증득한 정념을 적시에 문·사·수의 노력을 행하기 때문에 보호되고 행해지게 된다. 이와 같이 그는 잘 보호된 정념을 가진다.

3) 어떻게 그는 견실한 정념을 갖는가? 그는 바로 이 정념 속에서 항시 행하고 현명하게 행한다. 그중에서 항시 행한다는 것은 언제나 행한다는 것이다. 현명하게 행한다는 것은 존중하면서 행하는 것이다. 그가 이와 같이 항시 행하고 존중하면서 행할 때 견실한 정념을 가진 자라고 불린다. 그가 그와 같이 잘 보호된 정념을 갖고 있을 때, 바로 저 정념을 잃지 않았을 때 힘의 유지를 얻은 자(balādhānaprāpta)가 된다. 그것에 의해 그는 색·성·향·미·촉·법들을 제압할 수 있는 힘과 능력을 갖게 된다.

4) 어떻게 그의 마음은 정념에 의해 보호되는가? 안과 색을 조건으로 해서 안식이 일어난다. 안식 직후에 분별적인 의식이 일어난다. 그 분별적인 의식에 의해 좋아하는 색들에 대해 탐착하고, 좋아하지 않는 색들에 대해 미워한다. 그는 바로 그것을 주제로 해서 잡염을 분기시키는 저 여리하지 않은 작의로부터 잡염이 생겨나지 않는 방식으로 마음을 보호한다. 마찬가지로 이·비·설·신·의와 성·향·미·촉·법들을 조건으로 해서 의식이 일어난다. 저 의식은 잡염을 분기시키고, 여리하지 않은 분별을 수반한다. 그럼으로써 좋아하는 형태를 가진 법들에 대해 탐착하고, 좋아하지 않는 형태를 가진 법들에 대해서는 미워하는 것이다. 그는 바로 그 정념에 의거해서 잡염을 분기시키는 여리하지 않은 분별로부터 마음을 보호한다. 이와 같이 그에게 잡염은 일어나지 않는다. 이와 같이 그의 마음은 정념에 의해 보호되는 것이다.

3.3.5.2. 근의 제어의 상세한 구분 (ŚrBh 66,19; Ch. 406c20)

1) 어떻게 그는 평등한 상태에서 행하는 자가 되는가? 평등한 상태란 선하거나 중립적인 평정함이다. 그는 잡염을 분기시키는, 여리하지 않은 분별로부터 마음을 보호한 후에 선하거나 중립적인 평정함 속에서 행한다. 따라서 평등한 상태에서 행하는 자라고 불린다. 이와 같이 그는 평정한 상태에서 행하는 자가 된다.

2) 어떻게 잡염을 분기시키는, 여리하지 않은 분별로부터 마음을 보호하는가? 그는 색·성·향·미·촉·법들에 대해 주된 특징(lakṣaṇa)을 취하지 않고 부수적 특징(vyañjana)을 취하지 않는다.[39] [취하기] 때문에 악하고 불선한

39 주된 특징(lakṣaṇa)과 부수적 특징(vyañjana)에 대해서는 감각적 욕망의 대상이 가진 1차적 표징과 2차적 표징이다. 예를 들어 ŚrBh III.3.3.5.2를 보라.

법들이 심에 흐르게 될 것이다. 반면 만일 그가 정념을 잃었거나 번뇌가 많기 때문에 비록 주된 특징의 취함과 부수적 특징의 취함을 버리더라도 악하고 불선한 법들이 일어나서 심에 흐른다면, 그것들을 제어하기 위해 정행한다. 이 두 가지 측면들에 의해 잡염을 분기시키는 여리하지 않은 분별로부터 마음을 보호한다.

3) 어떻게 이 두 측면들에 의해 마음을 보호한 후에 선하거나 중립적인 평정함 속에서 행하는가? 바로 두 측면에 의해서이다. 두 측면이란 무엇인가? 안근을 보호하는 것처럼 안근에 의해 제어를 행한다. 안근처럼 이근과 비근, 설근과 신근도 마찬가지다. 의근을 보호하고, 의근에 의해 제어를 행한다. 이 두 가지 측면에 의해 선하거나 중립적인 평정함 속에서 그 마음이 행하는 것이다.

4) 어떻게 그는 안근에 의해 인지되어야 할 색들에 대해 주된 특징을 취하지 않는가? 주된 특징을 취함이란 색이 안식의 영역일 때, 안식에 의해 그 영역을 취하는 것이다. 이와 같이 그는 안근에 의해 인지되어야 할 색들에 대해 주된 특징을 취한다. 반면 만일 그 [안식의] 영역을 버렸다면, 그는 안근에 의해 인지되어야 할 색들에 대해 주된 특징을 취하는 자가 아니다. 안근에 의해 인지되어야 할 색들에 대해서처럼, 이·비·설·신·의에 의해 인지되어야 할 법들에 대해서도 마찬가지다.

5) 어떻게 그는 안근에 의해 인지되어야 할 색들에 대해 부수적인 특징을 취하지 않는가? 부수적인 특징을 취함이란 색들이 바로 안근에 의해 인지되어야 할 때에 바로 그 안식이 직후에 동시에 생겨나는 분별적인 의식(manovijñāna)의 대상이 되어 탐착이나 미움, 우치가 [일어난다]. [즉] 의식에 의해서 그 [안식의 영역]을 취하는 것이다. 이와 같이 그는 안근에 의해 인지되어야 할 색들에 대해 부수적 특징을 취하는 것이다.[40] 그것을 인식대상으로 하는 저 의식이 그 영역을 버리고, 일으키지 않을 때, 이와 같

이 그는 안근에 의해 인지되어야 할 색들에 대해서 부수적 특징을 취하지 않는다. 이·비·설·신·의에 의해 인지되어야 할 법들에 대해서도 마찬가지다.

6) 주된 특징과 부수적 특징을 취함에 있어 또 다른 종류가 있다. 그중에서 주된 특징을 취함이란 눈에 의해 현전하는 색들을 그것에서 생겨난 작의를 현전한 후에 보는 것이다. 부수적 특징을 취함이란 눈에 의해 현전하는 바로 그 색들을 그것에서 생겨난 작의를 현전한 후에 보는 것이지만, 그러나 [그 부수적 특징은] 타인으로부터 들은 것에 의거한 것이다. '안근에 의해 인지되어야 할 색들은 이러저러한 형태를 가진 것이다'라고 그가 들었을 때, 그것에 따르는 명칭과 문장, 음절들이 있으며, 그것들을 주제로 하고, 그것들에 의거하고, 그것들을 토대로 해서 이 사람은 들은 바대로 안근에 의해 인지되어야 할 색들은 분별한다. 이것이 부수적 특징을 취함이라고 불린다. 안근에 의해 인지되어야 할 색들에서처럼 이·비·설·신·의에 의해 인지되어야 할 법들에 대해서도 마찬가지라고 알아야 한다.

7) 이 주된 특징과 부수적 특징을 취함이 있다면, 그것을 원인으로 하고, 그것을 토대로 하고, 그것에 영향받아, 악하고 불선한 법들이 그의 심에 흐르게 된다. 그것을 원인으로 하지 않고, 그것을 토대로 하지 않고, 그것에 영향받지 않고, 악하고 불선한 법들이 그의 심에 흐르게 되는 경우가 있다. 그 경우에 주된 특징과 부수적 특징을 취함은 여리하지 않은 취함이다. 그

---

40 ŚrBh 68, 11ff: anuvyaṃjanagrāha ucyate/ yas teṣu eva cakṣurvijñeyeṣu rūpeṣu caksurvijñānasyaiva samanantarasahotpannasya vikalpakasya manovijñānasya yo gocaraḥ saṃrāgāya vā, saṃdveṣāya, vā saṃmohāya vā 〈tasya grāhī bhavati manovijñānena/ evam anuvyañjanarāhī bhavati yad uta cakṣurvijñeyeṣu rūpeṣu〉. 〈 〉은 ŚrBh(1)의 reconstruction으로 티벳역(yid kyis rnam par shes pas 'dzin par byed pa yin re)과 일치하지만, 한역과 일치하지는 않는다. Ch. 407a14ff: 取隨好者. 謂即於眼所識色中 眼識 無間俱生分別意識 執取所行境相, 或能起貪 或能起瞋 或能起癡. 是名於眼所識色中執取隨好.

것을 토대로 해서, 그것에 영향받아 악하고 불선한 법들이 그의 심에 흐르게 된다. 그는 그런 형태의 주된 특징과 부수적 특징의 취함을 버린다.

8) 악하고 불선한 법들이란 무엇인가? 탐욕과 탐욕에서 일어난 신구의의 악행이다. 진에와 우치, 진에와 우치에서 일어난 신구의의 악행이다. 이것이 '악하고 불선한 법들'이라고 불린다.

9) 어떻게 이것들이 심에 흐르는가? 심의식이 어떤 것을 인식대상으로 해서 일어나고 나아가고 진행될 때, 그 심의식과 상응하는 탐진치들이 신구의의 악행을 분출시키면서 그것을 인식대상으로 해서 일어나고 나아가고 진행된다. 따라서 '심에 흐른다'고 불린다.

10) 이와 같이 먼저 주된 특징과 부수적 특징의 취함에 의해 안근에 의해 인지되어야 할 색들 내지 의근에 의해 인지되어야 할 법들에 대한 잡염이 일어날 때, 주된 특징과 부수적 특징의 취함을 버린 자에게 그것은 일어나지 않는다. 만일 정념을 잃었거나 번뇌의 많음에 의해 외진 곳에 주하는 자에게 이전에 보았던, 안근에 의해 인지되어야 할 색들과 관련하여, 또 이전에 경험했던, 이·비·설·신·의에 의해 인지되어야 할 법들과 관련하여, 악하고 불선한 법들이 생겨날 때 이미 생겨난 것들은 집착하지 않고 끊고 정화시키고 약화시킨다. 따라서 '그것들을 제어하기 위해 정행한다'고 설한다.

11) 색들에 대해 눈이 작동하고, 이·비·설·신·의에 의해 인지되어야 할 법들에 대해 의가 작동하듯이, 그가 그것들에 대해 염오되지 않듯이 작동한다면, 이것에 의해 저 잡염으로부터 의근이 보호되게 된다. 따라서 '의근이 보호된다'고 설해진다.

12) 안근에 의해 인지되어야 할 색들에 대해 안근이 작동하지 않고, 이·비·설·신·의에 의해 인지되어야 할 법들에 대해 의가 작동하지 않는다면, 그것들에 대해 모든 방식으로 모든 것이 작동하지 않는다. 따라서 '안근에 의해 제어를 한다.'고 설해지며, 내지 '의근에 의해 제어를 행한다.'고 설해진다.

이것이 근의 제어의 상세한 구별이라고 알아야 한다.

3.3.5.3. 요약적 의미 (ŚrBh 72,7; Ch. 407c18)

1) 요약적 의미이다. 어떤 것에 의해 제어되고, 어떤 것을 제어하고, 무엇으로부터 제어하고, 어떻게 제어하고, 제어하는 것 모두를 한 종류로 압축한 후에 근의 율의라고 부른다.

어떤 것에 의해 제어되는가? 보호된 정념과 견실하게 수습된 정념에 의해 제어된다. 어떤 것을 제어하는가? 안근을 제어하고, 이근과 비근, 설근, 신근, 의근을 제어한다. 이것을 제어하는 것이다. 무엇으로부터 제어하는가? 좋아하는 색과 좋아하지 않는 색들과 소리들로부터 내지 법들로부터 제어한다. 어떻게 제어하는가? 그것에 의해 악하고 불선한 법들이 심에 흐르기 때문에 주된 특징을 취하지 않으며, 부수적 특징을 취하지 않는다. 그 [법]들을 제어하기 위해 정행하고, 근을 보호하고 근을 갖고 제어를 한다. 이와 같이 제어하는 것이다. 제어란 무엇인가? 정념에 의해 그의 마음이 보호되고, 평등한 상태로 행하는 것이다. 이것이 제어라고 불린다.

2) 또 다른 요약적 의미이다. 제어의 방편과 제어되어야 할 사태, 제어 자체를 한 종류로 압축한 후에 근의 제어라고 부른다.

제어의 방편이란 무엇인가? 정념이 보호되고 정념이 견고하다는 것은 안에 의해 색들을 본 후에 주된 특징을 취하지 않고 부수적 특징을 취하지 않는 것이며, 내지 의에 의해 법들을 요별한 후에 주된 특징을 취하지 않고 부수적 특징을 취하지 않는 것이다. 그 때문에 악하고 불선한 법들이 심에 흐르는 것이다. 그 [법]들을 제어하기 위해 정행하고, 근을 보호하고 근을 갖고 제어를 한다. 이것이 제어의 방편이라 불린다.

제어되어야 할 사태란 무엇인가? 이것은 안과 색 내지 의와 법들이다. 이것이 제어되어야 할 사태라고 불린다.

제어 자체란 무엇인가? 정념에 의해 그 마음이 보호되는 것이고 평등한 상태로 행하는 것이다. 이것이 제어라고 불린다.

3.3.5.4. 근의 제어를 위한 2종의 힘

실로 근의 제어는 요약하면 2종이다. 간택의 힘(pratisaṃkhyānabala)에 포섭된 것과 수습의 힘(bhāvanābala)에 포섭된 것이다.

그중에서 간택의 힘에 포섭된 [근의 제어]란 그것에 의해 대상영역들에 대해 단점을 보지만, 그 단점을 제거하거나 끊지 않는 것이다. 수습의 힘에 포섭된 [근의 제어]란 그것에 의해 대상영역들에 대해 단점을 보고, 다시 그 단점을 제거하거나 끊는 것이다.

간택의 힘에 포섭된 근의 제어에 의해 대상영역을 인식대상으로 하는 번뇌의 분출은 일어나지 않고 현전하지 않지만, 그러나 의지체에 부착된(āśrayasanniviṣṭa) 잠재력(anuśaya)을 끊지 못하고 근절하지 못한다. 수습의 힘에 포섭된 근의 제어에 의해 대상영역을 인식대상으로 하는 번뇌의 분출은 일어나지 않고 현전하지 않으며, 모든 때와 모든 시기에 의지체에 부착된 잠재력을 끊고 근절한다.

이것이 간택의 힘에 포섭된 것과 수습의 힘에 포섭된 근의 제어의 차이이며, 이것이 의도이고, 이것이 변형이다. 거기서 간택의 힘에 포섭된 근의 제어는 자량도에 포섭된 것이며, 반면 수습의 힘에 포섭된 근의 제어는 이욕의 단계에 속한 것이라고 알아야 한다.

3.3.6. 於食知量 (ŚrBh 73,19; Ch. 408a14)

3.3.6.1. 정의

음식에 대해 양을 안다는 것은 무엇인가? 여기서 어떤 이가 올바로 생각(pratisaṃkhyā)한 후에 음식을 먹지만, 앞에서 설한 것처럼[41] 놀기 위해서가 아니고, 도취하기 위해서도 아니고, 장식하기 위해서가 아니고, 치장하기 위해서가 아니다.

3.3.6.2. 상세한 해설

무엇이 올바로 생각한 후에 음식을 먹는 것인가? 올바로 생각함이란 지혜이다. 그 지혜에 의해 물질적 음식의 단점을 보며, 또 단점을 봄에 의해 염리한 후에 먹는 것이다.

3.3.6.2.1. 물질적 음식의 세 가지 단점

그리고 단점을 봄이란 무엇인가? 물질적 음식이 향수를 수반하거나, 변이를 수반하거나, 또는 추구를 수반하는 [단점]이다.

(1) 향수를 수반하는 단점(paribhogānvaya ādīnavaḥ)이란 무엇인가? 여기서 어떤 이가 어떤 때에 색깔과 향, 맛, 촉감[42]이 구비된, 매우 뛰어난 음식을 먹는다. 물질적 음식이 삼켜진 직후에 이빨에 의해 부숴지고, 침에 의해 부드럽게 되고 침에 의해 스며들고 된다. 그때에 그 [음식]은 목구멍에 들어가게 된다. 이전의 마음을 기쁘게 했던 것은 완전히 사라지고, 그 후에 변하게 된다. 변모되었을 때 나타난 [음식]은 마치 [원래의 모습이] 제거된 것처럼 나타난다. 만일 먹고 있는 사람이 이 [음식]이 그런 상태에 있음을 행상의 측면에서 작의하고 본다면, 그에게 다른 것에 대해서도 아직 소화되지 않은 좋은 음식에 대한 먹으려는 욕구조차 머물러 있지 않을 것인데, 하물며 그 상태에 있는 [음식]에 대해서는 말할 것이 있겠는가! 이 다양한 종

---

41 ŚrBh I.1.2.4.2에서 열반의 부차적 조건 중에서 일곱 번째 조건으로 언급된 것이다. 그렇지만 거기서 "놀기 위해서" 등의 표현은 나오지 않는다.

42 '접촉을 갖춘(spraṣṭavyasampanna)'이란 말은 산스크리트본에는 없고 한역에 나온다.

류의 행상들에 의해 점차로 음식의 향수에 관해서 깨끗한 색깔처럼 보임이 사라지고 더러운 것에 포함되어 있다는 단점이 출현하게 된다. 이것이 음식과 관련해 향수를 수반하는 단점이다.

(2) 무엇이 음식과 관련해 변이를 수반하는(vipariṇāmānvaya ādīnavaḥ) 단점인가? 그 음식을 먹고 향수했던 자가 밤의 중간이나 후에 그 음식을 소화했을 때, 그 [음식]은 이 신체 속에서 무수하고 다양한 종류의 부정한 사물들, 즉 피와 살, 근육과 뼈, 피부들을 키우고 생기게 한다. [그것들 중에서 몇몇은 더러운 사물들로 변화하고], 변화된 것은 아래로 유출된다. 따라서 그것은 매일 씻어야 하며, 또 그것과 접촉하는, 자신이나 타인의 손이나 발 또는 지절이나 관절은 감추어야 한다. 그 때문에 그의 신체에 많은 신체적 질병들이 생겨난다. 예를 들어 종기, 마른 버짐, 창, 피부염, 疥癬, 나병, 천연두, 한센병, 말라리아, 기침, 부스럼, 폐병, 간질, 기아병, 黃病, 열병, 붉은 악성종기, 바간다라(bhagandara)[43] 등 이런 부류의 신체적 질병이 신체에 생겨난다. 또는 그에게 먹은 것이 소화되지 않고, 그럼으로써 그의 신체에 소화되지 않은 것이 머물게 된다. 이것이 음식과 관련해 변이를 수반하는 단점이라고 불린다.

(3) 무엇이 음식과 관련해 추구를 수반하는 단점(paryeṣaṇānvaya ādīnavaḥ) 인가?

추구를 수반하는 단점은 무수한데, 적집 때문에 생긴 것(samudānā-kṛta)이며, 보호 때문에 생긴 것(ārakṣā-kṛta)이며, 사랑의 괴멸 때문에 생긴 것(snehaparibhraṃśa-kṛta)이며, 불만족 때문에 생긴 것(atṛpti-kṛta)이며, 자재하지 못함에 의해 생긴 것(asvātantrya-kṛta)이며, 악행 때문에 생긴 것(duścarita-

43 이들 18종의 질병들은 Mvy에 열거되어 있으며, 여기서는 ŚrBh(1) p. 119, fn 1에 따라 번역했다.

kṛta)이다.[44]

(i) 음식과 관련해 적집 때문에 생겨난 단점이란 무엇인가? 여기서 어떤 이가 음식 때문에, 음식을 원인으로 해서, 추위에서는 추위 때문에 손상되고, 더위에서는 더위 때문에 손상되며, 감내하고, 노력하고, 수고한다. 또는 농업이나 목축업, 상업에 의해, 또는 다양한 필기와 계산, 측량, 산수, 手印에 의해, 기술영역과 기능영역에 의해, 아직 얻지 못한 음식을 얻고 적집하기 위해 감내하고, 노력하고, 수고한다. 만일 그 일들이 실패한다면 그는 그 때문에 '아! 나의 노력은 헛되다'라고 비탄하고(śocati), 괴로워하고(klāmyati), 탄식하고(paridevate), 가슴을 치고(uras taḍayati), 통곡하고(krandati), 혼절한다(saṃmoham āpadyate).[45] 이것이 음식과 관련해 적집 때문에 생긴 단점이다.

(ii) 만일 그가 성취한다면 그것의 보호를 주요원인(adhikaraṇahetu)으로 함에 의해 강한 근심이 일어난다. '나의 재산이 왕이나 도적들에 의해 빼앗기게 될 것이며, 또는 불에 의해 불타거나 물에 의해 떠내려가게 될 것이며, 또는 잘못 보존된 보석들이 소멸되게 될 것이며, 잘못 시도된 사업이 실패하게 될 것이며, 또는 좋아하지 않는 상속자가 오게 될 것이며, 또는 재물을 옳지 않은 방식으로 황폐화게 만들 가문의 파괴자가 가문에서 태어나게 될 것이다.' 이것이 음식과 관련해 보호 때문에 생겨난 단점이다.

(iii) 무엇이 사랑의 괴멸 때문에 생겨난 단점인가? 음식을 원인으로 하고 음식을 주요원인으로 하기에 어머니는 아들에 대해 험담하고 아들은 어머니에 대해, 아버지는 아들에 대해, 아들은 아버지에 대해, 형제는 자매에

---

44 이러한 6종의 단점은 ŚrBh 440,19ff.에서 6종의 고(duḥkha)로서 나열되고 있다.

45 ŚrBh(1) p. 120,15: saṃmoham āpadyate. śocati, klāmyati, paridevate, uras taḍayati, krandati, saṃmoha, āpadyaye까지 일련의 관용구에 대해서는 SWTF s.v. uras 참조.

대해, 자매는 형제에 대해, 친구는 친구에 대해, 사람은 사람에 대해 험담하고, 그들은 서로서로 떨어져서 싸움을 한다. 그와 같이 바라문과 크샤트리아, 거사와 장자들은 음식을 주요원인으로 하기에 그와 같이 떨어져서 싸움을 하며, 서로서로 손으로 때리거나 흙이나 몽둥이, 칼로 찌른다. 이것이 사랑의 괴멸 때문에 일어난 단점이라 불린다.

(iv) 무엇이 불만족 때문에 생겨난 단점인가? 예를 들어 관정을 받은 왕인 크샤트리아들은 자신들의 성과 마을, 왕국의 왕도들에 대해 만족하지 않고 주하면서, 양측에서 소라를 불고 북을 치면서 무수한 화살을 쏘면서 전쟁을 한다. 그들은 그곳에서 산란한 기마병과, 산란한 코끼리부대, 마차부대, 보병과 함께 만난다. 화살들과 창들에 의해 몸이 관통된 그들은 죽음에 이르거나 거의 죽을 정도의 고통에 빠진다. 이것이나 또는 다른 이런 부류의 것이 불만족 때문에 지어진 단점이라고 불린다.

(v) 무엇이 자재하지 못함에 의해 생겨난 단점인가? 예를 들어 왕의 병사들이 이기기 힘든 성들을 공격하기 때문에 끓는 기름과 끓는 지방, 끓는 소똥과 오줌, 끓는 동과 끓는 철로 덮이며, 또 화살들과 창들에 의해 몸이 관통된 그들은 죽음에 이르거나 거의 죽을 정도의 고통에 빠진다. 이것이나 또는 다른 이런 부류의 것이 자재하지 못함 때문에 일어난 단점이라 불린다.

(vi) 무엇이 악행(duścarita) 때문에 생겨난 단점인가? 예를 들어 어떤 자가 음식을 원인으로 해서 많은 신체적 악행을 행하고 적집한다. 신체로 [악행을] 하는 것처럼 말과 마음으로 [악행을] 한다. 그에게 이전의 신체적 악행이나 언어적, 심적 악행이 있기 때문에 그는 어떤 때에[46] 괴로움에 빠지고 고통받고 병으로 괴롭힘을 받는다. 늦은 오후에 산이나 산봉우리들의 그

46 한역(408c27)은 臨命終時로 번역하고 있다.

림자가 드리어지고 강하게 드리어지고 짙게 드리어졌을 때, 그는 '아! 신체와 말과 마음으로 나의 악행이 행해졌고, 나의 덕행은 행해지지 않았다. 나는 악을 행한 자들의 존재형태로 죽은 후에 가게 될 것이다.'라고 생각하면서 후회하면서 죽는다. 또 죽은 후에 지옥들이나 동물과 아귀들이라는 나쁜 존재형태로 재생한다. 이것이 악행 때문에 일어난 단점이다.

[47]이와 같이(iti) 이 음식은 추구될 때에도 단점을 갖고 있으며, 향수될 때에도 단점을 갖고 있고, 향수되었을 때에도 변이의 단점이 있다.

3.3.6.2.2. 물질적 음식의 장점과 그것을 대하는 방법 (ŚrBh 81,8; Ch. 409a6)

반면에 다음과 같은 물질적 음식의 작은 장점이 있다. 그 [장점]이란 무엇인가? 이 신체는 음식에 의해 유지되며, 음식에 의거한 후에 주하지, 음식 없이는 아니다. 이것이 작은 장점이다. 이 신체는 이와 같이 음식에 의해 유지되며 오랫동안 100년이라도 머문다. 반면에 올바로 [음식을] 절제하는 자는 더 많이 [살지만], 그러나 그 이전에 죽음도 있다.

단지 신체를 유지하는 것만을 위해 행하는 자들은 잘 행하는 자들이 아니며, 신체를 유지하는 것만으로 만족하는 자들은 잘 만족하는 자들이 아니며, 또한 그들은 음식에 의해 지어지고 충족된, 죄를 여읜 이로움을 경험하지 못한다. 반대로 단지 신체를 유지하는 것만으로 만족하지 않고 단지 신체를 유지하는 것만을 위해 행하지 않지만, 그래도 신체의 유지에 의거한 후에 범행을 증득하기 위해 행하는 자들이 잘 행하는 자들이며, 바로 그들이 충족된, 죄를 여읜 이로움을 경험하는 것이다.

---

47 iti 앞에 ŚrBh(ms)와 ŚrBh(1) p. 124,19는 tasyaivaṃ bhavati/를 덧붙이지만 이는 이하의 문장에서 그런 생각을 받는 내용이 없기 때문에 불필요한 문장으로 보이며, 한역도 이를 지지하지 않는다.

'작은 음식의 이로움만으로 만족하면서 머문다면 그것은 내게 적절한 것이 아닐 것이다. 내가 어리석은 자와 비슷하고, 어리석은 자와 동일한 법을 배워야 한다는 것은 내게 적절한 것이 아닐 것이다.'

이와 같이 음식에 대해 모든 때에 충족된 단점을 인식한 후에, 그는 이것에 대해 올바른 간택에 의해 단점을 보면서, 바로 음식으로부터의 출리를 위해 아들의 몸처럼 음식을 먹는다. 그는 다음과 같이 생각한다. '이들 보시자와 시주자는 어렵게 재산을 모았고, 추구에 의해 행해진 큰 단점을 경험하면서, 피부와 살, 피를 쥐어짠 후에, 특별한 과보를 구하는 그들은 연민 때문에 그것을 우리들에게 보시한다.' 우리에게 그와 같이 획득된 음식의 적합한 향수는 다음과 같은 형태이어야 할 것이다. 즉, 나는 스스로를 '그들이 행한 행위들이 큰 이익과 큰 과보, 큰 이로움, 큰 번성, 큰 발전을 갖기를'이라고 [생각하면서] 그와 같이 받은 것에 안주한 후에 향수해야 한다. 몸과 마음을 씻은 후에(vyavakṛṣya), 자신에 대해 부끄러워하고, 자만하지 않고, 자신을 높이지 않고, 타인을 경멸하지 않으면서 달과 같이 집들을 방문해야 한다. 스스로의 획득물에 의해 마음이 흐뭇해지고 즐겁듯이, 마찬가지로 타인들의 획득물에 대해서도 마음이 흐뭇해지고 즐거워진다. 그는 이런 마음을 갖고 집들을 접근해야 한다. 어떻게 출가자가 다음과 같은 생각을 얻을 수 있겠는가? '내게 그것을 주고 타인에게는 주지 마시오. 존중하면서 [주지] 존중함이 없이는 [주지] 마시오. 많이 [주지] 적게 [주지] 마시오. 좋은 것을 [주지] 나쁜 것은 [주지] 마시오. 빨리 [주지] 천천히 [주지] 마시오.'

이와 같이 돌아다니는 내가 집들을 방문할 때 만일 타인에게서 보시를 받지 못했다면, 그 때문에 나는 그들에 대한 증오심와 진에심에 의해 혼란에 빠져서는 안 되며, 또 그 때문에 몸이 파괴된 후에 바로 저 증오심와 진에심 때문에 나쁜 존재형태에서의 재생에 의해 불운에 빠져서도 안 된다.

만일 그들이 존중하면서 주는 것이 아니라 존중함이 없이 [주고], 적게 [주지] 많이 [주지] 않으며, 나쁜 것을 [주지] 좋은 것을 [주지] 않으며, 천천히 [주지] 빨리 [주지] 않는다면, 그것 때문에 나는 증오심와 진에심에 의해 혼란에 빠져서는 안 된다. 상세한 것은 이전과 같다.

'내가 이 물질적 음식에 의거한 후에, 그럼으로써 나의 명근이 소멸하지 않으며, 또 음식 때문에 피곤해지지 않게 정행해야 하며, 또 나의 범행에 적합해야 할 정도로, 그 분량을 올바로 알아야 할 것이다. 이와 같이 사문 상태에, 출가자의 상태에 주하는 나에게 음식의 향수는 적합하고 청정하고 죄를 여읜 것이어야 할 것이다.' 그는 이 측면들을 통해 간택한 후에 음식을 먹는다.

3.3.6.2.3. **일상인과 성제자의 먹는 법** (ŚrBh 84,3; Ch. 409b16)

음식(āhāra)이란 무엇인가? 4종 음식이 있다. 물질적 음식(kavaḍaṃkāra),[48] 촉식(sparśa), 意思食(manaḥsaṃcetanā), 識食(vijñāna)이다. 그렇지만 이 맥락에서는 물질적 음식이 의도되었다. 그 [물질적 음식]이란 무엇인가? 떡, 과자, 밥, 죽, 투명한 버터, 유향, 꿀, 당밀, 고기, 물고기, 우유, 치즈, 버터로서, 이것들 및 이것들과 다른 이런 형태의 물건들을 물질적 음식으로서 먹는다. 따라서 물질적 음식이라 불린다. '먹는다'에는 향수하다(bhuṅkte), 즐기다(pratiniṣevati), [음식을] 취하다(abhyavaharati), 삼키다(khādati), 씹다(bhakṣayati), 음미하다(svādayati), 마시다(pibati), 부수다(cūṣati)라는 동의어가 있다.

"놀기 위해서가 아니다"란 욕망의 대상을 향수하는 자들은 [다음과 같이] 음식을 먹는다. 우리는 음식으로 몸을 포만하게 하고 몸을 만족시키면

---

48 여기서 '물질적 음식'이라고 번역한 단어는 kavaḍaṃkāra / kavaḍīkārāhāra이다. 현장역에서는 段食으로 번역되고 있으며, 티벳역에서는 kham gyi zas pa이다.

서, 저녁시간이 왔을 때에 관을 쓰고 팔에 양모로 치장한, 항아리만한 유방을 가진 여인들과 함께 놀이하고 유희하고 즐기면서 흥분과 놀이에 빠질 것이다. '놀기'란 성스런 법과 율에서 욕망의 대상에 대한 탐욕에 이끌려지고, 삿된 행위에 의해 이끌려지고, 악하고 불선한 법인 尋思이다. 그것들에 의해 먹혀지고 삼켜질 때, 그의 감관은 흥분되고 들려지고, 마음은 조급해지고 뛰어오르고 안정되지 않고 적정하지 않게 된다. 과도하게 음식을 먹는 자들은 놀기 위해서 음식을 먹는다고 불린다. 그렇지만 청문하는 성제자는 간택의 힘을 갖고 단점을 보면서 출리를 인식하면서 먹지, 욕망의 대상을 향수하는 자들처럼 그렇게 먹지 않는다. 따라서 "놀기 위해서가 아니다"라고 말한다.

"도취하기 위해 [먹지] 않고, 장식하기 위해서 [먹지] 않고, 치장하기 위해서 [먹지] 않는다."란 예를 들어 욕망의 대상을 향수하는 자들은 [다음과 같이 생각하면서] 음식을 먹는다. '지금 우리는 능력과 힘에 따라 만족스럽게 많이 음식을 먹는다. [그 음식은] 부드럽고, 정력에 좋고, 증대되고, 좋은 색깔과 향, 맛을 갖추고 맛을 갖추고 있으며, 밤이 지나갔을 때 운동을 행할 능력과 힘이 있을 것이다. 즉, 활을 잡아당김, 때리기 (nirghāta, 拍毬), 돌던지기(vyāyāmaśilya, 托石), 안마하기(ulloṭhana, 跳躑), 돌리기, 땅파기, 팔운동, 달리기, 수영하기, 점핑하기, 원판던지기에 의해서이다.

그리고 저 운동에 의거한 후에 우리는 힘이 있을 것이며, 몸이 충실해질 것이다. 오랫동안 병이 없고, 오랜 시간동안 우리는 젊음을 유지할 수 있으며, 빨리 추하게 하는 늙어감이 몸을 지배하지 못할 것이며, 더욱더 장수할 것이다. 우리는 많은 음식에 대해 힘이 있을 것이며, 또 먹은 것을 올바로 소화시킬 것이며, 단점들을 제거할 것이다.' 이와 같이 무병에 도취하기 위해, 젊음에 도취하기 위해, 장수에 도취하기 위해 먹는다.

그들은 다음과 같이 생각한다. '우리는 힘들여서 목욕을 할 것이다. 즉,

청정한 물로 [몸의] 부분들을 씻을 것이다. 또 몸을 씻은 후에 머리털을 치장할 것이다. 다양한 향수로 몸을 바른 후에, 다양한 옷과 다양한 꽃, 다양한 장식품들로 몸을 단장할 것이다.' 그중에서 목욕과 이발, 향수를 그것들의 치장(maṇḍana)이라고 한다. 장식들에 있어서 옷과 꽃, 장식물을 지니는 것이 단장(vibhūṣaṇa)이라고 한다. 치장하고 단장하기 위해 먹는다.

그들은 이와 같이 열정적으로(madamatta) 몸을 치장하고 단장한다. 낮의 중간이나 저녁때에 식사시간이 도래했을 때, 갈증과 배고픔을 느낀 그들은 극도의 욕구와 극도의 희구, 극도의 희열을 갖고 단점을 보지 못하고, 출리를 알지 못하고, 계속해서 놀기 위해서, 취하기 위해서, 장식하기 위해서, 치장하기 위해서 주어진 대로 음식을 먹는다.

그렇지만 청문을 한 성제자는 '나는 전적으로 친숙하지 말아야 하고, 끊어야 할 음식을 끊을 것이다.'라고 생각하면서 간택의 힘을 갖고 단점을 보면서 출리를 알면서 먹지, 욕망의 대상에 대해 향수하는 자들처럼 그와 같이 먹지 않는다. 이 몸의 유지를 위해 [먹는다]라는 것은 먹은 후에 몸이 유지가 있고, 먹지 않은 후에는 [몸의 유지가] 없다고 설해진다. '나는 이 음식을 먹은 후에 살게 될 것이고, 죽지 않을 것이다.'라고 생각하면서 먹는다. 그럼으로써 "이 몸의 유지를 위해"라고 한다.

3.3.6.2.4. **양생을 위한 음식** (ŚrBh 89,1; Ch. 410a7)

(1) 2종의 양생

2종의 양생(yātrā)이 있다. 어렵게 양생하는 것과 어렵지 않게 양생하는 것이다.

(i) 어렵게 양생함이란 무엇인가? 어떤 성질을 가진 음식을 먹는 자에게 기아나 무력감이 일어나거나 또는 병에 의해 괴롭혀져서 고통받는다. 또는 올바르지 않게 음식을 추구하지 법에 맞게 [추구하지] 않는다. 그는 염

착하면서 먹고, 집착하고 탐닉하고 묶이고 무감각해지고 굳게 집착하고 굳게 집착에 빠진다. 그의 몸은 무겁게 되고 활동성이 없으며 [번뇌의] 끊음을 감내하지 못한다. 그럼으로써 그의 심은 지지부진하게 삼매에 들며, 또는 힘들게 숨을 들이마시고 내쉰다. 또 심이 혼침과 수면에 묶이게 된다. 이것이 어렵게 양생함이라 불린다.

(ii) 어렵지 않게 양생함이란 무엇인가? 예를 들어 어떤 성질을 가진 음식을 먹는 자에게 그와 같은 기아나 무력감은 일어나지 않으며, 병에 의해 괴롭힘을 받아 고통받지 않는다. 또는 올바르게 음식을 추구하지 법에 맞지 않게 [추구하지] 않는다. 그는 염착하지 않고 먹으며, 집착하지 않고 탐닉하지 않고 묶이지 않고 무감각하지 않고 굳게 집착하지 않고 굳게 집착에 빠지지 않는다. 그의 몸은 무겁게 되지 않고, 활동성이 있으며, [번뇌의] 끊음을 감내한다. 그럼으로써 그의 심은 신속하게 삼매에 들며, 적은 노력으로 숨을 들이마시고 내쉰다. 또 심이 혼침과 수면에 묶이지 않는다. 이것이 적은 어려움으로 양생함이라 불린다.

어렵게 양생함에 의해 수명은 유지되는데, 그것은 신체에게 죄를 가진 것이고 염오된 것이다. 적은 어려움으로 양생함에 의해 수명은 유지되는데, 신체에게 그것은 죄를 여읜 것이고 염오를 벗어난 것이다. 청문을 한 성제자는 죄를 수반한 염오된 양생을 멀리 떠나고, 죄를 여읜, 염오가 없는 양생에 이르고 친근하게 된다. 그럼으로써 양생을 위해서라고 말한다.

(2) 죄를 여읜 양생

그런데 앞에서 설했던 죄를 여의고 염오를 떠난 양생을 어떻게 준비하는가?

답: 만일 이 [음식]이 기갈을 면하기 위해, 梵行에 도움이 되기 위한 것이라면, 나는 예전의 감수를 끊을 것이고, 새로운 [감수]를 일으키지 않을 것이다. 내게 양생이 있을 것이고, 힘과 낙, 죄를 여읜 상태와 편히 주하는 상

태도 있을 것이다. 이와 같이 죄를 여의고 염오를 떠난 양생을 준비한다.

(i) 어떻게 기아를 면하기 위해 먹는가? 먹을 시간이 다가왔을 때, 배고픔이 일어났다면 그때 먹는다. 배고픔의 분출과 기아에서 나온 무력감을 제거하기 위해 그 분량을 먹는다. 먹은 자에게 적절하지 않은 때에, 즉 하루의 후반부나 밤이 지나간 때에, 또는 내일 먹는 시간이 오지 않았을 때, 다시 기아와 무력감이 괴롭히지 않는다. 이와 같이 기갈을 면하기 위해 먹는다.

(ii) 어떻게 그는 梵行(brahmacarya)[49]에 도움이 되기 위해서 먹는가? 그는 그 분량을 먹고 그런 형태를 한 음식을 먹는다. 그럼으로써 선품에 대해 수행하는 그는 바로 현세에서나 또는 먹은 직후 바로 그 밤에 몸이 무겁지 않게 되고 활동가능성이 있으며, [번뇌를] 끊을 수 있다. 그럼으로써 신속하게 그의 심은 삼매에 들며, 적은 수고로 들숨과 날숨을 한다. 심은 혼침과 수면에 묶이지 않고, 그럼으로써 그는 획득하지 못한 것을 획득하는 데, 증득하지 못한 것을 증득하는 데, 촉증하지 못한 것을 촉증하는 데 힘이 있고 능력이 있게 된다. 이와 같이 그는 범행에 도움이 되기 위해서 먹는다.

(iii) 어떻게 '나는 예전의 감수를 끊을 것이다'라고 생각하면서 먹는가? 예를 들면 그는 과거세에서 분량을 알지 못하고 적절하지 않게 먹고 소화하지 못했다. 그럼으로써 그에게 앞에서 설한 대로[50] 疥癬, 나병, 천연두, 한센병 등의 여러 신체적인 질병들이 일어났다. 질병을 원인으로 하는, 강하고 뜨겁고 예리하고 마음에 들지 않는, 신체적인 괴로운 감수들이 그에게

---

49 梵行(brahmacarya)은 "원래 바라문 청소년이 스승의 집에 머물면서 베다를 학습하는 금욕적인 사제생활을 의미했지만, 불교에서는 출가수행자의 종교생활, 純潔行, 童貞行, 성교를 떠난 생활 …"(Horuichi 2015: 160에서 인용)을 의미한다. 초기경전과 이에 대한 VyY에서의 어의해석에 대해서는 Horuichi 2015: 159f 참조.

50 § 3.6.1.1.(2)를 볼 것.

생겨난다. 그 질병을 가라앉히기 위해 또 그것을 원인으로 하는 괴로운 감수들을 적정하게 하기 위해, 의사가 설한 처방에 의해 이롭고 올바르고 적절하고 타당한 약을 복용하고 또 좋은 음식을 먹는다. 그럼으로써 생겨난 질병 및 그것을 원인으로 하는 괴로운 감수를 끊게 된다. 이와 같이 그는 '나는 예전의 감수를 끊을 것이다'라고 생각하면서 먹는다.

(iv) 어떻게 그는 '나는 새로운 [감수]를 일으키지 않을 것이다'라고 생각하면서 음식을 먹는가? 그는 현재세에서 안락하고 병이 없고 힘이 있지만, 분량 없이, 올바르지 않게 또는 소화하지 않고 먹는다. 그럼으로써 내일이건 모레이건 간에 미래세에도 병이 그의 몸에 머물러 있게 될 것이거나, 또는 앞서 상세히 말했듯이 疥癬, 나병, 천연두, 한센병 등의 어떤 하나의 신체적 질병이 그의 몸에 일어나게 될 것이다. 그것을 원인으로 해서 신체적 감수들이 일어나게 될 것이다. 이와 같이 그는 '나는 새로운 [감수]를 일으키지 않을 것이다'라고 생각하면서 음식을 먹는다.

(v) 어떻게 '내게 양생이 있을 것이며, 또 힘과 낙, 죄를 여읜 상태와 편히 주하는 상태도 있을 것이다'라고 생각하면서 먹는가? 먼저 어떤 것을 먹은 후에 살아간다고 그와 같이 양생이 있다. 그가 기아와 무력감을 제거할 때 이와 같이 그에게 힘이 있다. 예전의 감수를 끊고 새로운 [감수]를 일으키지 않을 때 이와 같이 그에게 안락이 있다. 앞에서 상세히 설한 것처럼 여법하게 음식을 추구함에 의해 염착하지 않고 집착하지 않고 먹는다면 그에게 죄를 여읜 상태가 있다. 앞에서 상세히 설한 것처럼 먹은 자의 몸이 무겁지 않고 활동성이 있고 끊음을 감내한다면, 이와 같이 그에게 평안하게 주함이 있다.

따라서 올바로 간택한 후에 음식을 먹지, 놀기 위해서도 아니고, 취하기 위해서도 아니고, 치장하기 위해서도 아니다. 상세한 것은 앞에서와 같다. 이것이 음식에 대해 양을 아는 것을 상세히 구분한 것이다.

3.3.6.3. 요약적 의미 (ŚrBh 109,6; Ch. 413b24)

(i) 요약적 의미란 무엇인가? 답: 어떤 것을 먹고 어떻게 먹는가가 요약적 의미이다.

무엇을 먹는가? 떡, 과자, 밥, 죽 등 앞에서 상세히 설한 물질적 음식이다. 어떻게 먹는가? 올바로 간택한 후에 먹지, 놀기 위해서도 아니고, 취하기 위해서도 아니고, 치장하기 위해서도 아니다. 상세한 것은 앞에서와 같다.

(ii) 또 다른 요약적 의미이다. 대치에 포함된 [음식]과 욕망의 대상에 대한 낙의 끝을 여읜 [음식], 그리고 스스로의 고행의 끝을 여읜 [음식]을 범행에 도움이 되기 위해 먹는다.

대치에 포함된 것이란 무엇인가? 올바로 간택한 후에 음식을 먹는 것이다. 욕망의 대상에 대한 즐거움의 극단을 여읜 것이란 무엇인가? 놀기 위해서가 아니고 취하기 위해서가 아니고 치장하기 위해서가 아니라 [음식을 먹는 것이다]. 스스로의 고행의 극단을 여읜 것이란 무엇인가? 기아를 면하기 위해, 나는 예전의 감수를 끊으며, 또 새로운 [감수]를 일으키지 않는다. 내게 양생이 있을 것이며, 또 힘과 낙이 있을 것이다. 어떻게 梵行에 도움이 되기 위해 먹는가? 범행에 도움이 되기 위해 '죄를 여읜 상태와 평안하게 주하는 상태가 내게 있다'고 [생각해서 먹는 것이다].

(iii) 또 다른 요약적 의미이다. 먹는 것과 먹지 않는 것의 2종이 있다. 먹지 않는 것이란 완전히 모든 방식으로 어떤 것도 먹지 않는 것이다. 먹지 않는 자는 죽는다. 먹는 것은 2종이다. 균등하게 먹는 것과 균등하지 않게 먹는 것이다. 균등하게 먹는 것은 적지도 많지도 않게 먹는 것이며, 적절하지 않은 것이 아니고, 소화되지 않은 것이 아니고, 염오된 것이 아니다. 균등하지 않게 먹는 것이란 매우 적거나 매우 많거나, 또는 소화되지 않은 것이거나 적절하지 않은 것, 또는 염오된 것을 먹는 것이다.

균등하게 먹음으로써 극히 적게 먹지 않았을 때에는 아직 생겨나지 않은 기아와 무력감은 일으키지 않고, 이미 일어난 것은 끊는다. 극히 많이 먹지 않음에 의해, 균등하게 먹음에 의해 몸은 무겁게 되지 않고, 활동성이 없지 않고, [번뇌의] 끊음을 감내할 수 없는 것이 아니다. 앞에서 상세히 설한 바와 같다.

소화되기 쉬운 것을 먹음에 의해, 적절히 먹음에 의해, 균등하게 먹음에 의해 예전의 감수를 끊고 새로운 [감수]를 일으키지 않는다. 이와 같이 그에게 양생이 있으며, 또 힘과 낙도 있다. 염오되지 않은 것의 먹음에 의해, 균등하게 먹음에 의해 죄를 여읜 상태 및 평안하게 머무는 상태가 있다.

극히 적게 먹음에 의해 살아갈 때, 작은 기아와 무력감을 갖고 살아간다. 극히 많이 먹음에 의해서 그의 몸은 무거운 짐에 눌린 것처럼 되며, 적시에 먹은 것을 소화시키지 못한다. 소화되지 않은 것을 먹음에 의해 몸에 소화불량(viṣūcikā)이 머물거나, 또는 여러 가지 중에서 하나의 신체적 질병이 몸에서 일어난다. 소화되지 않은 것을 먹음에 의해서처럼 적절하지 않게 먹음에 의해서도 마찬가지다. 적절하지 않게 먹음에 있어 다음과 같은 차이가 있다. [몸에] 나쁜 요소가 쌓이게 되며, 또 예리한 질병과 접촉하게 된다.

염오된 것을 먹음에 의해 올바르지 않게 음식을 추구한 후에 그는 앞에서 상세히 [설했듯이] 탐착하고, 집착하고, 탐닉하고, 결박되어 먹는다.

이와 같이 그는 균등하게 먹음을 향수하고, 균등하지 않게 먹음을 버린다. 따라서 먹음에 있어 평등하게 행하는 자라고 불린다. 또 먹음에 있어 평등하게 행하는 것이 이들 측면에 의해 설명되고, 제시되고, 개현되고, 해설되었다. 즉, 올바로 간택한 후에 음식을 먹지, 놀기 위해서가 아니고, 취하기 위해서가 아니고, 장식하기 위해서가 아니고, 치장하기 위해서가 아니다. 상세한 것은 앞에서와 같다.

(iv) 요약적 의미에 따른 어구 해설

그중에서 "올바로 간택한 후에 음식을 먹지, 놀기 위해서가 아니고, 취하기 위해서가 아니고, 장식하기 위해서가 아니고, 치장하기 위해서가 아니다." 내지 "몸의 안주와 몸의 유지를 위해 [먹는다]."고 말한 것에 의해서는 먼저 먹지 않는 것을 배제한 것이다. "기아를 면하기 위해, 범행에 도움이 되기 위해 내지 평안하게 주하기 위해 [먹는다]"고 말한 것에 의해서는 균등하지 않게 먹는 것을 배제한 것이다. 왜 균등하지 않게 먹는 것을 배제하는가? "기아를 면하기 위해"라고 말한 것에 의해서는 먼저 극히 적은, 균등하지 않은 음식을 배제한 것이다. "범행에 도움이 되기 위해서"라고 말한 것에 의해서는 극히 많은 음식을 배제한 것이다. "나는 예전의 감수를 끊을 것이며, 새로운 [감수]를 일으키지 않을 것이다."라고 말한 것에 의해서는 소화하지 않고 먹는 것과 적절하지 않게 먹는 것을 배제한 것이다.

"내게 양생이 있을 것이고, 힘"이라고 말한 것에 의해서는 극히 적게 먹지 않음과 극히 많이 먹지 않음을 보여 주었다. "내게 안락이 있을 것이다"라는 말에 의해서는 소화하고 먹는 것과 적절하게 먹는 것을 보여 준 것이다. "내게 죄를 여읜 상태와 평안하게 머묾이 있을 것이다"라고 말한 것에 의해서는 염오되지 않은 것을 먹는 것을 보여 주었다. [왜냐하면][51] 그가 여법하지 않게 음식을 추구한 후에 앞에서 상세히 설한 것처럼 탐착하고 집착하면서 먹을 때, 그는 염오된 채 먹으며, 또 그에게 죄를 수반한 상태가 있기 때문이다. 그가 선품을 향해 수행할 때, 은거할 때, 가행할 때, 작의할 때, 독송할 때, 의미를 숙고할 때 악하고 불선한 심사들이 심을 흐르게 하며, 그것에 기울어지고(tannimna), 그것에 향하고(tatpravaṇa), 그런 경향을 가

51 한역은 所以者何를 첨가하여, 이 문장을 앞의 문장을 설명하는 이유로 보고 있다.

진(tatprāgbhāra)[52] 심의 상속을 작동시킨다. 그럼으로써 그에게 평안하게 머묾이 없게 된다.

평안하게 머묾은 2종이다. 극히 많이 먹는 것을 피하기 때문에, 따라서 그의 몸은 무겁지 안고 활동성이 없지 않으며, [번뇌의] 끊음을 감내할 수 있다. 상세한 것은 앞에서와 같다. 음식에 대한 기호를 일으키지 않기 때문에 따라서 그에게 심사에 의해 동요 때문에 일어난 평안하지 않게 머묾이 없다.

이와 같이 모든 문장들에 의해 음식에 대한 평등한 행위가 해명되었다. 이것이 상세하게 또는 요약적으로 음식에 대해 양을 아는 것이라고 설해진다.

3.3.7. 初夜後夜常勤修習覺悟瑜伽 (ŚrBh 97,16; Ch. 411c6)

3.3.7.1. 어구의 의미와 정의

초야(pūrvarātra)와 후야(apararātra)에 깨어서 수행을 하는 자의 상태란 무엇인가? 그중에서 초야란 무엇인가? 후야란 무엇인가? 깨어서 수행함이란 무엇인가? 깨어서 수행하는 자의 상태란 무엇인가?

초야란[53] 이른 밤으로서, 이른 밤은 해가 지고 난 후에, 8분의 1이 지난, 밤의 전반부이다.

후야란 무엇인가? 여분의 8분의 1이 남은, 밤의 마지막 부분이다.

깨어서 수행함이란 무엇인가? 답: 낮에 경행과 좌선에서 장애를 일으킬

52 이 세 개의 표현은 한역에서 각기 隨順, 趣向, 臨入으로 번역되어 있다.

53 하루를 여덟 부분으로 나누고, 밤낮은 각기 4부분으로 나뉜다. 밤의 네 부분은 각기 rātryāḥ prathamayāma(夜初分), pūrvarātra(初夜), apararātra(後夜), rātryāḥ paścimayāma(夜後分)이다. 알의 둘이 rātryāḥ pūrvabhāga(밤의 전반부), 뒤의 둘이 rātryā aparabhāga(밤의 후반부)이다. 중간의 초야와 후야가 rātryāḥ madhyamaṃ yāmam(中夜)라고 불린다. ŚrBh(1), p. 151 각주 참조.

수 있는 요소들로부터 심을 정화시킨다. 초야분에서 경행과 좌선에서 장애를 일으킬 수 있는 요소들로부터 심을 정화시킨다. 정화시킨 후에 거처의 밖에서 두 발을 씻은 후에 거처로 들어와서, 오른 편으로 누워서 두 발을 포갠 후에 光明想(ālokasaṃjñā)을 지니고 정념하고 정지하면서 바로 깨어남의 생각을 작의한다. 그는 야후분에서 신속하게 깨어난 후에 경행과 좌선에서 장애를 일으킬 수 있는 요소들로부터 심을 정화시킨다.

이것이 깨어서 수행하는 자의 상태이다. 예를 들어 붓다와 세존의 제자가 깨어서 수행하는 것을 듣고 그것에 대해 배우고자 바란다. 그와 같이 된 그는 '나는 깨어서 수행함과 관련해 붓다의 동의를 받은 깨어서 수행함을 성취했다.'고 생각한다. 그는 욕구와 정진, 수고, 진행, 용맹, 존속, 시도, 감내, 강건, 적합함, 항구적으로 마음의 컨트롤을 갖고 있다.

3.3.7.2. 상세한 설명

3.3.7.2.1. 낮 동안의 심의 정화

3.3.7.2.1.1. 경행과 좌선에 의한 심의 정화 (ŚrBh 99,9; Ch. 411c22)

어떻게 낮에 경행과 좌선에서 장애를 일으키는 요소들로부터 심을 정화시키는가?

"낮에"란 해가 뜬 때부터 질 때까지이다. "경행"이란 크기가 측정되고 정해진 지역에서 오고 감을 행하는 신체적 작용이다. "좌선"이란 여기서 어떤 이가 큰 의자나 작은 의자, 풀로 만든 좌석에 결가부좌를 하고, 몸을 곧게 펴고 정념을 면전에 확립한 후에 앉는 것이다. "장애들"(āvaraṇa)이란 5蓋(nivaraṇa)이다. "장애를 일으키는 요소들"이란 장애를 불러일으킬 수 있는 요소들로서 장애를 이끌어내는 것들이다. 그것들은 무엇인가? 貪欲(kāmacchanda), 瞋恚(vyāpada), 昏沈睡眠(styānamiddha), 掉擧惡作(auddhatyakaukṛtya), 疑(vicikitsā)이며,[54] 또 깨끗한 것, 진에의 관념상, 우매함, 친족과 고향과 불사라는 심사(jñātijanapadāmaraṇavitarka)로서[55] 예전에 웃고 유희하고 즐거워하고 환희했던 것을 기억하는 것이며, 그리고 삼세 및 삼세에 속한 올바르지 않은 법의 사유이다.[56]

(1) 경행(caṅkrama)의 의한 정화

문: 이들 [장애를 일으킬 수 있는 요소]들로부터 어떻게 경행에 의해 심을 정화하는가? 얼마나 많은 [장애를 일으킬 수 있는 요소]들에 의해 심을 정화하는가?

답: 혼침과 수면으로부터, 또 혼침과 수면을 이끌어내는 장애로부터 [심을] 정화시킨다. 이 [경행]에 의해 광명상은 잘 잡혀지고, 잘 작의되고, 잘 이해되고, 잘 통달되었다. 그는 광명을 수반하고 비춤을 수반한 심을 갖고 은밀한 곳이나 열린 곳에서 경행을 하면서, 경행할 때에 여러 인식대상 중에서 명료함을 일으킬 수 있는 인식대상에 의해 심을 보여 주고 자극하게 하고 희열케 한다. 즉, 불·법·승·계·보시·神에 대한 수념(anusmṛti)에 의해서, 또는 신체에 대한 혼침과 수면의 단점과 연관된 정법들을 듣고, 잡고, 지닌다. [정법이란] 계경, 응송, 기별, 풍송, 自說, 인연, 비유, 본사, 본생, 방광, 希法, 論議들이다. 그것들 속에서 혼침과 수면은 여러 법문들에 의해 비

---

54 한역은 "그것들은 무엇인가?"를 5蓋를 묻는 것으로 이해해서 다섯 개의 요소들 각각에 蓋를 넣어 번역하고 있고, 이하 "깨끗한 것" 등을 "장애를 일으키는 것"으로 구분해 번역하지만, 이 질문을 5蓋뿐 아니라, 깨끗한 것 이하도 오개와 관련된 내용을 설명하는 것으로 이해하는 것이 구문상 타당할 것이다.

55 SamBh 2.2.1.4.1.에서 도거(auddhatya)는 "친족에 대한 심사, 고향에 대한 심사, 불사에 대한 심사와 관련하여 예전의 웃음과 놀이, 유희와 행동을 기억하는 자나 기억나게 하는 자에게 있어 심의 부적정함과 흥분"으로 정의된다. 따라서 3종의 심사와 "예전에 웃고 …" 등의 문장은 도거의 내용으로서 관련될 것이다.

56 이 문장은 의심(vicikitsā)을 가리킨다. SamBh 2.2.1.5.에서 의심(vicikitsā)은 "… 과거세에 대해, 또 과거세처럼 미래와 현재에 대해서도 마찬가지로 의혹하고 의심하는 자에게, 또는 고제 등의 진리를 의혹하고 의심하는 자에게 심의 이중적인 상태 …"로 정의된다.

난되고 비방되었으며, 반면 혼침과 수면의 끊음은 칭찬되고 찬탄되고 칭송되었다. 그것들을 큰 소리로 독송하거나 또는 타인들에게 해설하거나 또는 그 의미를 생각하고 비교하고 고찰하거나, 다방면에서 관조한다. 또는 달과 성좌, 위성의 위치와 별들을 보고, 물로 얼굴을 씻는다. 이와 같이 혼침과 수면의 분출(paryavasthāna)이 그에게 아직 일어나지 않았다면 일어나지 않게 되고, 이미 일어났다면 사라진다. 이와 같이 이것에 의해 그 장애를 일으키는 법으로부터 심을 정화시키게 된다.

(2) 좌선(niṣadyā)에 의한 정화

문: 좌선에 의해 어떤 장애를 일으킬 수 있는 요소들로부터 심을 정화시키는가? 또 어떻게 정화시키는가?

답: 장애를 일으킬 수 있는 네 가지 요소들로부터, 즉 탐욕, 진에, 도거와 악작, 의심으로부터[57] 또한 그것을 이끌어내는 요소들로부터 [심을] 정화시킨다.

(i) 탐욕의 분출(kāmarāgaparyavasthāna)이 일어났을 때는 제거하기 위해, 또 아직 일어나지 않았을 때는 멀리 하기 위해, 그는 결가부좌를 하고, 몸을 곧게 펴고 정념을 면전에 확립하고 앉은 후에, 푸르게 변한 [시체], 고름이 나오는 [시체], 벌레가 들끓어 오르는 [시체], 고름이 부풀어 오른 [시체], 먹혀진 [시체], 피로 얼룩진 [시체],[58] 뼈를 가진 [시체], 연쇄를 가진 [시체], 뼈의 연쇄를 가진 [시체]나 또는 좋은 삼매의 관념상(samādhinimitta)을 작의한다. 또한 그에 의해 바로 탐욕의 끊음과 관련하여 감각적 욕망에 대한 욕구를 끊기 위해 계경과 응송, 기별 등 앞에서 상세히 설한 이 정법들

---

57 여기서 五蓋 중에서 혼침과 수면(styānamiddha)이 빠져 있고, 뒤따르는 상세한 설명에서도 나오지 않지만, 이 단락의 마지막 부분에서는 혼침과 수면이 포함되어 언급되고 있다.

58 ŚrBh III. 에서는 이 다음에 vikṣiptakam("이리 저리 흩어진 [시체]")를 포함시키지만, 여기서는 빼고 있다.

이 취해지고 수지된 것이며, 말에 의해 능통해지고, 마음으로 잘 관찰되고, 견해로 통달된 것이다. 또 다양한 법문에 의해 감각적 욕망에 대한 탐심(kāmarāga), 감각적 욕망에 대한 욕구(kāmacchanda), 감각적 욕망의 근저(kāmālaya, 欲藏), 감각적 욕망의 보호(kāmaniyanti, 欲護), 욕망의 대상에 대한 집착(kāmādhyavasāna)을 비난하고 꾸짖고, 비방하고, 감각적 욕망에 대한 탐욕의 끊음을 다양한 법문에 의해 칭찬하고 찬양하고 칭송한다. 그와 같이 그는 앉아서 저 법들을 이치에 맞게 작의한다.

이와 같이 이미 일어난 욕망의 대상에 대한 욕구의 분출이 일어나지 않으며, 또 이미 일어난 욕망의 대상에 대한 욕구의 분출은 사라진다.[59]

(ii) 진에와 관련해서는 다음과 같은 차이가 있다. 그와 같이 앉아 있는 자는 자심을 수반한 심을 갖고, [즉,] 원한이 없고, 적대하지 않고, 괴롭힘이 없고, 크고 광대하고 무량한 심을 갖고, 한 방향을 승해한 후에, 관통한 후에, 갖춘 후에 주한다. 그와 같이 두 번째, 세 번째, 네 번째 [방향], 상·하, 수평으로 끝이 없는 모든 세계를 관통한 후에, 갖춘 후에 주한다. 나머지는 이전과 같다.

(iii) 도거와 악작과 관련해서는 차이가 있다. 그와 같이 앉아 있는 자가 내적으로 심을 주하게 하고, 안주하게 하고,[60] 성취하게 하고, 하나로 만들고, 삼매에 든다. 나머지는 이전과 같다.

(iv) 의심의 장애와 관련해서는 차이가 있다. 그와 같이 앉아 있으면서 그는 과거세에 올바르지 않게 작의하지 않고, 미래세와 현재세에 올바르지 않게 작의하지 않는다. "나는 과거세에 존재했는가, 그렇지 않으면 나는 과거세에 [존재하지] 않았는가? 나는 무엇으로서 존재했는가? 어떻게 나는

---

59 한역(412b10-11)은 이 문장 다음에 如是方便 從順障法 淨修其心을 참가하고 있다.

60 한역에는 saṃsthāpayati에 대응하는 표현이 없다.

과거세에 존재했는가? 나는 미래세에 누구로서 존재할 것인가? 어떻게 나는 미래세에 존재할 것인가? 누가 존재하며, 우리는 누구로서 존재할 것인가? 이 중생은 어디서 왔으며, 여기서 죽은 후에 어디로 가는가?" 그는 이러한 형태의 올바르지 않은 작의를 버린 후에 과거세와 미래세, 현재세에 올바로 작의한다.

그는 단지 법만(dharmamātra)을 보며, 단지 사태만(vastumātra)을 보며, 존재하는 것을 존재로서, 비존재하는 것을 비존재로서 [보며], 단지 원인뿐이고, 단지 결과뿐이며, 실재하지 않는 것을 증익하지 않고, 실재하는 사태를 부정하지 않으며, 진실을 진실이라고 안다. 즉, 무상한 것들과 고통스러운 것들, 공한 것들, 무아인 법들에 대해 무상하고 고통스럽고 공하고 무아라고 [안다]. 그는 이와 같이 올바르게 작의하면서, 붓다에 대해서도 의혹과 의심이 없고, 법과 승가에 대해서, 고집멸도에 대해서, 원인에 대해, 원인으로부터 일어난 법들에 대해 의혹과 의심이 없다. 나머지는 이전과 같다.

진에에 대해 [다음과 같이] 말해야 한다. 미움과 미움의 관념상과 관련하여 그는 그것을 끊기 위해 정법을 듣는 것이다. 도거와 악작에 대해 [다음과 같이] 말해야 한다. 그는 도거와 악작과 관련하여 그것을 끊기 위해 정법을 듣는 것이다. 의심에 대해 [다음과 같이] 말해야 한다. 그는 의심과 관련하여 그것을 끊기 위해 정법을 듣는 것이다. 이하 앞에서와 같다.

이와 같이 탐욕의 덮개(蓋)로부터, 진에, 혼침과 수면,[61] 악작과 도거, 의심의 덮개로부터, 또 그것을 이끌어내는, 장애를 일으킬 수 있는 요소들로부터 심이 정화되는 것이다.

따라서 경행과 좌선 양자에 의해 장애를 일으킬 수 있는 요소들로부터 심을 정화시킨다고 말한다.

---

61 혼침과 수면은 앞에서 언급되지 않았다.

실로 이 정법의 영향(dharmādhipateya)이 장애를 일으킬 수 있는 요소들로부터 심을 정화시키는 것이라고 설한다.

3.3.7.2.1.2. 자신과 세간의 영향에 의한 심의 정화

또한 스스로의 영향(ātmādhipateya)과 세간의 영향(lokādhipateya)이 장애를 일으킬 수 있는 요소들로부터 심을 정화시키는 경우도 있다.

스스로의 영향이란 무엇인가? 예를 들어 여러 가지 중에서 하나의 덮개가 생겨났을 때, 스스로 적합한 것이 아니라고 안 후에 이미 일어난 장애는 집착하지 않으며, 끊고, 제거하고 멀리한다. 마음의 수번뇌를 작동시키고, 지혜를 미약하게 하고, 손해에 속한, 저 장애에 의해 그는 스스로를 부끄러워한다. 이와 같이 자신 때문에 장애를 일으킬 수 있는 요소들로부터 심을 정화시킨다.

어떻게 세간 때문에 장애를 일으킬 수 있는 요소들로부터 심을 정화시키는가? 여기서 그는 장애가 이미 일어났거나 또는 생기의 시간이 현전해 있을 때, 다음과 같이 생각한다. '내가 만일 아직 생겨나지 않은 장애를 생겨나게 한다면, 스승은 나를 비방할 것이며, 신들과 학자들, 범행자들도 자연적으로(dharmatayā) 비난할 것이다.' 그는 바로 세간과 관련하여 아직 생겨나지 않은 장애는 일으키지 않고, 이미 일어난 것은 끊는다. 이와 같이 세간을 주제로 한 후에 장애를 일으킬 수 있는 요소들로부터 심을 정화시킨다.

3.3.7.2.2. 저녁 동안의 심의 정화 (ŚrBh 105,12; Ch. 412c27)

와구와 좌구를 보존하기 위해 세간의 규정을 따를 것이라고 생각한다. 초야분에 이르기까지 경행과 좌선에 의해 장애를 일으킬 수 있는 요소들로부터 심을 정화시킨다.

3.3.7.2.3. 밤 동안의 심의 정화

장애를 일으킬 수 있는 요소들로부터 심을 정화시킨 후에, 거처의 밖에서 두 발을 씻는다. 씻은 후에 거처로 들어와서 잠에 의해 증장되는 대종들이 증장될 때까지 눕는다. 증장된 이 신체는 항시 선품을 향해 수행할 때 더욱 활동성이 있고 더욱 적합하게 될 것이다.

어떤 이유로 오른편으로 눕는가? 사자라는 생물과 유사하기 때문이다.

무엇이 유사한가? 사자라는 생물은 모든 살아 있는 동물들 중에서 용맹하고 강건하고 굳센 용기를 갖고 있다. 비구도 또한 깨어서 수행을 하며, 용맹정진하며, 용맹하고 강건하고 굳센 용기를 갖고 있다. 이 때문에 그가 눕는 것을 바로 사자로 비유한 것이지, 아귀의 누움이나 신들의 누음, 욕망의 대상을 향수하는 자의 누움은 아니다. 왜냐하면 그들 모두는 게으르고 정진이 적고 힘과 용기가 약하기 때문이다. 그렇지만 사자와 같이 오른편으로 눕는 자에게 그와 같은 신체들의 산란이 없고, 잠에서 정념의 상실이 없으며, 무겁게 잠자지 않으며, 악몽도 꾸지 않는 것은 자연스러운 것이다. 그러나 그렇지 않은 방식으로 눕는 자에게 반대로 모든 잘못들이 있다고 알아야 한다. 따라서 발에 발을 포개고 오른 편으로 눕는다고 말한다.

어떻게 광명상을 갖고 눕는가? 광명상이 그에 의해 잘 포착되고, 잘 작의되고, 잘 이해되고, 잘 통달되었다. 바로 그것을 작의하면서 그는 반조를 수반한 심을 갖고 눕는다. 그럼으로써 비록 잠이 들더라도 그의 마음은 어두워지지 않는다. 이와 같이 광명상을 갖고 눕는다.

어떻게 정념을 지니고 눕는가? 그가 정법을 이미 청문했거나 사유했거나 수습했거나, 선한 의미를 산출했다면, 그것을 수반하는 정념은 잠잘 때까지 작동하게 된다. 그 [정념]에 의해 비록 그가 잠들더라도 그 법들은 마치 깨어 있는 자에 있어서처럼 말하며, 그 법들에 대해 그의 심은 자주 사유한다. 따라서 정념에 의해서처럼 그와 같이 정념하는 자는 선심을 갖거나 또는 무기심을 갖고 눕는다. 이와 같이 정념을 갖고 눕는다.

어떻게 정지를 갖고 눕는가? 그와 같이 그가 정념을 갖고 잠들었을 때 그 때에 여러 수번뇌들 중에서 하나에 의해 마음이 염오되게 된다. 그는 생겨나고 있는 저 잡염을 올바로 알아차리고, 집착하지 않고, 끊고, 통달하고. 마음을 되돌이킨다. 따라서 정지를 갖고 눕는다고 말해진다.

어떻게 일어남의 생각을 작의하면서 눕는가? 그는 심을 정진을 갖고 포섭한 후에 눕는다. 그는 잘 각성된 상태이기 때문에 그의 수면은 매우 짧다. 마치 아란야에 사는 사슴처럼, 전적으로 심은 수면을 따라 기울어지지 않고, [수면에] 향하지 않고, [수면의] 경향을 갖지 않는다.

그렇지만 그는 다음과 같이 생각한다. '나는 붓다께서 인정하신 깨어 있음을 전적으로 모든 방식으로 성취해야 할 것이다.' 그것을 성취하기 위해 빨리 진한 수행과 결합하고 [그것을 성취하려는] 욕구에 들어가서 주한다.

또한 그는 다음과 같이 생각한다. '내가 지금 깨어 있기 위해 용맹정진하면서 주했고, 또한 선법을 수습하기 위해 근면하고 게으르지 않고 일어남을 갖추고 있다. 내일이 밝아 왔을 때, 또 밤이 지나갔을 때, 더욱 나는 용맹정신하면서 일어남을 갖추고 주할 것이다.'

그중에서 첫 번째의 일어남의 생각에 의해서는 무겁게 잠자지 않는다. 그럼으로써 그는 신속하게 일어날 때에 일어날 수 있으며, 시간이 지나 깨지 않는다. 두 번째의 일어남의 생각에 의해서는 더도 덜도 없이 붓다께서 인정하신 사자의 누운 자세를 한다. 세 번째의 일어남의 생각에 의해서는 욕구를 느슨하게 하지 않는다. 정념의 상실이 있을 때 계속 이어서 수지하기 위해 노력한다. 이와 같이 바로 일어남의 생각을 작의하면서 그는 눕는다.

3.3.7.2.4. 새벽 동안의 심의 정화

그는 夜後分에서 신속하게 깨어난 후에 경행과 좌선에 의해 장애를 일으킬 수 있는 요소들로부터 심을 정화한다. 야후분이란 후야(aparatātra)에서 한 부분이 지나간 것이다. 그는 광명상을 갖고, 정념과 정지를 지니고 일어남의 생각을 작의하면서, 밤의 중분, 즉 한 부분이 지나가는 동안 수면에 빠진 후에 일어나며, 그때 일어났을 때 활동성이 있는 몸으로 된다. 일어난 후에 강한 혼침과 수면의 분출에 의해 압도되지 않는다. 그럼으로써 그가 일어났을 때, 둔함이나 허약함, 또는 나태와 게으름이 없게 된다. 둔함이나 허약함, 또는 나태와 게으름이 없을 때, 신속하게 단지 의욕만으로도 일어난다. 경행과 좌선에 의해 장애를 일으킬 수 있는 요소들로부터 심의 청정이 있다고 앞에서처럼 알아야 한다.

이것이 초야와 후야에서 깨어 있으면서 수행하는 자의 상태에 대한 상세한 설명이다.

3.3.7.3. 요약적 설명 (ŚrBh 109,6; Ch. 413b24)

1) 요약적 설명은 무엇인가? 여기서 깨어 있으면서 수행하는 것을 행하는 사람에게 네 가지 바른 일들이 있다. 네 가지는 무엇인가? 깨어 있는 한, 선품을 버리지 않고, 항시 선법의 수습을 향해 [수행한다]. 적시에 눕지, 때가 아니면 [눕지] 않는다. 염오가 없는 마음을 갖고 잠에 빠지지, 염오된 마음을 갖고 [잠에 빠지지] 않는다. 적시에 깨어나지, 일어나는 시간을 넘어서지 않는다. 이것들이 초야와 후야에서 깨어 있으면서 수행하는 것을 행하는 사람의 네 가지 바른 일들이다.[62]

이들 네 가지 바른 일들에 의거하여 세존께서는 성문들에게 깨어 있으면

---

62 이 문장은 사본과 ŚrBh에는 누락되어 있지만, 한역과 티벳역에 따라 보충한 것이다. 티벳역: nam gyi cha stod dang nam gyi cha smad la mi nyal bar sbyor ba'i rjes su brtson pa'i skyes bu gang zag gis yang dag par bya ba ni bzhi po de dag yinn no// 413c1-2: 是名四種常勤修習覺寤瑜伽所有士夫補特伽羅正所作事.

서 수행을 하는 자의 상태를 설하셨다.

2) 그런데 어떻게 설했는가? 먼저 "낮에 경행과 좌선에 의해 장애를 일으킬 수 있는 법들로부터 심을 정화한다. 이와 같이 야초분에 경행과 좌선에 의해 장애를 일으킬 수 있는 요소들로부터 심을 정화한다."고 말한 것에 의해서 먼저 첫 번째 바른 일이 해설되었다. 즉, 깨어 있는 한, 선품을 버리지 않고, 항시 선법의 수습을 향해 노력한다.

"거처의 밖에서 두 발을 씻은 후에 거처로 들어와서, 오른편으로 누워서 두 발을 포갠 후에"라고 하는 말에 의해 두 번째 바른 일이 해설되었다. 즉, 적시에 눕지, 적시가 아닌 때에는 [눕지] 아니다.

"光明想(ālokasaṃjñā)을 지니고 정념하고 정지하면서 바로 깨어남의 생각을 작의하면서, 눕는다."라고 하는 말에 의해 세 번째 바른 일이 해설되었다. 즉, 그는 염오되지 않은 심을 갖고 수면에 빠진다.

"그는 야후분에서 신속하게 깨어난 후에 경행과 좌선에서 장애를 일으킬 수 있는 요소들로부터 심을 정화시킨다."라고 하는 말에 의해 네 번째 바른 일이 해설되었다. 즉, 그는 적시에 깨어나지, 일어나는 시간을 넘어서지 않는다.

그중에서 "광명상을 지니고, 정념과 정지를 갖고 일어나려는 생각을 작의하면서 눕는다."라고 하는 말에서 두 가지 이유에 의해 염오되지 않은 마음을 가진 그는 정념과 정지에 의해 수면에 빠진다. 또한 광명상과 일어남의 생각이라는 두 가지 이유에 의해 적시에 깨어나지, 시간을 넘어서지 않는다.

어떻게 정념에 의해 선한 인식대상을 취한 후에 잠드는가? 정지에 의해저 선한 인식대상으로부터 심이 물러서고 염오된다면 신속하게 올바로 알아차린다. 이와 같이 두 가지 이유에 의해 염오되지 않은 심을 가진 그는 눕는다.

그중에서 광명상과 일어남의 생각에 의해 그는 무겁게 잠자지 않으며, 그에게 그것의 수면의 분출은 나쁘게 수반되지 않는다. 이와 같이 두 개의 이유에 의해 적시에 깨어나지, 일어나는 시간을 넘어서지 않는다.

이것이 깨어 있으면서 수행하는 것을 행하는 사람에 대한 요약적 의미이다.

앞의 상세한 설명과 이 요약적 의미가 깨어 있으면서 수행하는 것을 행하는 자의 상태라고 불린다.

3.3.8. 正知而住(saṃprajānadvihārita)

3.3.8.1. 정의 (ŚrBh 111,11; Ch. 413c29)

정지를 갖고 주함이란 무엇인가? 여기서 어떤 이가 가고 돌아올 때 정지를 갖고 주하며, 보고 살필 때, 굽히고 펼 때, 승가리(saṃghāṭī, 僧伽胝)와 의발을 지닐 때, 먹고, 마시고, 삼키고, 음미하고, 가고, 머물고, 앉고, 눕고, 깨어 있고, 말하고, 침묵하고, 졸림의 피곤함을 풀 때, 정지를 갖고 주한다.

3.3.8.2. 상세한 설명

3.3.8.2.1. 각 항목의 설명

(i) 가는 것과 돌아오는 것이란 무엇인가? 가고 돌아옴에 있어 정지를 갖고 주함이란 무엇인가?

가는 것이란 여기서 어떤 이가 마을이나 마을 사이, 집이나 집 사이, 승원(vihāra)이나 승원 사이에서 가는 것이다. 돌아오는 것이란 여기서 어떤 이가 마을이나 마을 사이에서, 집이나 집 사이에서, 승원(vihāra)이나 승원 사이에서 돌아오는 것이다. 정지를 갖고 주함이란 그가 오고 있을 때 온다고 올바로 알고, 돌아가고 있을 때 돌아온다고 올바로 아는 것이다. '여기로 나는 가야만 하고, 여기로 나는 다시 돌아와야만 한다.'고 올바로 알며, '이것이 내가 가야 할 때이고, 이것이 가지 않을 때이다.'라고 올바로 안다. 이것이 정지(saṃprajanya)라고 설해진다. 만일 저 정지를 갖춘 자가 가면서 '나는 간다'고 알고, 그가 가야만 하는 것으로 가며, 바른 때에 가지 바르지 않은 때에 가지 않으며, 그에 적합한 형태의 행위(caryā)와 행동준칙(ācāra), 장식구(ākalpa), 행동거지(īryāpatha)를 갖고 그와 같이 가야만 한다면 그와 같이 간다. 이것이 그가 가고 돌아오는 것에서 정지를 갖고 주함이라 불린다.

(ii) 보고 관조한다는 것은 무엇인가? 보고 관조할 때 정지를 갖고 주함이란 무엇인가?

이전에 말해진 사태들로 가고 돌아온 자가 눈을 갖고 중간에 인지에 의존하지 않고, 노력에 의존하지 않고, 욕구에 의존하지 않고 색을 보는 것이 봄(ālokita)이라고 불린다. 반면 그 [사태]들로 갔었고 돌아왔던 자가 눈을 갖고 인지에 의존해서, 노력에 의존해서, 욕구에 의존해서 색을 보는 것이다. 예를 들어 왕들과 왕족들, 도시민과 촌민, 바라문이나 거사, 재산가, 장자, 상인들 및 그것과 다른 외부의 집과 가옥, 전당과 궁전, 테라스들이나 그 외의 세상의 잡다함을 보는 것이 관조(vyavalokita)라 불린다. 봄과 관조를 自相의 측면에서 올바로 아는 것, 또 보아야 하는 것과 관조해야 하는 것을 올바로 아는 것, 또 보아야 하고 관조해야 할 때에 그것을 올바로 아는 것, 또 그와 같이 보아야 하는 것과 관조하는 것을 올바로 아는 것이 정지라고 불린다. 정지를 갖추고 있는 그가 만일 보고 관조하면서 '나는 보고 있고, 관조하고 있다'고 안다면, 또 보아야 하고 관조해야 하는 것을 보고 관조하며, 또 보아야 하고 관조해야 할 때에 보고 관조하며, 또 어떻게 보아야 하고 관조해야 하는지를 보고 관조할 때, 그것이 봄과 관조에 대해 정지를 갖고 주함이라 불린다.

(iii) 굽히고 폄이란 무엇인가? 굽히고 펼 때 정지를 갖고 주함이란 무엇인가?

가는 것에 의존하고 돌아옴에 의존하는 것을 그와 같이 보고 살피는 자가 두 발이나 어깨, 팔 또는 이것과 다른 지절과 관절을 굽히고 펼 때, 이것이 굽히고 펴는 것이라고 불린다. 만일 굽히고 펴진 것을 자상의 측면에서 올바로 알고, 굽혀야 하고 펴야 할 때를 올바로 알고, 어떻게 굽혀야 하고 펴야 하는지를 올바로 알 때, 이것이 정지라고 불린다. 정지를 갖춘 그가 만일 굽히고 펴면서 '나는 굽히고 있고 펴고 있다'고 알고, 굽혀야 할 것과 펴야 할 것을 굽히고 펴며, 굽혀야 할 때와 펴야 할 때에 굽히고 펴며, 어떻게 굽혀야 하고 펴야 하는지 그대로 굽히고 편다면, 이것이 굽히고 폄에 대해 정지를 갖고 주함이라 불린다.

(iv) 승가리와 의발을 지님이란 무엇인가? 승가리와 의발에 대해 정지를 갖고 주함이란 무엇인가?

그의 大衣가 60개의 조각이나 9개의 조각으로 되고 양 겹이나 한 겹으로 만들어진 것이 승가리라고 불린다. 그것을 덮고 향수하고 올바로 잡는 것이 지님이라고 불린다. 반면 손에 든(adhiṣṭhānika), 中衣나 下衣 또는 淨施(vikalpana)하기에 적합하거나 이미 淨施된 長衣가 의복(cīvara)이라 불린다. 그것을 덮고 향수하고 올바로 잡는 것이 지님이라고 불린다. 철이나 진흙으로 된, 손에 든 걸식의 도구가 鉢(pātra)이라 불린다. 그것을 향수하고 올바로 잡는 것이 지님이라고 불린다. 만일 그가 승가리와 의발을[63] 자상의 측면에서 올바로 알고, 승가리와 의발의 지님이 적절하거나 적절하지 않다고 올바로 알고, 언제 승가리와 의발의 지님을 지녀야만 하는지를 올바로 알고, 어떻게 지녀야만 하는지를 올바로 알 때, 이것이 정지라고 불린다. 정지를 갖춘 그가 만일 승가리와 의발을 지니면서 '나는 지니고 있다'고 안다면, 또 지녀야 할 것을 지니고 있고, 지녀야 할 때에 지니고 있으며, 지녀

---

63 ŚrBh(1) 178,15: cīvaraṃ pātraṃ <u>dhāraṇaṃ</u> vā. 하지만 한역에 dhāraṇaṃ에 대응하는 말이 없다.

야 하는지의 방식대로 지니고 있다면, 이것이 승가리와 의발의 지님에 대해 정지를 갖고 주함이라고 불린다.

(v) 먹고 마시고 삼키고 음미된 것이란 무엇인가? 먹고 마시고 삼키고 음미된 것에 대해 정지를 갖고 주함이란 무엇인가?

음식을 향유하는 것 모두를 먹는 것이라 부른다. 여기에 삼키는 것과 음미하는 것의 2종의 구별이 있다. 그중에서 삼키는 것은 밥이나 죽, 국이나 반죽이거나, 또는 가공되고, 변형되고, 생명을 유지시켜 주는 먹을 만한 음식이다. 이것이 삼키는 것이라고 불리고, 또한 먹는 것이라고 불린다, 음미된 것이란 무엇인가? 우유, 치즈, 버터, 버터기름, 기름, 꿀, 시럽, 고기, 생선, 식혜, 젓갈, 또는 먹는 종류의 나무과일이 음미된 것이라 불리며, 먹는 것이라 불린다. 당즙이나 석밀의 즙, 대나무즙, 버터크림, 신 것, 버터우유, 마지막으로 마실 것이 마시는 것이라 불린다. 먹고 마시고 삼키고 음미된 것을 자상의 측면에서 올바로 알고, 먹어야 하고 마셔야 하고 삼켜야 하고 음미해야 하는 것을 올바로 알며, 먹어야 하고 마셔야 하고 삼켜야 하고 음미해야 할 때를 올바로 알고, 어떻게 먹어야 하고 마셔야 하고 삼켜야 하고 음미해야 하는지를 올바로 아는 것이 그의 정지라고 불린다. 정지를 갖춘 그가 먹고 마시고 삼키고 음미하면서 만일 '나는 먹고 마시고 삼키고 음미한다'고 올바로 안다면, 또 먹어야 하고 마셔야 하고 삼켜야 하고 음미해야 하는 것을 먹고 내지 음미한다면, 또 먹어야 하고 마셔야 하고 삼켜야 하고 음미해야 할 때 먹고 내지 음미한다면, 또 어떻게 먹어야 하고 내지 음미해야 하는지 그대로 먹고 내지 음미한다면, 이것이 먹고 마시고 삼키고 음미된 것에 대해 정지를 갖고 주함이라 불린다.

(vi) 가고, 머물고, 앉고, 눕고, 깨어 있고, 말하고, 침묵하고, 졸림의 피곤의 해소란 무엇인가? 가고, 머물고, 앉고, 눕고, 깨어 있고, 말하고, 침묵하고, 졸림의 피곤의 해소에 대해 정지를 갖고 주함이란 무엇인가?

여기서 어떤 이가 경행처로 경행하거나 법을 같이하는 자들에게 다가가거나 길을 걷는다. 이것이 감이라 불린다. 여기서 어떤 이가 경행처에 머물거나 법을 같이하는 자들과 궤범사와 친교사, 스승과 스승과 같은 자들에게서 머문다. 이것이 머묾이라 불린다. 여기서 어떤 이가 큰 침상이나 작은 침상, 풀로 만든 좌석에 들어가서 결가부좌를 한 후에 몸을 곧게 세운 후에 정념을 앞에 확립한 후에 앉는다. 이것이 앉아 있음이라 불린다. 여기서 어떤 이가 바깥에 주하는 자가 발을 씻은 후에 머무는 곳에 즉, 외진 곳이나 나무 아래 또는 빈 곳에 큰 침상이나 작은 침상, 풀로 만든 좌석에 들어와서 오른편으로 발에 발을 포갠 후에 사자처럼 눕는다. 이것이 누움이라고 불린다. 여기서 어떤 이가 낮에 경행과 앉아 있음 양자에 대해 장애를 불러일으키는 법들로부터 심을 정화한다. 밤의 첫 부분과 마지막 부분에서도 마찬가지다. 이것이 깨어 있음이라 불린다. 여기서 어떤 이가 그와 같이 깨어 있으면서 수행하면서 앞에서 상세히 말했던 계경과 응송, 기별 등 설해지지 않은 법들을 설하고 획득한다. 또한 설해진 법들에 대해 큰 목소리로 익숙함을 행한다. 낭송의 행위에 의해 타인들에게 보여 주고 적시에 지식이 있는 동료 범행자들과 함께 또는 그 외의 재가자들과 함께 격려하고 생활도구를 얻기 위해 얘기하고 서로 환희한다. 이것이 말해진 것이라 불린다. 여기서 어떤 이가 외진 곳에 들어가 듣고 익힌 대로 큰 목소리로 닦은 법들의 의미를 사유하고 측정하고 관찰한다. 또는 은거하면서 내적으로 심을 고정시키고, 등주시키고 안주시키고 근주시키고 조복하고 적정하게 하고 가장 적정하게 하고 하나로 모으고 삼매에 들거나 또는 비파샤나에 대해 수행한다. 이것이 침묵의 상태이다. 여기서 어떤 이가 여름이 왔을 때에, 가장 무더운 여름의 열기의 시간이 일어났을 때, 열에 의해 괴롭힘을 당하고 피곤해진다. 피곤해진 그에게 불시에 졸림의 피곤함과 잠들려는 욕구가 일어난다. 이것이 졸림의 피곤함이라 불린다.

만일 그가 감 내지 졸림의 피곤함의 해소를 그것의 자상의 측면에서 올바로 알고, 또 어떤 곳에 가야만 하고 내지 해소되어야만 하는 졸림의 피곤함을 올바로 알고, 또 가야만 하고 내지 졸림의 피곤함이 해소되어야만 할 때를 올바로 알며, 어떻게 가야만 하는 것과 졸림의 피곤함이 해소되어야만 하는지를 올바로 안다면, 이것이 정지라고 불린다. 정지를 갖춘 그가 가면서 내지 졸림의 피곤함을 해소하면서 만일 '나는 가며 내지 졸림의 피곤함을 해소한다'고 안다면, 또 그곳으로 가야만 하고 내지 그곳에서 졸림의 피곤함이 해소되어야만 하는 곳이 있을 때 그곳으로 가고 그곳에서 졸림의 피곤함을 해소하며, 가야만 할 때와 내지 졸림의 피곤함을 해소해야만 할 때에 그때 가고 내지 졸림의 피곤함을 해소하며, 어떻게 가야만 하고 내지 어떻게 졸림의 피곤함이 해소되어야만 하는가의 방식대로 바로 그렇게 가고 졸림의 피곤함을 해소할 때, 이것이 가고, 머물고, 앉고, 눕고, 깨어있고, 말하고, 침묵하고, 졸림의 피곤함의 해소에 대해 정지를 갖고 주함이라 불린다.

3.3.8.2.2. 순서와 관련 사태의 해명 (ŚrBh 121,3; Ch. 415b20)

정지를 갖고 주함의 순서는 무엇이며, [그것의] 사태의 해명이란 무엇인가? 여기서 어떤 이가 각각의 마을과 도시에 의거해서 주한다. 그는 다음과 같이 생각한다.

"나는 이 마을과 도시에서 탁발하기 위해 돌아다녀야 한다. 탁발하러 돌아다닌 후에 다시 머무는 곳으로 되돌아와야 한다. 그런데 이 마을과 도시에 내가 가면 안 되는 집들이 있는데, 그것들은 무엇인가? 도살장, 술집, 사창가, 왕가, 짠달라의 거친 곳이나,[64] 또는 한결같이 증오에 찬 집들과 되돌아 나올 수 없는 집들이다. 반대로 내가 가야만 하는 집들이 있다. 예를 들면 크샤트리아의 대가문이나 바라문의 대가문, 거사의 대가문, 도시민의 집(僚佐家), 촌민의 집, 재산가의 집, 장자의 집, 상인의 집들이다. 또한 내가 가야만 하는 집들이 있는데, 너무 일찍 가서도 안 되고 때가 아닐 때 가서도 안 되는 곳이다. 또한 일에 바쁜 보시자와 시주의 집들 및 놀이와 유희, 술과의 결합을 행하는 집들, 마을의 규칙을 행하지 않는 집들, 분노를 행하는 집들에 가서는 안 된다. 나는 미친 코끼리와 함께 들어가서는 안 될 것이며, 횡포한 마차와 화난 말, 화난 소, 화난 개와 함께 들어가지 않는 것처럼, 그렇게 들어가야 할 것이다. 나는 숲이나 빽빽한 산지에 들어가지 말아야 하며, 구멍과 연못, 절벽에 떨어져서는 안 된다. 하수구와 분뇨지에 [빠져서는 안 된다]. 나는 달처럼 집들에 가야만 하고, 부끄러움을 갖고 교만함 없이 심신을 낮춘 후에 이득과 공경을 구하지 않아야 한다. 스스로의 획득물에 의해 좋은 마음과 좋은 생각을 가진 것처럼 그와 같이 타인의 획득물에 의해서도 좋은 마음과 좋은 생각을 갖고 자신을 높이지 않고 타인을 경멸하지 않으며 연민심을 갖고 나눔의 마음을 가져야 한다. 타인이 나에게 빨리, 늦지 않게 나에게 주어야만 했던 것, 주지 않으려고 하지 않은 것을 [나는] 출가자로서 타인의 집들에서 이것을 어떻게 얻을 수 있겠는가!"

그는 이렇게 생각하면서 [시주자의 집에] 가야만 한다. 또한 [시주자의 집에] 간 후에 나는 받은 것에 대해 분량을 알아야 한다. 이득 때문에 속임수와 자랑, 암시, 강요, 이득을 갖고 이득을 구하지 않아야 하고,[65] 그 이득은

---

64 다섯 장소는 § 3.4.1.1. 〈계의 율의〉에서 비구가 피해야 할 다섯 영역으로 제시되고 있다.

65 이 항목은 邪命(mithyājīva)에 해당된다. 다섯 가지 요소는 (i) 속임(kuhanā), (ii) 자랑(lapanā), (iii) 암시(naimittikatā), (iv) 강요(naiṣpeṣikatā), (v) 이익에 의해 이익을 구함(lābhena lābha-niścikīrṣatā)이다. 이에 대해서는 BHSD s.v. mithyājīva 참조.

염착과 집착, 탐착이 없는, 애착에 빠지지 않고 애착에 떨어지지 않은 [심]에 의해 향수되어야 한다.

(i) 그곳으로 가거나 이미 간 자가 색들을 보았을 때 일부 색들은 보지 못하고 일부 색들은 보게 된다. 그중에서 보이지 않는 색들에 대해서는 치켜든 눈으로(utkṣiptacakṣusā), [즉,] 잘 보호된 근을 갖고 수습되어야 한다. 반면 보이는 색들에 대해서는 잘 확립된 정념을 확립한 후에 [수습되어야 한다].

그런데 색들은 어떤 형태를 가진 것으로 관찰되어서는 안 되는가? 가수와 무용수, 재담꾼과 배우가 있다. 또는 춤이나 노래, 음악에서 나오는 또 다른 움직임에서 생겨난 것이 있다. 마치 특히 젊은 여성이 아름다운 모습을 가지고 매혹적인 것과 같다. 또한 보이는 색들은 梵行을 파괴하고 범행을 방해하기 위해 악하고 불선한 심사들의 현행을 위해 작동하는데, 색들은 그런 형태를 가진 것들로서 관찰되어서는 안 되며 관조되어서도 안 된다.

반대로 색들은 어떤 형태를 가진 것이라고 보아야 하는가? 노쇠한 신체나 고령의 신체, 나이든 신체, 콜록콜록하면서 호흡하는 신체, 구부러진 신체, 떨고 있는 몸으로 지팡이에 의지한 신체, 병든 신체, 고통받는 신체, 중병에 걸린 신체, 발과 손, 배와 얼굴에 종기가 난 신체, 피부색이 누렇게 변한 신체, 종기가 있는 신체, 옴에 걸린 신체, 나병에 걸린 신체, 고통 때문에 관절이 손상된 신체, 관절이 상한 신체, 근이 손상된 신체이다.

또는 죽은 신체, 임종을 맞은 신체로 하루나 이틀, 이레가 지난 것, 까마귀와 매에 의해 먹혀지고, 독수리, 개, 자칼들이나 또는 다양한 종류의 동물들에 의해 먹혀지거나 삼켜진 신체이다. 또는 [죽은 후에] 탁자에 올려놓고, 그 위에 펼쳐진 장막의 앞과 뒤에서 울고 통곡하고 재가 뿌려지고 산발한 머리를 한 많은 대중에 의해 '나는 봐야만 한다'고 말하는 그 [신체]는 그와 같이 우수에서 생겨나고 고통에서 생겨나고 비탄에서 생겨나고 심적 우울에서 생겨나고 번민에서 생겨난 것이다. 신체들은 이런 형태나 또는 다른 부류라고 알아야 한다.

이것들은 범행에 수순하기 위해 선한 심사들을 현행하려고 생겨난다.

(ii) 몸이나 배, 머리를 흔들면서, 웃으면서, 손을 내리고, 어깨를 움츠리면서 [시주의 집에] 들어가서는 안 된다. 허락 없이 좌석에 앉아서는 안 되며, 살피지 않고 앉아서도 안 된다. 온 몸을 풀어놓지 않고, 발에 발을 포개지 않고, 넓적다리로 넓적다리 위에 놓지 않고, 두 발을 꼬지도 않고 벌리지도 않는다.

(iii) [승가리의] 매듭을 풀지 않고,[66] 어깨에 걸치지 않고,[67] 앞으로 떨어뜨리지 않고,[68] 양 어깨에 옷을 걸치지 않고,[69] 법의를 가지런하게 하고, 위로 향하지도 않고, 아래로 향하지도 않으며, 코끼리의 코와 같지 않고, 딸라(tāla) 나무와 같지 않게, 뱀의 머리와 같지 않게, 콩과 같이 둥글지 않게 법의를 입어야 한다. 먹을 것이 오지 않았을 때 발우를 내밀어서도 안 되며, 먹고 마실 것 위에 놓아서도 안 된다. 또 더러운 땅바닥이나 웅덩이, 경사진 곳에 발우를 놓아서도 안 된다.

(iv) 음식을 나누어서 먹어야 한다. 양념을 밥으로 덮어서는 안 되고, 밥을 양념으로 덮어서도 안 된다. 식탐을 행하면서 먹어서는 안 된다. 지나치게 단단하거나 미세한 것을 먹지 말아야 하며, 둥글게 말아 조금씩 먹어야 한다. 손을 핥지도 말고 발우를 핥지도 말아야 하며, 손을 찰싹거리며

---

66 한역 不應開紐에 따라 번역했다. Skt. nodguṇṭhikayā 의미 불명. 이하 승가리와 법의, 발우의 규정에 대한 용어들은 ŚrBh(1) p. 197을 참조했다.

67 티벳역 phrag pa la mi gzar ba에 따라 번역했다. 한역 不軒 및 Skt. noccastikayā 의미 불명.

68 티벳역 mdun mi brdze ba에 따라 번역했다. 한역 不礫 "찢지 않음?" Skt. na vitastikayā 의미 불명.

69 티벳역(phrag pa gnyi ga la mi gzar ba)에 따라 번역했다. 한역 不褰張而被法服: "[승가리를] 걷어 올린 후에 법의를 입지 않음."

먹지 말고 발을[70] 찰싹거리며 먹지 말아야 한다. 깨물고 쪼개면서 음식을 먹지 말아야 한다.

(v) 나는 머무는 곳에서 갈 때나 저 집들로부터 머무는 곳으로 되돌아올 때에 밤낮으로 스스로 경행을 해야 하지, 다른 곳이나 믿을 만하지 않은 곳, 허용되지 않은 곳이나 언급되지 않은 곳에서는 아니다. 피곤한 몸으로 하지 않고, 지친 몸으로 하지 않으며, 심이 흥분되거나 위축되지 않았을 때, 선품을 향해 수행할 때, 불선한 작의가 없을 때, 내부로 향한 근들을 갖고 외부로 향하지 않은 마음을 갖고, 지나치게 빠르지도 않고 지나치게 천천히 하지도 않으며, 일방적이지도 않게, 적시에 오고 적시에 머물면서 가고 옴과 결합된 [경행을 해야 한다]. 이와 같이 자신의 거처에서, 자신의 집에서, 자신의 움막에서, 방에서, 개인적인 곳에서, 공개적인 곳이나 믿을 만하지 않은 곳, 허용되지 않은 곳에서는 [경행하지] 않는다.

마찬가지로 탁상이나 의자, 풀방석에서, 외진 곳이나 나무 아래 또는 빈 곳에 결가부좌를 하고 몸을 곧게 세우고 정념을 눈앞에 확립한 후에 앉아야 한다.

밤의 중간에 잠자야 한다. 낮의 앞부분에 선품으로 향해야 한다.[71] 이와 같이 광명상을 갖고, 정념과 정지를 지니고 일어남의 생각을 작의하는 자는 밤의 후반부에 신속하게 깨어나기 위해 잠들어야 한다.

또는 그는 설명이나 독송에 대해, 또 [번뇌의] 끊음과 은거, 법의 사유에 대해 노력해야 한다. 다양한 문자와 문장, 음절로 이루어진, 세간에 순응하는 무익한 주문(mantra)들을 멀리 해야 한다. 그것들은 신통과 정등각, 열반

---

70 ŚrBh(1) 198, 6: pātra-. 하지만 한역 足은 pāda-를 지지하지만, 티벳역 lhung bzed는 pātra를 지지한다.

71 한역은 "너무 급하지 않게"(不應太急)를 보충한다.

을 향해 작동하지 않는다. 또는 심원하고, 심원한 것으로 현현하며, 공성과 상응하며, 연성연기와 수순하는 여래께서 설하신 법들은 존중하면서 잡아야 하고, 견고하고 굳게 잘 잡아야 하지, 파괴되어서는 안 된다. 이득과 공양 때문이 아니라 정행을 성립시키기 위해서이다. 저 법들을 잘 능숙하게 말해야 하며, 무리들로 향해서는 안 되며, 업을 즐기지 않고 또 말을 즐기지 않음에 의해서 적시에 확립된 정념으로 학식이 있는 범행을 같이하는 자와 말하고 담론하고 격려해야 한다. 또한 선을 추구하고, 싸우지 않는 심을 가지고, 말을 적당히 하고, 합리적인 언사를 하고, 정직하게 말하며, 적정하게 말하고, 타인들에게 여법한 언사를 말하고자 하는 자에 의해 질문되는 유형에 의해 수습되어야 한다.

또 침묵의 상태에 의해 악하고 불선한 심사들은 심사되어서는 안 되며, 또한 이치에 맞지 않는 법의 사유를 행함에 의해서도 안 된다. [자신의 증득한 것에 대해][72] 증상만을 갖고 행해서는 안 된다. 작고 열등한 증득에 만족하지 말고,[73] 생각해서는 안 되는 점들을 버려야 하며, 매시간 샤마타와 비파샤나에 대해 정진해야 하며, [번뇌의] 끊음에 대해 기뻐하고, 지속적으로 행해야 할 것에 대해 정진하며, 존중해야 할 것에 대해 정진해야 한다.

나는 더위 때문에 괴로울 때에도 그와 같이 정진하고 노력하고 추구하는 일을 함에 따라 피곤 때문에, 또 피로 때문에 적절하지 않은 때에 졸음에 빠지게 하는 피곤이 일어난다면, 그 때문에 신속하게 그것이 없어지고 또 오랫동안 선품을 해치지 않고 선품을 장애하지 않게 하기 위해 금방 졸음을 제거할 것이다. 즉, 휴식할 때 문을 닫거나, 비구가 있다면 감독하게 하

72 한역은 於自所證을 보충하고 있고 이에 의거해 번역을 보완했다. 이하 Sanskrit 문장이 누락되어 있어 티벳역에 의거해 번역했다.

73 한역(416b27)은 於上所證中無退屈 "최고의 증득에 대해 후퇴하지 말아야 하며"를 보충하고 있다.

거나, 율의 규정에 따라 법의를 두르고, 은거처에 머물면서 졸음을 제거할 것이라고 생각한다. 그렇기 때문에 그에게 졸음에 빠지게 하는 피곤이 모든 방식으로 없게 된다.

이와 같이 정지를 갖고 주함에 전후의 차례가 있다. 걷고 행함과 관련해 정지를 갖고 주함의 차례이다. 먼저 그와 같이 이치에 맞게 작의하고 정지를 가진 심을 행하는 것이 그의 정지라고 한다. 그와 같이 정지를 갖고 걷고 행할 때에 일체를 완성하는 것이 정지를 갖고 주함이라 불린다.

그중에서 오고 감, 살핌과 봄, 굽힘과 폄, 승가리와 발우, 먹고 마시고 씹고 음미하는 것에 대해 정지를 갖고 주함이 마을에서 돌아다님에 있어 정지를 갖고 주함이다. 그중에서 행주좌와, 잠듦과 각성, 말함과 침묵함, 수면의 피곤함을 해결하는 것이 거처에서 주함에 있어 정지를 갖고 주함이라고 한다.

이것이 정지를 갖고 주함의 상세한 설명이라고 알아야 한다.

3.3.8.3. 요약적 의미 (ŚrBh ---; Ch. 416c17)

요약적 의미는 무엇인가? 돌아다님과 관련된 행위(karma)는 5종이며, 행함과 관련된 행위는 5종이고, 돌아다님과 행함을 수반한 행위에 대해 정지를 갖고 주함은 4종이다. 이것이 요약적 의미라고 불린다.

(i) 그중에서 돌아다님과 관련된 5종 행위는 무엇인가? 신체적 행위(身業), 눈의 행위, 지절과 관절의 행위, 법의와 발우의 행위 그리고 탁발의 행위이며, 이것이 돌아다님과 관련된 5종 행위이다.

오고 감이라 하는 말에 의해 돌아다님과 관련된 신체적 행위를 설했다. 살핌과 봄이란 말에 의해 돌아다님과 관련된 눈의 행위를 설했다. 굽힘과 폄이라는 말에 의해 돌아다님과 관련된 지절과 관절의 행위를 설했다. 승가리와 발우라는 말에 의해 돌아다님과 관련된 법의와 발우의 행위를 설했다. 먹고 마시고 씹고 음미한다는 말에 의해 돌아다님과 관련된 음식의 행위를 설했다.

(ii) 행함과 관련된 5종 행위는 무엇인가? 신체적 행위(身業), 언어적 행위(語業), 심적 행위(意業), 낮의 행위 그리고 밤의 행위이다. 행주좌라는 말에 의해 행함과 관련된 신체적 행위를 설했다. 말함이라는 말에 의해 행함과 관련된 언어적 행위를 설했다. 누움과 침묵, 수면의 피곤함을 해결함이라는 말에 의해 행함과 관련된 심적 행위를 설했다. 각성이란 말에 의해 행함과 관련된 낮의 행위와 밤의 행위, 신체적 행위와 언어적 행위를 설했다. 누움이라는 말에 의해 행함과 관련된 밤의 행위 및 심적 행위을 설했다. 이것이 행함과 관련된 5종 행위이다.

(iii) 돌아다님과 행함을 수반한 행위에 대해 정지를 갖고 주함의 4종은 무엇인가? 먼저 '행위는 이러한 것이다'라는 돌아다님의 행위나 행함의 행위를 행할 때에 바로 그 행위에 대해 정념을 확립하고 방일하지 않게 행하지만, 그 행위를 정념을 갖고 파악하고 방일하지 않게 파악하기 때문에, 어떤 일에 대해 어떤 쪽으로 어떤 때에 어느 한도로 어떤 방식으로 그와 같이 관찰해야 하는지에 대해 그 일에 대해 그쪽으로 그때에 그런 한도로 그와 같은 방식으로 그와 같이 관찰하고 정지를 갖고 행하는 것이다. 그가 그와 같이 관찰하고 정지를 갖고 행할 때, 현세에서 죄를 여의고, 훼범이 없고, 후회가 없고, 마음에 변화가 없고, 번민이 없게 되며, 내세에 죄가 없고, 신체가 파괴되고 죽은 후에 악취와 나쁜 영역에 떨어진 채 지옥중생으로 재생하지 않게 되며, 얻지 못한 것을 얻게 되는 자량의 원인을 행하게 된다.

이것이 정지를 갖고 행함의 요약적 의미이다. 앞의 상세한 설명과 요약적 설명이 정지를 갖고 행함이라고 한다.

3.3.9. 善友性(kalyaṇamitratā)

3.3.9.1. 선우의 정의 (ŚrBh ---; Ch. 417a19)

善友란 무엇인가? 8종 원인에 의해 모든 방식으로 완성된 것이 선우라고 알아야 한다.

8종이란 무엇인가? 여기서 어떤 이들이 (i) 먼저 계에 주하고, (ii) 많이 청문하며, (iii) 증득을 갖추고 있고, (iv) 연민심을 갖고 있고, (v) 지치지 않는 마음을 갖고 있으며, (vi) 堪耐하고, (vii) 두려움이 없으며, (viii) 언어행위를 갖추고 있다.

3.3.9.2. 선우에 대한 상세한 설명

3.3.9.2.1. 8종 원인에 대한 설명

(i) 어떻게 그는 계에 주하는가? 상세하게 앞에서 설했듯이 계를 갖추고 주하며, 별해탈율의에 의해 보호되며, 사문의 수행도를 바라며, 바라문의 수행도를 바라고, 자신을 조복하려고 하고, 자신을 적정하게 하려고 하며, 자신의 열반을 위해 행한다. 그와 같다면 계에 주하는 것이다.

(ii) 어떻게 그는 많이 청문하는가? 그가 梵行과 관련되고, 처음에도 선하고, 중간에도 선하고, 끝에도 선하며, 아름다운 의미와 문장을 갖고 있고, 섞이지 않고, 완성되어 있고, 청정하며, 깨끗한 법을 언설함에 의해 언설하는 것이며, 이런 형태의(evaṃrūpā)[74] 많은 법들을 수지하고 유지하고 말에 능하며, 마음으로 잘 관찰하며, 견해에 의해 잘 통달된 것이다. 이와 같이 그는 많이 청문하는 것이다.

(iii) 어떻게 그는 증득한 자가 되는가? 무상에 대해 무상이라는 관념(saṃjñā)을 얻은 자가 되며, 고에 대해 고라는 관념을, 음식에 대해 무아라

74 여기서부터 ŚrBh 127,2에 산스크리트문이 나온다. 그 이전까지는 사본과 ŚrBh에 모두 누락.

는 관념과 거역함이라는 관념을, 모든 세간에 대해 기뻐하지 않음이라는 관념, 단점의 관념, 끊음의 관념, 이욕의 관념, 멸의 관념, 죽음의 관념, 부정의 관념, [즉,] 푸르게 변한 [시체]라는 관념, 고름이 나오는 [시체]라는 관념, 벌레가 들끓어 오르는 [시체]라는 관념, 고름이 부풀어 오른 [시체]라는 관념, 먹혀진 [시체]라는 관념, 피로 얼룩진 [시체]라는 관념, [여기저기] 흩어진 [시체]라는 관념, 뼈라는 관념,[75] 그리고 공성의 관찰의 관념을 얻는다. [또한] 초정려, 제2[정려], 제3[정려], 제4[정려], 공무변처, 식무변처, 무소유처, 비상비비상처. 자·비·희·사의 [사무량심], 예류과, 일래과, 불환과, 그리고 신변의 영역과 전생의 머묾, 天耳通, 죽음과 재생의 앎, 타심통, 8해탈의 정려를 갖춘 아라한의 상태를[76] 얻게 된다. 그는 타인들에게 신변의 신통력(ṛddhi-prātihārya)과 [타인의 마음을] 해독하는 신통력(ādeśanā-prātihārya), 教誡의 신통력(anuśāsanā-prātihārya)[77]이라는 3종의 신통력들을 통

---

75 "푸르게 변한 [시체]라는 관념"부터 "뼈라는 관념"까지는 ŚrBh II.3.2.1.1.(i) 등에서 "외적인 것과 관련된 부정"으로서 앞에 나열되고 있는 8종의 부정한 것이다.

76 한역(417b18-19)은 8해탈의 정려자의 상태를 아라한의 상태를 수식하는 것으로 보고 있다. 8해탈은 유가론 사마히타지에서 4종의 samāhitabhūmi의 하나로서 설해진다. "해탈(vimokṣa)이란 무엇인가? 8해탈이다. 즉, 색을 가진 자가 색들을 본다고 하는 것이 첫 번째 해탈이다. 내적으로 어떤 형태도 지각하지 못하는 자가 외적으로 형태들을 본다는 것이 두 번째 해탈이다. 깨끗한(śubha) 해탈을 몸으로 현증하고, [그 속으로] 들어간 후에 [거기에] 머문다는 것이 세 번째 해탈이다. 공무변처, 식무변처, 비소유처, 비상비비상처 및 想受滅(saṃjñāvedayitanirodha)을 몸으로 현증하고 [그 속으로] 들어간 후에 [거기에] 머문다는 것이 여덟 번째 해탈이다."(T31: 328c15-19). AS 95,4ff. 및 이에 대한 ASBh 124,18ff.에서 8해탈 중의 처음 세 가지와 마지막 상수멸해탈이 상세히 설해져 있다. 각각에 대한 상세한 설명은 Delhey 2009: § 4.1.1.1. 참조.

77 3종의 신통력(prātihārya)은 Kevaddhasutta(DN i 212ff)에서 설해진다. 신변의 신통력은 다양한 심리적 힘을 사용해서 하나였다가 여럿이 되고, 또 벽이나 산을 통과하고, 땅에 들어가는 등의 능력이다. ādeśanā-prātihārya는 타심통을 말하며, 교계의 신통력은 정려와 지혜, 위력 등의 가르침에서 나오는 신통력이다. BoBh IV. 위력품에서 다양한 신통 등에 대해 설명하고 있다. 보살지에서 신통력의 작용은 "신변의 경이를 통해 중생들을 개심시킨 후에 붓다의 가

해 교수할 능력과 힘이 있다. 이와 같이 그는 증득한 자가 된다.

(iv) 어떻게 그는 연민하는가? 그는 타인들에 대해 비심을 가지고 애정을 갖고 있으며, 이로움을 주려고 원하고, 이익을 주려고 원하며, 낙을 주려고 원하며, 접촉을 주려고 원하며, 안은함(yogakṣema)을 주려고 원한다. 이와 같이 그는 연민하는 자가 된다.

(v) 어떻게 그는 지치지 않는 마음을 갖고 있는가?[78] 그는 제시하고 받아들이고 칭찬하고 격려하는 자로서 사부대중들에게 법을 교설하는 데 피곤해 하지 않으며, 정교하고, 게으르지 않으며, 떨쳐 일어남을 갖추고 있으며, 용맹정진하는 종류의 사람이다. 이와 같이 그는 지치지 않는 마음을 갖고 있다.

(vi) 어떻게 그는 감내하는가? 모욕을 받았을 때 되갚아 모욕하지 않으며, 미움을 받았을 때 되갚아 미워하지 않으며, 매를 맞았을 때 되갚아 때리지 않으며, 우롱을 당했을 때 되갚아 우롱하지 않으며, 처벌해도 처벌을 감내한다. 과도한 구금과 방해, 때림, 위협, 모욕, [신체의] 절단들에 있어서 자신에게 실수가 있고, 또 업의 이숙을 받는 것이지, 타인들에 대해 분노하지 않고, 그 잠재력(anuśaya)을 운반하지도 않는다. 이와 같이 그는 비록 경멸받거나 비난받거나 모욕을 받더라도 변모하지 않고, [그에게] 오직 도움만을 생각한다.

또한 그는 추위와 더위, 기아와 갈증을 감내하며, 물림, 모기, 바람, 열기, 뱀과의 접촉을 감내한다. 또 그는 타인으로부터의 독하고 나쁜 말들과 신체적인 괴롭고 강렬하고 신랄하고 마음에 들지 않고 상처를 주는 감수를

르침 속에 들어오게 하며, 또한 여러 종류의 많고 다양한 유형의 요익을 고통받는 중생들에게 산출한다."는 불보살들의 두 가지 행위를 완성시키는 것으로 설명된다.

78 攝釋分(Ch. 752a22-b2)에 어의 해석이 나온다. (ŚrBh(1), p. 215에서 이에 대한 전거가 제시되어 있다).

감내하고 견디는 성질을 갖고 있다. 이와 같이 그는 감내한다.

(vii) 어떻게 후회가 없게 되는가? 모임에서 법을 설할 때에, 위축된 마음이 없으며, 목소리가 떨림이 없고, 정념을 잃지 않고 말한다. 또한 두려움에 쫓기거나 빠지지 않으며, 腋이나 모공에서 땀이 흐르지 않는다. 이와 같이 그는 후회가 없다.

(viii) 어떻게 그는 언어행위를 갖추고 있는가? 그는 아름답고, 매력적이고, 명료하고, 알기 쉽고, 듣기 좋고, 거북하지 않고, 부담이 없고(aniśrita, 無所依語), 한정이 없는 말을 갖추고 있다. 이와 같이 그는 언어행위를 갖춘 능숙한 언어사용자가 된다.

3.3.9.2.2. 선우의 역할 (ŚrBh 131,9; Ch. 417c17)

이들 8종 이유를 갖춘 그는 조언하고, 기억하게 하고, 교수하고, 教誡하고, 법을 설하게 된다.

(i) 어떻게 그는 조언하는 자가 되는가? [어떤 이가] 증상계(adhiśīla)와 관련하여 계를 범하기 때문에, 또 강한 규정(adhyācara)과 관련하여 규정을 범하기 때문에, 그는 보고 듣고 의심함에 의해, 진실하게 조언하지 거짓되게 조언하지 않으며, 적시에 조언하지 적절하지 않은 때에 조언하지 않으며, 이익을 초래하려고 조언하지 손해를 초래하려고 조언하지 않으며, 부드럽게 조언하지 거칠게 조언하지 않으며, 우정을 갖고 조언하지 미움 때문에 조언하지 않는다. 이와 같이 그는 조언한다.

(ii) 어떻게 그는 기억하게 하는 자가 되는가? 그는 훼범이나 법, 또는 의미를 기억하게 한다.

어떻게 훼범을 기억하게 하는가? [어떤 이가] 그것의 훼범을 저질렀지만 기억하지 못할 때, '장로여! [그대는] 어떤 곳에서 어떤 일과 관련해 어떤 때에 이러저러한 형태의 훼범을 저질렀습니다.'라고 그것을 기억하게끔 한다. 이와 같이 그는 궤범을 기억하게끔 한다.

어떻게 법을 기억하게끔 하는가? [어떤 이가] 경과 응송, 기별 등과 같이 듣고 파악했던 법들을 외진 곳에서 기억하지 못하고 기억하려고 하지 않을 때, 그에게 기억을 환기시키거나 또는 질문함에 의해 질문받은 것을 기억하게끔 한다. 이와 같이 법을 기억하게끔 한다.

어떻게 의미를 기억하게끔 하는가? [어떤 이가] 그 [경 등의] 의미를 기억하지 못할 때 그것을 새롭게 드러내고, 답하게 하고, 설명하고, 해명함에 의해 그로 하여금 기억하게끔 한다. 또한 비록 오래전에 행했고 오래전에 말했던 것일지라도 이익을 초래하고 梵行을 초래하는 선을 기억하게끔 하는 자가 된다. 이와 같이 그는 기억하게 하는 자가 된다.

(iii) 어떻게 그는 교수하는 자가 되는가? 그는 원리와 은거, 요가, 작의, 지관에 대해 적시에 적절한 교수를 행하고, 적시에 그것과 관련된 논의(kathā)를 한다. 예를 들면 계에 대한 논의나 삼매에 대한 논의, 혜에 대한 논의, 해탈에 대한 논의, 해탈의 지견에 대한 논의, 또는 少欲에 대한 논의, 知足에 대한 논의, [번뇌의] 끊음에 대한 논의, 이욕에 대한 논의, 멸에 대한 논의, 상실(apacaya)에 대한 논의, [출가자가 재가자와] 섞이지 않음에 대한 논의, 연성연기에 부합하는 논의를 행한다. 이와 같이 그는 교수하는 자가 된다.

(iv) 어떻게 그는 교계하는 자가 되는가? 그는 법과 율에 의해 스승의 聖教에 대해 교계하는 자가 된다. 궤범사나 친교사, 법을 같이하는 자, 구루이거나 구루와 같은 자는 [어떤 자가] 여러 항목 중에서 한 항목에서 죄를 범했음을 안 후에 적시에 그를 꾸짖고, 처벌을 주고, 또 그를 쫓아낸다. [상대방이] 다시 여법하게 어느 때에 [교계를] 인정하고 공손하게 [죄의] 고백을 행한다면, 받아들인다. 행해야 할 것과 행하지 말아야 할 것에 대해 행하거나 행하지 않기 때문에, 또 적집된 것이나 적집되지 않은 것에 대해 지

도하고 꾸짖는다. 이와 같이 그는 교계하는 자가 된다.

(v) 어떻게 그는 법을 설하는 자가 되는가? 그는 적시에 보시에 대한 논의, 지계에 대한 논의, 天界에 대한 논의와 같은 최초로 행해야 할 논의를 행하고, 욕망의 대상들에 대한 단점으로부터 벗어난, 청정에 속한 법들을 상세히 해설한다. 또한 적시에 고집멸도라는 사성제와 관련된 뛰어난 논의를 중생의 성숙을 위해서나 중생의 청정을 위해서 또는 정법의 오래 머묾을 위해, 연관되고, 인접하며, 상응하고, 부합하며, 적절하고, 비슷하고, 바람직하고, 현명한 자의 지분의 자량을 갖춘 문장과 글자들을 통해 [논의를] 행한다.[79] 또한 그는 적시에, 존중하면서, 순차적으로, 적합하고 죄를 여읜 맥락을 기뻐하고 즐거워하고 환희하고 감내하면서, 연관되고 인접하고 흐트러지지 않은 여법한 논의를 자애심과 이익심, 연민심을 갖고, 이로움과 공경, 명예에 의존하지 않고 행하며, 또한 자신을 높이지 않고 타인들을 경멸하지 않는다.[80] 이와 같이 그는 교계하는 자가 된다.

그가 이 8종의 지분들을 갖추었을 때, 이와 같이 적시에 조언하고, 기억하고, 교수하고, 教誡하고, 법을 설하는 자가 된다. 따라서 그는 선우라고 설해진다.

이것이 선우성에 의한 상세한 설명이다.

3.3.9.3. 선우에 대한 요약적 설명

요약적 의미란 무엇인가?

(i) 만일 그가 친구에 대해 친밀함과 연민심을 갖고 있다면, 그는 바로 처

---

79 동일한 문장이 BoBh(W) 145,22-24 (=BoBh(D) 101,3-4)에 나타난다.

80 동일한 문장이 BoBh(W) 107,14-19 (=BoBh(D) 75,22-25)에서 보살이 타인들에게 법을 설하는 방식으로 기술되고 있다.

음부터 이익과 낙을 바란다.

(ii) 또한 그는 전도되거나 그의 견해가 전도되지 않고 그것이 이익과 낙임을 여실하게 안다.

(iii) 또한 그는 저 이익과 낙을 증득하고 초래하기 위한 힘을 갖고 있으며, 방편에 능숙한 자이다.

(iv) 또한 저 이익과 낙의 초래와 관련해서 그는 근면하고, 둔하지 않고, 분발함을 갖추고 있고, 용맹 정진하는 부류이다.

이 네 가지 이유들에 의해 일체 종류를 완성시키는 자가 요약하면 선우라고 알아야 한다.

그리고 이것이 선우성의 요약적 의미이다.

3.3.10. 聞思正法 (ŚrBh 135,6; Ch. 418b19)

3.3.10.1. 정의

정법의 청문과 사유란 무엇인가? 정법이란 붓다와 진실한 붓다의 제자들, 올바로 증득한 사람들에 의해 해명되고, 교설되고, 명료하게 되고, 개현되고, 현시된 것이라고 설해진다.

3.3.10.2. 정법으로서의 12분교

그 [정법]은 무엇인가? 즉 契經, 應頌, 記別 등이라고 앞에서 상세하게 [설한][81] 12분교[82]가 정법이라 설해진다.

---

81 "앞에서 상세하게 [설한]"이란 ŚrBh I.1.2.4.2.(ii)에서 〈타인의 원만〉 항목에서 12종의 명칭이 단지 나열되고 있을 뿐으로, '상세하게'와는 거리가 멀다. 오히려 여기서 설명한 12분교가 성문지 전체에서 가장 상세한 것이다.

82 12분교는 상좌부 전통의 9분교에 (vi) 인연 (vii) 비유 (xii) 논의의 셋을 더한 것이다. 12분교는 대승은 물론 초기불전과 유부의 논서에서도 설해지고 있다. 이에 대해서는 라모뜨 2006:

(i) 그중에서 契經(sūtra)이란 무엇인가? 세존께서 각각의 경우에 각각의 교화되어야 할 중생들과 각각의 교화되어야 할 자들의 행위에 대해 온과 관련된 말씀이나 界와 관련된 말씀, 또는 계의 집적과 관련된 말씀이나 처와 관련된 말씀, 연기와 관련되거나 食과 [사성]제와 관련된 말씀, 또는 성문·연각·붓다와 관련된 것이나 정념·정단·신족·근·력·각지·도지와 관련된 것, 부정관·수식관·학·淨信과 관련된 말씀을 하셨다. 그 말씀이 결집을 행한 자들에 의해 포함된 후에 법을 오랫동안 머물게 하기 위해, 즉 각각의 이익과 연결되고 범행과 연결된 선한 의미를 해명하기 위해서, 이치에 따라 명·구·문의 그룹들에 의해 차례대로 구성되고 차례대로 편집된 것이다. 이것이 계경이라고 설해진다.

(ii) 應頌(geya)이란 무엇인가? 어떤 것의 말미에서 시구를 노래하는 것과 미요의의 경전이 응송이라 설해진다.

(iii) 記別(vyākaraṇa)이란 무엇인가? 제자들 중에서 이미 죽은 자에 대해 재생과 관련해 예언하는 것과 미요의의 경전이 기별이라 설해진다.

(iv) 諷頌(gatā)이란 무엇인가? 산문으로 말한 것이 아니라, 두 개부터 여섯 개까지의 구(pāda)와 결합되어 말한 것이 풍송이라 설해진다.

(v) 自說(udāna)이란 무엇인가? 개아의 이름을 밝히지 않고 종성을 제시하지 않은 후에 미래에 정법을 오래 머물게 하기 위해 또 교설을 오래 머물게 하기 위해 말한 것이 자설이라고 설해진다.

(vi) 인연(nidāna)이란 무엇인가? 개아의 명칭을 밝히고 종성을 제시한 후에 말한 것이며, 또 율과 관련되고 유래를 가진 별해탈경이 인연이라고 설

286-290 참조. 12분교는 유가론 섭석분(Ch. 753a9-b21; P yi 64a1-65a2)에서 정의되고 있지만, 그 내용은 상당히 다르다. 12분교에 대한 불전의 전거에 대해서는 Lamotte (Vol. 5) 1980: 2283-2303 참조.

해진다.

(vii) 비유(avadāna)란 무엇인가? 예시를 가진 것이 제시되었을 때, 그 예시에 의해 그 본래의 의미가 명확하게 되는 것이 비유라고 설해진다.

(viii) 本事(vṛttaka)란 무엇인가? 어떤 것이든 전생의 수행과 관련된 것이 본사라고 설해진다.

(ix) 本生(jātaka)이란 무엇인가? 과거세에서 각각 세존의 죽음과 재생들 속에서 보살행과 난행이 설명된 것이 본생이라고 설해진다.

(x) 方廣(vaipulya)이란 무엇인가? 무상정등보리를 위해 십력과 무장애의 지혜를 증득하기 위해 보살들에게 수행도가 설해진 곳이 방광이라고 설해진다.

(xi) 希法(adbhūta)이란 무엇인가? 붓다와 불제자들, 비구와 비구니들, 사미와 사미니들, 재가자와 재가녀들에 있어 공통되고 공통되지 않은 최고의 공덕들 및 그것과 다른 매우 탁월하고 희유한 것이라고 간주된 공덕들이 설해진 것이 희귀한 법들이라고 설해진다.

(xii) 論議(upadeśa)란 무엇인가? 모든 論母(mātṛkā)와 아비달마, 경전의 요약과 경전의 주석이 논의라고 설해진다.

이것이 바로 12분교로서, 계경도 있고, 율도 있으며, 아비달마도 있다. 계경과 응송, 기별, 풍송, 자설, 비유, 본사, 방광, 희법이란 경이며, 인연이란 율이며, 논의란 아비달마라고 설해진다. 이 12분교는 삼장에 포함되며 올바로 증득한 현자들에 의해 설해진 것으로 정법이라고 설해진다.

3.3.10.3 정법의 청문 (ŚrBh 139,17; Ch. 419a10)

정법의 청문이란 그 [정법]을 듣는 것이다. 그 [정법의 청문]이란 무엇인가? 예를 들어 여기서 어떤 이가 경을 수지하거나 율을 수지하거나 논모(mātṛkā)를 수지하거나 경과 율을 수지하거나 경과 아비달마를 수지하거나 율과 논모를 수지하거나 또는 경·율·논모를 수지하고 있는 것이 정법의 청문이라고 설해진다.

3.3.10.4. 정법의 사유 (ŚrBh 140,6; Ch. 419a17)

사유(cintā)란 무엇인가? 예를 들어 여기서 어떤 이가 자아에 대한 사유, 중생에 대한 사유, 세간에 대한 사유, 중생들의 업의 이숙에 대한 사유, 선정자들에 있어서 선정의 영역, 붓다들에 있어서 붓다의 영역이라는 여섯 가지 점들을 제외하고, 홀로 황무지에서 바로 그와 같이 들은 법들을 자상과 공상의 측면에서 사유한다.[83]

그 사유는 2종이다. 숫자의 형태를 지닌 [사유]는 제법을 수의 방식으로 [사유하고], 또 [측정의 형태를 가진 [사유]는 [제법을] 도리에 의해 공덕과 단점으로 관찰하는 형태를 가졌다. 만일 온과 관련된 교설을 사유하거나 [또는] 만일 이전에 설했던 또 다른 교설을 사유한다면, 이 양자의 형태들에 의해 사유하는 것이다.

1) 그러면 어떻게 어떤 방식으로 [사유하는] 것인가? 색이란 10종 물질적 영역과 법처에 포함된 색으로서 그것이 色蘊이다. 세 가지 受가 受蘊이다. 여섯 想의 그룹들이 想蘊이다. 여섯 思(cetanā)의 그룹들이 行蘊이다. 여섯 식

---

83 Cf. BoBh(W) 108,3ff. (보살지 p. 150): "보살의 올바른 사유란 무엇인가? 여기서 보살은 홀로 외진 곳에 가서 들은 대로 법들을 사색하기를 바라고, 측정하기를 바라고, 관찰하기를 바라면서 바로 처음부터 사유될 수 없는 점들을 떠난 후에 그것들을 사색하기를 시작하고, 항시 존중하면서 노력함에 의해 지속적으로 사색하지, 결코 느슨하게 [사색하지는] 않는다. 사색을 열심히 하는 보살은 그것이 어떤 것이든 도리(yukti)에 의해 깊이 숙고하고 이해한다." 『보살지』는 '올바른 사유'에서 도리를 말하고는 있지만, ŚrBh처럼 4종 도리로 설명하지 않고, 4依(pratisaraṇa)의 하나인 의미에 귀의하지 문자에 귀의하지 않는다고 말하면서 黑說(kālāpadeśa)과 大說(mahāpadeśa)을 설하고 있다. 『유가론』에서의 이 개념의 의미에 대해서는 이영진 2018 참조.

의 그룹들이 識蘊이다. 이와 같이 산수와 숫자의 측면에 의해 온의 교설을 사유하거나 또는 그 이상의 구별에 의해 저 산수와 숫자의 측면을 지닌 사유에 의해 무량하게 이해하는 방식이라고 알아야 한다.[84]

2) 어떤 도리에 의해 관찰의 행상을 가진 사유로 온의 교설을 사유하는가? 4종 道理(yukti)에 의해서 관찰한다.[85] 어떤 4종에 의해서인가? 즉 觀待道理(apekṣāyukti)에 의해, 作用道理(kāryakaraṇayukti)에 의해, 證成道理(upapattisādhanayukti)에 의해, 그리고 法爾道理(dharmatāyukti)에 의해서이다.

(i) 관대도리란 무엇인가? 의존성[86]에는 2종이 있다. 생기의 의존성(utpattyapekṣā)과 가설의 의존성(prajñaptyapekṣā)이다. 그중에서 생기의 의존성이란 어떤 원인들과 조건들에 의해 온들이 출현할 때, 그 온들의 생기에 이 원인들과 조건들이 의존하는 것이다(apekṣyante). [또는] 어떤 명구문의 그룹들에 의해 온들이 가설될 때, 그 온들의 가설에 명구문의 그룹들이 의존하는 것이다. 이것이 온들에 대한 생기의 의존성과 가설의 의존성이라고 설해진다. 생기의 의존성과 가설의 의존성은 온이 생기하기 위한, 온을 가설하기 위한 도리(yukti)이고 방법(yoga)이고 방편(upāya)인 것이다. 따라서 관대도리라고 설해진다.

---

84 이 방식은 『보살지』 진실의품(BoBh IV)에서 설한 진소유성(yavādbhāvikatā)으로서 제법의 전체성에 해당될 것이다.

85 4종 도리에 의한 제법의 관찰은 진실의품에서 설한 여소유성(yathāvadbhāvikatā)으로서 제법의 진실성에 해당될 것이다. 4종 도리는 여기서 상세히 정의되고 있지만, 『해심밀경』(SNS X)과 MSA XIV 45 등의 초기유식문헌에 자주 등장한다. Yoshimizu(2010: 140, fn. 2)는 도리(yukti)를 행위나 탐구의 근거로서의 원리나 근본적 진실의 의미에서 reason으로 번역해야 한다고 지적한다.

86 여기서 觀待(āpekṣā)를 의존성이라고 번역했다. 觀待는 일상용어가 아니므로 전문술어로서는 '관대도리'라는 용어를 사용하겠지만, 그 의미를 설명하는 맥락에서는 원의미에 따라 의존성이라고 번역하는 것이 이해하기 좋을 것이다.

(ii) 작용도리란 무엇인가? 온들이 자체의 원인과 조건에 의해 이미 생겨난 각각의 자체의 작용을 일으키는 것에 적용하는 것이다. 예를 들어 눈에 의해 색들이 보여야 하고 귀에 의해 소리가 들려져야 하고, 내지 의에 의해 법들이 인식되는 것과 같다. [또는] 눈의 영역에 대해 색으로서 안립하고, 소리의 [영역에 대해] 聲으로서, 마찬가지로 意의 [영역에 대해] 법들로서 [안립하는 것이다]. 또는 이것과 다른 것도 이러한 종류의 것이다. 각각의 경우에 상호 제법의 작용에 관련한 도리이고 방법이고 방편이다. 이것이 작용도리라고 설해진다.

(iii) 증성도리[87]란 무엇인가? 제온은 무상하며, 조건에 의해 일어나는 것이며, 고통이며, 공하고 무아라고 하는 것을 성언량과 현량, 비량이라는 3종의 인식수단들에 의해 관찰한다. 논리적 타당성을 갖추고, 진실한 자들이 핵심으로서 파악하는 이들 3종 인식수단들에 의해 온의 무상성이나 조건지어 생겨남, 또는 고성이나 공성, 무아를 확립하고 증명한다. 이것이 증성도리라고 설해진다.

(iv) 법이도리란 무엇인가? 어떤 이유에서 온들은 그러한 것이며, 세간에 주하는 것은 그러한 것인가? 어떤 이유에서 地는 견고함으로 특징지어지며, 水는 축축함으로 특징지어지며, 화는 열로 특징지어지고, 풍은 이동으로 특징지어지는가? 어떤 이유에서 온들은 무상하며 어떤 이유에서 열반은 적정한가? 그와 같이 어떤 이유에서 색은 변괴하는 것(rūpaṇa)으로 특징지어지고, 수는 감수(anubhava)로 특징지어지며, 想은 표상하는 것(saṃjānanā)으로 특징지어지고, 제행은 [심을] 조작하는 것(abhisaṃskaraṇa)으로 특징지어지며, 식은 요별하는 것(vijānanā)으로 특징지어지는가? 이것이 이들 제법

---

87 Yoshimizu(2010: 140, fn.2)에 따르면 증성도리(upapattisādhanayukti)란 현량이나 비량, 성언량이라는 3종 인식수단에 의해 성립되는 것은 진실이라고 이해하기 위한 이치(reason)를 의미한다.

의 본성이며, 그러한 것이 그 자성이다. 이것이 法爾(dharmatā)이다. 이 法爾 그것이 바로 여기서 도리이고 방법이고 방편이다. 이와 같이 이것은 그럴 것이거나, 또는 다를 것이거나, 또는 어느 것도 아니라고 하는 모든 경우에 심을 올바로 심려하기 위한(cittanidhyāpana) 근거(pratisaraṇa)가 바로 法爾이고, 도리가 바로 法爾이다.[88] 이것이 법이도리라고 설해진다.

이와 같이 4종 도리에 의해 온의 교설 내지 다른 교설들이 관찰되었다.

이와 같이 숫자를 헤아리는 방식과 도리를 관찰하는 방식이라는 두 가지 방식에 의한 각각의 교설의 올바른 심려가 사유이다.

3.3.11. 無障 (ŚrBh 144,1; Ch. 419c15)

3.3.11.1. 무장애(anantarāya)의 정의

무장애란 무엇인가? 내적이고 외적인 것과 관련해서 무장애는 2종이다. 그중에서 내적이고 외적인 장애에 관련하여 설명한다. 그것의 반대가 무장애라고 알아야 한다.

3.3.11.2. 상세한 설명

1) 내적인 것과 관련한 장애들은 무엇인가? 예를 들어 여기서 어떤 이가 이전에 복덕을 행하지 않았다. 그는 복덕들을 행하지 않았기 때문에 때때로 의복과 음식, 좌구와 와구, 병자에게 필요한 약품과 [기타] 필수품 [등의] 적절한 생활필수품들을 얻지 못하며, [따라서] 강하고 오랜 탐욕과, 강하고 오랜 진에와, 강하고 오랜 우치를 갖게 된다. 또는 질병을 일으킬 수 있는 여러 행위들을 하게 되며, 그 때문에 많은 질병을 갖게 된다. 현세에서 부적절한 행위를 하며, 따라서 그에게 지속적으로 풍질이나 담즙(pitta),

88 거의 동일한 문장이 RGV 73,12-16에 나온다.

가래(śleṣman)가 일어나거나 몸에 소화불량(viṣūcikā)이 나타난다. 그는 많은 음식을 먹고, 많이 갈구하며, 많이 행하며, 많이 무더기로 쌓아둔다. 행위하기 좋아하고, 논의를 좋아하고, 잠자기를 좋아하고, 교제하기 좋아하고(saṅgaṇikārāma),[89] [재가자와] 함께 거주하기 좋아하고, 희론을 좋아한다. 그는 자신에게 집착하고 방황하고 방일하고 나쁜 장소에 머문다. 내적인 것과 관련한 장애들은 이러한 종류라고 알아야 한다.

2) 외적인 것과 관련한 장애들은 무엇인가? 그것은 진실하지 않은 자에 의지하는 자가 그 때문에 적시에 적절한 교수와 교계를 얻지 못하거나 또는 적절하지 않는 장소에 머무는 것이다. 그가 거처라고 생각하는 그 장소는 낮에는 많은 싸움이 있고, 밤에는 많은 군중의 큰 소리와 많은 소리, 소음이 있으며, 또 강한 바람과 뜨거운 열기와 접촉하며, 사람이나 사람 아닌 자에 대한 두려움이 있다. 이런 부류의 것이 외적인 것과 관련한 장애라고 알아야 한다.

여기까지가 상세한 해설이다.

3.3.11.3. 요약적 의미 (ŚrBh 145,8; Ch. 420a7)

요약적 의미란 무엇인가? 요약하면 장애는 셋이다. 가행의 장애와 원리의 장애 그리고 적정의 장애이다.

(1) 그중에서 가행의 장애란 무엇인가? 조우하고 직면한 장애 때문에 선품을 향한 가행과 관련해 모든 방식으로 무력하고 세력이 없는 것이다. 그 [장애]란 무엇인가? 고통스럽고 괴로운, 강한 병에 걸린 자이다. 그에게 지속적으로 풍질이나 담즙, 가래가 일어나거나 몸에 소화불량(viṣūcikā)이 나

89 이들 네 종류의 좋아함(ārāma)은 AN III.116,3-9에서 유학의 상태로부터 퇴환하게 한다고 설명되고 있다. 聲聞地 I: 245, fn. 2 참조.

타난다. 그렇지만 뱀이나 전갈, 지네가 그를 물거나, 인간이나 인간이 아닌 자가 그를 괴롭힌다. 또 의복이나 음식, 좌구와 와구, 병자에게 필요한 약품과 [기타] 필수품들을 얻지 못한다. 가행의 장애는 이런 종류라고 알아야 한다.

(2) 원리의 장애란 무엇인가? 그는 음식을 중히 여기고, 많은 목적과 많은 일, 많은 의무를 갖고 있으며, 일에 대한 즐거움에 빠져 있고, 각각의 행해야 할 일들에 대해 마음이 향하고 있으며, 말하기를 좋아한다 (bhāṣyārama). 그는 원리와 끊음, 은거와 수습에 대해 능력과 힘을 갖고 있으며, 요약적 가르침을 암송하는 것에 만족한다. 그는 잠자기를 좋아해서, 혼침과 수면에 빠져 있고, 게으름의 성질을 갖고 있어 잠의 낙과 옆으로 누워 있음의 낙, 누워 있음의 낙을 체화하고 있다. 또는 그는 교제하기를 좋아해서 재가자와 출가자와 함께 정치이야기와 도둑이야기, 먹고 마시는 이야기, 옷에 대한 이야기, 창가의 이야기, 거리의 이야기, 국토와 위인의 이야기, 세계의 전설에 대한 이야기와 바다의 전설에 대한 이야기를 한다. 이러한 부류의 무익한 이야기를 통해 시간을 보낸다.

또한 그것에 대해 즐거워하고, 반복해서 무리를 지어 자주 모인다. 각각의 주제들에 대해 마음이 산란되어 있고 마음이 동요하고 있다. 또한 그는 교제하기를 좋아하면서, 만나지 않은 재가자와 출가자들을 보기를 원하고, 만난 자들과 헤어지기를 원하지 않는다. 또한 그는 희론을 좋아하고 희론에 빠져 있으며, [세상에서] 행해야 할 것들에 대해서는 먼저 행하고[90] 원리해야 할 것들에 대해서는 거리를 둔다. 이러한 부류의 법들이 원리의 장애라고 알아야 한다. 그 [장애]들과 만나고 직면함에 의해 아란야와 숲에 있는 외진 곳들이나 또는 아란야나 나무 아래, 공터들에서 편하게 머물 수 없다.

---

90 이것은 섭결택분(D 167a; Ch. 644c26-29)에 趣向前行이라는 항목으로 설명되어 있다.

(3) 은거(pratisaṃlayana)의 장애란 무엇인가? 즉, 은거란 샤마타와 비파샤나라고 설해진다. 거기에 샤마타의 장애도 있고, 비파샤나의 장애도 있다.

(i) 그중에서 샤마타의 장애란 무엇인가? 방일과 부적절한 곳에 머무는 것이다. 혼침과 수면이 이 방일한 자의 심을 덮거나 샤마타만을 탐닉하거나 또는 위축된 상태로 심을 향하거나 심을 어둡게 한다. 그런 형태의 부적절한 머묾에 의해 사람에 의해 행해진 것이나 사람이 아닌 것에 의해 행해진 타인으로부터의 괴롭힘이 있으며, 그럼으로써 그의 심은 외적으로 산란된다. 이것이 은거의 장애로서, 샤마타의 장애라고 알아야 한다.

(ii) 비파샤나의 장애란 무엇인가? 자신에 대한 우쭐함(saṃpragraha)과 동요(capala)이다.

그중에서 자신에 대한 우쭐함이란 다음과 같다. '나는 고귀한 가문에서 출가했지 낮은 [가문출신]이 아니다. 그렇지만 다른 비구들은 그렇지 않다.'고 스스로를 높이고 자부하며, 타인들을 깔본다. 마찬가지로 '[나는] 부유한 가문에서 출가했지 빈천한 [가문에서 출가한 자는] 아니다.' 그와 같이 '[나는] 단정하고 보기 좋고 멋있다.' 그와 같이 '[나는] 많이 청문했고 청문한 것을 지니고 있으며 청문한 것을 축적하고 있다.' 그와 같이 '나는 능숙하게 언어를 사용하며, 언설의 힘을 구비하고 있지만, 다른 비구들은 그렇지 않다.'라고 스스로를 높이고 타인들을 깔본다.

그는 자신에 대한 우쭐함을 갖고 있으며, 경험이 많고(rātrijña)[91] 범행을 잘 행하는 장로인 비구들에게 적절한 때에 질문하고 묻지 않는다. 또 그 [비구]들도 그에게 적절한 때에 분명하지 않은 점들에 대하여 해명하지 않고 분명한 점들에 대해서도 해명하지 않는다. 또한 지견을 청정하게 하기

---

91 rātrijña를 "경험이 풍부한"으로 번역한 것은 ŚrBh(1) p. 253, fn. 5에서 Sn 92,22의 rattaññū의 해석을 따른 것이다.

위해 심원한 의미를 지닌 문장을 지혜를 통해 잘 통달한 후에 해석하지 않는다. 이와 같이 그에게 있어 자신에 대한 우쭐함이 비파샤나의 장애가 되는 것이다.

또한 작고 저열한 지견을 획득하고 [거기에] 만족해서 머무는 자가 된다. 그는 저 지견에 의해 만족해서 머묾에 의해 스스로를 높이며 우쭐함을 가진다. 그가 자신에 대한 우쭐함을 갖는 한에 있어 만족하며, 그것을 넘어 추구하지 않는다. 이와 같은 것이 그에게 있어 자신에 대한 우쭐함에 의해 만들어진 비파샤나의 장애이다.

감관이 적정하지 않고 감관이 흥분되어 있고 감관이 고조된 자는 동요하고 있다. 그는 나쁜 마음을 품고 나쁜 말을 하며 나쁜 행위를 하고 제법을 확고하고 견고하게 사유하지 않는다. 그럼으로써 비파샤나를 완성시키고 청정하게 하지 못한다. 이와 같이 그에게 동요는 비파샤나를 위한 장애가 되는 것이다.

샤마타의 장애는 두 요소이다. 즉 방일과 적절하지 않은 곳에 머무는 것이다. 비파샤나의 장애도 두 요소이다. 즉 스스로에 대한 자긍심과 동요이다. 이것이 샤마타의 장애 및 비파샤나의 장애로서, 은거의 장애라 설해진다.

이것이 장애의 요약적 의미이다.

이 요약적 의미 및 앞에서 상세히 구분한 것을 하나로 축약한 후에 장애라고 설한다.

무장애는 이 장애의 반대라고 알아야 한다. 이들 장애의 비존재와 사라짐, 결합, 만나지 않음이 무장애라고 설해진다.

3.3.12. 捨 (ŚrBh 149,8; Ch. 420c11)

3.3.12.1. 보시의 정의

보시(tyāga)란 무엇인가? 심을 장엄하기 위해, 심의 필수품을 위해, 요가의 자량을 위해, 최고의 목적을 획득하기 위해 죄를 여읜 보시를 하는 것이다.

3.3.12.2. 보시의 상세한 설명

그중에서 누가 보시하며, 누구에 대해 보시하며, 무엇을 보시하며, 무엇을 갖고 보시하며, 어떻게 보시하며, 무엇 때문에 보시하는가? 그것에 따라 그의 보시가 죄를 여의게 되는 것이다.

1) 답: 보시자, 시주가 보시한다. 그중에서 보시자란 누구이며, 시주란 누구인가? 바로 스스로의 손으로 보시하는 자가 보시자라고 설해진다. 보시하기를 바라고, 보시하지 않으려는 자가 아닌 어떤 이가 자신의 것을 줄 때, 그것이 시주라 설해진다.

2) 누구에 대해 보시하는가? 답: 4종의 [중생]들에게 보시한다. 괴로워하는 자, 은혜를 준 자, 사랑하는 자, 뛰어난 자에게 [보시한다].

그중에서 괴로워하는 자들이란 가난한 자들이나 구걸자들, 부랑자들이나 걸식자들, 장님들이나 귀머거리들, 보호자가 없는 자들이나 의지할 곳이 없는 자들, 생활필수품이 없는 자들이다. 또는 이러한 종류의 다른 자들이다. 이들이 괴로워하는 자들이라고 설해진다.

은혜를 준 자들이란 누구인가? 예를 들면, 부모, 양육하고 기르고 키우는 자이다. 또는 산림이나 황야, 기아나 적군에 대한 두려움, 체포나 병으로부터 구제하는 자들이다. 또한 그에게 이익을 가르치고, 낙을 가르치고, 이익과 낙을 산출시키고, 반복해서 일어나는 일들에 대해 조력하며, 함께 기뻐하고 함께 슬퍼하며, 역경들 속에서도 그를 버리지 않거나 또는 이러한 종류의 다른 자들이 은혜를 준 자들이라고 설해진다.

사랑하는 자들이란 누구인가? 친우들이거나 또는 어떤 이들이 그에 대해 좋아하거나 존중하거나 또는 헌신의 말을 하면서, 친근하고 친숙하며 친애하는 자가 되거나, 또는 이러한 종류의 다른 자들이 사랑하는 자들이라고 설해진다.

뛰어난 자들이란 누구인가? 사문과 바라문들, 온순한 모습을 갖고 있다고 인정된 이들, 손상을 받지 않고, 손상을 받지 않음을 즐거워하며, 탐욕을 여의었고, 탐심을 제어하기 위해 정행하며, 진심을 여의었고 진심을 제어하기 위해 정행하며, 치심을 여의었고 치심을 제어하기 위해 정행하거나, 또는 이러한 종류의 다른 자들이 뛰어난 자들이라고 설해진다.

3) 그중에서 무엇을 보시하는가? 답: 요약하면 유정에 속한 물건과 유정에 속하지 않은 물건을 보시한다.

그중에서 유정에 속한 물건이란 무엇인가? 처자, 남녀노비, 일꾼, 고용자, 코끼리, 말, 소, 양, 닭, 여인, 남자, 소녀, 소년이다. 또는 그런 종류의 또 다른 물건이다. 또는 자신과 관련한 손, 발, 머리, 살, 피, 지방기름 등을 주는 것이다. 이것도 중생에 속한 보시로서, 그것과 관련해 보살의 인식이 나타난다. 그러나 이 맥락에서 이런 보시는 의도된 것이 아니다. 그렇지만 그런 중생들에 대해 그가 자재하고 자유롭고 힘이 있을 때, 그들 중생들을 타인들에게 보시할 수 있는 것이다. [그렇게] 그가 보시한다면, 그는 비난받지 않을 것이다. 그 이유와 그 조건 때문에 [보시를 받는] 타인들은 싫어하지 않는다. 또한 타인들에게 보시된 중생들도 해를 입지 않는다. 이것이 비난의 여지가 없이 중생들에 속한 물건을 보시하는 것이다.

유정에 속하지 않은 물건이란 무엇인가? 재물과 곡물, 장소와 관련된 물건이다.

그중에서 재물이란 무엇인가? 보주와 진주, 유리와 螺貝, 벽옥과 산호, 석

여와 호박, 황금과 백은, 赤珠와 오른 편으로 감긴 것(dakṣiṇāvarta)이다. 또는 그런 종류의 또 다른 보석이나 금, 은, 의복이나 생활필수품, 향료나 화장품이다. 이것이 재물이라고 설해진다.

곡물이란 무엇인가? 어떤 것이든 먹거나 마시는 것이다. 즉, 보리나 쌀, 밀, 조, 대두, 깨, 콩, 사탕수수즙, 乳酪, 수수즙[92]이며, 또 이런 종류의 다른 것이 곡물이라고 설해진다.

장소와 관련된 물건이란 무엇인가? 밭, 집, 점포, 福舍, 승방의 건물이다. 또는 이런 종류의 다른 것이다. 이것이 장소와 관련된 물건이라고 설해진다. 거기서 중생에게 속한 것과 중생에게 속하지 않은 물건을 보시하는 것이다.

4) 무엇을 갖고 보시하는가? 무탐을 수반한 意思(cetanā), 심의 강한 의욕작용, 의업 그리고 보시받은 물건을 포기하기 위해 자신의 상속과 타인의 상속 속에서 그 [의업에 의해] 작동된 신업과 어업이다. 이를 갖고 보시한다.

5) 어떻게 보시하는가? 信을 갖고 보시한다. 그는 전승에 따른 견해를 갖고 과보를 보는 자로서 존중하면서 보시한다. 현명한 마음을 갖고 스스로의 손으로 보시하지 [보시물을] 내던지지 않는다. 그것이 타인들에게 유용하게 사용될 때 적절한 때에 보시한다. 타인들을 괴롭히지 않은 후에 보시한다. 여법하고 평등하며 비폭력적으로 [보시물을] 모은 후에 [깨끗한 것을] 보시한다. 뛰어나고 적절한 것을 보시한다. 그럼으로써 타인들은 죄를 수반하지 않게 되며 자신도 [죄를 수반하지] 않는다. 자주 보시하며, 인색함의 때와 쌓아둠의 때를 제거한 후에 보시한다. 보시하기 전에는 기쁜 마

92 초기불전에서 맛있는 음식(paṇīta-bhojana)은『사분율』내지 빨리율에 의하면 숙소(熟酥, sappi), 생소(生酥, navanīta), 기름(tela), 꿀(madhu), 설탕(phāṇita), 생선(maccha), 고기(maṃsa), 우유(khīra), 요구르트(dadhi) 등의 9종의 음식이다(이자랑 2015 참조). 여기서 乳酪에 우유와 요구르트 등의 유제품이 포함될 것이다.

음으로, 보시할 때는 심을 깨끗하게 하며, 보시한 후에는 후회하지 않는다. 이와 같이 보시한다.

6) 무엇 때문에 보시하는가? 답: 비심 때문에 고통받는 자들에 대해 보시한다. 은혜를 알기 때문에 도움을 준 자들에게 보시한다. 경애와 존중, 숭배하기에 친애하는 자들에게 보시한다. 세간과 출세간의 탁월함을 바라기 때문에 탁월한 자들에게 보시한다. 따라서 보시한다고 설해진다.

이 측면들에 의해 이 재가자나 출가자가 심을 장엄하기 위해, 심의 필수품을 위해, 요가의 자량을 위해, 최상의 목적을 획득하기 위해 보시하는 것은 죄를 여읜 것이다.

이것이 보시라고 설해진다.

3.3.13. 沙門莊嚴 (ŚrBh 155,1; Ch. 421b25)

3.3.13.1 사문을 장엄하는 17가지 특징

사문의 장엄이란 무엇인가? 예를 들면 여기서 어떤 이가 正信을 갖고 있고, 속이지 않으며, 병이 적고, 용맹정진하는 부류이며, 지혜롭고, 욕구가 적으며, 만족하고, 잘 부양하며, 잘 지탱하며, 두타행의 공덕을 갖고 있으며, 쾌활하며, [음식의] 양을 알고, 진실한 자의 가르침을 지니고 있으며, 학자의 특성을 갖추고 있고, 감내하고, 부드럽고, 온유하다.

(1) 어떻게 그는 正信을 갖고 있는가? 그는 맑은 믿음이 많으며, 신심이 풍부하고, 승해가 많고, 선법에 대해 욕구하고 있다. 그는 대사(大師)에 대해 깨끗하게 믿으며, 의혹하지도 않고 의심하지도 않는다. 그는 대사를 존경하고 존중하며 공경하고 공양한다. 존경하고 존중하고 공경하고 공양한 후에 [그에] 의지해서 주한다. 대사에 대해서처럼 법과 범행을 같이하는 자들, 훈련항목, 교수교계, 보시물의 분배(pratisaṃstara), 불방일, 삼매에 대해서도 마찬가지이다. 이와 같이 그는 淨信을 갖고 있다.

(2) 어떻게 그는 속이지 않는 자가 되는가? 그는 정직하고 곧은 부류이다. 대사와 범행을 같이하는 자들의 앞에서 그는 여실하게 스스로를 드러낸다. 그와 같이 그는 속이지 않는 자가 된다.

(3) 어떻게 그는 작은 병을 가진 자가 되는가? 그는 병이 없는 부류이며, 소화력을 가진, 좋은 내장을 갖고 있다. 그것은 뜨겁지도 차지도 않고, 손상되지도 않고 수시로 잘 기능하고 있다. 그 [내장]에 의해 그가 먹고 마시고 씹었던 것들이 편하게 소화되는 것이다. 이와 같이 그는 작은 병을 가진 자가 된다.

(4) 어떻게 그는 용맹정진하는 부류가 되는가? 그는 세력을 갖고 주하며, 정진을 갖고 있고, 용감하며, 노력이 견고하며, 선법들에 대해 짐을 내려놓지 않는다. 또한 현명하고 게으르지 않으며 에너지를 갖고 있고, 범행을 같이하는 자들을 위해 몸으로 봉사하는 일을 행한다. 이와 같이 그는 용맹정진하는 부류가 된다.

(5) 어떻게 그는 지혜롭게 되는가? 그는 영민함과 정념, 지각력을 갖추고 있으며, 감관이 둔하지 않고, 감관이 미혹하지 않고, 귀머거리가 아니며, 손으로 말하지 않으며, 잘 설해지고 잘못 설해진 제법의 의미를 이해할 수 있으며, 본래적인 지각력 및 노력에서 생겨난 지각력도 갖추고 있다. 이와 같이 그는 지혜롭게 된다.

(6) 어떻게 그는 욕구가 적은가? 욕구가 적은 상태를 위시해서 그는 공덕들을 갖추고 있는 한, 그 [공덕]들에 의해 타인들로부터 인정받기를 구하지 않으며, 누구도 나에 대해 '[그는] 욕구가 적다'거나 '[그는] 그러한 공덕과 결합되어 있다'고 알 필요가 없다고 [생각한다]. 이와 같이 그는 욕구가 적은 자가 된다.

(7) 어떻게 그는 만족하게 되는가? 그는 이러저러한 의복과 음식, 좌구와 와구에 만족하고 흐뭇해한다. 그는 거칠거나 좋은 것이거나 간에 의복

을 얻지 못한 후에도 그것을 고대하지 않고 갈망하지 않는다. 그리고 [그것을] 얻은 후에도 앞에서 상세히 설했듯이 욕망하지 않고 집착하지 않으면서 수용한다. 의복에 있어서처럼 음식과 좌구, 와구에 있어서도 마찬가지다. 이와 같이 그는 만족한 자가 된다.

(8) 어떻게 그는 잘 부양하는가? 자신이 그의 유일한 양육자이지, 하인들이나 [다른] 사람들이건 간에 타인들은 [그의 양육자가] 아니다. 만일 그가 그들의 재산 때문에, 그들을 탐색하고자 한다면, 다른 보시자와 시주들은 그를 잘못 부양되었다고 볼 것이다. 이와 같이 그는 잘 부양하게 된다.

(9) 어떻게 그는 잘 지탱하는가? 그는 비록 적은 [음식]일지라도 탁발하고 거친 것이라도 탁발한다. 이와 같이 그는 잘 지탱한다.

(10) 어떻게 그는 두타행의 공덕을 갖고 있는가? 그는 탁발을 통해 [음식을] 얻으며, 돌아다니며 탁발하고, 한 좌석에서 행하며, 먼저 머문 후에 식사하며, 三衣를 갖고 있고, 모로 된 옷을 입으며(nāmatika), 분소의를 입고, 아란야에 주하며, 나무 아래에 살고, 빈터에 살며, 무덤가에 주하며, 단정히 앉아 있으며(naiṣadyika), 나무 잎으로 만든 침상에서 지낸다. 이것들이 음식과 의복, 좌구와 와구와 관련된 12종 또는 13종의 두타행들이다.

(i) 그중에서 걸식은 탁발을 통해 [음식을] 얻고, 돌아다니며 탁발하는 것의 2종으로 나뉘게 된다. 거기서 탁발을 통해 [음식을] 얻음이란 무엇인가? 아는 집에서 얻은 대로 받은 대로 탁발한 것을 먹는 것이다.

(ii) 돌아다니며 탁발하는 것이란 무엇인가? 마을에 들어가서 여러 집들에서 구걸한 후에, 즉 돌아다닌 후에, 얻은 대로 받은 대로 탁발한 것을 먹는 것이며,[93] '나는 얻을 수 있는 한 음식과 먹을 것을 얻을 것이다.'라는 높

---

93 Schmithausen(2007: 159)은 율장(Pācittiya 39: Vinaya IV 88)에서 주는 대로 받지 스스로 요구하는 것만이 금지되었으며, 음식의 요청은 승려가 아플 경우에만 허용되었다고 지적한다. 그 이

은 자부심을 갖지 않고 집집마다 돌아다닌다.

여기서 걸식을 [2종으로] 구별하지 않는다면, 12종으로 된다. 반면 구별한다면 13종이다.

(iii) 그중에서 한 자리에서 행한다는 것은 무엇인가? 그가 한 자리에 앉아서 음식물이 있는 한 음식을 먹는다. 그 자리에서 일어섰다면 음식을 먹지 않는다. 이것이 한 자리에서 행하는 것이라 한다.

(iv) 먼저 머문 후에 먹는다는 것은 무엇인가? 음식 때문에 앉아 있는 자는 모든 음식을 받을 때까지, 또 '내가 탁발할 수 있는 것은 얼마만큼인가'를 알기까지 먹지 않는다. 또 '내게 이 이후에 음식을 갖고 행해질 것이 없을 것이다'라고 알기 때문에, 모든 것을 받은 후에 먹기 시작한다. 이와 같이 그는 실로 후에 먹는다.

(v) 세 개의 옷을 입는다는 것은 무엇인가? 승가리와 上衣, 中衣의 세 개의 옷을 입고 탁발한다. 세 개의 옷을 제외하고 다른 것은 입지 않는다. 이와 같이 그는 세 개의 옷을 입는다.

(vi) 毳로 만든 옷(nāmatika)을 입는다는 것은 무엇인가? 삼의 또는 여분의 옷이든 그것이 무엇이든 간에 옷을 입지만, 다른 것을 [입지는] 않는다. 이와 같이 毳로 만든 옷을 입는다.

(vii) 분소의(pāṃsukūlika)를 입는다는 것은 무엇인가? 똥이나 오줌에 의해 더럽혀졌거나 또는 똥과 오줌, 고름, 피, 가래에 더럽혀진 어떤 옷을 타인들이 차도나 가로, 십자로나 세거리, 도로나 작은 길에 버렸거나 방치했거나 내던졌을 때, 그 후에 깨끗하지 않은 부분을 제거하고, 똥을 빼고, 세탁

유는 맛있는 음식(paṇīta-bhojana)으로서 고기나 생선, 또는 유제품 등을 먹지 않는 것은 고행주의적 맥락에서 나왔다고 본다. 이에 대해 이자랑(2015)은 이 규정이 승려에 대한 일상인의 평판을 고려한 것이라 해석한다.

하고, 꿰매고, 염색한 후에 입는다. 이와 같이 분소의를 입는다.

(viii) 어떻게 아란야에 사는 자가 되는가? 마을과 도시들로부터 떨어져 있는 아란야의 산림이나 변방의 와구와 좌구들에 머무는 것이다. 이와 같이 그는 아란야에 산다.

(ix) 어떻게 나무 아래에 사는가? 나무뿌리에 의거한 후에 나무 아래에서 머물기를 기약한다. 이와 같이 그는 나무 아래에서 사는 자가 된다.

(x) 어떻게 공터에서 사는가? 공터에서, 즉, 지붕이 없고 열려져 있는 곳에서 머물기를 기약한다. 이와 같이 그는 공터에서 사는 자가 된다.

(xi) 어떻게 무덤가에서 머무는가? 죽은 자의 시신이 운반되어지는 무덤가에서 머물기를 기약한다. 이와 같이 그는 무덤가에 머무는 자가 된다.

(xii) 어떻게 단정히 앉아 있는 자(naiṣadyika)가 되는가? 큰 의자나 작은 의자, 풀방석에 앉음에 의해 시간을 보내지, 큰 의자나 작은 의자, 벽, 나무뿌리, 풀방석에 의지한 후에 눕거나 옆으로 눕지 않는다. 이와 같이 그는 단정히 앉아 있는 자가 된다.

(xiii) 어떻게 의자에 앉아 있는 것처럼 지내는가? 풀방석이나 잎으로 된 방석에 누울 때, 풀방석이나 잎으로 된 방석이 단박에 그와 같이 설치되는 대로 그대로 눕지, 다시 설치하고 조작하지 않는다. 이와 같이 의자에 앉아 있는 것처럼 지낸다.

왜 이것들이 두타의 공덕(dhutaguṇa)이라고 불리는가? 마치 양모나 면이 두드려지고 조각내고 문질러졌을 때, 실을 빼내는 데 또는 면을 산출하는 데 있어 부드럽고 빨리 가볍게 되는 것처럼, 바로 그와 같이 어떤 이에게 음식에 대한 탐심에 의해 음식에 대해 심이 염착되고 매우 염착되며, 옷에 대한 탐심에 의해 옷에 대해 심이 염착되고 매우 염착되며, 좌구와 와구에 대한 탐심에 의해 좌구와 와구에 대해 심이 염착되고 매우 염착된다. 그는 이 두타의 공덕들에 의해 梵行에 주하기 위해 부드럽고 가볍고 곧고 제어되어야 할(vidheya) 의지체(āśraya)[94]를 정화하고 곧게 한다. 따라서 두타의 공덕들이라고 불린다.

그중에서 음식에 대한 탐심은 2종의 장애이다. 좋은 음식에 대한 탐심 많은 음식에 대한 탐심이다. 거기서 좋은 음식에 대한 탐심을 끊기 위해 걸식을 하며, 또 많은 음식에 대한 탐심을 끊기 위해 한 곳에서만 먹고 또 실로 후에 먹는다.

옷에 대한 탐심은 3종의 장애이다. 많은 옷에 대한 탐심, 옷에 대해 부드러운 접촉에 대한 탐심, 그리고 좋은 옷에 대한 탐심이다. 거기서 좋은 옷에 대한 탐심을 끊기 위해 삼의를 가지며, 옷에 대해 부드러운 접촉에 대한 탐심을 끊기 위해 毳로 된 옷을 입으며, 좋은 옷에 대한 탐심을 끊기 위해 분소의를 입는다.

좌구와 와구에 대한 탐심이란 4종의 장애이다. 섞여 사는 것에 대한 탐심, 가옥에 대한 탐심, 옆으로 누움의 즐거움과 누움의 즐거움에 대한 탐심, 크고 작은 물건들과 덮개에 대한 탐심(āsaraṇapratyāsararaṇopacchādanarāga, 敷具貪)이다.

거기서 [재가자들과] 섞여 사는 것에 대한 탐심을 끊기 위해 아란야에 산다. 가옥에 대한 탐심을 끊기 위해 나무 아래 살며, 공터에서 살고, 무덤가에서 살거나, 또한 삿된 성적 탐심을 끊기 위해 무덤가에서 산다. 옆으로 누움의 즐거움과 누움의 즐거움에 대한 탐심을 끊기 위해 단정히 앉는다. 크고 작은 물건들과 덮개에 대한 탐심을 끊기 위해 의자에 앉아 있는 것처럼 지낸다. 이와 같이 그는 두타의 공덕을 갖추게 된다.

---

94 ŚrBh는 āśrayaṃ 대신에 āsravaṃ으로 읽지만, 한역(422c3) 依止는 āśrayaṃ를 지지한다. ŚrBh(1)도 ŚrBh를 따라 편집했고 번역했다.

(11) 어떻게 그는 쾌활한 자(prāsādika)가 되는가? 그는 오고 감, 보고 관조함, 펴고 구부림, 승가리, 옷, 발우의 지님을 쾌활하게 갖추고 있다. 이와 같이 그는 쾌활한 자가 된다.

(12) 어떻게 양을 아는 자가 되는가? 여기서 믿음을 가진 바라문과 거사들은 옷과 음식, 좌구와 와구, 병에 따른 약이라는 생활필수품들을 통해 목적에 맞게 [그를] 즐겁게 하며, 그는 그것을 받았을 때에 분량을 안다. 이와 같이 그는 양을 아는 자가 된다.

(13) 어떻게 진실한 사람의 법을 갖추는가? 상층 가문에서 출가한 자, 또는 부유한 가문에서 출가한 자, 또는 보기 아름다운 모습을 가지고, 맑은 믿음과 많은 청문, 말을 갖춘 자는 오직 지혜와 오직 통찰과 오직 즐겁게 주함을 얻었지만, 이 때문에 스스로를 높이지 않고 타인들을 경멸하지 않는다. 법과 상응하는 법을 바로 성취했다고 안 후에[95] 다만 법과 상응하는 법을 행했다. 이와 같이 그는 진실한 사람의 법을 갖추었다.

(14) 어떻게 학자의 징표를 갖추는가? 우자도 작업으로 특징지어지고, 현자도 작업으로 특징지어진다. 왜 그와 같은가? 우자는 나쁜 생각을 갖고 생각하고, 나쁜 말로 말하며, 나쁜 행위를 행한다. 반면 학자는 좋은 생각을 갖고 생각하고, 좋은 말로 말하며, 좋은 행위를 행한다. 이와 같이 그는 학자의 징표를 갖추고 있다.

(15) 어떻게 감내하는가? 그는 모독을 받아도 돌이켜 모독하지 않으며, 분노를 받아도 돌이켜 분노하지 않고, 매를 맞아도 돌이켜 매를 때리지 않으며, 비난을 받아도 돌이켜 비난하지 않는다. 그 존자는 추위와 더위, 기아와 갈증, 물림, 모기, 바람, 열기, 뱀과의 접촉을 감내하고, 나쁘게 말하고 나쁘게 온, 타인의 말들을 감내하며, 강하고 뜨겁고 예리하고 마음에 들지

---

95 이 문장은 Ms 및 ŚrBh에 누락되어 있다.

않고 목숨을 빼앗는 신체적인 괴로운 감수들을 감내한다. 이와 같이 그는 감내한다.

(16) 어떻게 온화한가? 예를 들어 그는 스승 및 범행을 같이하는 지혜로운 자들에 대해 자애로운 신업을 갖추고 있으며, 자애로운 구업을 갖추고 있고, 자애로운 의업을 갖추고 있다. 그는 여법하게 획득하고 법에 따라 획득한, 발우에 들어 있고 발우 속에 포함되어 있는 음식들을 함께 먹고, 개인적으로 먹지 않고, 은밀히 음식을 먹지 않는다. 또한 그는 공통된 계와 공통된 견해를 가진다. [타인을] 괴롭히지 않는 부류에 속하는 그는 이 여섯 가지 즐거워할 만하고 사랑스럽고 귀중하고 논쟁을 불러일으키지 않는 요소들을 갖추고 있으면서 편하게 함께 주한다. 또 범행을 같이하는 지혜로운 자들은 같은 곳에서 머무는 그에 대해 기뻐한다. 이와 같이 그는 온화하다.

(17) 어떻게 그는 온유하게 되는가? 그는 미간을 찌푸리지 않으며, 얼굴색이 평안하고, 말하기 전에 미소를 짓고, 사랑스럽게 말하고, 계를 받았으며, 심상속이 청정하다. 이와 같이 그는 온유하다.

3.3.13.2. 사문의 장엄을 갖춘 자의 특징 (ŚrBh 164,6; Ch. 423a20)

(i) 그가 이 법들을 갖추고 법에 대해 바라고 공덕에 대해 바라면서, 이득과 공경, 명예와 칭찬을 바라지 않고, 또 증익에 속하거나 손감에 속한 邪見을 갖추지 않는다면, 그는 실재하지 않는 법을 증익하지 않고, 실재하는 법을 손감하지 않는다.

(ii) 그는 '세간에 유포된 것과 상응하는, 다양한 문자로 쓰이고, 문장과 글자로 수식된 시가 있지만, 그것은 의미가 없다'라고 안 후에, 그것을 매우 멀리하고, 그것을 갖고 행하지 않고, 그것을 좋아하지 않는다.[96]

(iii) 또한 좋은 옷과 의발을 보존하지 않는다. 번뇌를 일으키는, 재가자

들과 함께 주함을 피하고 주한다. 지혜를 청정하게 하는, 성자들과 함께 주함을 행한다.

(iv) 또한 친구의 집들을 가서 '내게 그 때문에 무수하게 혼란으로부터 일이 일어나지 않기를, 또는 그들의 변괴나 변화로부터 우수, 비탄, 고통, 우울, 번민들이 생겨난다.'고 생각하면서 그들을 만나지 않는다. '내게 이 때문에 현재나 미래의 고통이 생겨나지 않기를'이라고 생각하면서 계속 일어난 번뇌와 수번뇌들을 집착하지 않고, 끊고, 제어하고, 멀리한다.

(v) 또한 그는 계를 파괴하지 않고 생활준칙(vtata)을 더럽히지 않으면서, 믿음으로 보시받은 것을 손상시키지 않고, 믿음으로 보시받은 것을 먹는다. 또 믿음으로 보시받은 것을 던져버리지 않고, 훈련항목을 버리지 않는다.

(vi) 그는 자신의 잘못에 대해 내적인 오류를 보며, [자신의] 선은 숨기고 악은 공개하지만, 타인들의 과실이나 내적인 잘못에 대해서는 기뻐하지 않는다. 비록 목숨이 걸렸다고 해도 의도적으로 죄를 범하지 않으며, 죄를 범했을 때는 신속히 여법하게 참회한다.[97] 해야 할 일들에 대해 근면하고 게으르지 않으며 자발적으로 하지, 타인으로부터 [자신의] 신체의 돌봄을 추구하지 않는다.

(vii) 붓다들과 붓다의 제자들의 불가사의한 위력과 심원한 교설을 믿고 비난하지 않는다. '오직 여래들이 아시고 보시는 것이지, 나는 아니다'라고 안 후에, 스스로의 견해에 집착해서 머물지 않으며, 잘못된 출리로 이끄는 주술을 곧바로 취하지 않는다.

이 공덕들과 결합한 그는 이와 같이 주하고 이와 같이 훈련하며, 사문의

---

96 한역(423a26)은 亦不流傳("또한 유포하지도 않는다.")를 첨가한다.

97 한역(423b8-9)은 이어 다음 문장을 첨가한다. 設由忘念少有所犯. 即便速疾如法悔除 ("설사 기억의 상실 때문에 작은 죄를 범했다고 해도, 신속히 여법하게 참회한다.")

장엄을 장엄하면서 아름답게 된다. 예를 들면 어떤 젊은 사람이 치장하는 부류로서, 욕망의 대상을 향수하고, 목욕하고, 흰옷을 입고, 영락이나 팔찌, 또는 인주가 새겨진 반지나 금과 은으로 만든 화환 등의 여러 장식품으로 꾸미고 아름답게 된다. 이와 같이 그는 사문을 장엄하게 하는 다양한 공덕들에 의해 장엄되어 나타나고 빛나고 두루 비치기 때문에 사문의 장엄이라고 설해진다.

이것이 사문의 장엄이라고 설해진다.

요약송이다.[98]

> 자신의 원만, 타인의 원만, [선법에의] 욕구, 계[의 율의], 근[의 율의]가 있으며,
> 음식[의 양을 아는 것], 깨어서 [수행함], 정지를 갖고 주함이다. (제1송)
>
> 선우, 정법의 청문과 사유,
> 무장애, 보시 그리고 마지막으로 [사문의] 장엄이 있다. (제2송)

---

98 아래 네 개의 요약송에서 첫 번째와 두 번째 요약송은 출리지에서 13종의 자량을 나열한 것이고, 세 번째 요약송은 사문장엄의 17개 특징들을 나열한 것이며, 마지막 요약송은 출리지의 세 가지 대주제를 제시한 것이다. 그렇지만 이 요약송들의 순서는 티벳역(D 67a1-3)에서는 세 번째가 맨 앞에 나왔고, 첫 번째와 두 번째가 다음으로, 그리고 마지막에 네 번째가 온다. 그리고 맨 앞에 위치시키면서도 세 번째 요약송을 bar gyi sdom = antaroddāna라고 명명하고 있으며, 마지막 네 번째 요약송을 bsdud pa'i sdom = piṇḍoddāna라고 부른다. 적어도 사문장엄이 직전 항목이라면 티벳역의 순서가 논리적 일관성을 가졌다고 보이지만, 여기서는 산스크리트본에 따라 번역했다. 반면 한역에서는 이들 요약송들을 각각의 대응하는 항목의 앞부분에서 제시하고 있다.

믿음, 교활하지 않음, 병이 적음, 정진, 지혜, 소욕, 지족,
만족함, 육성, 두타, 단정함, 양[을 아는 것],
진실한 사람, 학자의 징표, 감내, 온화함, 평안함이다. (제3송)

세간적인 이욕 및 출세간에 의한 [이욕],
그 양자의 자량이 출리라고 불리는 단계이다. (제4송)

유가사지론에서 성문지에 포함된 첫 번째 유가처(yogasthāna)이다.

성문지(Śrāvakabhūmi)

제2 유가처

(ŚrBh II)

(ŚrBh 169,1; Ch. 424a1)

그와 같이 설해지고 이와 같이 상찬된 이 출리지에서 (1) 출리하는 개아는 얼마나 되는가? (2) 개아의 건립은 어떤 것인가? (3) 인식대상이란 무엇인가? (4) 教授란 무엇인가? (5) 훈련항목이란 무엇인가? (6) 훈련항목과 상응하는 법은 무엇인가? (7) 요가(yoga, 瑜伽)의 괴멸이란 무엇인가? (8) 요가들이란 무엇인가? (9) 작의란 무엇인가? (10) 요가에 의해 행해지는 것이란 무엇인가? (11) 요가행자란 얼마나 되는가? (12) 요가의 수습이란 무엇인가? (13) 요가의 수습의 결과란 무엇인가? (14) 개아의 동의어는 몇 개인가? (15) 악마는 얼마나 되는가? (16) 악마의 행위는 얼마나 있는가? (17) 시작해도 결과가 없는 것이란 무엇인가?

1. 개아(pudgala)

1.1. 28종의 개아 (ŚrBh 169,14; Ch. 424a17)

개아는 28종이다.[99] 28종이란 무엇인가? (1) 둔한 능력을 가진 자, (2) 예리한 능력을 가진 자, (3) 탐욕이 강한 자, (4) 진에가 강한 자, (5) 미혹이 강한 자, (6) 慢이 강한 자, (7) 심사가 강한 자, (8) 균등하게 획득한 자, (9) 때가 적은 부류에 속한 자, (10) 정행하는 자, (11) 과보에 주하는 자, (12) 수신행자, (13) 수법행자, (14) 믿음으로 신해하는 자, (15) 정견을 얻은 자, (16) 몸으로 촉증한 자, (17) 일곱 번 존재로 돌아오는 자, (18) 집에 돌아다니는 자, (19) 하나의 간격이 있는 자, (20) 중간에 열반하는 자, (21) 재생한 후 열반하는 자, (22) 의욕작용 없이 열반하는 자, (23) 의욕작용을 수반해서 열반하는 자, (24) 상류로 흐르는 자, (25) 시간이 되면 해탈하는 자, (26) 부동의 성질을 가진 자, (27) 혜에 의해 해탈한 자, (28) 두 부분으로 해탈한 자이다.

---

99 28종의 개아의 구분은 이하 ŚrBh II.2. 〈개아의 건립〉의 11종의 구별에서 8종만이 적용되고 있다. (2) 무리의 차이에 따른 구분, (4) 願에 따른 구분, (5) 길(pratipad)에 따른 구분은 나타나지 않는다. 번뇌의 현행과 관련한 20종의 개아의 분류는 유가론 섭결택분(Ch. 629b13ff.)에 나타나지만, 위의 분류와는 거의 겹치지 않는다.

1.2. 개아의 정의

1) 둔한 능력을 가진 개아란 무엇인가? 어떤 개아의 능력(indriya)이 약하면, 앞에서처럼 그의 능력은 알려져야 할 사태에 대해 둔하고 늦게 작동한다. 그런데 그것은 2종이라고 알아야 한다. 처음부터 둔한 능력의 종성을 가진 자와 능력을 잘 계발하지 못한 자이다.

2) 예리한 능력을 가진 개아란 누구인가? 어떤 개아의 능력이 예리하면, 앞에서처럼 그의 인지능력은 알려져야 할 사태에 대해 둔하지 않게, 늦지 않게 작동한다. 그런데 그것은 2종이라고 알아야 한다. 처음부터 예리한 능력의 종성을 가진 자와 능력을 잘 계발한 자이다.[100]

3) 탐욕이 강한(kāmotsada) 개아란 누구인가? 저 개아가 이전에 다른 재생들 속에서 탐(rāga)을 행했고 수습했고 반복해서 행했다면, 그는 그 원인들에 의해 지금 탐을 일으킬 수 있는 사태에 대해 강한 탐심과 오랜 탐심을 갖게 된다. 그는 탐욕이 강한 개아라 말해진다.

4) 진에가 강한 개아란 무엇인가? 저 개아가 이전에 다른 재생들 속에서 진에(dveṣa)를 행했고 수습했고 반복해서 행했다면, 그는 그 원인들에 의해 지금 진에를 일으킬 수 있는 사태에 대해 강한 진에와 오랜 진에를 갖게 된다. 그는 진에가 강한 개아라 말해진다.

5) 미혹이 강한 개아란 누구인가? 저 개아가 이전에 다른 재생들 속에서 癡(moha)를 행했고 수습했고 반복해서 행했다면, 그는 그 원인들에 의해 지금 치를 일으킬 수 있는 사태에 대해 강한 치심과 오랜 치심을 갖게 된다. 그는 癡가 강한 개아라 말해진다.

---

100 이하의 분류에서 서로 관련된 항목을 같이 묶었고, 다른 범주에 속한 분류는 줄을 떼어 표시했다.

6) 自慢이 강한 개아란 무엇인가? 저 개아가 이전에 다른 재생들 속에서 자만(māna)을 행했고 수습했고 반복해서 행했다면, 그는 그 원인들에 의해 지금 자만을 일으킬 수 있는 사태에 대해 강한 자만과 오랜 자만을 갖게 된다. 그는 자만이 강한 개아라 말해진다.

7) 심사가 강한 자란 무엇인가? 저 개아가 이전에 다른 재생들 속에서 심사(vitarka)를 행했고 수습했고 반복해서 행했다면, 그는 그 원인들에 의해 지금 심사를 일으킬 수 있는 사태에 대해 강한 심사와 오랜 심사를 갖게 된다. 그는 심사가 강한 개아라 말해진다.

8) 균등하게 획득한(samaprāpta) 개아란 누구인가? 저 개아가 이전에 다른 재생들 속에서 탐·진·치와 자만, 심사를 행하지 않고 수습하지 않고 반복해서 행하지 않았다면, 또 이 요소들을 단점으로서 보지 않고, 싫어하지 않고, 종식하지 않는다면, 그는 그 원인들에 의해 탐과 진에, 치, 자만, 심사를 일으킬 수 있는 사태에 대해 강한 탐심을 갖지 않고 오랜 탐심을 갖지 않으며, 그에게 탐심은 그 사태 때문에 일어나지 않는다. 탐심처럼 진에와 치, 자만, 심사도 마찬가지다. 그는 균등하게 획득한 개아라고 말해진다.

9) 때가 적은(mandarajaska) 개아란 누구인가? 저 개아가 이전에 다른 재생들 속에서 탐을 행하지 않고 수습하지 않고 반복해서 행하지 않았고, 또 [이 법을] 단점으로 자주 보고, 싫어하고, 종식했다면, 그는 그 원인들에 의해 지금 만나고 있고 현전하고 있는. 탐을 일으킬 수 있는 강력하고 많은 사태에 대해서는 탐심을 늦게 일으키거나, 중간정도이고 미약한 [사태]에 대해서는 [탐심을] 일으키지 않는다. 탐처럼 진에와 치, 자만, 심사도 마찬가지라고 알아야 한다. 그는 때가 적은 개아라고 말해진다.[101]

10) 정행하는(pratipannaka) 개아란 누구인가? 정행하는 개아들은 4종이다.

---

101 때가 적은 부류에 속한 개아의 특징에 대해서 ŚrBh II. 13.2.2.에서 상세하게 설하고 있다.

4종이란 무엇인가? 예류과로 향하는 자이며, 일래과로 향하는 자이고, 불환과로 향하는 자이며, 아라한과로 향하는 자이다. 그가 정행하는 개아라고 말해진다.

11) 과보에 주하는(phalastha) 개아란 누구인가? 예류자이고, 일래자이고, 불환자이고, 아라한이다. 그가 과보에 주하는 개아라고 말해진다.

12) 隨信行者(śraddhānusārin)란 누구인가? 어떤 개아가 타인으로부터 教授(avavāda)와 教誡(anuśāsanī)를 추구하고, 그 [교수와 교계]의 힘에 의해 과보를 증득하기 위해 정행한다. 그러나 그에게는 파악되고 수지되고 사유되고 사량되고 관찰된 법들에 대해 그 법들을 수습의 행상에 의해 스스로 따를 수 있는 능력과 힘이 없다. 개아를 따르는 믿음을 갖고 정행하는 것은 제외한다. 따라서 수신행자라고 말해진다.

13) 隨法行者(dharmānusārin)란 누구인가? 어떤 개아가 청문한 대로 수지되고 사유되고 사량되고 관찰된 법들에 대해 그 법들을 수습의 행상에 의해 스스로 따를 수 있는 능력과 힘이 있지만, 그러나 과보를 증득하기 위해 타인으로부터 교수와 교계를 추구하지 않는다. 따라서 수법행자라고 말해진다.

14) 믿음으로 신해하는 개아란 누구인가? 바로 그 수신행자가 타인으로부터의 교수와 교계와 관련해 사문과를 증득하고 접촉하고 촉증했을 때, 그때 그는 믿음으로 신해하는 개아라고 말해진다.

15) 정견을 얻은 개아란 누구인가? 바로 그 수법행자가 타인으로부터의 교수와 교계와 관련하지 않고 사문과를 증득하고 접촉하고 촉증했을 때, 그때 그는 정견을 얻었다고 말해진다.

16) 몸으로 촉증하는 개아란 누구인가? 어떤 개아가 8해탈[102]을 순·역의

102 8해탈(aṣṭau vimokṣāḥ)에 대해서는 ŚrBh II.2.8 및 SamBh에서 상세히 설해졌다. SamBh에 대해

방식으로 들어가고 나오며, 또 몸으로 촉증한 후에 자주 주하지만, 모든 방식으로 루의 소멸을 획득하지 못한다. 그는 신체로 촉증하는 개아라고 말해진다.[103]

17) 최대한 일곱 번 존재하는(saptakṛdbhavaparama) 개아란 누구인가? 저 개아는 유신견과 계금취, 의심의 세 결박들을 끊었기 때문에 예류자가 된다.[104] 그는 확정적으로 [악취에] 떨어지지 않는 성질을 가졌으며, 보리를 목적으로 하며, 최대한 일곱 차례 존재하며, 일곱 번 천신들과 인간들에 윤회한 후에 고통을 끝낸다. 그는 최대한 일곱 번 존재하는 개아라고 말해진다.

18) 집집으로 [돌아다니는](kulaṃkula) 개아란 누구인가? 이 집에서 저 집으로 태어나는 자는 2종이다. 천신의 집에서 집으로 태어나는 자와 인간의 집에서 집으로 태어나는 자이다. 그중에서 천신의 집에서 집으로 이어지고 윤회한 후에 고통을 끝내는 자이다. 인간의 집에서 집으로 태어나는 자는 인간의 집에서 집으로 이어지고 윤회한 후에 고통을 끝내는 자이다.[105]

서는 Delhey 2009: 125+179ff 참조. Delhey(2009: II. 411)에 따르면 8해탈은 초기불전에서 이미 전문술어로서 사용되고 있었지만 초기경전에서 정려와 비교될 수 있는 그런 중심적 역할을 수행하지는 못했다. 이에 대한 일련의 아비달마적 해석과 그 전거에 대해서는 Lamotte 1970: 1289ff 참조.

103 여기서 '몸으로 촉증하는 자'를 '믿음으로 신해하는 자'와 '정견을 얻은 자'와 함께 분류한 이유는 그들이 모두 "촉증"한다는 점에서 공통성을 갖기 때문이라고 보이지만, 정작 아래의 ŚrBh II.2.8. 〈등지(samāpatti)의 차이에 의해 개아의 건립〉에서는 단지 '몸으로 촉증하는 자'만을 설명하고 있을 뿐이다. (하지만 II.2.11.에서 〈장애의 차이에 의해 개아의 건립〉 아래 혜해탈자와 두 부분으로 해탈한 자만을 일관되게(?) 포함시키고 있다). 사실상 '믿음으로 신해하는 자'와 '정견을 얻은 자'가 등지와 관련이 있다고 보이지는 않고, 문소성지(Ch. 354a12f)가 보여 주듯이 양자는 "결과를 [성취한] 길과 관련해" 둔근과 이근을 배대한 것이다. 문소성지는 '몸으로 촉증하는 자'를 혜해탈자와 두 부분으로 해탈한 자와 같은 그룹으로 분류하고 있다.

104 ŚrBh II. 13.1.2에서도 세 결박이 예류자에 의해 제거되는 것으로서 언급되고 있다.

105 앞부분부터 여기까지 산스크리트 문이 결락되어 있다. 티벳역에 따라 번역했다.

양자 모두 예류자라고 알아야 한다.

19) 하나의 간격이 있는(ekavīcika) 개아란 누구인가? 일래자로서 불환과를 향하는 개아는 욕계에 속하는 번뇌들 중에서 강·중의 번뇌들을 끊지만, 일부의 미약한 것들은 남아 있다. 그는 단박에 욕계에 속하는 천신의 존재를 산출한 후에 바로 그곳에서 반열반하고, 다시 홀연히 이 세상에 돌아오지 않는다. 그는 하나의 간격이 있는 개아라고 말해진다.

20) 중간에서 반열반하는(antarāparinirvāyin) 개아란 누구인가? 중간에 반열반하는 개아는 셋이다. 첫 번째로 중간에 반열반하는 개아는 바로 죽자마자 중유에서 태어날 때에 중유를 산출한다. 태어날 때 동시에 반열반한다. 예를 들면 작은 조각난 불이 생겨난 즉시 소멸하는 것과 같다. 두 번째로 중간에 반열반하는 개아는 중유에서 태어난다. 중유에서 태어날 때, 바로 그곳에 주하면서 잠시 후에 반열반한다. 그러나 그는 재생의 존재로 태어나는 것이 아니다. 예를 들면 불에 뜨겁게 달아오르고, 망치들로 두드려진 철로 된 볼이나 철판들의 불씨가 위로 오르자마자 꺼지는 것과 같다. 세 번째로 중간에 반열반하는 개아는 중유에서 생한 후에 재생의 존재로 향한다. [그곳으로] 향한 후에, 다시 재생하지 않고 반열반한다. 예를 들어 철의 불꽃이 올라간 후에 땅에 떨어지지 않고 소멸하는 것과 같다.

이들 3종의 중간에서 반열반하는 개아들을 하나로 합한 후에 중간에서 반열반하는 개아라고 말해진다.

21) 재생한 후에 반열반하는(upapadyaparinirvāyin) 개아란 누구인가? 재생하자마자 반열반하는 자가 재생한 후에 반열반하는 개아라고 말해진다.

22) 의욕작용 없이 반열반하는 개아(anabhisaṃskāra-parinirvāyin)란 누구인가? 의욕작용 없이, 노력 없이, 애씀 없이 수행도를 현전시킨 후에 그곳에서 재생하고 반열반한다. 그가 의욕작용 없이 반열반하는 개아라고 말해진다.

23) 의욕작용을 수반해서 반열반하는(sābhisaṃskāra-parinirvāyin) 개아란 누구인가? 의욕작용에 의해, 노력에 의해, 애씀에 의해 수행도를 현전시킨 후에 그곳에서 재생하고 반열반한다. 그가 의욕작용을 수반해서 반열반하는 개아라고 말해진다.

24) 상류로 흐르는(ūrdhvaṃsrotas) 개아란 누구인가? 불환자가 초정려에서 재생했을 때 그는 바로 그곳에 주하면서 반열반하지 않지만, 그러나 그곳에서 죽은 후에 상위의 재생처에서 생하면서 색구경천들로 가거나 비상비비상처로 간다. 그가 상류로 흐르는 개아라고 말해진다.

25) [한정된] 시간에만 해탈한(samayavimukta) 개아란 누구인가? 둔한 능력의 종성을 가진 개아가 세간적인 현법낙주[106]들로부터 퇴환하거나, 또는 죽음을 생각하거나, 해탈을 보호하는 것이다. 또는 그는 바로 동일한 불퇴환을 주제로 해서 매우 불방일의 행위를 닦는다. 또는 그에게 그만큼의 선품은 있지만, 각각 밤낮으로 찰나(kṣaṇa), 라바(lava), 무후르따(muhūrta)[107]가 지날 때까지 극히 수승하기 위해 노력하는 것은 아니며, 내지 강력한 가행을 하는 것도 아니다. 그는 [한정된] 시간에만 해탈한 개아[108]라고 말해진다.

26) 부동의 성질을 가진(akopyadharman) 개아란 누구인가? 이것과 반대되

---

106 現法樂住(dṛṣṭadharmasukhavihāra)는 정려의 상태를 규정하는 용어로 '현세에서 낙에 머묾'을 가리킨다. 현법(dṛṣṭadharma)이란 Pāli에서 diṭṭhe dhamme, diṭṭhe va dhamme로서 "현세에서"를 의미한다.

107 lava는 약 91ms에 해당되며, kṣaṇa는 그 9배로서 0.8초, muhurta는 약 30,7분에 해당된다. Concept of Time Division in Ancient India - Ancient Science (booksfact.com)

108 여기서 '[한정된] 시간에만 해탈한 개아'라고 풀이한 말은 samayavimuktaḥ pudgalaḥ이다. 이런 유형이 뒤의 '부동의 성질을 가진 개아'와 반대라고 규정되기 때문에, 이 개아는 일정한 시간에만 죽음을 생각하거나 불방일을 수행하지만, 항시 쉼이 없이 수행하는 자는 아닌 이해능력이 약한 유형의 개아를 가리킨다. 그런데 § 2.10에서 퇴환의 범주에서 이 개아를 "[한정된] 시간에만 해탈한 아라한"으로서 규정하고 있어, 이 단락에서의 설명과 완전히 일치하지는 않는다.

기 때문에 부동의 성질을 가진 개아라고 말해진다.

27) 혜에 의해 해탈한(prajñāvimukta) 개아란 누구인가? 어떤 개아가 모든 방식으로 모든 漏의 소멸을 획득했지만, 8해탈을 몸으로 촉증한 후에, 도달한 후에 주하는 것은 아니다. 그는 혜에 의해 해탈한 개아라고 말해진다.

28) 두 부분으로 해탈한(ubhayatobhāgavimukta) 개아란 누구인가? 어떤 개아가 모든 방식으로 모든 漏의 소멸을 획득했고, 8해탈을 몸으로 촉증한 후에, 도달한 후에, 주하고 있고, 또 번뇌장으로부터 또 해탈장(vimokṣāvaraṇa)으로부터 심을 해탈했다. 그는 두 방식으로 해탈한 개아라고 말해진다.

2. 개아의 건립(pudgalavyavasthāna)

2. 개아의 건립 (ŚrBh 184,1; Ch. 425b20)

개아(pudgala)의 건립이란 무엇인가? 개아의 건립은 11종의 차이에 의해 알려져야 한다.

11종이란 무엇인가? (1) 근의 차이에 의해, (2) 무리의 차이에 의해, (3) 행위의 차이에 의해, (4) 원의 차이에 의해, (5) 길의 차이에 의해, (6) 수행도와 결과의 차이에 의해, (7) 가행의 차이에 의해, (8) 등지의 차이에 의해, (9) 재생의 차이에 의해, (10) 퇴환의 차이에 의해, 그리고 (11) 장애의 차이에 의해서이다.

2.1. 근(indriya)의 차이에 따른 개아의 건립

먼저 근의 차이에 의해서 우선 둔한 능력을 가진 개아와 예리한 능력을 가진 개아 양자의 건립이 있다.

2.2. 무리(nikāya)의 차이에 따른 개아의 건립

무리(nikāya)의 차이에 의해서 7종 개아의 건립이 있다. 비구와 비구니, 식샤마나(śikṣamāṇa), 사미와 사미니, 재가자와 재가여인이다.

2.3. 행위(carita)의 차이에 따른 개아의 건립

[성향에 따른] 행위(carita)[109]의 차이에 의해서 7종 개아들의 건립이 있다.

(i) 탐이 많은 개아가 탐의 [성향에 따라] 행하는 자(rāgacarita)이다. (ii) 진에가 많은 자가 진에의 [성향에 따라] 행하는 자(dveṣacarita)이다. (iii) 癡가 많은 자가 치의 [성향에 따라] 행하는 자(mohacarita)이다. (iv) 자만이 많은 자가 자만의 [성향에 따라] 행하는 자(mānacarita)이다. (v) 심사가 많은 자가 심사의 [성향에 따라] 행하는 자(vitarkacarita)이다. (vi) 균등하게 획득한 자가 균등하게 행하는 [성향을 가진] 자(samabhāgacarita)[110]이다. (vii) 때가 적은 부류에 속한 자가 작게 행하는 [성향을 가진] 자(mandacarita)이다.

(i) 탐의 [성향에 따라] 행하는(rāgacarita) 개아의 특징은 무엇인가?

여기서 탐의 [성향에 따라] 행하는 개아는 탐을 불러일으킬 수 있는, 모든 하열하고 한정된 사태에 대해 강하고 과도한 탐의 분출(paryavasthāna)을 일으킨다. 중간과 좋은 [사태]에 대해서는 어떤 말이 필요하겠는가? 또한 그

---

109 여기서 carita에 따른 7종의 차이에서 나타나듯이, carita는 어떤 행위로 이끄는 기질이나 성향을 가리킨다. 즉, 탐행자(rāga-carita)는 탐심의 성향을 갖고 그것을 드러내기 쉬운 기질의 개아이다.

110 아래의 설명에서 (vi)과 (vii)의 개아의 설명은 빠져 있다. 제3유가처에서 개아의 분류에서도 행위(carita)의 차이에 따른 개아의 구별을 말할 때에도 (i)과 (ii)를 언급하고 "내지 심사를 행하는 자"라고 하기 때문에 마지막 두 종류의 개아의 구분은 부가적인 것이라 보인다.

는 저 탐의 분출을 지속적으로 오랫동안 장기간 유지한다. 저 분출에 의해 오랫동안 결박되어 왔으며, 탐을 불러일으킬 수 있는 법들에 의해 압도되었지만, 탐을 불러일으킬 수 있는 법들을 제압할 수 없다.

그의 감관은 정감적이며, 굳건하지 않고, 냉정하지 않고, 엄하지 않다. 또 그는 몸과 말로 타인들을 극히 해치는 부류가 아니며, 싫어함을 일으키지도 않고 두려움을 주지도 않는다. 그의 승해는 작고, 그의 일은 견고하고 굳세며, 그의 행동방식(vrata)은 견고하고 굳세다. 그는 인내하고, 필요한 물품들에 대해 탐착하는 종류이며, 그것을 중시하고, 많이 기뻐하고, 자주 희열하며, 미간을 찌푸리지 않고, 미소를 띤 채 열정적인 얼굴빛을 하고 있다. 이런 부류들이 탐의 [성향에 따라] 행하는 개아의 특징이라고 알아야 한다.

(ii) 진에의 [성향에 따라] 행하는(dveṣacarita) 개아의 특징은 무엇인가?

여기서 진에의 [성향에 따라] 행하는 개아는 진에를 불러일으킬 수 있는 사태에 대해 瞋心(pratigha)의 사태의 한정된 특징에 의해 강하고 많은 진심의 분출을 일으킨다. 그렇다면 중간과 좋은 [사태]에 대해서는 어떤 말이 필요하겠는가? 또한 그는 저 진심의 분출의 흐름을 오랫동안 유지했다. 진심의 분출에 의해 오랫동안 결박되어 왔다. 그는 진에를 불러일으킬 수 있는 법들에 의해 압도되었지만, 진에를 불러일으킬 수 있는 법들을 제압할 수 없다.

그의 감관은 거칠고, 굳건하며, 냉정하고, 엄하다. 또 그는 몸과 말로 타인들을 극히 해치는 부류이며, 쉽게 싫어함을 일으키고 쉽게 두려움을 일으킨다. 까마귀처럼 지껄이며, 단호하고, 많이 승해하지 않는다. 그의 일은 견고하지 않고 굳세지 않으며, 그의 행동방식은 견고하지 않고 굳세지 않다. 그는 자주 우울하고, 자주 번민한다. 그는 인내하지 못하고, 거역하는 부류이다. 존중함이 없이 취하고, 치유하기 어려운 부류이며, 자주 손상을 끼친다. 그는 잔인한 의향을 갖고 있고, 포악하고, 빼앗으며(ādāyin),[111] 거칠게 말한다(pratyakṣaravādin).[112] 그는 아무리 사소한 것일지라도 말을 들으면 저주하고, 화내고, 해코지하고, 상처입고,[113] 분노를 일으킨다. 그는 미간을 찌푸리고 있으며, 열정이 없는 얼굴빛을 하고 있고, 타인의 성공을 증오하고, 자주 질투한다. 이런 부류들이 진에의 [성향에 따라] 행하는 개아의 특징이라고 알아야 한다.

(iii) 우치의 [성향에 따라] 행하는(mohacarita) 개아의 특징은 무엇인가?

여기서 우치의 [성향에 따라] 행하는 개아는 치를 불러일으킬 수 있는 사소한 사태에 대해 강하고 많은 우치의 분출을 일으킨다. 하물며 중간과 좋은 [사태]에 대해서이겠는가! 또한 그는 저 우치의 분출의 흐름을 오랫동안 유지했고, 그것에 의해 결박되어 왔다. 그는 우치를 불러일으킬 수 있는 법들에 의해 압도되었지만, 우치를 불러일으킬 수 있는 법들을 제압할 수 없다.

그의 감관은 느리며, 무감각하고, 늦다. 그의 신체적 행위는 태만하고, 언어적 행위는 태만하며, 마음은 잘못 생각하고 있으며, 잘못된 말을 하고 있고, 악행을 행하고 있으며; 밝지 않고, 행동이 꼬여 있으며, 천천히 말하

---

111 ŚrBh ādāyī; ŚrBh(2) 26,12에서 ādāśī로 교정하고, "화내며"라는 번역을 제시하고 있다. 대응하는 한역은 悖惡尤蛆이다. 尤蛆는 대승오온론의 惱의 정의에 나타난다. T31: 849b8f: 云何爲惱 謂發暴惡言尤蛆爲性. 이에 대응하는 산스크리트는 Pañcaskandhaka 11,3: pradāśaḥ katamaḥ / caṇḍavacodāśitā/; 여기서 尤蛆에 대응하는 산스크리트어가 무엇인지 분명치 않지만, udāśitā ("發 … 尤蛆")를 풀이한 말로 보인다. Pañcaskandhakavibhāṣā 65,15-66,1: caṇḍena vacasā pradaśatīti caṇḍavacodāśitā pradāśaḥ/("惱는 거친 말로 괴롭히기 때문에 거친 말에 의해 분출된 상태라고 한다."). cf. TrBh 92,3f.

112 한역 好相拒對의 의미는 확실하지 않다. Tib. brlang por smra ba에 따라 번역했다.

113 ŚrBh(2) 26,14: madguḥ. 하지만 그 의미는 불확실하다. Tib. gnod bzhin du gnas pa "상처입은 것처럼 주한다."와 한역 憔悴而住 "파리해져서 주한다."가 맥락에 맞는다.

고, 지혜가 없고, 기억을 잃고, 正知를 갖고 주하지 않으며, 잘못된 방식으로 파악하며, 싫어하거나 두려워하기 힘들고, 승해가 작다. 무감각하고, 양과 같은 입을 갖고 있고, 손으로 말을 하며, 잘 설해지고 잘못 설해진 법들의 의미를 알게 하는 힘이 없다. 또 조건들에 지배되고, 타인들에 의해 지배되고, 타인에 의해 인도된다. 이런 부류들이 우치의 [성향에 따라] 행하는 개아의 특징이라고 알아야 한다.

(iv) 慢心의 [성향에 따라] 행하는(mānacarita) 개아의 특징은 무엇인가?

여기서 자만의 [성향에 따라] 행하는 개아는 아무리 작더라도 자만을 불러일으킬 수 있는 사태에 대해 강하고 많은 자만의 분출을 일으킨다. 그렇다면 중간과 좋은 [사태]에 대해서는 무슨 말이 필요하겠는가! 또한 그는 저 자만의 분출의 흐름을 오랫동안 유지했고, 그것에 의해 결박되어 왔다. 그는 자만을 불러일으킬 수 있는 법들에 의해 압도되었지만, 자만을 불러일으킬 수 있는 법들을 제압할 수 없다.

그의 감관은 고양되어 있고 자부심에 차 있다. 강하게 자부심에 찬 말을 하지 겸손한 말을 하지 않는다. 부모와 친척, 스승과 같은 자들에게 적시에 적절한 존경을 행하지 않는다. 그는 경직되어 있고, 몸을 굽히지 않으며, 친절히 말과 인사, 자리에서 일어나 합장하고 칭찬하는 행동방식이 없다. 자신을 높이고, 자신을 존중하고 타인을 경멸한다. 얻기를 바라며, 존경받기를 바라고, 명성과 칭송을 바란다. 가벼운 그릇이고, 싫어하거나 두려워하기 힘들고, 승해가 크고, 비심이 늦게 나온다. 자아(ātman)와 유정(sattva), 命者(jīva), 양육자(poṣa), 푸루샤(puruṣa), 개아(pudgala)의 [존재에 대한] 견해에 대한 열정을 강하게 갖고 있으며, [이에 대해] 번민하고 있다. 이런 부류들이 자만의 [성향에 따라] 행하는 개아의 특징이라고 알아야 한다.

(v) 심사의 [성향에 따라] 행하는(vitarkacarita) 개아의 특징은 무엇인가?

여기서 심사를 행하는 개아는 아무리 작더라도 심사를 불러일으킬 수 있는 사태에 대해 강하고 많은 심사의 분출을 일으킨다. 그렇다면 중간과 좋은 [사태]에 대해서는 무슨 말이 필요하겠는가! 또한 그는 저 심사의 분출의 흐름을 오랫동안 유지했고, 그것에 의해 결박되어 왔다. 그는 심사를 불러일으킬 수 있는 법들에 의해 압도되었고, 심사를 불러일으킬 수 있는 법들을 제압할 수 없다.

그의 감관은 불안정하고 동요하며, 요동치고 혼란되어 있다. 그의 신체적 행위는 신속하고, 언어적 행위는 신속하다. 싫어하거나 두려워하지 않고, 희론에 대해 기뻐하며, 희론에 대해 즐거워한다. 의혹이 많고 의심이 많다. 욕구하면서, 행동방식이 견고하지 못하고 확정적이지 않다. 행동이 견고하지 못하고 확정적이지 않다. 공포가 많고, 주의력을 잃는다. [세상에서] 벗어나있음을 즐기고, 산란이 많다. 그는 세상의 잡다한 일에 대해 갈구의 탐을 수반하고 있고, 유능하고, 태만하지 않고, 열정을 갖고 있다. 이런 부류들이 심사의 [성향에 따라] 행하는 개아의 특징이라고 알아야 한다.

이것이 [성향에 따른] 행위의 차이에 의한 개아의 건립이라고 알아야 한다.

2.4. 원(praṇidhāna)의 차이에 따른 개아의 건립

(ŚrBh 189,11; Ch. 426b14)

願(praṇidhāna)의 차이에 의해서 개아의 건립이 있다.

성문승에 대해, 독각승에 대해, 대승에 대해 원을 세운 개아가 있다. 성문승에 대해 원을 세운 개아는 성문의 종성을 가졌거나 독각의 종성을 가졌거나 대승의 종성을 가졌을 것이다. 또 독각승에 대해 원을 세운 개아는 독각의 종성을 가졌거나 성문의 종성을 가졌거나 대승의 종성을 가졌을 것이다. 또 대승에 대해 원을 세운 개아는 대승의 종성을 가졌거나 독각의

종성을 가졌거나 성문의 종성을 가졌을 것이다.[114]

성문의 종성을 가진 개아가 독각의 보리에 대해서나 또는 정등보리(samyaksambodhi)에 대해 원을 세웠다면, 그는 성문종성을 가졌기 때문에 분명히 마지막에는 그것에 대한 원을 버린 후에 바로 성문승에 대한 원에 안주한다. 독각승의 종성을 가진 개아와 대승의 종성을 가진 개아도 마찬가지라고 알아야 한다.

이 개아들이 원을 함께하거나 원을 섞을 수는 있지만, 종성을 함께하거나 종성을 섞는 것은 아니다. 그렇지만 이 의미에서 개아들은 성문승의 원을 갖고, 또 성문승의 종성을 가진다고 알아야 한다. 이와 같이 원의 차이에 의해 개아의 건립이 있다.

2.5. 길(pratipat)의 차이에 따른 개아의 건립

어떻게 길(pratipat)의 차이에 의해 개아의 건립이 있는가?

이와 같이 간략히 설명되고 알려진 개아들은 네 가지 길에 의해 출리한다. 넷이란 무엇인가? 어렵고, 지지부진하게 아는 길이 있다. 어렵지만 빠

---

114 여기서 원에 따라 개아를 삼승으로 구별하는 간략한 설명은 성문지가 이미 이전에 확립된 전통을 받아들였음을 보여 준다. 그 이전 문헌에서 수행도자를 삼승으로 구분한 것은 『수행도지경』과 『좌선삼매경』 등 소위 〈禪經〉류 문헌에서이며 (이에 대해서는 안성두 2003a: 10ff 참조), 따라서 성문지는 이런 경향을 이어받았을 것이다. 세간도와 출세간도의 구별도 양자가 공유하는 특징일 것이다. 하지만 양자 사이의 차이도 분명히 보인다. 그것은 정려와 관찰 양자의 기능상의 확연한 차이를 인정하는가의 여부이다. 예를 들어 『수행도지경』과 『좌선삼매경』은 정려에 따른 수행을 유루도로 간주하고 4선근과 4성제의 관찰에 의해 무루도를 직접 획득하는 것으로 구별하고 있지만(안성두 2003a: 18), 성문지의 기술은 많은 점에서 이를 따르지는 않는다. 그것은 삼매를 샤마타와 비파샤나 양자에 모두 속한 것으로 간주하는 데에서 나타나는데, 나는 이런 관점이 ŚrBh II.3.1의 주제인 변만소연 항목의 기술의 특징이라고 생각한다.

르게 아는 길이 있다. 쉽지만 지지부진하게 아는 길이 있다. 쉽고 빠르게 아는 길이 있다.

그중에서 근본정을 얻지 못한, 둔한 능력을 가진 개아의 길은 어렵고 지지부진하게 아는 길이라고 불린다. 근본정을 얻지 못한, 예리한 능력을 가진 개아의 길은 어렵지만 빠르게 아는 길이라고 불린다. 근본정을 얻은, 둔한 능력을 가진 개아의 길은 쉽지만 지지부진하게 아는 길이라고 불린다. 근본정을 얻은, 예리한 능력을 가진 개아의 길은 쉽고 빠르게 아는 길이라고 불린다. 이와 같이 길의 차이에 의해 개아의 건립이 있다고 알아야 한다.

2.6. 수행도(mārga)와 결과(phala)의 차이에 따른 개아의 건립

어떻게 수행도(mārga)와 결과(phala)의 차이에 의해 개아의 건립이 있다고 이해해야 하는가?

즉, 예류과를 향하고, 일래과를 행하고, 불환과를 행하고, 아라한과를 향하는 네 개의 [결과를] 향하는 자(pratipannaka)들의 [차이에 의해서]이다. 또한 예류과와 일래과, 불환과와 아라한이라는 네 개의 결과에 주하는 자(phalastha)들의 [차이에 의해서]이다.

그들이 [사문과로] 향하는 수행도 속에서 진행할 때, 그들은 [사문과로] 향하는 자들이며, 그들의 건립은 [사문과로] 향하는 수행도에 의해서이다. 그들이 그것의 결과인 사문과에 안주할 때, 그들에게 수행도의 결과가 건립되는 것이다. 이와 같이 수행도와 결과의 차이에 의해 개아의 건립이 있다.

2.7. 가행(prayoga)의 차이에 따른 개아의 건립

어떻게 가행(prayoga)의 차이에 의해 개아의 건립이 있는가?

즉, 隨信行者와 隨法行者에 의해서이다. 어떤 개아가 믿음을 따름에 의해 노력한다면, 그는 수신행자이다. 어떤 자가 가르침들에 대해 타인에게 의지하지 않고 계율을 따름에 의해 노력한다면, 그는 수법행자이다. 이와 같이 가행의 차이에 의해 개아의 건립이 있다.

2.8. 등지(samāpatti)의 차이에 따른 개아의 건립

어떻게 등지(samāpatti)의 차이에 의해 개아의 건립이 있는가?

즉, 몸으로 촉증하는 자는 8해탈을 몸으로 촉증한 후에, 갖춘 후에 주하지만, 모든 방식으로 모든 루의 소멸을 얻지는 못했다. [8해탈이란] 색을 가진 자가 색들을 보며, 내적으로 색의 관념을 여읜 자가 외적으로 색들을 보고, 깨끗한 해탈을 몸으로 촉증한 후에 갖춘 후에 주하며, 공무변처와 식무변처, 무소유처, 비상비비상처, 상수멸에 순·역의 방식으로 입정하고 출정한다.[115] 이와 같이 등지의 차이에 의해 개아의 건립이 있다.

2.9. 재생(upapatti)의 차이에 따른 개아의 건립

어떻게 재생(upapatti)의 차이에 의해 개아의 건립이 있는가?

즉, 최대한 일곱 번 존재하고, 집집으로 [돌아다니고](kulaṃkula), 한번 간격이 있고(ekavīcika), 중간에서 반열반하고, 재생한 후에 반열반하고, 의욕작용 없이 반열반하고, 의욕작용을 수반해서 반열반하고, 상류로 흐르는 개아의 [구별이다]. 이와 같이 재생의 차이에 의해 개아의 건립이 있다.

---

115 등지(samāpatti)의 차이에 의한 개아의 건립은 II.1에서 (14)~(16)의 세 부류의 개아라고 설했지만, 여기서는 단지 마지막 16번째의 '몸으로 촉증하는 개아'만을 언급하고 있다.

2.10. 퇴환(parihāṇi)의 차이에 따른 개아의 건립

어떻게 퇴환(parihāṇi)의 차이에 의해 개아의 건립이 있는가?

즉, [한정된] 시간에만 해탈한 아라한은 현법낙주의 [정려]들로부터 퇴환할 수 있다. 또한 불퇴환과의 차이에 의한 건립이 있다. 부동의 성질을 가진 아라한은 현법낙주의 [정려]들로부터 퇴환할 수 없다. 이와 같이 퇴환의 차이에 의해 개아의 건립이 있다.

2.11. 장애(āvaraṇa)의 차이에 따른 개아의 건립

어떻게 장애(āvaraṇa)의 차이에 의해 개아의 건립이 있는가?

즉, 혜에 의해 해탈하고, 또 두 방식으로 해탈한 아라한에 있어서이다. 그중에서 혜에 의해 해탈한 아라한은 번뇌장(kleśāvaraṇa)으로부터 해탈했지만 등지의 장애(samāpattyāvaraṇa)로부터는 아니다. 반면 두 방식으로 해탈한 아라한은 번뇌장으로부터 또 등지의 장애로부터 해탈했다. 따라서 두 방식으로 해탈했다고 설해진다. 이와 같이 장애의 차이에 의해 개아의 건립이 있다.

3. 所緣(ālambana)

3. 4종 인식대상(ŚrBh 192,21; Ch. 427a22)

인식대상(ālambana)이란 무엇인가? 답: 네 가지 인식대상이라는 사태가 있다.

4종은 무엇인가? 변재하는 인식대상(遍滿所緣), 행위를 정화시키는 인식대상(淨行所緣), 선교라는 인식대상(善巧所緣), 번뇌를 정화시키는 인식대상(淨惑所緣)이다.

3.1. 변만소연(vyāpy ālambanam)

변재하는 인식대상(vyāpy ālambanam)이란 무엇인가?

그것도 4종이다. 분별을 수반한 영상, 분별을 여읜 영상, 사태의 구극성(事邊際性), 그리고 행해져야 할 것의 완성(所作成辦)이다.

3.1.1. 유분별 영상

분별을 수반한 영상(savikalpaṃ pratibimbam)이란 무엇인가?

예를 들어 여기서 어떤 이가 정법의 청문이나 교수와 교계에 의거하여 보고 듣고 분별된 것과 관련하여 인식되어야 할 사태와 유사한 영상(所知事同分影像)을 사마히타의 단계에 속한 비파샤나의 행상들에 의해 관한다. [즉] 사택하고 간택하고 상세히 심사하고 두루 사려한다.[116]

그중에서 인식되어야 할 사태(所知事)란 예를 들면 不淨이나 자애, 緣性緣起, 계의 구별, 입출식, 온의 선교, 계의 선교, 처의 선교, 下地의 거침과 上地의 적정함, 고제, 집제, 멸제, 도제이다.[117] 이것이 인식되어야 할 사태라 설해진다.

교수와 교계, 또는 정법의 청문에 의거하거나 또는 그것에 토대를 둠에 의해, 이 인식되어야 할 사태에 대해 사마히타의 단계에 속한 작의를 현전시킨 후에 바로 그들 법을 승해하고, 바로 그 인식되어야 할 사태를 승해한다. 그때 그에게 인식되어야 할 사태에 대해 마치 직접 경험한 것과 같은 승해가 일어난다.[118] [그러나] 그 인식되어야 할 사태는 직접 경험된 것도 아니고, [감각기관에 의해] 이끌어진 것도 아니며, 현전된 것도 아니며, 또한 그것과 같은 종류의 다른 실체도 아니다. 그렇지만 저 승해의 경험은

---

116 여기서 "사택하고 간택하고 상세히 심사하고 두루 사려한다"고 번역한 단어들은 vicinoti, pravicinoti, parivitarkayati, parimīmāṃsām āpadyate로서, 이들 네 단어는 비파샤나의 네 측면 또는 네 단계의 관찰을 나타내기 위한 것이다. (ŚrBh(2) 44,11에서 prativicinoti로 오기되어 있다). 따라서 개념상의 차이를 보여 주기 위해 술어로서 사용했다. 이 4종은 ŚrBh III.3.3.1.2.에서 비파샤나에 속한 것으로서 진소유성과 여소유성, 그리고 관념상과 관련되어 설해진다.

117 소지사의 나열에서 不淨에서 입출식까지는 (§ 3.2) 淨行所緣이고, 온의 선교와 처의 선교, 계의 선교는 (§ 3.3) 善巧所緣이며, 下地의 거침과 上地의 적정함 그리고 4제는 (§ 3.4) 淨惑所緣이다. 이것들은 수행자의 기질에 적합한 인식대상으로서 相稱所緣(anurūpam ālambanam)이라 한다.

118 어떻게 승해가 직접지각된 것과 비슷한 정도의 실재성의 인식으로 고양될 수 있는가는 ŚrBh 397,1ff(=ŚrBh III.)에서 화가의 비유에 의해 잘 서술되어 있다. 여기서 승해 작용은 관념상의 창출이고, 반대로 제견은 그 관념상을 소거하는 것인데, 화가의 제자가 스승으로부터 배운 것을 모방해서 그림을 그릴 때, 이미지를 지우지 않고 계속 덧칠만 한다면 깨끗하고 좋은 그림을 그릴 수 없지만, 원래의 이미지를 삭제하고(=제견하고) 그 후에 다시 이미지를 그리는 작업을 계속하면 언젠가 원본보다 더 나은 그림을 만들 수 있다는 비유이다.

그와 유사한, 사마히타의 단계에 속한 작의의 경험이다. 그 [작의의 경험]에 의해 그 인식되어야 할 사태와 유사한 것이 현현하는 것이다. 그러므로 그것이 인식되어야 할 대상과 유사한 영상이라고 설해진다. 요가수행자는 그것을 헤아리면서 저 산출된 인식되어야 할 사태에 대해 관찰한 후에 공덕과 단점들을 결정한다. 이것이 분별을 수반한 영상이라고 설해진다.

3.1.2. 무분별 영상

분별을 여읜 영상(nirvikalpaṃ pratibimbam)이란 무엇인가?

여기서 요가수행자는 영상으로서의 관념상을 취한 후에 다시 관찰하지 않는다. [즉,] 사택하지(vicinoti) 않고, 간택하지(pravicinoti) 않고, 상세히 심사하지(parivitarkayati) 않고, 두루 사려하지(parimīmāṃsām āpadyate) 않는다. 그렇지만 동일한 인식대상을 버리지 않고 샤마타의 행상에 의해, 즉 9종의 心住(cittasthiti)에 의해 그 심을 적정하게 한다. 즉 심을 내적으로 주하게 하며, 등주하며, 안주하며, 근주하며, 조순하며, 적정하게 하며, 완전히 적정하게 하며, 하나로 만들며, 등지시킨다.[119] 그때 그에게 분별을 여읜 저 영상이 인식대상으로 된다. 그가 한결같이 하나로 집중된 주의력을 어떤 것에 대해 안주시킬 때, 그것이 인식대상이다. 그러나 그는 [인식대상을] 관찰하지는 않는다. [즉] 사택하고, 간택하고, 상세히 심사하고, 두루 사려하지 않는다.

그 영상은 영상이나 삼매의 관념상, 삼매가 행해지는 영역, 삼매의 방편, 삼매의 문, 작의의 토대, 내적인 분별 자체, 현현이라고 설해진다. 이것들

119 9종 심주는 유식문헌에서 샤마타의 9종 행상으로서 자주 등장하는 술어이다. 이들 용어의 뉘앙스 차이를 설명하기 어렵기 때문에 여기서는 주로 한역에 의거해서 번역했다. 9종 심주에 대한 설명은 ŚrBh III.3.3.1.1.을 보라. 그리고 이 개념의 일반적 의미에 대해서는 차상엽 2009 참조.

이 인식되어야 할 사태와 유사한 영상의 동의어라고 알아야 한다.

3.1.3. 사태의 구극성(事邊際性)

사태의 구극성(vastu-paryantatā)이란 무엇인가? 인식대상의 盡所有性(yāvadbhāvikatā)과 如所有性(yathāvadbhāvikatā)이다.[120]

(i) 그중에서 진소유성이란 무엇인가? 그것을 넘어선 다른 것은 존재하지 않는 것으로서, 색온, 수온, 상온, 행온, 식온이라고 5종 법들에 의해 모든 유위의 사태를 포섭하는 것이며, [18]계와 [12]처에 의해 일체법을 포섭하는 것이다. 또 사성제에 의해 일체 인식되어야 할 사태를 포섭하는 것이다. 이것이 진소유성이라 설해진다.

(ii) 여소유성이란 무엇인가? 인식대상의 진실성인 진여이며, 觀待道理와 作用道理, 證成道理와 法爾道理라는 4종 도리(yukti)[121]에 의해 도리를 갖춘 상태이다.

인식대상의 진소유성과 여소유성을 하나로 축약해서 사태의 구극성이라 설한다.

3.1.4. 행해져야 할 것의 완성(所作成辦)

행해져야 할 것의 완성(kāryapariniṣpatti)이란 무엇인가? 이 요가수행자는

---

120 盡所有性(yāvadbhāvikatā)과 如所有性(yayhāvadbhāvikatā)은 『보살지』(BoBh 37,1-4)에서 진실인 대상(tattvārtha)의 두 가지 양태로서 정의되고 있다. 그중에서 여소유성은 제법을 여실하게 수행하는 것과 관련한 제법의 진실성이며, 그리고 진소유성은 [제법을] 그런 한까지 수행해야 하는 것과 관련한 제법의 일체성으로 정의된다. 예를 들어 오온은 다섯이고, 12처는 12개라는 방식으로 그 한도까지 모든 종류를 관찰하는 것이다. 양자는 진제에 의해 각기 邊修行과 如實修行으로 번역되고 있다.

121 4종 도리는 ŚrBh I.3.10.3.에서 정의되고 있다. 이것이 어떻게 구체적으로 비파샤나에 의해 정행소연에 적용되는가는 ŚrBh III.3.3.1.2.1.2.에서 상세히 설해지고 있다.

샤마타와 비파샤나에 친숙했기 때문에 수습했기 때문에 자주 행했기 때문에, 영상을 인식대상으로 하는 작의가 완성되는 것이다. 그것이 완성되었기 때문에 의지체가 전환되고(=轉依) 일체 추중이 소거된다. 의지체가 전환되었기 때문에 영상을 초월해서 바로 그 인식되어야 할 사태에 대한 분별을 여읜(nirvikalpa), 직접지각하는(pratyakṣa) 智見(jñāna-darśana)이 생겨난다.[122] [그 지견은] 초선에 들어가서 초선을 획득한 자에게는 초선의 영역에 대해서이며, 제2선과 제3선, 제4선에 들어가서 [제2와 제3] 제4선을 획득한 자에게는 [제2와 제3], 제4선의 영역에 대해서이며, 또 공무변처와 식무변처, 무소유처와 비상비비상처에 들어가서 그것을 획득한 자에게는 그것들의 영역에 대해서이다. 이것이 행해져야 할 것의 완성이라고 설해진다.

이들 네 가지 인식대상이라는 사태들은 일체처에서 두루 행해지는 것이고 모든 인식대상들 속에서 진행되는 것으로서, 과거와 현재, 미래의 정등각자들에 의해 설해진 것이다. 이것이 변만소연이라 설해진다.

이 인식대상은 샤마타에 속하고 비파샤나에 속하며, 모든 사태에 속한 것이고 진실한 사태에 속한 것이며, 인과의 사태에 속한 것이다. 따라서 그것은 변만하다고 설해진다. 분별을 수반한 영상이란 여기서 비파샤나에 속한 [인식대상]에 대해서이며, 분별을 여읜 영상이란 여기서 샤마타에 속한 [인식대상]에 대해서이다. 사태의 구극성이란 이 맥락에서 모든 사태에 속한 것과 진실한 사태에 속한 것에 대해서이다. 행해야 할 것의 완성이란

---

122 여기서 의지체, 즉 신체가 변화되고 신체 내의 모든 추중이 소거된 것과, 이에 의거해 분별을 가진 것이든 분별이 없는 것이든 모든 영상을 초월해 대상에 대해 직접 지각하는 지견의 두 단계가 구별되고 있다. 이어지는 Revata경의 인용에서 전자는 소의청정(āśraya-pariśuddhi)으로서, 그리고 후자는 所緣清淨(ālambanaviśuddhi)이라고 불린다. ŚrBh II.10에서 양자는 다시 요가에 의해 행해져야 하는 4종으로서, 의지체의 소멸(āśrayanirodha)과 의지체의 전환(āśrayaparivarta), 인식대상의 변지(ālambanaparijñāna), 인식대상에 대한 기쁨(ālambanābhirati)으로 세분된다. 상세한 것은 Sakuma 1990: I. 95ff. 참조.

여기서 원인과 결과의 관련성을 가진 [인식대상]에 대해서이다.

3.1.5. 다른 경의 인용을 통한 경증 (ŚrBh 197,17; Ch. 427c27)

3.1.5.1. 레바타(Revata) 장로를 위해 세존께서는 다음과 같이 설하셨다:[123]

이와 같이 들었다. 레바타 장로는 세존께 질문했다.

대덕이여! 비구이며 요가수행자(yogin)이며 요가행자(yogācāra)는 (i) 어떤 방식으로(kiyatā) 인식대상에 대해 심을 묶습니까? (ii) 어떤 인식대상에 대해 심을 묶습니까? (iii) 어떻게 인식대상에 대해 심이 묶여지고 잘 묶여지게 됩니까?

세존께서 답하셨다. 좋구나! 레바타여! 실로 네가 이런 의미를 물으니, 좋구나. 그러므로 너에게 말하는 것을 잘 듣고 작의하라. 레바타여! 여기서 비구이며 요가수행자이며 요가행자는 행위를 정화하고자 하면서 또는 선교를 행하고자 하면서, 또 漏(āsrava)들로부터 심을 해탈시키고자 바라면서 적절한(anurūpa) 인식대상에 대해 심을 묶거나 또는 유사한(pratirūpa) [인식대상]에 심을 묶고, 그것에 대해 선정을 포기하지 않는다.

(i) 어떤 방식으로 적절한 인식대상에 대해 심을 묶는가? 레바타여, 만일 비구이며 요가수행자이며 요가행자가 탐욕의 성향을 가졌다면 부정한 인식대상에 대해 심을 묶는다. 이와 같이 적절한 인식대상에 대해 심을 묶는

---

123 이하 Revata 장로와의 문답이 어떤 경에서 유래했는지는 아직 밝혀지지 않았지만, 이하의 문답이 변만소연 등의 所緣에 대한 설명을 포괄하거나 함축하고 있다는 점에서 일종의 경증으로서의 역할을 한다고 보인다. ŚrBh(2)는 한역 頡隸伐多를 Kaṅkhā-Revata로 추정하면서, 이 인물을 언급하는 여러 불전의 개소들과 선행연구를 소개하고 있다. 이에 대해서는 ŚrBh (2) 서문 p. IX, fn.23 참조.

다. 반면 진에의 성향을 가졌다면 자애에, 우치의 성향을 가졌다면 연성연기에, 만심의 성향을 가졌다면 계차별에 [심을 묶는다]. 레바타여, 만일 비구이며 요가수행자이며 요가행자가 심사의 성향을 가졌다면 입출식에 심을 묶는다. 이와 같이 적절한 인식대상에 심을 묶는다.

레바타여, 만일 그 비구가 제행의 자상에 대해 미혹하고, 또 자아와 중생, 命者, 生者(jantu), 양육자, 개아라는 사태에 대해 미혹하다면, 온의 선교(skandha-kauśalya)에 심을 묶는다. 원인들에 대해 미혹하다면 계의 선교(dhātu-)에, 조건들에 대해 미혹하다면 처의 선교(āyatana-)에 [심을 묶는다]. 무상·고·무아에 대해 미혹하다면 연기의 선교(pratītyasamutpāda-)와 처비처의 선교(sthānāsthāna-kauśalya)에 [심을 묶는다].[124]

욕계에서의 이욕을 행하고자 원하면 욕[계]의 거침과 색[계]의 적정함에 대해, 또는 색계로부터의 이욕을 행하고자 원하면 색[계]들의 거침과 무색[계]의 적정함에 대해 심을 묶는다. 또는 모든 곳에서 有身見(satkāyadṛṣṭi)[125]으로부터 벗어나고 해탈하고자 원한다면, 고제와 집제, 멸제와 도제에 심을 묶는다.[126]

---

124 두 개의 선교를 같이 나열하는 이유에 대해 ŚrBh II. 3.3.5에서 處와 非處에 대한 선교는 연기에 대한 선교의 특수한 형태이기 때문이라고 설명한다.

125 satkāyadṛṣṭi는 有身見으로 한역되거나 薩迦耶見으로 음사되며, 티벳역은 'jig tshogs la lta ba이다. MN I 299에서 satkāya는 오온으로 간주된다. 즉, 영원하거나 안락한 것이 아니라 무상하고 고통스러운 것이다. 따라서 satkāya는 티벳역이 보여 주듯이 잘못된 견해의 내용이 아니라 잘못된 인식의 대상을 가리킨다. YBh 26,18에서 종자의 동의어로서 satkāya, upādāna가 언급되는데, 이는 오취온이 satkāyadṛṣṭi의 토대가 된다는 것을 의미할 것이다. 이에 대해서는 Schmithausen 1987: 157-160 참조. 유식문헌에서 satkāyadṛṣṭi는 비슷하게 아견과 아소견을 포함하는 것으로 설명된다. TrBh 29,20f.: tatra satkāyadṛṣṭir yat pañcopādānaskandheṣu ātmātmīyadarśanam. ("유신견이란 오취온에 대해 자아나 자아에 속한 것이라고 보는 것이다.").

126 사성제에 대한 명상이 출세간도를 가리킨다는 것은 분명하다. 주목되는 점은 이것이 有身見(satkāyadṛṣṭi)의 완전한 제거에 의해 가능하다는 설명이다. 그렇다면 유신견은 유부교학에서

레바타여, 실로 이와 같이 비구이며 요가수행자이며 요가행자는 적절한 인식대상에 심을 묶는다.

(ii) 레바타여, 어떻게 비구이며 요가수행자이며 요가행자가 유사한 인식대상(pratirūpam ālambanam)에 심을 묶는가? 레바타여! 여기서 각각 인식되어야 할 사태를 思擇하고 簡擇하고 상세히 심사하고 두루 사려하고자 원하는 비구에게 이전에 견·문·각·지했던 그 [알려져야 할 사태]가 있다. 그는 바로 이 견·문·각·지했던 사태에 관해서 사마히타의 단계에 속한 작의에 의해 작의하고, 분별하고 승해한다. 그는 바로 저 인식되어야 할 사태를 대면하고 현전했던 것으로서 보지는 않지만, 그에게 그것과 유사한 것이거나 또는 그것으로서 현현하는 것이 단지 앎(jñānamātra)으로서, 단지 봄(darśanamātra)으로서, 단지 기억된 것(pratismṛtamātra)[127]으로서 생겨난다.[128]

설명하듯이 단지 예류에 든 성자에 의해 이미 제거된 자아의식이 아니라, 수행자가 열반에 이를 때까지 그에게 존속해 있는 심층적인 자아의식을 가리킬 것이다. 이는 YBh 162,11-13에서 satkāyadṛṣṭi를 "… 오취온(pañcopādānaskandha)을 자아나 자아에 속한 것으로 보는 자에게 있어서 확정되거나(nirdhāritā) 확정되지 않은(anirdhāritā) 염오된 지혜(kliṣṭā prajñā)"로 정의할 때에 사용된 "확정되지 않은(anirdhāritā)"이란 표현에 의해 함축되어 있다. 그것은 섭결택분(VinSg(P) 113a5f)에서 아견을 parikalpita(kun brtags pa, 分別起)와 sahaja(lhan cig skyes pa, 俱生)로 나눈 것 중에서 후자에 해당될 것이다. 성문지가 anuśaya(隨眠)와 paryavasthāna(纏)를 구별했다는 것은 ŚrBh I.3.3.5.3.(3); I.3.3.9.1.(vi); III.12.2.2.2.; 12.2.3; IV.1.3.5 등 여러 군데에서 보인다. 따라서 위의 맥락에서 유신견을 언급한 것은 자아의식의 잠재성의 의미를 가리킬 것이다.

127 여기서 세 개의 x-mātra 표현이 모두 인지의 측면과 관련이 있다는 점에 주의해야 한다. 이는 § 3.2.3,에서 4종 도리에 의한 대상적 측면을 x-mātra로 표현하는 것과 구별된다.

128 Schmithausen(1973: 167; 1984: 484; 2014: 583-584+fn. 2108) 참조. 그에 따르면 유식 관념의 형성의 역사적 배경은 DBh(49,9)의 유명한 삼계유심게(cittamātram idaṃ yad idaṃ traidhātukam) 외에 모든 유위적인 요소와 관념을 공하고(śūnya), 비존재하며(asaṃvidyamāna), 환상과 같고(māyopama), 꿈과 같다(svapnopama)고 보는 대승의 환영주의(Mahāyānischer Illusionismus)에서 찾을 수 있으며, 또한 일체는 단지 명칭에 지나지 않는다(prajñaptimātra)고 보는 보살지의 유명론(Nominalism)도 이에 기여를 했다. 그리고 성문지의 위 구절도 『해심밀경』(SNS VIII.9)에서

저 비구이며 요가수행자이며 요가행자가 때때로 그것을 대상으로 하는 심을 적정하게 할 때, 때때로 증상혜와 법의 관찰과 관련해 요가를 행한다. 레바타여! 이와 같이 비구이며 요가수행자이며 요가행자는 유사한 인식대상에 대해 심을 묶는다.

(iii) 레바타여! 비구이며 요가수행자이며 요가행자는 어떻게 올바로(samyak) 인식대상에 대해 심을 묶는가? 레바타여! 만일 저 비구이며 요가수행자이며 요가행자가 인식되어야 할 것이 인식될 때까지 인식대상에 심을 묶는다면, 그 [인식대상]은 여실하고 전도되지 않게 된다. 레바타여! 이와 같이 비구이며 요가수행자이며 요가행자는 올바로 인식대상에 심을 묶는다.

(iv) 레바타여! 비구이며 요가수행자이며 요가행자는 어떻게 정려를 버리지 않는가? 레바타여! 만일 비구이며 요가수행자이며 요가행자가 이와 같이 인식대상에 대해 올바로 노력하고 항시 노력하며 존중해서 노력한다면, 그리고 적시에 샤마타의 관념상(śamathanimitta)과 고무의 관념상(pragrahanimitta), 평정의 관념상(upekṣanimitta)을 수습한다면, 그는 열심히 행하고 수습하고 빈번히 행함에 의해 일체 추중을 종식시키기 때문에 의지체의 청정(āśrayapariśuddhi)을 획득하고 접촉하고 촉증한다. 그리고 알려져야 할 사태를 개별관찰함에 의해 인식대상의 청정을 [획득하고 접촉하고 촉증한다]. 또한 이욕에 의해 심의 청정을, 또 무명으로부터의 이욕에 의해

처음 정형화된 표현으로 등장하는 唯識(vijñaptimātra) 관념의 형성에 있어 근원적인 자료로서 중요한 역할을 했다. SNS VIII.9에서 붓다는 비파샤나 삼매에서 얻어지는 심적 이미지로서의 影像(pratibimba)이 심과 같은가 아니면 다른가 하는 미륵보살의 질문에 대해 그 영상은 심과 다르지 않다고 하면서, 그 이유로 "식(vijñāna)은 대상의 단지 표상뿐(vijñaptimātra)인 것으로 특징지어지기 때문이다."라고 답하는데, 여기에 '唯識' 개념이 사용되고 있다. 이 구절의 해석에 대해서 Schmithausen 2014: 457-461 참조.

지혜의 청정에 도달하고, 접촉하고, 촉증한다. 레바타여! 이와 같이 비구이며 요가수행자이며 요가행자는 정려를 버리지 않는다.

레바타여! 비구가 그것을 위해 이 인식대상에 심을 묶을 때, 그는 그와 같이 인식대상에 심을 묶는다. 그와 같이 그의 심은 인식대상에 잘 묶이게 된다.

3.1.5.2. 그것과 관련해 게송이 있다.

관념상들에 대해 행하는 요가수행자는 모든 진실한 대상을 안다네.
항시 영상을 정려하는 자는 완전한 청정에 도달한다네.

그중에서 "관념상들에 대해 행하는 요가수행자는"이라는 말에 의해서는 샤마타의 관념상(śamatha-nimitta)과 홍분의 관념상(pragraha-nimitta), 평정의 관념상(upekṣā-nimitta)[129]을 항시 행하는 것과 존중하면서 행하는 것이 설명되었다. 그리고 "모든 진실한 대상을 안다네"라고 말한 것에 의해서는 사태의 구극성(vastuparyantatā, 事邊際性)[130]이 설명되었다. 그리고 "항시 영상을

129 śamatha-nimitta와 pragraha-nimitta, upekṣā-nimitta는 각기 止相, 擧相, 捨相으로 한역되고 있다. 전자는 샤마타를 행할 때 침잠에서 생기는 관념상을, pragraha-nimitta는 고무되거나 上氣로 인해 생겨나는 관념상을, 그리고 마지막 것은 무관심에서 생겨나는 관념상을 가리킨다. 이들 3종은 ŚrBh III.3.3.2.5에서 vipaśyanānimitta를 더해 4종으로 분류되어 설명되고 있다. 샤마타의 관념상과 비파샤나의 관념은 모두 인식대상의 관념상과 인연의 관념상 2종으로, 고무의 관념상은 그것과 명료함을 일으킬 수 있는 인식대상에 의해 심을 활발하게 작동하는 것으로, 그리고 평정의 관념상이란 바로 저 인식대상에 의해 심을 무관심하게 두는 것이며, 또 바로 그 인식대상에 대한 과도한 정진에 반응하지 않는 것으로 정의되고 있다.

130 vastuparyantatā(事邊際性)가 인식대상의 전체성(yāvadbhāvikatā)과 진실성(yathāvadbhāvikatā)으로 정의되기 때문에, "일체의 진실한 대상"은 일체의(sarva) 대상과 진실한(bhūta) 대상으로 구별해서 이해되어야 한다.

정려하는 자는"이라는 말에 의해서는 분별을 수반한 영상과 분별을 여읜 영상이 설명되었다. 그리고 "완전한 청정에 도달한다네"라는 말에 의해서는 행해져야 할 바의 완성(kāryapariniṣpatti, 所作成辦)이 설명되었다.

3.1.5.3. 또한 세존에 의해 다음과 같이 설해졌다.

그는 심의 관념상을 잘 알며, 원리의 맛을 얻는다네.
현명하고 주의력을 가진 정려자는 비물질적인 喜와 樂을 향수한다네.[131]

그중에서 "심의 관념상을 잘 알며"라는 말에 의해서 분별을 수반한 영상과 분별을 여읜 영상이 '관념상'이란 단어에 의해서 서명되었고, 또 사태의 구극성은 '잘 알며'라는 단어에 의해서 설명되었다. 그리고 "원리의 맛을 얻는다네"란 말에 의해서는 인식대상에 대해 올바로 노력하는 자가 끊음에 대해 기뻐함과 수습에 대해 기뻐함이 설명되었다. 그리고 "현명하고 주의력을 가진 정려자는"이란 말에 의해서는 샤마타와 비파샤나가 항시 수습됨이 설명되었다. 그리고 "비물질적인 희와 낙을 향수한다네"란 말에 의해서는 행해져야 할 바의 완성이 설명되었다.[132]

---

131 이 게송은 UV XXXI. 51 및 본지분 思所成地의 Śarīrārtha-gāthā(體義伽陀) 36송에 나온다. 이에 관해서는 Sakuma(1990: II. 15); Enomoto 1989: 33; ŚrBh(2) p. 57 참조.

132 본지분 사소성지에 있는 Śarīrārtha-gāthā 36송에 대한 산문주석(Ym 134a4-134b3; Ch. 385c6-16)은 다음과 같다. "예를 들어 어떤 이가 사성제를 본 유학이 되었을 때, 그는 샤마타의 관념상(śamatha-nimitta)과 고무/들뜸의 관념상(pragraha-nimitta), 평정의 관념상(upekṣā-nimitta)에 능숙하다. 그 때문에 그에게 네 가지 이로움이 있다. 그에게 심일경성이 얻어지고, 추중이 사라지며, 신체적이고 심리적인 경안의 낙이 요지된다. 이것이 첫 번째 이로움이다. 집중된 상태의 심을 가진 그는 진소유성과 여소유성에 의해 올바로 법들에 대한 깊은 숙고를 얻으며, 비파샤나에 의해 내적으로 법을 얻는다. 이것이 두 번째 이로움이다. 이와 같이 샤마타

이와 같다면, 저 변만하는 인식대상은 성언량에 의해 청정해진 것이며, 또 도리에 따르는 것이라고 알아야 한다. 이것이 변만소연이라 설해진다.

3.2. 淨行所緣(caritaviśodhanam ālambanam) (ŚrBh 202,3; Ch. 428c18)

행위를 정화시키는 인식대상(caritaviśodhanam ālambanam)이란 무엇인가? 즉, 不淨(aśubhā), 慈愍(maitrī), 緣性緣起(idaṃpratyayatā-pratītyasamutpāda), 界의 差別(dhātuprabheda), 數息觀(ānāpānasmṛti)이다.[133]

3.2.1. 不淨所緣

3.2.1.1. 부정의 정의

그중에서 不淨(aśubhā)이란 무엇인가?

답: 부정은 6종이다. 즉 부패한 것으로서의 부정한 것(pūtyāśubhatā[134]), 괴로운 것으로서의 부정한 것, 열등한 것으로서의 부정한 것, 의존적인 것으

와 비파샤나의 청정에 의거해서 보리분법들에 대해 용감하게, 항상, 언제나 또 현명하게 행하는 데 지치지 않고, 싫증내지 않는다. 이것이 세 번째 이로움이다. 이와 같이 지치지 않는 그는 최고의 정념과 정지를 얻으며. 또 잘 해탈한 마음을 갖고 해탈의 희열과 낙을 요지하며, 비물질적 낙을 갖고 현세에서 낙과 접촉하며 주한다. 이것이 네 번째 이로움이다. …"

133 "행위를 정화시키는 인식대상"(caritaviśodhanam ālambanam)으로 언급된 5종은 이하에서 상세히 설명되고 있고, 또 ŚrBh III.3.3.1.2.2.4(ŚrBh(3) p. 34ff; ŚrBh 370,11ff) 이하에서도 샤마타와 비파샤나에 의한 6종의 방식의 수습의 대상으로서 설해지고 있다. 이들 5종은 다양한 5종의 번뇌를 정화시키는 방법으로서 하나의 범주로 묶이면서, 다양하게 아비달마 문헌이나 소위 禪經類 문헌에서 많이 언급되고 있으며, 동아시아불교에서는 五停心觀이라는 범주로 묶여 설명되고 있다. 이것들에 대해서는 釋惠敏 1994: 191-247; 안성두 2003a; 김재성 2006 참조. 하지만 그 대상은 꼭 위에서 나열된 5종으로 정해진 것이 아니라 텍스트에 따라 상이하다. 이에 대해서는 小谷信千代 2000: 137f 참조.

134 ŚrBh(2): 58,11 이하에서 사본에 따라 한결같이 pratyāśubhatā로 읽고 있지만, pūtyāśubhatā로 수정해야 한다.

로서의 부정한 것, 번뇌로서의 부정한 것, 그리고 파괴될 수 있는 것으로서의 부정한 것이다.

(i) 그중에서 부패한 것으로서의 부정한 것이란 무엇인가?

답: 부패한 것으로서의 부정한 것은 내적인 것과 관련되고 외적인 것과 관련된다고 알아야 한다.

내적인 것과 관련된 것은 무엇인가? 즉 머리털, 털, 손톱, 이빨, 미세먼지, 때, 피부, 살, 뼈, 근육, 혈관, 신장, 심장, 간, 폐, 소장, 직장, 위, 대장, 비장, 대변, 눈물, 땀, 가래, 콧물, 골수, 黃水, 뼈의 골수, 비계, 담즙, 체액, 고름, 피, 뇌수, 뇌막, 오줌이다.[135]

외적인 것과 관련된 부정은 무엇인가? 즉 푸르게 변한 [시체], 고름이 나오는 [시체], 벌레가 들끓어 오르는 [시체], 고름이 부풀어 오른 [시체], 먹혀진 [시체], 피에 물든 [시체], 흩어진 [시체], 뼈, 연쇄, 뼈의 연쇄, 똥에 의해 만들어진 것, 오줌에 의해 만들어진 것, 침에 의해 만들어진 것, 가래에 의해 만들어진 것, 피로 얼룩진 것, 고름에 쌓인 것, 오물통, 하수구이다. 이와 같이 외적인 것과 관련해 부패한 것으로서의 부정한 것은 이러한 종류의 것이라고 알아야 한다.

내적인 것과 관련된, 또 외적인 것과 관련된 부정한 것이 부패한 부정한 것이다.

(ii) 괴로운 것으로서의 부정한 것이란 무엇인가? 고를 감수시킬 수 있는 접촉을 조건으로 해서 감수에 속한, 신체적이고 심리적인 불쾌한 감수가 일어난다. 이것이 괴로운 것으로서의 부정한 것이라 설해진다.

(iii) 열등한 것으로서의 부정한 것이란 무엇인가? 일체의 열등한 사태와

---

135 모두 36종이 나열되고 있다. 이와 비슷한 리스트가 Śikṣāsamuccaya 209,5-11 등에도 약간 다르지만 제시되고 있다. 유사한 개소의 설명에 대해서는 Hui-min 1994: 134-140 참조.

일체의 열등한 영역(dhātu), 즉 욕계이다. 그것보다 더욱 열등하고 더욱 하열한, 다른 영역은 존재하지 않는다. 이것이 열등한 것으로서의 부정한 것이라 설해진다.

(iv) 비교적인 것으로서의 부정한 것이란 무엇인가? 즉, 어떤 하나의 사태는 깨끗한 것이기도 하고 그것과 다른 것은 더욱 깨끗한 것이라고 비교한 후에 부정한 것으로 나타난다. 즉, 무색계와 비교한 후에 색계는 부정한 것으로 나타난다. 有身이 소멸한 열반과 비교한 후에 내지 有頂에 이르기까지는 부정한 것에 들어간다. 이것이 이러한 부류의 비교적인 것으로서의 부정한 것이다.

(v) 번뇌로서의 부정한 것이란 무엇인가? 삼계에 속하는 일체의 結·縛·隨眠·隨煩惱·纏[136] 들이 번뇌로서의 부정한 것이라 설해진다.

(vi) 파괴될 수 있는 것으로서의 부정한 것이란 무엇인가? 5취온의 무상성과 비견고성, 불안정성, 변괴하는 성질이 파괴될 수 있는 것으로서의 부정한 것이라 설해진다.

이렇게 부정한 것은 탐욕을 행하는 자를 청정하게 하기 위한 인식대상이다.

3.2.1.2. 탐욕의 구별

탐욕이란 내적으로 감각적 욕망의 대상들에 대한 감각적 욕망의 갈구이고 감각적 욕망의 탐욕이며, 외적으로 감각적 욕망의 대상들에 대한 음욕의 갈구이고 음욕의 탐욕이며, 대상에 대한 갈구이고 대상에 대한 탐욕이

136 이 복합어는 병렬복합어로서 번뇌 중에서 대표적인 5종을 열거하고 있다. 이는 YBh에서 이것들이 번뇌의 동의어 속에 포함되어 처음으로 나열되는 데에서 확인할 수 있다. 유가론에 나타난 각각의 번뇌들의 정의에 대해서는 Ahn 2003 참조.

며, 색에 대한 갈구이고 색에 대한 탐욕이며, 有身(satkāya)에 대한 갈구이고 有身에 대한 탐욕이라고 하는 5종의 탐욕이다. 그 5종의 탐욕을 끊고, 제어하고, 현행하지 않게 하기 위해 6종의 부정한 인식대상이 있다.

(i) 그중에서 내적인 것과 관련되어 부패한 것으로서의 부정한 것이라는 인식대상에 의해 내적으로 감각적 욕망의 대상들에 대한 감각적 욕망의 갈구로부터, 감각적 욕망의 탐욕으로부터 심을 정화하는 것이다.

(ii) 그중에서 외적인 것과 관련되어 부패한 것으로서의 부정한 것이라는 인식대상에 의해 외적으로 감각적 욕망의 대상들에 대한 삿된 행위의 갈구로부터, 삿된 행위의 탐욕으로부터, 4종의 탐욕과 상응하는 것, 즉 색깔에 대한 탐욕, 형태에 대한 탐욕, 접촉에 대한 탐욕, 공양에 대한 탐욕과 상응하는 것으로부터 심을 정화한다.

그중에서[137] 푸르게 변한(vinīlaka) [시체], 고름이 나오는(vipūyaka) [시체], 벌레가 들끓어 오르는(vipaḍumaka) [시체], 고름이 부풀어 오른(vyādhmātaka) [시체], 먹혀진(vikhāditaka) [시체]를 작의할 때, 색깔에 대한 탐욕으로부터 심을 정화한다. 또 피에 적신(vilohitaka) 시체를 작의할 때, 형태에 대한 탐욕으로부터 심을 정화한다. 뼈(asthi), 연쇄(śaṃkalika), 뼈의 연쇄(asthi-śaṃkalika)[138]를 작의할 때, 접촉에 대한 탐욕으로부터 심을 정화한다. 그리고 흩어진(vikṣiptaka) 시체를 작의할 때, 봉양에 대한 탐욕으로부터 심을 정화한다. 이와 같이 그는 음욕의 탐욕으로부터 심을 정화한다.

---

137 이하 죽음 후에 묘지에서 시체가 부패되는 각각의 과정들에 대해서 ŚrBh III.3.3.1.2.1.3.(A) (ŚrBh 372ff) 〈자상의 심구〉 항목에서 설명하고 있다.

138 현장역에서 asthi=骨, śaṃkalika=鎖, asthi-śaṃkalika=骨鎖로 번역하고 있다. asthi는 손뼈, 발뼈, 머리뼈 등이 흩어져서 다른 장소에 있는 것을 말하며, śaṃkalika는 시체의 骨節들이 분해되지 않았을 때를 말하며, asthi-śaṃkalika는 支節(pratyaṅga)이 분해되지 않은 것을 말한다. 이에 대해서는 ŚrBh 372,9ff (T30: 452b12-19) 참조.

따라서 세존께서는 외적인 것과 관련된 4종의 부패한 것으로서의 부정한 것을 공동묘지의 시체와 관련해 건립하셨다. 그가 각각의 공동묘지에 있는 시체가 하루나 이레가 지난 시체가 까마귀와 독수리, 매, 개, 자칼들에 의해 먹혀지고 있는 것을 본다. 각각의 경우에 그는 신체를 다음과 같이 취급한다. "나의 신체는 이와 같이 존재하고, 이와 같이 구성되었으며, 이러한 성질을 갖고 있다."는 말에 의해 푸르게 변한 시체로부터 먹혀진 시체까지 설명되었다. "그는 공동묘지를 보고, 피부와 살, 피와 근육과의 결합이 해체되었음을 본다."고 말한 것에 의해 피에 물든 시체가 설명되었다. "공동묘지의 장소들을 보았다"는 말에 의해서는 뼈, 연쇄, 뼈의 연쇄가 설명되었다.[139] "손뼈와 발뼈, 발목뼈, 무릎뼈, 갈비뼈, 어깨뼈, 앞팔의 뼈, 등뼈, 턱의 둥근 뼈, 치열, 두개골 등 그와 같이 떨어져 있는 것들은 1년이나 2년 내지 7년이 된 것으로서, 희고 조개와 같이 보이며, 비둘기 색깔과 같고, 모래와 진흙에 섞여 보인다."는 말에 의해 흩어진 시체가 설명되었다.

이와 같이 그는 외적인 것과 관련된 부패한 것으로서의 부정한 것이라는 인식대상에 의해 4종의 탐욕과 결합된 음욕의 탐욕으로부터 심을 정화한다.

그중에서 괴로운 것으로서의 부정한 것이라는 인식대상에 의해, 또 열등한 것으로서의 부정한 것이라는 인식대상에 의해 경계와 결합된 욕망의 탐욕으로부터 심을 정화한다. 비교적인 것으로서의 부정한 것이라는 인식대상에 의해 색계에 대한 탐욕으로부터 심을 정화한다. 번뇌로서의 인식대상에 의해, 또 신속한 파괴로서의 부정한 것이라는 인식대상에 의해 有頂과 관련한 有身(satkāya)에 대한 욕구와 탐욕으로부터 심을 정화한다.

---

139 "뼈나 해골 …" 이하의 문장은 사본에 결락되어 있고, 티벳역과 한역에 따라 번역했다. ŚrBh (2), p. 66 참조.

이것이 먼저 탐욕을 행하는 자의 행위를 정화시키는 인식대상이다. 이것은 가능성과 관련해 설한 것으로 모든 종류의 부정한 것이라는 인식대상이 포괄되었다. 그렇지만 이 경우에 부패한 것으로서의 부정한 것이 의도된 것이다. 그러나 그것과 다른 부정한 것은 그 [탐욕을 행하는] 자와 다른 자를 청정하게 하기 위한 인식대상이다.

3.2.2. 慈愍所緣 (ŚrBh 207,7; Ch. 429c3)

자애(maitrī)[140]란 무엇인가? 친구나 적, 중립적인 자에 대해 이익의 의향을 확립한 후에 약·중·강의 낙을 초래하기 위한 집중상태에 속한 승해이다. 그중에서 친구나 적, 중립적인 자가 이 [자애]의 인식대상(ālambana)이다.

이익의 의향이란 낙을 초래하기 위한 집중된 상태에 속한 승해이며, 이것이 인식작용(ālambaka, 能緣)이다. 인식대상과 인식작용을 하나로 합쳐서 자애라고 한다.

거기서 먼저 "자애를 수반한 심을 갖고"[141]라는 말에 의해 친구나 적, 중립적인 자라는 세 가지 부류에 대한 이익의 의향이 설명되었다. "원한이 없고, 적대가 없고, 괴롭힘이 없는"이란 말에 의해 이익을 [주려는] 의향의 세 가지 특징이 설명되었다. 원한이 없음에 의해 이익을 [주려는] 의향이 있는데, 그 원한이 없음은 적대가 없고 괴롭힘이 없음이라는 두 개의 문장에 의

---

140 maitrī는 우정이나 호의라는 의미를 가진 단어로 Sanskrit mitra("friend")에서 파생된 단어이다. Maithrimurthi(1999: 47ff)는 불전에서 maitrī의 의미를 다음과 같이 구별한다. (1) 단순한 우정, (2) 어머니의 사랑, (3) 윤리적 측면, (4) 자기보호 기능, (5) 구제론적 측면, (6) 업을 소멸시키는 기능이다. 위의 맥락에서 자심의 기능은 (5) 진에를 제거하는 맥락에서의 구제론적 성격을 가리킬 것이다.

141 이 인용구는 ŚrBh I.3.3.7에서 장애를 일으킬 수 있는 탐욕, 진에, 도거와 악작, 의심의 네 가지 요소들로부터 [심의] 정화를 설명하면서, 진에를 설명하는 중에 나오는 용어의 해설이다. 이하의 인용구도 마찬가지다.

해 설명되었다. 적대가 없는 상태를 위해 적대가 없음이, 해침을 찾지 않기 때문에 괴롭힘이 없는 것이다. "크고 광대하고 무량한"이란 말에 의해 욕계에 속하거나, 초정려와 제2정려의 단계에 속한 것, 그리고 제3정려의 단계에 속한 약·중·강의 낙의 초래가 설명되었다. "승해한 후에, 관통한 후에, 갖춘 후에 주한다"는 말에 의해 낙을 초래하기 위한, 집중상태에 속한 승해가 설명되었다. 그 낙의 초래는 이익의 의향에 포함되며, 승해작의를 동반한다. 고통받지도 않고 즐거워하지도 않지만, 낙을 원하는 친구나 적, 중립적인 자와 관련해서라고 알아야 한다. 그렇지만 고통받거나 고통받지 않는 친구나 적, 중립적인 자가 있을 때에는 고통받는 자는 비심의 인식대상이며, 즐거워하는 자는 희심의 인식대상이다. 이것이 자애라고 설해진다.

그중에서 진에를 행하는 개아가 유정들에 대해 자애를 수습한다면, 그 진에는 약화된다.

3.2.3. 緣性緣起所緣 (ŚrBh 210,3; Ch. 430a4)

연성연기(idaṃpratyayatā-pratītyasamutpāda)[142]란 무엇인가? 삼세에서 오직 제행(saṃskāramātra, 唯行), 오직 법(dharmamātra, 唯法), 오직 사태(vastumātra, 唯事), 오직 원인(hetumātra, 唯因), 오직 결과(phalamātra, 唯果)가 관대도리, 작용도리, 증성도리, 법이도리에 의해, 도리(yukti)에 속한 것이다.[143] 바로 제법이 법

---

142 복합어 idaṃpratyayatā-pratītyasamutpāda는 BHSD(s.v. idaṃpratyayatā)에서 Karmadhāraya로 풀이된다. 이 복합어 해석에 대해서는 Sakuma 1990: II. 94 참조. 이 복합어는 緣生法이 緣起의 조건이 되는 것이 아니라 모든 유위법이 특정한(idam) 조건을 가진다는 것(緣生)이 바로 緣起라는 의미이다.

143 연성연기가 우치의 성향이 있는 자를 위한 수행법이기 때문에, 그의 우치를 제거하기 위해서는 정서적 방식에 따른 번뇌의 제거와는 다른, 지적이고 분석적 지혜(prajñā)가 필요할 것이며, 이에 따라 이치에 따른 추론적 인식이 필요할 것이다. 그런 점에서 5종 정행소연 중에

을 인기(引起)하는 것이며, 또 [제법에] 행위자도 없고 감수자도 없는 것이다. 이것이 연성연기의 인식대상이라고 설해진다. 우치가 강력한 개아가 그 인식대상을 작의한다면, 우치를 행하는 그는 우치를 제거하고 약화시키고 우치를 행하는 것으로부터 심을 정화한다.

3.2.4. 界差別所緣 (ŚrBh 211,1; Ch. 430a12)

계의 차별이란 무엇인가? 즉, 여섯 계이다.[144] 즉, 地界, 水界, 火界, 風界, 虛

서 연성연기에 대해서만 '4종 도리'(yukti)가 언급된 것은 당연할 것이다. 이와 비교하여 ŚrBh III.에서는 모든 5종의 淨行所緣에 4종 도리에 따른 관찰이 적용되고 있는데, 이는 샤마타뿐 아니라 비파샤나적 관찰도 포함한다는 점에서 분명히 발전된 단계의 수행법을 전제하고 있다고 보인다. 이런 점에서 『성문지』의 사상적 발전단계에서 제3+제4 유가처가 제1+제2 유가처에 비해 더 근원적이고 초기의 형태를 보여 준다고 하는 Deleanu의 설명은 일반적으로 설득력이 있지만 위의 경우처럼 구체적인 세부사항에서는 부합되지 않는 경우도 있기 때문에 주의해야 할 것이다. 나는 오히려 『성문지』의 구조, 특히 제2~제4 유가처의 구성은 샤마타와 비파샤나의 작동 방식과 관련된 것은 아닌가 추정하고 있다. 제2 유가처에서는 명상대상에 대해 샤마타와 비파샤나가 교대로 작용하는 경우가 유분별영상과 무분별영상에 의해 원리상 제시되었고, 제3 유가처에서는 구체적 수행도에서 적용되고 있으며, 그리고 제4 유가처, 특히 출세간도에서 雙運으로 작동하는 방식으로 발전된 것은 아닌가 한다. 이에 대해서는 『성문지』의 지관 수행에 대한 보다 치밀한 후속 연구를 기다려야 할 것이다.

또 다른 주목할 점은 여기서 唯行(saṃskāramātra), 唯法(dharmamātra), 唯事(vastumātra), 唯因(hetumātra), 唯果(phalamātra) 등 'x-mātra'라는 표현이 사용된다는 점이다. 앞의 레바타경의 인용에서 승해작용을 통해 수행자에게 인식되어야 할 사태와 유사한 것이거나 또는 그것으로서 현현하는 것이 "단지 앎(jñānamātra)으로서, 단지 봄(darśanamātra)으로서, 단지 기억된 것(pratismṛtamātra)"으로서, 즉, 대상적인 측면보다는 주관적인 인식의 측면에서 x-mātra라는 표현이 사용되는 데 비해, 여기서는 대상적인 측면을 x-mātra로서 한정해서 이해하는 방식이 제시되고 있다. 그리고 전자의 주관적 측면이 인식자 자신에게 자명하게 알려지는 데 비해, 후자의 경우 그것은 4종 도리에 의해 이해되는 것으로 간주되고 있다. 唯因과 唯果가 한 쌍이라고 한다면, 위의 다섯 개의 x-mātra는 각기 4개의 도리에 순서대로 대응할 것이라 보인다.

144 dhātu-prabheda에서 dhātu(界)는 지수화풍의 4종이나(DN ii 295; MN i 57 etc.) 또는 여기에 허공과 식을 더해 6종으로(MN iii 240) 구분된다. 아래 설명에서 보듯이 자신의 신체와 심을

空界, 識界이다.

(i) 그중에서 지계는 2종이다. 내적인 것과 외적인 것이다.

내적인 [지계]는 이 신체에 내적, 개별적으로 부착되고(upagata)[145] [식에 의해] 집수된 것(upādatta)으로, 견고한 것이고 견고함에 속한 것이다. 반면 외적인 지계는 [신체에] 부착되지 않고(anupagata), [식에 의해] 집수되지 않은 것(anupādatta)으로, 외적인 견고한 것이고 견고함에 속한 것이다.

내적인 지계란 무엇인가? 털과 머리카락, 손톱, 치아, 적은 입자(rajas), 때(mala), 피부, 살, 뼈, 근육, 혈관, 신장, 심장, 간, 폐, 소장, 직장, 위, 대장, 비장, 대변이다. 이것이 내적인 지계라고 설해진다. 외적인 지계란 무엇인가? 나뭇조각, 흙, 자갈, 모래, 나무, 산정상이며, 또는 이러한 부류의 것들이다. 이것이 외적인 지계라고 불린다.

(ii) 수계란 무엇인가? 수계는 2종이다. 내적인 것과 외적인 것이다.

내적인 수계란 무엇인가? 내적, 개별적으로 [의지체에] 부착되고, [식에 의해] 집수된 습기이고, 습기에 속하고 물에 속한 것이다. 즉, 눈물, 땀, 콧물, 기름, 림프, 골수, 지방, 담즙, 가래, 고름, 피, 뇌수, 뇌막, 오줌이다. 이것이 수계라고 불린다. 외적인 수계란 무엇인가? [의지체에] 부착되지 않

6종으로 분해해서 관찰하는 것이다. 김재성(2006: 215)에 따르면 "초기경전의 계차별이라는 수행도는 마음을 하나의 대상에 집중하는 선정의 측면보다는, 四大(四界)는 舞常, 무아이며, 滅盡의 성질을 가진 것(khayadhammatā), 壞滅의 성질을 가진 것(vayadhammatā), 變異의 성질을 가진 것(vipariṇāmadhammatā)이라는 것 등을 아는 지혜의 측면이 중점적으로 제시되어 있다. … 관(vipassanā) 수행으로 위치지울 수 있다."

145 여기서 upagata는 문자적 의미로는 "가까이 있는 것"이다. kāya-upagata라는 복합어의 형태로 사용되지는 않았지만, 앞의 asmin kāye와 구문상 연결되며, 따라서 이 신체 속에 근접해 있는 것을 의미한다. 그 의미에 대해 Schmithausen(1987: n. 816)은 āśraya-bhāvopagata의 예를 제시하면서, āśrayabhāva-sanniviṣṭa의 문법적 변형태일 것이라고 해설한다. 이에 따르면 "의지체에 부착된" 것이다.

고, [식에 의해] 집수되지 않은 외적인 물과 물에 속한 것이고, 습기와 습기에 속한 것이다.

(iii) 화계란 무엇인가? 화계는 2종이다. 내적인 것과 외적인 것이다.

내적인 화계란 무엇인가? 내적, 개별적으로 [의지체에] 부착되고, [식에 의해] 집수된 열이고 열에 부착되고, 따뜻함에 부착된 것이다. 즉, 이 신체에 있는 열이다. 그것에 의해 신체가 열나고 뜨거워지고 완전히 뜨거워지는 것이며, 또 그것에 의해 먹고 마시고 삼키고 맛본 것이 잘 소화되는 것이다. 그것이 성대해지기 때문에 열이 난다고 헤아린다. 이것이 내적인 화계라고 불린다. 외적인 화계란 무엇인가? [의지체에] 부착되지 않고, [식에 의해] 집수되지 않은 외적인 열이며, 열에 속한 것이고 따뜻함에 속한 것이다. 개아들은 그것을 나무마찰이나 소똥으로부터 구한다. 그것이 생겨나면 마을과 마을의 일부, 도시와 도시의 일부, 나라와 나라의 일부, 대륙, 관목, 숲, 나뭇조각, 풀, 소똥을 태우면서 나아간다. 또는 이런 부류의 다른 것이다. 이것이 외적인 화계라고 불린다.

(iv) 풍계란 무엇인가? 풍계는 2종이다. 내적인 것과 외적인 것이다.

내적인 풍계란 내적, 개별적으로 [의지체에] 부착되고, [식에 의해] 집수된 풍이고 풍에 부착된 것이고, 경쾌함과 이동성이다. 그것은 무엇인가? 신체 내에서 상승하는 풍, 하강하는 풍, 옆면에 있는 풍, 자궁에 있는 풍, 등에 있는 풍, 아랫배에 있는 풍, 작은 칼과 보리수와 칼과 같은 풍, 찌르는 풍, 들숨날숨의 풍, 지절과 마디에 따르는 풍이다. 이것이 내적인 풍이라고 불린다. 외적인 풍계란 무엇인가? [의지체에] 부착되지 않고, [식에 의해] 집수되지 않은 외적인 풍이고 풍에 부착된 것이고, 경쾌함과 이동성이다. 그것은 무엇인가? 외부의 동풍, 남풍, 북풍, 서풍, 먼지를 가진 풍, 먼지가 없는 풍, 미약한 풍, 강한 풍, 모든 풍, 폭풍, 그리고 풍륜계에 있는 풍인데, 그때에 커다란 바람덩어리가 불어와서 나무의 꼭대기를 떨어뜨리고, 벽의 꼭대기와 산의 꼭대기를 떨어뜨린다. 떨어뜨린 후에 원인 없이 그친다. 유정들은 그 [풍]을 의복의 단에 의해서나 딸라 나무의 잎에 의해서 또는 부채(vidhamanaka)에 의해서 찾는다. 또는 이런 부류의 다른 것이 외적인 풍이라고 불린다.

(v) 허공계란 무엇인가? 눈의 구멍이나 귀의 구멍, 콧구멍, 입구멍, 목구멍이다. 그것에 의해 [음식을] 먹고, 그곳에서 먹으며, 그것에 의해 [음식이] 들어가고, 아래로 배설된다. 또는 이런 부류의 다른 것이 허공계라고 불린다.

(vi) 識界란 무엇인가? 안식, 이식, 비식, 설식, 신식, 의식이다. 또한 그것은 심·의·식이다. 이것이 식계라고 불린다.

그중에서 자만을 행하는 개아는 이 계차별을 작의하면서 신체에 대해 단일체라는 관념(piṇḍasaṃjñā)을 제거하고,[146] 부정한 것이라는 관념을 얻는다. 그래서 다시 거만함을 갖지 않고, 자만심을 약화시킨다. 이 행위에 의해 심을 정화하는데, 이것이 계차별이라고 불린다. 자만을 행하는 개아에게 행위를 정화시키는 인식대상이다.

3.2.5. 阿那波那念所緣 (ŚrBh 219,1; Ch. 430c5)

3.2.5.1. 입출식념의 정의와 작용

입출식념(ānāpānasmṛti)이란 무엇인가? 들숨(āśvāsa)과 날숨(praśvāsa)을 인식대상으로 하는 정념이 입출식념이라 불린다. 들숨은 2종이다. 2종이란 무

146 vibhāvayati를 ŚrBh(2), p. 79에서는 "思惟觀察한다"고 번역하지만, 이는 단어의 의미를 충분히 살려주지 못한다. 이 단어는 관념상을 제견하는 것으로서, 그 의미에 대해서는 슈미트하우젠 2006: 135 (각주 49) 참조. 여기서는 신체가 단일체라는 관념(合想)을 제거하는 것이다. piṇḍa에 대해 보살지는 一合相으로 번역하고 있는데, Schmithausen 1987: 515, n. 1414 참조. 보살지 p. 93 볼 것.

엇인가? 들숨과 중간의 들숨이다. 날숨도 2종이다. 2종이란 무엇인가? 날숨과 중간의 날숨이다.

들숨이란 날숨 직후에 안으로 향하는 풍이 배꼽 부분까지 들어가는 것이다. 중간의 들숨이란 들숨이 그쳤을 때 아직 날숨이 시작되지 않았고 [숨이] 정지하는 곳을 수반한 그 사이에서 진행하는, 그것과 유사한 풍이 일어나는 것이 중간의 들숨이라고 불린다. 들숨과 중간의 들숨처럼 날숨과 중간의 날숨도 마찬가지라고 알아야 한다.

거기에 다음과 같은 차이가 있다. [날숨은] 외부로 향하는 풍이 일어나는 것이라고 말해져야 한다. 배꼽 부분에서부터 입끝이나 코끝까지이다. 그것의 밖이 외부이다.

(i) 들숨과 날숨의 원인은 두 가지이다. 2종은 무엇인가? 그것을 인기하는 작용 및 배꼽 부분의 빈 공간이거나 그 외의 신체의 빈 공간이다.

(ii) 들숨과 날숨 양자의 토대는 둘이다. 둘이란 무엇인가? 신체와 심이다. 그 이유는 무엇인가? 들숨과 날숨들은 신체에 의거해서 또 심에 의거해서 일어난다.

만일 그 [들숨과 날숨]들이 조건에 따라(yathāyogam)[147] 오직 신체에만 의거해서 일어난다고 한다면, 무상정에 들어간 자들이나 멸진정에 들어간 자들, 그리고 무상천의 천신들 속에서 재생한 유정들에게 일어나야만 할 것이[지만 일어나지 않는다].[148]

---

147 yathāyogam("조건에 따라")이 무엇인지 ŚrBh에는 나타나지 않지만, 대비바사론(T27: 132a21-24)은 입출식이 네 가지 조건에 의지해서 생겨남을 "이치에 따라"라고 설명한다. 그것은 ① 입출식의 토대인 신체의 존재, ② 바람의 길이 열려 있음, ③ 毛孔이 열려 있음, 그리고 ④ 입출식의 단계에서 거친 심이 현전함이다. 이에 대해서는 釋惠敏 1996: 193f 참조.

148 입출식이 오직 신체에만 의거한다면, 무상정에 입정한 자 등에게는 입출식이 있어야 한다고 주장될 수 있겠지만, 대비바사론의 이런 "이치에 따라" 추정할 때 그들에게는 ④의 조건이 결여되기 때문에 입출식이 있다고 인정되지 않는다.

만일 그것들이 오직 심에만 의거해서 일어난다고 하면, 무색계에 들어가고 [거기서] 재생한 유정들에게도 일어나야만 할 것이[지만, 일어나지 않는다].[149]

만일 그 [들숨과 날숨]들이 신체에 의거하고 또 심에 의거해서 일어나지만, 조건에 따라 [일어나는 것은] 아니라고 한다면, 그렇다면 제4정려에 입정하고 [거기서] 재생한 유정들에게, 또 칼라라(kalala)[150]와 아르부다(arbuda), 페시(peśi)의 [상태]에 있는 유정들에게 [들숨과 날숨은] 일어나야만 할 것이지만, 일어나지 않는다.[151]

따라서 들숨과 날숨들은 신체에 의거해서 또 심에 의거해서 일어나며, 또 그것들은 조건에 따라 [일어나는] 것이다.

(iii) 들숨과 날숨 양자의 진행은 둘이다. 둘이란 무엇인가? 두 개의 들숨은 아래로 진행하고, 두 개의 날숨은 위로 진행한다.

(iv) 들숨과 날숨 양자의 장소는 둘이다. 둘이란 무엇인가? 거친 구멍과 미세한 구멍이다. 그중에서 거친 구명은 배꼽 부분에서부터 입과 콧구멍까지이며, 입과 콧구멍부터 배꼽 부분까지이다. 미세한 구멍이란 무엇인

---

149 입출식이 오직 심에만 의거한다면, 무색계에 입정하고 거기서 태어난 자 등에게는 입출식이 있어야 한다고 주장될 수 있겠지만, 그들에게는 ①-④의 모든 조건이 결여되어 있기 때문에 입출식이 있다고 인정되지 않는다는 것이다.

150 kalala, arbuda, peśī의 상태는 식이 입태한 후에 모태에서 성장해 가는 여덟 가지 단계들 중에서 처음 세 단계이다. YBh 28,1ff에 따르면, 태아의 여덟 상태 또는 단계란 ① 칼랄라(kalala)의 상태, ② 아르부다(arbuda)의 상태, ③ 페쉬(peśī)의 상태, ④ 가나(ghana)의 상태, ⑤ 프라샤카(praśākhā)의 상태, ⑥ 머리털과 몸털, 손톱의 상태, ⑦ 감관의 상태(indriyāvasthā), ⑧ 형체의 상태(vyañjanāvasthā)이다. 그중에서 칼랄라는 크림막(śara)같은 것이 엉겨 [태의] 내부에 묽게 있는 것이다. 아르부다는 내외를 갖춘 크림막같은 것이 요구르트처럼 되게 하는 것이고 아직 살의 상태를 얻지 않은 것이다. 페쉬는 살이 있고 물렁한 상태이다.

151 칼라라 등의 모태의 처음 세 단계에서는 이미 식이 들어와 있기에 ④의 조건은 충족되지만, 다른 조건들은 충족되지 않기에 호흡이 없다는 의미이다.

가? 모든 신체에 있는 毛孔들이다.

(v) 들숨과 날숨의 동의어는 네 개다. 네 개는 무엇인가? 풍(vayu), 입식과 출식(ānāpāna), 들숨과 날숨(āśvāsapraśvāsa), 신체의 작동(kāyasaṃskāra)이다. 그 중에서 풍은 다른 풍들과 공통성을 가진 유일한 동의어이다. 공통적이지 않은 것은 다른 세 개다.

(vi) 들숨과 날숨을 하는 자에게 두 개의 결점이 있다. 두 개란 무엇인가? 극히 완만하게 행하는 것과 극히 긴장해서 행하는 것이다.

그중에서 극히 완만하게 행함에 의해 태만을 획득한 자의 심은 혼침과 수면에 덮이고, 외적으로 산란해진다. 마찬가지로 긴장된 채 행하는 자에게 신체의 부조화나 또는 심의 부조화가 있다. 어떻게 신체의 부조화가 일어나는가? 힘을 압축함에 의해 입출식들을 강하게 압박하는 자의 신체에 풍들이 불균등하게 일어난다. 그것들이 처음 그의 지절과 관절에 퍼질 때/떨릴 때(sphurati) 그것들은 '떨리게 하는 것'이라고 불린다. 그 떨리게 하는 풍이 증가할 때 고통을 일으킨다. 그의 각각의 지절과 관절에 고통을 일으킨다. 이것이 신체의 부조화다. 어떻게 심의 부조화가 일어나는가? 그의 심은 산란되거나 또는 과도한 우울과 번민에 의해 압도된다. 이와 같이 심의 부조화가 일어난다.

3.2.5.2. 입출식에 익숙함 (ŚrBh 223,1; Ch. 431a17)

이 입출식의 익숙함(paricaya)은 5종이라고 알아야 한다. 즉, 세는 것의 익숙함, 온의 이해에 익숙함, 연기의 이해에 익숙함, [사성]제의 이해에 익숙함, 16종의 익숙함이다.[152]

---

152 입출식념에 대한 설명에는 보통 두 가지 계통이 있다고 지적된다(김성철 2010: 68f). 하나는 초기불교에서 기원을 찾을 수 있는 16단계의 호흡법으로서 4념처의 수행과 관련이 있다.

1) 그중에서 세는 것의 익숙함이란 무엇인가? 요약하면 세는 것의 익숙함은 4종이다. 즉, 하나하나씩 세는 것, 둘을 하나로 세는 것, 순서대로 세는 것, 역으로 세는 것이다.

(i) 하나하나씩 세는 것이란 무엇인가? 들숨이 들어올 때 들숨과 날숨이라는 대상과 결합된 정념에 의해 하나라고 센다. 들숨이 소멸하고 날숨이 생겨난 후에 나가면, 그때 둘이라고 센다. 이와 같이 10까지 센다. 실로 이 세는 것은 너무 적지도 않고 너무 많지도 않은 셈이다. 이것이 하나하나씩 세는 것이다.

(ii) 둘을 하나로 해서 세는 것이란 무엇인가? 들숨이 들어오고 소멸했고, 날숨이 생겨나고 사라졌을 때, 그때 하나라고 센다. 이런 셈의 방식으로 10까지 센다. 이것이 둘을 하나로 해서 세는 것이다. 또 들숨과 날숨 양자를 하나로 압축한 후에 축약한 후에 하나라고 센다. 따라서 둘을 하나로 해서 세는 것이다.

(iii) 순서대로 세는 것이란 무엇인가? 이 하나하나씩 세는 것에 의해서건 또는 둘을 하나로 해서 세는 것에 의해서건 10까지 세는 것이 순서대로 세

다른 하나는 설일체유부와 친연관계에 있던 유가사들이 창안한 6단계의 호흡법으로 여러 선경류 문헌과 『구사론』 등으로 이어진다. 6단계는 數(gananā), 隨(anugama), 止(sthāpanā), 觀(upalakṣaṇā), 還(vivartta), 淨(pariśuddhi)으로 이루어져 있다. 선경류 문헌인 衆護의 『수행도지경』 등에서는 "6단계 뒤에 16단계의 체계를 병치하고, 16단계 이후는 세간도와 출세간도로 나누어 설명하고 있다"고 지적된다(김성철 2010; 69). 그러나 ŚrBh의 설명은 위의 두 계통과는 다른데, 6단계와 16단계 호흡법을 위의 5종의 익숙함과 관련시킨다면, 16단계는 마지막 다섯 번째의 익숙함에 해당되고, 반면 6단계 호흡법에서는 단지 數(gananā)만이 명시적으로 포함되어 있고, 나머지는 누락되거나 또는 다른 이름으로 교체되어 있다. ŚrBh의 5종 익숙함에 의한 설명의 특징은 뒤의 세 항목이 사선근위와 견도, 수도에 배대된 점이며, 만일 이 5종을 하나의 과정으로 본다면, 앞의 둘은 예비적 단계에 해당될 것이다. 이러한 ŚrBh 입출식념의 특징은 "변형된 6단계 입출식념을 중심으로 하여, 수행단계론이라는 프레임워크 아래 양자(=6단계와 16단계)를 단일한 체계로 통합하려는 시도의 결과"(김성철 2010: 81)이다.

는 것이다.

(iv) 역으로 세는 것이란 무엇인가? 역으로 10부터 9, 8, 6, 6, 5 내지 하나까지 세는 것이 역으로 세는 것이라 불린다. 그가 하나하나씩 세는 것이나 둘을 하나로 해서 세는 것에 의지한 후에 순서대로 세는 것과 역으로 세는 것에 익숙한 자가 되며, 그 때문에 심이 산란되지 않고, 산란하지 않은 마음을 갖고 셀 때, 그에게 특별한 상급의 셈이 설해진다.

특별한 세는 것이란 무엇인가? 하나하나씩 세는 것에 의해서나, 또는 둘을 하나로 해서 세는 것에 의해서나, 둘을 하나로 한 후에 센다. 거기서 둘을 하나로 해서 세는 것에 의해 네 개의 들숨과 날숨들이 하나로 되며, 반면 하나하나씩 세는 것에 의해서는 들숨과 날숨이 하나로 된다. 이와 같이 10까지 센다. 이와 같이 [수를] 계속 증대시킴에 의해 100까지도 하나로 한 후에 센다. 그때 100을 하나로 세는 것에 의해 순차로 10까지 센다. 이와 같이 세는 것을 행하는 자는 10을 하나로 한 후에 세고, 내지 10을 채운다. 10을 하나로 세는 것에 의해 그 사이에 심이 산란되지 않는다. 이런 한에서 그는 세는 것에 익숙한 자가 된다.

또 세는 것을 행하는 자의 심이 만일 도중에 산란된다면, 그때 되돌린 후에 순서대로건 역으로건 간에 세기 시작한다. 또 그가 세는 것에 익숙하기 때문에 그 심은 바로 저절로 인도하는 수행도에 올라탈 때에는 들숨과 날숨이라는 인식대상에 결합되고, 끊임없고 간격이 없다. 들숨이 생겨날 때에는 [들숨의] 일어남이라고 파악하고, 들숨이 소멸할 때에는 날숨의 공한 상태를 파악하는, [들숨의] 소멸이라고 파악한다. 날숨이 일어날 때에는 [날숨의] 일어남이라고 파악하며, 다시 소멸할 때에는 들숨의 공한 상태를 파악하는, [날숨의] 소멸이라고 파악한다. 동요 없고, 요동침이 없이, 산란한 행상이 없이, 환희를 지닌 [심]이 작동한다.

이런 방식으로 그는 셈의 영역을 초월한다. 그때 들숨과 날숨을 인식대상으로 하는 심과 결부되는 것을 제외하고, [그 심은] 세어질 수 없는 것이다. 들숨과 날숨들은 중간의 들숨과 중간의 날숨을 수반하며, 유전과 환멸의 상태를 지닌 것으로서 이해되어야 하고, 요해되어야 한다. 이것이 세는 것의 익숙함이라고 불린다.

실로 이 세는 것의 익숙함은 능력이 미약한 자(둔근)들에게 설해졌다. 그것은 그들로 하여금 심에 주하고 심에 기뻐하게 하기 위한 산란이 없는 곳이다. 그렇지 않다면 세는 것 없이 그들의 심은 혼침과 수면 때문에 덮여 있을 것이며, 또는 외적으로 심은 산란되어 있을 것이다. 그렇지만 세는 것을 수행하는 그들에게는 이것이 없다.

그러나 총명한 인지력을 가진, 능력이 예민한 자(利根)들은 세는 것의 수행에 즐겨 올라타지 않는다.[153] 그것에 관해 설명을 들었던 그들은 이와 같은 세는 것의 수행을 매우 빠르게 통달하지만, 그것에 대해 즐거워하지 않는다. 반대로 그들은 들숨과 날숨을 인식대상으로 하는 정념을 묶은 후에, 어느 곳에서, 어떤 한에서, 어떻게, 언제 그것들이 생겨나는지 그 모든 것을 확립된 정념을 갖고 이해하고 요해한다. 이것이 이런 형태를 가진 그것들의 수행이다.

그 수행을 실천하고 수습하고 반복해서 행하기 때문에 신체의 경안과 심의 경안이 일어난다. 그는 [心]一境性을 접촉하고 또 인식대상을 즐거워한다.

2) 이와 같이 익숙함을 행하는 그는 소취와 능취의 사태[154]를 작의함에

---

153 ŚrBh(2) 90,4-5: ye tu tikṣṇendriyāḥ paṭubuddhayas teṣāṃ punar gaṇanāprayogena priyārohatā bhavati. 하지만 여기에 부정사가 없지만, 티벳역과 한역은 모두 부정사 na를 넣어 번역하고 있으며, 이 방식이 둔근자의 경우와 대비되어 의미를 준다. 아마 teṣāṃ이 무엇을 가리키는지 분명하지 않으며, 이것 대신에 부정사를 넣어 이해하는 것이 좋을 것이다.

154 오온의 관찰에서 명-색을 물질과 심리적 요소의 관계나 관점에서 파악하는 것이 아니라,

의해 온들을 이해한다. 그는 어떻게 이해하는가? 들숨과 날숨들, 그리고 이것들의 의지체인 신체를 작의하면서 色蘊을 이해한다. 그것을 파악하는 정념과 상응하는, 이 들숨과 날숨들의 경험이 受蘊이라고 이해한다. 통각하는 것(saṃjānanā)이 想蘊이라고 이해한다. 이것이 念이고, 思(cetanā)이고, 어떤 것에 대한 慧(prajñā)일 때, 그것이 행온이라고 이해한다. 심·의·식이 식온이라고 이해한다. 이와 같이 온들에 대해 이해하는 자가 그것에 반복해서 주하는 것이 온들의 이해에 익숙함이라고 불린다.

3) 그가 오직 온뿐임(skandhamātra)과 오직 제행뿐임(saṃskāramātra), 오직 사태뿐임(vastumātra)을 보고 변지할 때, 그는 이 제행들의 연기를 이해한다.[155]

그는 어떻게 이해하는가? 그는 "이 들숨과 날숨들은 무엇에 의거하고 있으며 무엇을 조건으로 하는가?"라고 고찰하고 심구한다. 그는 다음과 같이 생각한다. 이 들숨과 날숨들은 신체에 의거하고 있고 신체를 조건으로 하며, 심에 의거하고 있고 심을 조건으로 한다. 그렇다면 신체와 심은 무엇을 조건으로 하는가? 신체와 심은 命根을 조건으로 한다고 이해한다. 명근은 무엇을 조건으로 하는가? 그는 명근은 이전의 제행을 조건으로 한다고 이해한다. 이전의 제행은 무엇을 조건으로 하는가? 그는 이전의 제행은 무

소취와 능취의 관계로 설명하는 것은 매우 특징적인 이해이다.

155 여기서 제행들의 연기는 "唯蘊(skandha-mātra), 唯行(saṃskāra-mātra), 唯事(vastu-mātra)"로 표현되고 있는데, 앞에서 x-mātra가 사용된 두 경우에 하나는 주관적 측면(=능취)에서, 그리고 다른 하나는 대상적 측면(=소취)에서 사용된 데 비해, 여기서는 "소취와 능취의 사태를 작의" 한다는 표현에서 보듯이, 두 가지 측면이 모두 입출식의 관찰에 적용되고 있다. 그렇다면 唯蘊과 唯行은 능취에, 唯事는 소취의 측면을 가리킬 것이다(색온도 내적인 근을 가리키는 것으로 본다면 능취에 포함될 것이다). 그렇지만 입출식념의 설명에서 4종 도리는 언급되지 않고 있다. 이와 관련하여 김성철(2010: 79)은 입출식의 명상을 통해 연기를 이해하는 설명은 매우 특징적이며, 성문지에 독특한 것이라고 지적하고 있다.

명을 조건으로 한다고 이해한다. 실로 무명을 조건으로 하는 것이 이전의 제행이고, 이전의 제행을 조건으로 하는 것이 명근이며, 명근을 조건으로 하는 것이 신체와 심이며, 신체와 심을 조건으로 하는 것이 들숨과 날숨들이다.

그중에서 무명의 소멸로부터 제행의 소멸이 있고, 제행의 소멸로부터 명근의 소멸이 있고, 명근의 소멸로부터 신체와 심의 소멸이 있고, 신체와 심의 소멸로부터 들숨과 날숨들의 소멸이 있다.

이와 같이 그는 연기를 이해한다. 그가 그것에 반복해서 주할 때 연기의 이해에 익숙함을 얻게 된다고 말해진다. 이것이 연기의 이해에 능숙함이라고 말해진다.

4) 이와 같이 연기에 대해 익숙함을 행한 그는 '이들 제행은 조건들에 의해 생겨난 것이고 무상하다'고 이해한다. 무상하기 때문에 [제행은] 비존재한 후에 생겨나고, 생겨난 후에 사라진다(abhūtvā ca bhavanti bhūtvā prativigacchanti). 비존재한 후에 생겨나고, 생겨난 후에 사라지는 것들은 生의 성질을 가진 것이고, 老의 성질을 가진 것이고, 病의 성질을 가진 것이고, 死의 성질을 가진 것이다. 생·노·병·사의 성질을 가진 것들은 고통이며, 고통인 것들은 무아(anātman)이고, 스스로에 의존하지 않으며(asvatantra), 주재자를 여읜 것(svāmivirahita)이다. 이와 같이 그는 무상·고·공·무아의 행상들에 의해 고제를 이해한다. 그는 다음과 같이 생각한다. '이들 제온들의 생기는, 그것이 무엇이든, 고와 같고 종기와 같은 것으로서, 갈애를 조건으로 하는 것이다. 반면 고를 낳는 갈애를 남김없이 끊는 것이 적정이고 탁월한 것이다. 이와 같이 반복해서 주하는 자는 갈애를 남김없이 끊는다고 나는 안다.' 이와 같이 그는 집제와 멸제, 도제를 이해한다. 그가 그것에 반복해서 주할 때, [사]제를 온전히 증득한다. 이것이 그에게 [사]제의 이해에 익숙함이라고 불린다.

이와 같이 사제에 대해 익숙함을 얻은 그에게 견도에서 제거되어야 할 번뇌들은 끊어졌고, 수도에서 제거되어야 할 [번뇌]들은 남아 있게 된다.

5) 그 [수도에 의해 제거되어야 할 번뇌]들을 제거하기 위해 그가 행하는 16행상에 대한 익숙함이란 무엇인가?

(1) 그는 정념을 갖고 숨을 들이키면서 '나는 숨을 들이킨다'고 훈련한다. 정념을 갖고 숨을 내쉬면서 '나는 숨을 내쉰다'고 훈련한다. ① 길게,[156] ② 빠르게, ③ 온몸을 요지하고 들이쉬면서 '나는 온몸을 요지하면서 들이쉰다'고 훈련한다. 온몸을 요지하고 내쉬면서, '나는 온몸을 요지하면서 내쉰다'고 훈련한다. ④ 신체의 작동들을 중지한 후에 들이쉬면서, '나는 신체의 작동들을 중지한 후에 들이쉰다'고 훈련한다. 신체의 작동을 중지한 후에 내쉬면서, '나는 신체의 작동을 중지한 후에 내쉰다'고 훈련한다.

⑤ 희열을 요지하면서, ⑥ 낙을 요지하면서 훈련한다. ⑦ 심의 작동을 요지하면서, ⑧ 심의 작동들을 중지한 후에 들이쉬면서, '나는 심의 작동들을 중지한 후에 들이쉰다'고 훈련한다. 심의 작동들을 중지한 후에 내쉬면서, '나는 심의 작동들을 중지한 후에 내쉰다'고 훈련한다.

⑨ 그는 심을 요지하면서, ⑩ 심이 희열에 차서, ⑪ 심을 집중하면서, ⑫ 심을 해탈시키면서 들이쉬면서 '나는 해탈한 심을 들이쉰다'고 훈련한다. 심을 해탈시키면서 내쉬면서 '나는 해탈한 심을 내쉰다'고 훈련한다.

⑬ 그는 無常(anitya)을 따라 보며, ⑭ 끊음(prahāṇa)을 따라 보며, ⑮ 이욕(virāga)을 따라 보며, ⑯ 멸(nirodha)을 따라 보면서 들이쉬고, '나는 멸을 따라 보면서 들이쉰다'고 훈련하고, 멸을 따라 보면서 내쉬면서, '나는 멸을 따라 보면서 내쉰다'고 훈련한다.[157]

---

156 유부 논서에서는 ①과 ②의 순서가 바뀌어 있다. 이에 대해서는 釋惠敏 1996: 229f 참조.

157 ⑬에서 ⑯까지는 사념처 중에서 法念處에 대응하는 것이지만, 그 내용과 순서는 SN V 311

(2) 그런데 이 [16종의] 행상들의 상세한 구별이란 무엇인가? 유학이고 [사성제의] 족적을 본 그는 사념처를 얻는다. 또 남아 있는 결박들을 끊기 위해 들숨과 날숨을 인식대상으로 하는 작의를 얻는다. 그 때문에 '나는 정념을 갖고 들이쉬면서, 정념을 갖고 들이쉰다'고 훈련하며, 정념을 갖고 내쉬면서 '나는 내쉰다'고 훈련한다.

① 그가 들숨과 날숨을 대상으로 할 때, 그때 '나는 길게 들이쉬고 내쉰다'고 훈련한다.

② 중간의 들숨이나 중간의 날숨을 대상으로 할 때, 그때 '나는 빨리 들이쉬고 내쉰다'고 훈련한다. 왜냐하면 들숨과 날숨들이 길게 일어나면 중간의 들숨과 중간의 날숨들은 빨리 [일어나기 때문이다]. 그것들이 일어나는 방식대로 그와 같이 관찰하고 안다.

③ 그가 미세한 구멍에 있는, 모공에 들어온 들숨과 날숨들을 신체 속에서 승해하고(adhimucyate),[158] [그것을] 인식대상으로 할 때, 그때 온몸을 요지

과 다르다. SN에서는 ⑬ anicca ⑭ virāga ⑮ nirodha ⑯ paṭinissagga로서, ŚrBh는 ⑯의 내용을 prahāṇa(斷)으로 대체하면서 또한 이를 ⑭에 위치시킨다. 그에 따라 virāga와 nirodha는 순차적으로 이어진다. 흥미로운 것은 이러한 ŚrBh의 나열 순서가 雜阿含 no. 803 (T2: 206b9) + no. 810 (208b10)의 그것과 일치한다는 사실이다. ⑭-⑯에 대한 두 전승의 차이는 ŚrBh가 뒤에서 부연설명하고 있듯이 "과거에는 초정려와 제2정려, 제3정려에 의지하거나 미지정에 의지함에 의해 샤마타 수행을 했지만, 지금은 무상을 보면서 비파샤나와 관련한 수행을 한다."는 데 기인하지 않을까 생각된다. 만일 이런 추정이 맞다면, 아함경 계통의 입출식념의 수행은 샤마타에 의거한 후에 비파샤나를 입출식념에 적용한 것이라 생각된다. Cf. 대지도론(T25: 138a10ff)에서 입출식의 16종의 나열은 내용이나 나열의 측면에서 ŚrBh와 SN와 다르다. 위의 내용과 관련해서 보면, 十二觀無常, 十三觀散壞, 十四觀離欲, 十五觀滅, 十六觀棄捨으로서, ⑬ 散壞를 제외하면 SN과 마지막 네 요소가 일치한다.

158 슈미트하우젠(2006: 132, n. 34)은 명상의 맥락에서 승해 개념은 "어떤 대상에 특정한 방식으로 집중하다" "의도적으로 (많은 경우 자의적으로) 특정방식으로 관념 속에서 현전화하거나 觀想하다"의 의미로 사용된다고 지적한다. 즉, 이것은 명상대상을 다시 visualization하는 기법으로서, 비록 그 대상이 직접지각된 것은 아니지만, 그런 수준까지 상승시키는 관찰방식이

하게 된다.

④ 그때 들숨과 중간의 들숨이 소멸했을 때, 들숨과 날숨이 없는, 들숨과 날숨을 여읜 상태를 인식한다. 또 날숨과 중간의 날숨이 소멸했지만, 들숨과 중간의 들숨이 생겨나지 않았을 때, 들숨과 날숨이 없는, 그것을 여읜, 그것이 결여된, 공허한 상태를 인식대상으로 한다. 그때 신체의 작동들을 중지한 후에 들이쉬면서, '나는 신체의 작동들을 중지한 후에 들이쉰다'고 훈련한다. 신체의 작동들을 중지한 후에 내쉬면서, '나는 신체의 작동들을 중지한 후에 내쉰다'고 훈련한다. 그렇지만 그는 열심히 행하고 수습하고 반복해서 행하기 때문에, 과거에 익숙하게 행하지 못한 자에게 들숨과 날숨들이 딱딱하고 감촉하기 어렵게 일어난다. 익숙하게 행했던 자에게는 다른 미약한 낙의 접촉감이 생겨난다. 따라서 신체의 작동들을 중지한 후에 나는 들이쉰다고 훈련한다.

⑤ 이와 같이 입출식념의 수행과 결합한 자가 만일 초정려나 제2정려를 얻었다면, 그때 그는 희열을 요지하면서 들이쉬고 '나는 희열을 요지하면서 들이쉰다'고 훈련한다.

⑥ 반면에 만일 희열을 여읜 제3정려를 얻었다면, 그는 그때 낙을 요지한다. 제3정려 이상에는 입출식념과의 결합은 없다. 그 때문에 제3정려에 이르기까지 [입출식념은] 설해졌고 포섭된 것이다.

⑦-⑧ 이와 같이 희열을 요지하거나 낙을 요지하는 자가 만일 하시라도 정념의 상실 때문에 '나는 무엇이다', '이것이 나이다', '나는 존재할 것이다', '나는 존재하지 않을 것이다', '나는 물질적인 자가 될 것이며, 비물질적인 자가 될 것이다', '나는 관념을 가진 자, 관념을 갖지 않은 자, 상을 가진 것도 아니고 상을 갖지 않은 것도 아닌 자가 될 것이다.'라는 생각이 일

다. 다만 '승해' 방식은 입출식념에서 오직 여기에서만 언급되고 있다.

어나면, 이와 같이 우치의 관념과 사고를 수반하는, 동요하고, 나와 관련되고(manyita) 다양화되고 강하게 의욕된 갈애가 일어난다. 그는 저 일어난 것을 재빨리 지혜를 통해 관통하고, 집착하지 않고, 끊고, 조복하고, 사라지게 한다. 이와 같이 그는 심의 작동들을 요지하면서, '나는 심의 작동들을 중지한 후에 들이쉰다' 또 '나는 심의 작동들을 중지한 후에 내쉰다'고 훈련한다.

⑨ 만일 그가 근본정인 초정려와 제2정려, 제3정려를 얻었다면, 그는 반드시 초정려의 가까이에 있는 未至定(anāgama)을 얻는다. 그는 그것에 의지한 후에 자신의 심을 관찰하면서, 탐을 수반하거나 탐을 여의고 있고, 진에를 수반하거나 진에를 여의고 있으며, 치를 수반하거나 치를 여의고 있고, 응축되어 있거나 산란되어 있고, 가라앉아 있거나 우쭐해 있고, 흥분되어 있거나 흥분되어 있지 않고, 적정하거나 적정하지 않고, 집중되어 있거나 집중되어 있지 않고, 잘 수습되어 있거나 잘 수습되어 있지 않고, 해탈해 있거나 해탈하지 않았다고 여실하게 알고 요지한다. 따라서 "그는 심을 요지한다"고 말한다.

⑩ 내적으로 적정한 그의 심이 혼침과 수면의 장애에 의해 덮여 있을 때, 그때 그는 또 다른 맑음을 불러일으킬 수 있는(prasadanīya) 인식대상에 의해 [심을] 드러내고 받아들이고 기쁘게 하고 즐겁게 한다. 따라서 "심이 희열에 차서"라고 말한다.

⑪ 또 우쭐해 있는 그의 [심이] 도거의 장애와 후회의 장애에 의해 덮여진다고 볼 때, 그때 그는 또 다른 맑음을 불러일으킬 수 있는 인식대상에 의해 [심을] 드러내고 내적으로 안주시키고 적정케 하고 삼매에 든다. 따라서 "심을 집중하면서"라고 말한다.

⑫ 또 그 심이 열심히 행하고, 수습하고, 반복해서 행함에 의해 장애의 작동으로부터 멀어지게 될 때, 장애로부터 정화된다. 따라서 "심을 해탈시

키면서 들이쉬면서 '나는 심을 해탈시키면서 들이쉰다'고 훈련한다"고 말한다.

⑬ 또 수행도의 수습을 방해하는 장애로부터 마음이 벗어난 자에게 제거되어야 할 남아 있는 隨眠들이 있다. 그는 그것들을 끊기 위해 수행도를 현전시킨다. 즉, 바로 제행의 무상성을 잘 이치에 맞게 관찰한다. 따라서 "그는 無常을 따라 보며"라고 말한다.

⑭-⑯ 또 그는 과거에는 초정려와 제2정려, 제3정려에 의지하거나 미지정에 의지함에 의해 샤마타 수행을 했지만, 지금은 무상을 보면서 비파샤나와 관련한 수행을 한다. 이와 같이 샤마타와 비파샤나에 의해 영향받는 그의 심은 여러 界들에 대한 수면들로부터 해탈된다.

界란 무엇인가? 끊음의 계(prahāṇa-dhātu)가 있고, 이욕의 계(virāga-dhātu)가 있고, 소멸의 계(nirodha-dhātu)가 있다. 그중에서 견도에서 제거되어야 할 모든 제행을 끊었기 때문에 끊음의 계이다. 수도에서 제거되어야 할 모든 제행을 끊었기 때문에 이욕의 계이다. 모든 잔존물(upadhi)이 소멸되었기 때문에 소멸의 계이다.

그는 이와 같이 세 개의 계를 적정의 측면에서, 평안의 측면에서, 무병의 측면에서 작의하면서 샤마타와 비파샤나를 수습한다. 그는 열심히 행하고, 수습하고, 반복해서 행함에 의해 수도에서 제거되어야 할 남아 있는 번뇌들로부터 그의 심은 해탈된다. 따라서 "그는 끊음을 따라 보며, 이욕을 따라 보며, 멸을 따라 보면서 들이쉬면서, '나는 멸을 따라 보면서 들이쉰다'고 훈련한다"고 말한다.

(3) 이와 같이 견도와 수도에서 제거되어야 할 번뇌들이 이미 제거되었을 때, 그는 漏를 소멸하고, 그 이후로 행해야 할 어떤 것도 없는 아라한이 된다. 그는 익숙함(paricaya)을 성취했다. 이것이 그의 16종의 익숙함이라고 불린다.

이 5종 익숙함이[159] 그의 입출식념이라고 불린다.

3.2.5.3. 결론

심사의 성향을 가진(vitarkacarita)[160] 개아가 어떤 것에 대해 노력할 때, 희열이 증대되는 방식으로 노력한다. 이 [입출식념의] 인식대상은 작용을 수반하고, 산란을 수반하며, 내적으로 개별적으로 근접해 있다. 저 [인식대상]을 갖고 노력하는 그에게 심사의 산동은 없고, 매우 신속하게 심은 인식대상에 안주하고 기뻐한다. 이 [입출식념]이 심사의 성향을 가진 개아에게 행위를 정화시키는 다섯 번째 인식대상이다.

3.3. 善巧所緣(kauśalyālambana) (ŚrBh 237,6; Ch. 433c1)

선교라는 인식대상이란 무엇인가? 蘊에 대한 선교, 界에 대한 선교, 處에 대한 선교, 연기에 대한 선교, 處와 非處에 대한 선교이다.

3.3.1. 온과 온에 대한 선교

그중에서 蘊은 무엇이며, 온에 대한 선교란 무엇인가?

1) 온은 5종이다. 즉, 色蘊, 受蘊, 想蘊, 行蘊, 識蘊이다.

(i) 색온이란 무엇인가? 어떠한 색이든 그 모든 것은 4대종과 4대 所造이다. 또는 과거와 미래, 현재의 [색]이거나, 내적인 것과 외적인 것, 또는 거친 것과 미세한 것, 또는 하열한 것과 탁월한 것, 멀리 있거나 가까운 것이다.

---

159 5종의 입출식의 익숙함(paricaya)은 앞의 § 3.2.5.2에서 설명한 큰 내용을 가리킨다.

160 입출식념은 심사의 성향을 가진(vitarkacarita) 개아들을 위한 수행으로 규정되고 있다. vitarkacarita에 대해서는 ŚrBh II.1.7을 보라.

(ii) 수온이란 무엇인가? 접촉에 의거한 후에, 낙을 감수시킬 수 있는 것이거나 고를 감수시킬 수 있는 것, 또는 불고불락을 감수시킬 수 있는 것이다.

(iii) 상온이란 무엇인가? 현상적 모습을 수반한 관념(saṃjñā), 현상적 모습이 없는 관념, 한정된 것이라는 관념, 큰 것이라는 관념, 무량한 것이라는 관념, 어떤 것도 존재하지 않는다는 무소유처의 관념이다. 여섯 개의 관념의 그룹들이 있다. 눈과의 접촉에서 생겨난 관념, 귀와 코, 혀와 신체, 意와 접촉에서 생겨난 관념이다.

(iv) 행온이란 무엇인가? 여섯 개의 思의 그룹(cetanā-kāya)들이 있다. 눈과의 접촉에서 생겨난 思(cetanā), 귀와 코, 혀와 신체, 意와 접촉에서 생겨난 思이다. 受와 想을 제외한 후에 그것들과 다른 심소법들이다.[161]

(v) 식온이란 무엇인가? 心(citta)과 意(manas), 識(vijñāna)이다.[162] 또한 여섯 개의 식의 그룹들도 있다. 즉, 안식, 이식, 비식, 설식, 촉식, 의식이다.

이 수·상·행·식은 과거와 미래, 현재에 속한 것이며, 내적인 것과 외적인 것으로 상세한 것은 앞에서와 같다. 이것들이 온들이라고 불린다.

2) 온의 선교란 무엇인가? 설명했던 대로의 법들을 다양한 자체를 가진 것으로서 또는 많은 자체를 가진 것으로서 알지만, 그것과 다른 것은 지각하지 않고 분별하지 않는 것이 요약하면 온의 선교라고 불린다.

그중에서 온들이 다양한 자체를 갖고 있다는 것은 무엇인가? 색온과 수온은 다르며, 내지 식온도 다르다. 이것이 다양한 자체를 가진 것이다. 많은 자체를 가진 것이란 무엇인가? 색온은 대종과 소조의 구별에 의해, 또

161 이 정의는 유식학파의 5위의 체계에서 53종의 심소법들 중에서 受와 想을 제외한 다른 법들이 모두 행온에 포섭된다는 것을 가리킨다.

162 이 정의는 心(citta)과 意(manas), 識(vijñāna)을 동의어로 보는 것이다.

과거와 미래, 현재의 구별에 의해 다수의 종류이고 많고 다양한 종류를 가진 것이다. 이것이 색온이 많은 자체를 가진 것이라고 불린다. 이와 같이 나머지 온들에 대해서도 이치에 따라 이해해야 한다.

그것과 다른 것이 왜 지각되지 않고 분별되지 않는가? 오직 온만을, 오직 사태만을 지각하지, 온과 독립해 있는 것으로서 자아를 영원하고 견고하며, 변이하지 않는 성질을 가진 것이라고 지각하지 않는다. 또한 자아에 속한 것도 [지각하지] 않는다]. 그것을 넘어선 그 어떤 것도 지각하지 않고 분별하지 않는다.

3.3.2. 계와 계에 대한 선교

계는 무엇이며, 계에 대한 선교란 무엇인가?

1) 답: 계는 18개이다. 즉, 안계·색계·안식계, 이계·성계·이식계, 비계·향계·비식계, 설계·미계·설식계, 신계·촉계·신식계, 의계·법계·의식계이다. 이것들이 계라고 불린다.

2) 그중에서 계의 선교란 무엇인가? 그는 이 18종의 법들이 각각의 계로부터, 각각의 종자로부터, 각각의 종성으로부터 생하고 산출되고 나타난다고 알고, 기뻐하면서 관찰한다. 이것이 계의 선교라고 불린다. 18종의 법들이 각각의 계로부터 일어난다고 아는 것이 인·과의 선교이고, 이것이 즉 계의 선교이다.

3.3.3. 처와 처에 대한 선교

處(āyatana)는 무엇이며, 처에 대한 선교란 무엇인가?

1) 답: 처는 12개이다. 즉, 안처와 색처, 이처와 성처, 비처와 향처, 설처와 미처, 신처와 촉처, 의처와 법처이다. 이것들이 처라고 불린다.

2) 처에 대한 선교란 무엇인가? 상응을 수반한 眼識의 생기를 위해 眼이

增上[緣](adhipati-pratyaya)이고, 색들이 소연[연](ālambana-pratyaya)이며, 직전에 소멸한 意가 등무간[연](samanantara-pratyaya)이다. 상응을 수반한 耳識의 생기를 위해 耳가 증상[연]이고, 聲이 소연[연]이며, 직전에 소멸한 意가 등무간[연]이다. 마찬가지로 상응을 수반한 意識의 생기를 위해 意가 등무간[연]이고, 거기서 생겨난 작의가 증상연이고, 법이 소연[연]이다. 이와 같이 등무간연과 소연연, 증상연의 세 개의 조건들에 의해 상응을 수반한 식의 여섯 그룹들이 생기하게 된다. 이와 같이 내적, 외적 처들에 있어 조건들에 대한 선교가 있다.

이것이 처에 대한 선교라고 불린다.

3.3.4. 연기와 연기에 대한 선교

연기란 무엇이며, 연기에 대한 선교란 무엇인가?

1) 답: 무명을 조건으로 하는 행들이 있고, 행들을 조건으로 하는 식이 있으며, 식을 조건으로 하는 명색이 있으며, 상세하게는 내지 전체적인 커다란 苦蘊의 무더기가 있다. 이것이 연기라고 불린다.

2) 또한 단지 법들이 법들을 요동치게 하고, 단지 법들이 법들을 흔들리게 한다. 단지 제행이 법들을 인발시키고, 원인들에 의해 일어나는 것이기 때문에, 조건들에 의해 일어나는 것이기 때문에 비존재한 후에 생기고, 생겨난 후에 사라지는 것이다. 따라서 이들 제행은 무상하다. 또 무상한 것들은 생기의 성질을 갖고 있고, 늙어감의 성질을 갖고 있고, 병의 성질을 갖고 있고, 死의 성질을 갖고 있고, 우수와 비탄, 고통과 우울함, 고뇌의 성질을 갖고 있다. 그것들은 생기의 성질을 갖고 있기 때문에 내지 고뇌의 성질을 갖고 있기 때문에 고통스러운 것이다. 고통스럽고, 자신에 의존하지 않고, 미약한 것들은 자아를 가진 것이 아니다. 따라서 이 측면들에 의해 조건지어 생겨난 법들에 대해 무상의 앎, 고통의 앎, 무아의 앎이 있다.

이것이 연기에 대한 선교라고 불린다.

3.3.5. 處와 非處에 대한 선교

處와 非處에 대한 선교란 바로 특수한 [형태의] 연기에 대한 선교라고 알아야 한다. 그 차이는 다음과 같다. 처와 비처에 대한 선교에 의해서 그는 균등하지 않은 원인을 가졌음을 안다. 선업과 불선업들의 결과의 이숙이 있다. 선업들은 원하는 결과의 이숙을 갖지만, 불선업들은 원하지 않는 [결과의 이숙을] 가진다. 이와 같은 앎이 처와 비처에 대한 선교라고 불린다.

이 다섯 가지 경우의 선교를 요약하면 自相의 선교와 共相의 선교이다. 그중에서 온의 선교에 의해 자상의 선교가 설해졌고, 나머지들에 의해 공상의 선교가 설해졌다. 이것이 선교의 인식대상이다.

3.4. 淨惑所緣(kleśaviśodhanam ālambanam) (ŚrBh 249,12; Ch. 434b14)

3.4.1. 세간도에 따른 번뇌의 정화

1) 번뇌를 정화시키는 인식대상이란 무엇인가? 답: 下地의 거침과 上地의 적정함이다. 즉, 욕계에 비해 초정려의 [적정함이고] 내지 [무소유처정에 비해] 비상비비상처의 [적정함이다].

그중에서 거침이란 무엇인가? 거침은 자성적인 거침과 숫자에 따른 거침의 2종이다.

자성적인 거침이란 욕계에서도 5온이 존재하고, 초정려에서도 그렇다. 욕계에 속하는 것들은 보다 단점을 많이 갖고 있고 보다 고통스럽게 주하며, 보다 적은 [시간적] 상태를 갖고 있으며, 보다 열등하고, 보다 불행하다. 이것이 이들에게 자성적인 거침이다. 그러나 초정려에서는 그렇지 않다. 따라서 그것들은 보다 적정하고 보다 탁월하다고 설해진다.

숫자에 따른 거침이란 무엇인가? 욕계에 속한 색온은 보다 다수로서, 변지되어야 하고 제거되어야 하는 것이며, 식온에 이르기까지 마찬가지다. 이것이 숫자에 따른 거침이라고 불린다. 이와 같이 上地들에 있어서도 자성적인 거침과 숫자에 따른 거침은 이치에 따라 이해되어야 한다. 그렇지만 상지들에 있어서 무소유처에 이르기까지 그것의 거침이 알려져야 한다. 모든 하지들은 보다 고통에 주하며, 보다 작은 수명을 갖고 있다. 반면에 비상비비상처는 오직 적정하다. 왜냐하면 위에 보다 우수한 영역이 없기 때문이다.

요약하면 거침의 의미는 단점의 의미이다. 각각의 영역에 보다 많은 단점이 있을 때, 그 [영역]은 거칠다고 불린다. 반면 각각의 영역에 보다 작은 단점이 있을 때, 그 [영역]은 단점이라는 측면에서 적정하다고 불린다. 이것이 세간개아들에 있어 세간도에 의해 번뇌를 정화시키는 인식대상이다.

2) 마찬가지로 그가 하지를 단점으로서, 병으로서, 평안하지 않은 것으로서 보고, 또 상지를 적정한 것으로서 볼 때, 하지에 속한 번뇌들 내지 비소유처에 속한 번뇌들은 욕계와 관련해 끊어지지만, 그러나 궁극적으로 끊어진 것은 아니다. 그것들은 다시 이어지는 것이다.

3.4.2. 출세간도에 따른 번뇌의 정화

3.4.2.1. 사성제 (ŚrBh 251,11; Ch. 434c19)

반면 출세간도에 의해 번뇌를 정화시키는 인식대상은 고제와 집제, 멸제, 도제의 4종이다.

(i) 고제란 무엇인가? 태어남은 고통이며, 늙어감은 고통이며, 병은 고통이며, 죽음은 고통이고, 좋아하지 않는 것과의 만남, 좋아하는 것의 사라짐, 원하는 것을 얻지 못함, 그리고 요약하면 오취온이라는 고통이다. 집성

제란 재생으로 이끌고(paunarbhavikī), 쾌락을 수반하고(nandīrāgasahagatā), 이곳저곳에서 희구하는(tatratatrābhinandinī) 갈애(tṛṣṇā)이다. 멸성제란 그 갈애를 남김없이 끊은 것이다. 도제란 성스러운 8지의 수행도이다.

(ii) 흑품과 백품과 관련하여 인과의 건립에 의해 4제가 건립된다. 그중에서 고제는 결과이고, 집제는 [고제의] 원인이며, 멸제는 결과이고, 도제는 [멸제의] 획득과 접촉을 위한 원인이다.

(iii) 고제는 병과 같은 것으로 처음에 변지되어야 하는 것이다. 집제는 병의 원인과 같은 것으로 그 후에 제거되어야 하는 것이다. 멸제는 병이 없는 상태처럼 접촉되어야 하는 것이고 촉증되어야 하는 것이다. 도제는 약과 같은 것으로 친숙하게 되어야 하는 것이고 수습되어야 하는 것이고 반복해서 행해져야 하는 것이다.

(iv) 고통이라는 의미에서 이 고는 진실하고, 그러하고, 거짓이 없고, 전도되지 않았고 전도된 것이 아니다. 내지 도는 도의 의미에서 [진실하고, 그러하고, 거짓이 없고, 전도되지 않았고 전도된 것이 아니다.] 따라서 諦(satya, 진리)라고 불린다. 자상은 거짓이 아니다. 그것을 보기 때문에 전도되지 않은 인식(buddhi)들이 일어난다. 따라서 諦라고 불린다.

(v) 무엇 때문에 오직 성자들의 진리인가? 성자들은 사성제를 평등하게 진리라고 알고, 여실하게 본다. 반면 어리석은 자들은 알지 못하고 여실하게 보지 못한다. 따라서 四聖諦라고 설해진다. 어리석은 자들은 자연적으로 이것이 진리라고 인식하지 못함에 의해, 반면 성자들은 두 방식으로[163] [여실하게 알고 본다].

---

163 ŚrBh(2) p. 121에서 두 방식을 "사제를 法爾로 인식하고 진실로 한다"고 하지만, 두 방식은 바로 위의 문장이 보여 주듯이 "여실하게 알고 보는" 것으로, 즉 여실지견이라고 생각된다.

3.4.2.2. 사제에 대한 개별적 설명

3.4.2.2.1. **고제에 대한 개별적 설명** (ŚrBh 254,5; Ch. 434c26)

1) 태어남의 고통이란 심신에 속한 괴로운 감수가 일어나지만, 태어남 자체는 고통은 아니고 고통의 원인이다. 마찬가지로 원하는 것과의 분리가 고통이라는 것은 원하는 것의 손상 때문에 신체적이고 심적인 고통이 일어나지만, 그러나 원하는 것과의 분리 자체는 고통이 아니고 고통의 원인이라는 것이다. 이하 같다.

2) 요약하면 5취온은 고통이라는 [경전의] 설명에서[164] 태어남 등의 차별에 의해 바로 苦苦性(duḥkha-duḥkhatā)이 설명되었다. 나머지 壞苦性(vipariṇāma-duḥkhatā)과 行苦性(saṃskāra-duḥkhatā)도 5취온고에 의해 설명되었다. 왜냐하면 3종 감수에 들어가는 5취온은 그와 같이 설명된 苦苦性의 그릇(bhājana)이 되는 것이기 때문이다.[165] 설해지지 않은 괴고성과 행고성도 바로 이 [5온] 속에 있다고 보아야 한다.

그런데 어떤 이유로 세존께서는 오직 고고성만을 자신의 말로 설명하시고, 반면 괴고성과 행고성은 동의어로서 [설명하셨는가]? 왜냐하면 고고성에 대해 성자들과 어리석은 자들에게 동일한 고통의 인식이 일어나는데,

---

164 여기서 경전의 설명은 SN V 421 등을 가리킬 것이다. '오취온은 고통이다'라는 말은 고고성(duḥkhaduḥkhatā)과 괴고성(vipariṇāmaduḥkhatā), 행고성(saṃskāraduḥkhatā)의 의미로 해석되고 있는데, 고고성은 불에 데었을 때의 감수처럼 직접적인 괴로운 감수로서, 모든 것은 무상성에 의해 변화에 종속될 수밖에 없다는 점에서 괴고성으로, 그리고 모든 것이 무상하다는 사실이 바로 행고성이다. 이런 점에서 행고성은 "형이상학적" 고통일 것이다. 3종의 苦性(duḥkhatā)에 대해서는 Schmithausen 1977 참조.

165 섭결택분 (T30: 642b17-19; Y(t) zi 169a3-5)은 오취온고를 5종의 특징 때문에 고통이라고 설명한다. "고통을 낳은 그릇이 되기 때문에, 고통의 생기와 관련해 그릇이 되기 때문에, 고고성의 그릇이 되기 때문에, 괴고성의 그릇이 되기 때문에, 그리고 본질적으로 행고성에 의해 특징지어지기 때문이다."

이전에 변지를 행하지 못한 자들은 고고성을 극히 싫어하며, 따라서 이와 같이 설해졌을 때 교화를 받아야 할 자들은 사성제에 관해서 쉽게 이해하기 때문이다.

3) 그중에서 어떻게 3종의 苦性이 건립되었는가?

(i) 먼저 태어남은 고통이다 내지 원하는 것과의 분리는 고통이다가 고통이라는 말에 의해서 토대를 가진 괴로운 감수가 설명되었고, 그것이 고고성이다. 이것이 고고성의 건립이다.

(ii) 또는 이러한 각각의 반대되는 법들이 있다. 노에 대한 젊음, 병에 대한 무병, 죽음에 대한 수명, 원하지 않는 것과의 만남에 대한 원하는 것과의 만남, 원하는 것과의 분리에 대한 원하지 않는 것과의 분리, 원하는 것의 결핍에 대한 원하는 것과의 만남이다.

괴로운 감수 속에서 토대를 가진 번뇌들이 생겨났고, 또 병이 없는, 낙을 일으킬 수 있는 법들 속에서 또 그것에서 유래한 감수 속에서 번뇌들이 생겨났을 때,[166] 그것이 괴고성이라 불린다. 토대를 가진 즐거운 감수가 무상성 때문에 변할 때, 고통은 다른 상태에 의해 영향을 받는다. 반면에 번뇌들이 모든 곳에서 일어났을 때, 분출의 측면(paryavasthānataḥ)에서만 괴로운 것이다.

또 심의 변이가 있기 때문에 괴고성이라고 설해진다. 세존께서는 "혼란스럽고 변화된 심을 갖고 여인의 손을 잡는다."고 설하셨고, 또 "욕망의 대상에 대한 갈구가 분출하는 자는 욕망의 대상에 대한 갈구의 분출에 의거하고, 그것에서 생겨난 심적인 고통과 우울을 요지한다."라고 설하셨다.

---

166 여기서 번뇌의 의미는 심을 염오시킨다는 의미보다 괴고성과 관련되어 심을 괴롭히는 측면이 드러난다. 이하에서 나오듯이 그런 번뇌가 현실적으로 분출되었다면 그것은 좋은 상태에서 나쁜 상태로의 변화 때문에 심을 괴롭히고 고통스럽게 한다는 의미이다.

이와 같이 증오, 혼침과 수면, 도거와 후회, 의심이 분출된 자는 [고통과 우울을 요지한다]. 이미 획득되고 최고로 획득된 이 聖教(āgama)에 의해 고통의 의미와 변괴의 의미가 획득된다. 따라서 번뇌에 의해 변화된 苦性이라고 설해진다. 이것이 괴고성에 의한 건립이다.

(iii) 반면 행고성이란 5취온(pañcopādānaskandha)들 속에 변재한다. 그렇지만 요약하면 고고성과 번뇌에 포함된 괴고성, 그리고 토대를 수반한 즐거운 감수에 포함된 [괴고성]을 제외하고, 그것과 다른, 불고불락을 수반하고, 그것에서 생겨났고, 그것의 생기의 조건이 되며, 그리고 이미 생겨난 것의 존속을 위한 그릇들이 행고성이라 설해진다. 온들이 무상하고 생멸과 결합되어 있고, 취착을 수반하고, 세 가지 감수들과 결부되어 있고, 추중[167]을 동반하며(dauṣṭhulyopagata), 불안은성에 떨어지고(ayogakṣema-patita),[168] 고고성과 괴고성에서 벗어나지 못했고, 스스로의 힘에 의해 일어나지 않을 때, 그것이 행고성으로서의 苦性이라고 설해진다.[169] 이것이 행고성에

---

167 초기 유가행파 문헌에서 dauṣṭhulya의 다양한 의미와 관련된 맥락에 대해서는 Schmithausen (1987: 66ff 및 대응하는 각주 참조). dauṣṭhulya는 한역 麤重이 보여 주듯이 거칠고 둔탁한 의미를 보여 준다. 유가론에서 추중의 의미는 크게 (i) "번뇌에 속한 종자", (ii) "이숙에 속한 종자", (iii) "다른 무기에 속한 종자", (iv) "비활동적인 상태", (v) "行苦性"의 5종으로 제시되고 있다. (i)~(iii)까지 추중은 현행과 대비된 종자의 의미로서, 추중을 심신복합체에 있는 잠재적인 형태의 악한 경향성(=anuśaya)으로 보든지, 아니면 의지체에 부착된 업의 과보로서의 잠재적인 형태의 불편함으로 보든지, 아니면 도덕적으로 중립적인 성질의 잠재성으로 보는 것이다. (iv)는 신체가 추중에 부착되어 있기 때문에 의지체가 활동적인 상태로 되지 못하는 것으로서, (ii)의 의미와 연관되어 있으며, 이 단락의 의미와 직접 연관된다. 마지막으로 (v)는 성자에게는 아니지만 적어도 범부에게 있어서 오온으로서의 의지체 전체(sakalo āśrayaḥ)가 추중에 의해 본질적으로 영향을 받고 있음을 보여 준다.

168 ŚrBh 490,5-11에서 不安隱의 측면에 의해서는 불고불락을 불러일으킬 수 있는 온들에 대해 고의 행상으로 이해한다는 설명이 세 개의 苦性으로서 설해지는데, 위의 내용과 매우 유사한 표현이 사용되고 있다. IV.2.1.2.1.1.6-을 보라.

169 섭결택분(T30: 642a12-15): 三界諸行爲煩惱品麁重所隨. 性不調柔不自在轉. … 故名麁重所隨故苦 "삼

의한 건립이다.[170]

3.4.2.2.2. 집제에 대한 개별적 설명

그중에서 갈애의 동의어는 희구(prārthana)와 욕망(abhilāṣa), 희열(abhinandana)이다. 또한 그 희구는 세 가지 방식으로 재생의 희구와 경계의 희구를 일으킨다. 재생의 희구는 재생과 관련된 갈애이다. 경계의 희구는 다시 2종이다. 획득된 경계들에 대해서는 즐거움에 대한 집착을 수반하는 것이고, 획득되지 못한 경계에 대해서는 결합에 대한 집착을 수반하는 것이다. 그중에서 획득된 경계들에 대해서 즐거움에 대한 집착을 수반하는 것이 쾌락을 향한 탐을 수반하는 것(nandīrāgasahagata)이라고 설해지며, 획득되지 않은 경계에 대해서 결합에 대한 집착을 수반하는 것이 이곳저곳에서 희구함(tatratatrābhinandinī)[171]이라고 설해졌다.

계에 속하는 제행은 번뇌에 속한 추중에 의해 침투되어 있기 때문에 활동적이지 못하고 자재하게 작동하지 못한다. … 따라서 추중에 의해 침투된 고통이라고 한다." 또한 섭결택분(T30: 663b12-15): 此中云何爲行苦性? 謂後有業煩惱所生諸行, 於彼彼自體中 能隨順生一切煩惱及與衆苦所有安立, 一切遍行麁重所攝, 亦名麁重. "행고성이란 무엇인가? 재생과 관련된 업과 번뇌에 의해 산출된 제행이 각각의 신체 속에 모든 번뇌와 고통의 생기에 적합한 성향(gnas pa, 安立, *saṃniveśa)을 갖고, 또 모든 추중의 [범주]에 속할 때에, 그것을 추중이라고 한다." (Schmithausen 1987: n. 461 참조).

170 행고성의 의미에서의 고통의 건립은 따라서 오취온의 고통을 행고성의 의미에서의 고통으로 설정하는 것을 가리킬 것이다. 이는 AS 37,21f의 설명에서도 확인된다. Schmithausen (1987: n. 461)에 따라 이를 풀어 설명하면, '요약하며 오취온이 고통'이라는 말에서 고통은 행고성을 말하며, 그것이 승의로서의 고통이다. 반면 실제로 우리가 무엇 때문에 고통을 감수하는가의 이유는 바로 추중의 고통 때문이다.

171 이 설명은 앞에서 집성제를 설명할 때 갈애(tṛṣṇā)를 재생으로 이끌고(paunarbhavikī), 쾌락을 수반하고(nandīrāgadahagatā), 이곳저곳에서 희구하는 것(tatratatrābhinandinī)에 대응시키는 것이다.

3.4.2.2.3. 멸제에 대한 개별적 설명

멸도 2종이다. 번뇌의 소멸과 수번뇌의 소멸이다.

3.4.2.2.4. 도제에 대한 개별적 설명

도도 2종이다. 유학과 무학이다.

이것이 출세간도에 의해 번뇌를 정화시키는 인식대상이라고 알아야 한다.

따라서 인식대상은 4종이다.[172] 즉, 변재하는(vyāpi) 인식대상, 행위를 정화시키는(caritaviśodhana) 인식대상, 선교(kauślya)의 인식대상, 그리고 번뇌를 정화시키는(kleśaviśodhana) 인식대상이다.

172 이하는 ŚrBh II.3 所緣 항목의 큰 주제를 다시 정리한 것이다.

4. 教授(avavāda)

4.1. 교수의 종류 (ŚrBh 258,13; Ch. 435b23)

教授란 무엇인가? 교수는 4종이다. 전도되지 않은 교수, 점차적 교수, 聖言(āgama)의 교수, 증득(adhigama)의 교수이다.

1) 그중에서 전도되지 않은 교수란 무엇인가? 전도되지 않은 법과 의미를 설하고 진실을 포착하는 것이며, 그가 올바로 고통을 멸하기 위해 고통을 종식시키기 위해 출리하는 것이 전도되지 않은 교수라 설해진다.

2) 점차적 교수란 무엇인가? 때에 맞게 법을 설하고, 일반적인 점들을 처음부터 포착하고 말하며, 그 후에 심원한 점들을 [포착하고 말하거나], 또는 첫 번째 진리의 현관을 위해 먼저 설하고, 그 후에 집제와 멸제, 도제를 [말하며]. 첫 번째 선정에 들어가기 위해 먼저 말하고 그 후에 다른 선정에 들어가는 것을 [말하는] 것이다. 이러한 종류의 것이 점차적인 교수라고 설해진다.

3) 성언의 교수란 어떤 자가 스승에게서 또는 스승과 유사한 요가를 아는 궤범사들이나 친교사, 여래나 여래의 제자에게서 전승을 받는 것처럼, 그와 같이 그는 더하거나 뺌이 없이 타인들에게 교수하는 것이 성언의 교수라고 설해진다.

4) 증득의 교수란 홀로 외진 곳에 머무는 자가 법들을 증득하고 접촉하고 촉증한 것처럼 바로 같은 것을 타인들로 하여금 획득하고 접촉하고 촉증하게 하기 위해 교수하는 것이 증득의 교수라고 설해진다.

4.2. 일체 측면을 완성한 교수

또한 일체의 측면을 완성한 교수가 있다. 그것은 무엇인가? 신변의 신통력ṛddhi-prātihārya)과 [타인의 마음을] 읽는 신통력(ādeśanā-prātihārya), 教誡의 신통력(anuśāsti-prātihārya)이라는 세 가지 신통력에 의해 교수하는 것이다.[173]

신변의 신통력에 의해서는 무수한 신변의 영역을 제시하고, 타인들로 하여금 자신을 존중하도록 하는 것이다. 그럼으로써 존중을 일으킨 자들은 귀를 기울임에 의해 요가와 작의와 관련해 존경을 일으키는 것이다. [타인의 마음을] 읽는 신통력에 의해서는 심의 작동을 관찰한 후에, 教誡의 신통력에 의해서는 감각기관대로, 작동한 대로, 이해한 대로 법의 교설을 제시하고 정행과 관련해 교계를 행한다. 이것이 세 가지 신통력에 의해 포함된 일체 측면을 완성한 교수이다.

---

173 세 가지 신통력(prātihārya)은 Kevaḍḍhasutta(MN XI.)에서 처음으로 분류되어 설해졌다.

5. 훈련(śikṣā, 學)

5.1. 3종의 훈련 (ŚrBh 261,8; Ch. 435c20)

훈련(śikṣā)이란 무엇인가?

답: 훈련은 3종이다. 증상계의 훈련, 증상심의 훈련, 증상혜의 훈련이다.

5.2. 3종 훈련의 정의

그중에서 증상계의 훈련이란 무엇인가? "계를 갖추고 주한다"고 상세히 앞에서처럼[174] 설한 바와 같다.

그중에서 증상심의 훈련이란 욕망의 대상들로부터 떨어진, 악하고 불선한 법들로부터 떨어진, 거친 사유와 미세한 사유를 수반한, [욕망의 대상으로부터] 분리된 데에서 생겨난 희·락을 가진 초정려로부터 제4정려를 갖춘 후에 주하는 것이 증상심의 훈련이다. 또한 일체의 무색[정] 및 그것과 다른 삼매에 들어가는 것도 증상심의 훈련이라고 설해진다. 그렇지만 정려들에 의지한 후에 먼저 사제의 현관(satyābhisamaya)이 있고 확정성에 들어

---

174 ŚrBh I.3.4. 〈戒律儀 (śīlasaṃvara)〉 항목을 가리킨다.

가는 것이지, 정려없이 모든 방식으로 온전히 [그것들이 이루어지는 것은] 아니다. 따라서 정려들을 일차적인 것으로 한 후에 증상심의 훈련이라고 설해진다.

그중에서 증상혜의 훈련이란 사성제에 대해 여실하게 아는 것이다.

5.3. 훈련이 3종인 이유

어떤 이유로 훈련은 오직 세 개일 뿐이며, 그것보다 많지 않은가?

답: 삼매에 안주하기 위해, 智에 토대를 주기 위해, 행해져야 할 것을 수행하기 위해서이다.

그중에서 증상계의 훈련은 삼매에 안주하기 위해서이다. 왜냐하면 계에 안주한 후에 심일경성이라는 심의 삼매를 접하기 때문이다.

그중에서 증상심의 훈련은 智에 토대를 주기 위해서이다. 왜냐하면 마음이 집중된 상태에 있는 자에게 하나의 대상을 향한 정념(smṛti)을 통해 알려져야 할 사태에 대한 여실한 지견이 생겨나기 때문이다.

그중에서 증상혜의 훈련은 행해져야 할 것을 수행하기 위해서이다. 왜냐하면 극히 청정한 지견에 의해 번뇌의 끊음을 촉증하기 때문이다. 실로 번뇌의 끊음이라는 이것이 자리이며, 이것이 최고의 행해져야 할 것이다. 그것보다 뛰어난 행해져야 할 것은 없다. 따라서 훈련은 단지 셋이다.

5.4. 훈련의 순서

이 훈련들의 순서는 무엇인가?

극히 청정한 계를 가진 자에게 후회는 없다. 후회가 없는 자에게 희열과 喜, 경안, 낙(sukha)이 있고, 기뻐하는 자에게 심의 삼매가 있다. 심이 집중된 자는 여실하게 알고 여실하게 본다. 여실하게 알고 보는 자는 [유위법을] 싫어한다. 싫어하는 자는 이욕한다. 이욕한 자는 해탈하며, 해탈한 자는 집착하지 않은 후에 열반한다. 이와 같이 수습된 이들 계는 최상의 상태로, 즉 집착하지 않은 후에 열반으로 인도한다. 이것이 이 훈련들의 순서이다.

5.5. 두 가지 이유에서 훈련항목의 구별

어떤 이유로 증상계의 훈련이 증상계라고 설해지는가? 마찬가지로 증상심과 증상혜라고 [설해지는가]? 주제영역(adhikāra)의 의미에서, 또 뛰어남(adhika)의 의미에서이다.

(i) 그중에서 무엇이 주제영역의 의미에서인가? 증상심을 주제로 한 계가 증상계의 훈련이다. 증상혜를 주제로 한 심의 삼매가 증상심의 훈련이다. 번뇌의 끊음을 주제로 한 智와 見이 증상혜의 훈련이다. 이것이 주제영역의 의미에서이다.

(ii) 무엇이 뛰어남의 의미에서인가? 증상계의 훈련과 증상심의 훈련,[175] 증상혜의 훈련이라는 그 훈련들은 오직 이 [불교의] 교설에만 있지, 비불교도들과 공통된 것이 아니다. 이와 같은 것이 뛰어남의 의미에서이다.

5.6. 3종 훈련의 상호 관계

증상심의 훈련은 증상혜의 훈련에 의해 인발되기도 하고, 증상혜의 훈련

175 ŚrBh(2) p. 132,17: yā cādhicittaṃ으로 읽지만, yā cādhicittaṃśikṣā로 교정되어야 할 것이다. 번역에서는 보완하고 있다.

이 증상심의 훈련에 의해 인발되기도 한다. 예를 들면 성스런 제자가 근본정을 얻지 못했고, 유학으로서 사제를 본 자가 그 후에 수습에 의해 제거되어야 할 번뇌들을 끊기 위해 노력할 때 念覺支로부터 捨覺支까지 수습한다. 이것이 증상혜의 훈련에 의해 인발된 증상심의 훈련이다. 반면 증상혜에 의해 인발된 증상심의 훈련은 바로 앞에서 설했다.

그중에서 증상계의 훈련이지만, 증상심[의 훈련도] 아니고 증상혜[의 훈련도] 아닌 경우가 있다. 증상계와 증상심의 [훈련]이지만, 증상혜의 [훈련이] 아닌 것도 있다. 그렇지만 증상혜의 훈련이지만, 증상계와 증상심이 없는 것은 없다. 그러므로 어떤 곳에 증상혜가 있다면, 그곳에 세 가지 훈련이 있다고 알아야 한다.

이것이 그것과 관련해 요가를 수습하는 요가행자에 의해 훈련되어야 하는 훈련의 건립이다.

5.7. 3의 법수와 관련된 항목의 설명

(i) 세 명의 개아들이 사제를 현관한다.

세 명이란 누구인가? 이욕하지 않은 자, 대부분 이욕한 자, 이욕한 자이다. 그중에서 모든 방식으로 온전히 이욕하지 않은 자는 사제를 현관할 때, 사제의 현관과 동시에 預流者(śrotaāpanna)가 된다. 반면 대부분 이욕한 자는 사제를 현관하면서 사제의 현관과 동시에 一來者(sakṛdāgāmin)가 된다. 이욕한 자는 사제를 현관하면서 사제의 현관과 동시에 不還者(anāgāmin)가 된다.

(ii) 세 개의 근이 있다. 未知當知根(anājñātam ājñāsyamīndriyam)과 已知根(ājñendriya, 具知根(ājñātavata indriya)이다.[176] 어떻게 이들 근을 확립하는가? 현

176 未知當知根과 已知根, 具知根에 대해서는 AKBh 42,7-13 참조, 여기서 3종은 무루근으로서 각

관되지 않은 사제를 현관하기 위해 노력하는 자에게 未知當知根이 확립된다. 현관을 갖춘 유학에게 已知根이 확립된다. 행해야 할 것을 행한 無學의 아라한에게 具知根이 확립된다.

(iii) 해탈문은 셋이다. 즉 空性(śūnyatā)과 無願(apraṇihita), 無相(ānimitta)이다. 어떻게 이 세 해탈문들이 건립되는가? 답: 유위와 무위의 양자로 [건립]된다.[177]

그중에서 유위란 삼계에 속하는 것과 관련된 오온이며, 반면 무위란 열반이다. 유위와 무위라고 설해지는 이 양자는 존재하는 것이다. 반면에 자아(ātman)나 중생(sattva), 命者(jīva), 生者(jantu)라고 설해지는 것은 비존재하는 것이다.

그중에서 유위에 대해 단점을 보기 때문에, 오류를 보기 때문에, 원하지 않는 것이다. 원하지 않기 때문에 무원해탈문이 건립된다.

반면에 열반에 대해서는 그것에 대한 원을 갖는 자에게 적정을 봄과 미묘함을 봄과 출리를 봄이라는 소원이 있다. 출리를 보기 때문에 무상해탈

기 견도와 수도, 무학도에 배대된다.

177 삼해탈문은 이 개소를 제외하면 ŚrBh에서 설해지지 않는다. 여기서 삼해탈문의 분류는 기본적으로 먼저 유위와 무위의 두 범주를 존재로서 확립하고, 또 전통적으로 비존재로서 간주된 자아나 중생 등을 단지 개념적인 것으로서 비존재로 구별하는 것에 의거해 있다. 그 구분에 따라 유위법에 대해서는 무원해탈문을, 무위법에 대해서는 무상해탈문을, 그리고 비존재하는 자아 등에 대해서는 공해탈문을 적용시키는 것이다. 이것은 유가행파의 삼성설의 구도와 비교했을 때, 적어도 형태상의 유사성이 보인다. 즉, 유위법은 의타기성에, 무위법은 원성실성에, 그리고 비존재하는 것은 변계소집성에 배대시킬 수 있으며, 특히 의타기성을 존재자로 파악하는, 소위 삼성설의 '중추적 모델'에 따른 해석과 배대될 것이다. 하지만 삼해탈문을 설하는 『보살지』(p. 366f)에서는 삼해탈문은 "자신이나 타인이 행위자라든가 감수자라든가, 유나 비유의 관념이 생겨나지 않는" 것으로서 설명되고 있다. 또 "유나 비유의 관념이 생겨나지 않는 것"은 진실의품(보살지 p. 79)에서 최고의 진실을 유와 비유를 떠난 중도로 설명하는 것과도 연결될 것이다. 『보살지』에서 이런 삼해탈문에 대한 해석은 중생들에 대한 비심이라는 대승의 실천적 관심에 근거하고 있다고 설명된다.

문이 건립된다.

그중에서 존재하지 않고 없는 것에 대해 원함도 없고 원함이 없는 것도 아니다. 그것은 비존재하는 대로 비존재한다고 알고 보는 자에게 공해탈문이 건립된다. 이와 같이 삼해탈문이 건립되는 것이다.

6. 훈련항목과 상합하는 법
(śikṣānulomikā dharmāḥ)

6.1. 훈련과 배치되는 10종의 법 (ŚrBh 268,12; Ch. 436c11)

훈련과 상합하는 법들이란 무엇인가? 답: 훈련과 배치되는 10개의 법들이 있는데, 그것들의 대치로서 훈련과 상합하는 10개의 [법들이라고] 알아야 한다.

훈련과 배치되는 10개의 법들이란 무엇인가?

(i) 용모가 뛰어나고 매력적인 여성과 소녀는 훈련을 닦는 선남자에게 극히 장애를 일으키고 방해를 한다. (ii) 유신견에 포함된 제행들에 대한 애착, (iii) 태만과 게으름, (iv) 유신견, (v) 거친 음식에 대한 맛에 탐닉함, (vi) 다양하고 많은 종류의 세간적인 담론에 대한 욕구와 탐욕의 수면, (vii) 법의 사유와 요가의 작의에 대한 과실. 그 [과실]이란 무엇인가? [삼]보나 [사]제, [오]온이나 업과에 대한 의혹과 猶豫, 의심이며, [번뇌의] 끊음을 위해 노력하는 자의 신체의 추중이며, 이전에 보고 듣고 경험했던 무수한, 다수의 다양한 대상들에 대한 심의 산동과 심의 산란이며, 사고될 수 없는 점들에 대한 숙고이다. 이것들이 법의 사유와 요가의 작의에 대한 과실이라고 알아야 한다.

(viii) 선정과 입정에 대한 즐거움에 탐착하는 것, (ix) 무상정에 들어가고

자 하는 자가 제행의 관념상에 따르는 것, (x) 신체적인 고통스런 느낌들 내지 생명을 탈취하는 [고통스런 느낌]들과 접촉하는 자가 수명에 애착하고 수명을 바라는 것이며, 그것을 바라는 자가 슬퍼하고 괴로워하고 탄식하는 것이다.

이것들이 훈련에 역행하는 10가지 법이다.

6.2. 훈련항목과 배치되는 10종 법들의 대치로서 훈련에 상합하는 [법]들이란 무엇인가?

(i) 부정의 관념(想), (ii) 무상의 관념, (iii) 무상에 대해 고라는 관념, (iv) 고에 대해 무아라는 관념, (v) 식에 대해 염오라는 관념, (vi) 일체 세간에 대해 기뻐하지 않는 관념, (vii) 광명의 관념, (viii) 이욕의 관념, (ix) 소멸의 관념, 그리고 (x) 죽음의 관념이다.

이 10종 관념들이 10종의 훈련에 대해 방해하는 것에 대해 행해지고 수습되고 반복해서 행해졌다면, [그것들은] 10종의 훈련과 배치되는 법들을 끊기 위해 작동한다.

그중에서 법의 광명과 의미의 광명, 샤마타의 광명과 비파샤나의 광명이 있다. 이들 광명을 주제로 해서 광명의 관념이 있다. 이 맥락에서 법의 사유와 요가의 작의들은 방해를 끊기 위해 의도된 것이다.

6.2.1. 훈련과 상합하는 또 다른 10종의 법

훈련과 상합하는 법들은 10종이라고 알아야 한다. 10종이란 무엇인가?

즉, 과거의 원인, 수순하는 교설, 이치에 맞는 노력, 항시 존중하면서 행하는 것, 강한 욕구, 요가의 힘을 지님, 심신의 추중을 가라앉힘, 반복해서 관찰함, 비겁하지 않음, 증상만의 부재이다.

(i) 과거의 원인이란 무엇인가? 과거에서의 근의 성숙과 근의 적집이다.

(ii) 수순하는 교설이란 전도되지 않은 교설과 순차적인 교설이다.

(iii) 이치에 맞는 노력이란 교수된 대로 바로 그와 같이 노력하는 것이다. 그와 같이 노력하는 자는 정견을 일으킨다.

(iv) 항시 존중하면서 행하는 것이란 그런 형태의 선에 속한 노력에 의해 유효한 시기에 행하는 것이고, 신속하게 선품을 수행하는 것이다.

(v) 강한 욕구(chanda)란 '성자들이 갖춘 후에 주하고 있는 그 경지를 나는 언제 갖춘 후에 주할 수 있을까?'라는 위의 [경지]에 대해 해탈에의 열망을 일으키는 것이다.

(vi) 요가의 힘을 지님이란 두 가지 원인에 의해 요가의 힘을 지녀 얻을 수 있다. 본성적으로 강력한 근의 상태에 의해 또 장시간에 걸친 반복훈련에 익숙함에 의해서이다.

(vii) 심신의 추중을 가라앉힘이란 예를 들면 신체가 지치고 신체가 피곤한 자에게 신체의 추중과 심의 추중이 일어나는 것이다. 그는 다른 행동거지를 취함에 의해 그것을 가라앉힌다. 극히 거친 사유와 미세한 사유에 빠진 자에게 심신의 추중이 일어난다. 그때에 내적으로 심을 샤마타에 따라 가라앉힌다. [또한] 심의 위축(abhisaṃkṣepa)에 의해, 심의 처짐(laya)에 의해, 혼침과 수면의 분출에 의해 심신의 추중이 일어난다. 증상혜(adhiprajña)는 법의 관찰에 의해, 또 맑은 작의에 의해 그 [추중]을 가라앉힌다. 본성적으로 번뇌가 끊어지지 않은 자에게 번뇌품에 속한 심신의 추중은 사라지지 않는다. 항시 [심신에] 부착된 그 [추중]을 바른 수행도의 수습에 의해 가라앉힌다.

(viii) 반복해서 관찰함이란 반복해서 戒와 관련해 잘못 행해졌고 잘 행해진 것을 관찰하며, 행하지 않은 것과 행한 것을 관찰한다. 잘못 행했기 때문에 또 행하지 않았기 때문에 물러나며, 잘 행했기 때문에 또 행하지 않

았기 때문에 물러나지 않는다. 잘못 행했기 때문에 또 행했기 때문에 물러나며, 또 잘 행했기 때문에 또 행했기 때문에 물러나지 않는다. 이미 끊어졌고 끊어지지 않은 번뇌들에 대해서는 사유작의를 주제로 해서 반복해서 관찰한다. 그중에서 [번뇌가] 이미 끊어졌음을 안 후에 즐거워하고, 끊어지지 않음을 안 후에 계속해서 수행도를 수습한다.

(ix) 비겁하지 않음이란 다른 때에 알아야 하고 보아야 하고 증득해야 하는 것을 알지 못하고 보지 못하고 증득하지 못한 자에게 비겁함이 일어나며, 심의 피곤함과 심의 손상이 [일어난다]. 이미 일어난 그것을 받아들이지 않고 끊는다.

(x) 증상만의 부재란 증득과 획득, 접촉과 관련하여 증상만이 없는 것이다. 전도된 견해를 취하지 않고 획득된 것에 대해 획득이라는 생각을 하며, 증득된 것에 대해 증득이라는 생각을 하며, 촉증된 것에 대해 촉증이라는 생각을 한다.

훈련하기를 바라는 요가수행자에게 이들 10종의 법은 초·중·후에 있어 훈련에 상합하며, 역행하지 않는다. 따라서 훈련에 상합한다고 설해진다.

7. 요가의 괴멸(yogabhraṃśa)

7. 요가의 괴멸 (ŚrBh 273,1; Ch. 437b23)

요가의 괴멸이란 무엇인가? 답: 요가의 괴멸은 4종이다.

7.1. 4종

4종은 어떤 것인가? 필연적인 요가의 괴멸이 있으며, 잠정적인 것이 있으며, 획득으로부터 물러서는 것이 있으며, 삿된 행위에 의해 행해진 [요가의 괴멸]이 있다.

7.2. 4종에 대한 설명

(i) 그중에서 필연적인 요가의 괴멸이란 종성에 주하지 않는 개아들에게 [해당된다고] 알아야 한다. 왜냐하면 그들은 열반으로 이끄는 성질을 갖지 않았기 때문에 요가로부터 극도로 추락해 있다.

(ii) 그중에서 잠정적인 [요가의 괴멸]이란 종성에 주하는, 열반의 성질을 가지고 있지만 조건을 결여한 [개아]들에게 [해당된다]. 왜냐하면 그들은

오랫동안 멀리 지나갔다고 해도 반드시 조건들을 얻을 것이다. 또 요가를 현전시키고 수습한 후에 열반할 것이다. 그러므로 이 요가의 괴멸은 그들에게 잠정적이다.

(iii) 그중에서 획득으로부터 물러난 요가의 괴멸이란 예를 들면 여기서 어떤 이가 획득되고 증득된 지견과 접촉의 주함으로부터 물러서는 것이다.

(iv) 그중에서 삿된 행위에 의해 행해진 요가의 괴멸이란 예를 들어 여기서 어떤 이가 올바르지 않게 노력한다면 요가를 성취한 것이 아니며 올바로 선법을 성취한 것이 아니다. 예를 들어 여기서 어떤 이가 많은 번뇌를 갖고 있고, 많은 먼지의 종류를 지니고 있지만, 예리한 인식을 갖고 있고, 예민한 이해력을 갖고 있으며, 태어나면서 이해력을 갖추고 있다면, 그는 적거나 많든 간에, 들은 것은 파악하고 들은 것을 이해하고 있다. 그는 외진 곳에서 머물면서, 곧고 곧은 종류의 오고 가는 재가자들과 출가자들에게 법을 교설함에 의해, 또한 심신과 결합된 위선적으로 행하는 의도를 갖고 마음을 즐겁게 한다. 그러한 원인과 조건에 의해 그에게 재물과 공경, 명예가 생겨나며, 그는 알려지고 커다란 복덕을 가진 자로서 의복과 음식, 좌구와 와구, 병에 따른 약 등의 생활필수품들을 얻게 된다. 또한 그는 왕들과 대신들 내지 상인들에게 존중받고 존경받고 아라한으로 인정된다. 그의 재가제자들이나 출가제자들이 그를 따르며, 그는 따르는 자들에 대해 더 많은 상태로 되기를 욕망한다.

그는 다음과 같이 생각한다. '재가와 출가의 나의 제자들은 나에게 존경심을 일으키고 아라한으로 인정한다. 그들은 나에게 접근한 후에 요가에 대해, 작의에 대해, 샤마타와 비파샤나에 대해 질문하고자 할 것이다. 질문을 받은 내가 그들에게 '나는 알지 못한다'고 답한다면, 그렇다면 존경심은 사라질 것이며, 아라한으로서의 인정도 없게 될 것이다. 그렇지만 나는 스스로 사유하고 비교하고 관찰한 후에 요가를 확립하고자 한다.'

바로 이런 점과 관련하여 재물과 공경에 탐착하면서, 홀로 외진 곳에 머물면서 스스로 사유하고 비교하고 관찰한 후에 요가를 확립한다. 그의 요가는 경에 대해 이해한 것도 아니고 율에서 보이지 않으며, 법성에도 어긋난다. 경을 지니고, 율을 지니고 논모를 지닌 비구들에게 그는 저 유가처를 숨기고 분명히 밝히지 않는다. 재가자들이든 출가자들이든 제자들에게 그는 요가를 은밀히 보호하기 위해서라고 해명한다.

그 이유는 무엇인가? '다음과 같은 일이 있어서는 안 된다. 경을 지니고, 율을 지니고, 논모를 지닌 자들이 이 유가처를 들은 후에 경에 대해 이해하고자 하지만, 그것을 이해하지 못할 것이며, 율에서도 보여 주려고 하겠지만 그것은 [율에] 나타나지 않을 것이며, 법성을 통해 관찰하고자 하지만 그것은 법성에 어긋날 것이다. 그 때문에 그들은 믿지 못할 것이며, 믿지 못하는 말을 갖고 나를 비난할 것이며, 그리하여 그들은 쟁론들을 일으킬 것이다. 그렇다면 나는 왕들과 대신들 내지 부자와 귀인들, 상인들에게 존중받지 못하고 존경받지 못하며, 의복과 음식, 좌구와 와구, 병에 따른 약 등의 생활필수품들을 얻지 못할 것이다.'

그는 재물과 공경에 대한 욕구 때문에 非法에 대해 법이라고 생각하면서, 그 생각과 즐거움을 숨긴 후에 비법을 법이라고 밝히고 해설한다. 그중에서 그의 견해에 따르는 자들도 비법에 대해 법이라고 생각한다. 그들은 우둔하고 몽매하기 때문에 비법에 대해 법이라고 생각하면서 배운 대로 행하더라도 삿된 행위를 한다고 알아야 한다.

이러한 형태의 요가의 괴멸이 삿된 행위에 의해 행해진 것으로서 비록 정법과 유사하다고 해도 정법을 장애하는 비정법인 것이다.

이들 네 가지 요가의 괴멸들은 선정자이며 요가행자인 비구에 의해 변지되어야 하고 제거되어야 하는 것이다.

8. 요가(yoga)

8.1. 4종 요가 (ŚrBh 275,23; Ch. 438a16)

요가란 무엇인가?

답: 요가는 4종이다. 즉, 信(śraddhā)과 欲(chanda), 정진(vīrya)과 방편(upāya)이다.

8.2. 4종에 대한 설명

1) 그중에서 信은 바른 믿음의 측면과 맑은 믿음의 측면이라는 2종 측면 및 법과 도리, 관찰이라는 토대와 개아의 위력의 신해라는 토대의 2종 토대를 가지고 있다.

2) 欲도 4종이다.

즉, (i) 획득하기 위한 [욕구가] 있다. 예를 들어 여기서 어떤 이가 상[계]와 관련해 해탈하기 위한 욕구(spṛhā)를 일으킨다. 상세한 것은 이전과 같다.

(ii) 질문을 위한 [욕구가] 있다. 예를 들어 여기서 어떤 이가 요가를 아는 자들로부터 듣지 못한 것을 듣기 위해, 또 이미 들은 것을 명증하게 하기

위해 승원에 가려는 욕구를 일으킨다.

(iii) 자량을 증득하기 위한 욕이 있다. 예를 들어 여기서 어떤 이가 계의 율의를 청정하게 하기 위해, 근의 율의를 청정하게 하기 위해, 음식에 있어 양을 아는 것과 관련해, 깨어 있으면서 노력하는 것과 관련해, 정지를 갖고 주하는 것과 관련해, 더욱더 강력한 욕구를 일으킨다.

(iv) 수순하기 위한 욕구가 있다. 예를 들어 여기서 어떤 이가 항시 노력하고, 존중하면서 노력하는 것과 관련해, 수행도의 수습과 관련해 바람을 행하고자 하는 욕구를 일으킨다.

이것이 네 가지 욕구이다. 즉, 획득하기 위한, 질문하기 위한, 자량을 증득하기 위한, 그리고 수순하기 위한 [욕구]이다.

3) 정진도 4종이다. 즉, 청문을 위한 [정진], 사유를 위한 [정진], 수습을 위한 [정진] 그리고 장애를 청정하게 하기 위한 [정진]이다.

(i) 청문을 위한 정진이란 아직 듣지 않은 것을 듣고 명증하게 하려는 자에 있어서 마음의 열정이고 노력을 버리지 않는 것이다.

(ii) 마찬가지로 [사유를 위한 정진이란] 여실하게 청문한 법들의 의미를 홀로 외진 곳에 머무는 자가 사유하고 비교하고 관찰할 때 [마음의 열정이고 노력을 버리지 않는 것이다].

(iii) 마찬가지로 [수습을 위한 정진이란] 은거에 들어간 자가 적절한 때에 샤마타와 비파샤나를 수습할 때 [마음의 열정이고 노력을 버리지 않는 것이다].

(iv) 마찬가지로 [장애를 청정하게 하기 위한 정진이란] 밤낮으로 노력하는 자가 경행과 좌정에 의해 장애들로부터 심을 정화할 때 마음의 열정이고 노력을 버리지 않는 것이다.

4) 방편도 4종이다. 즉, 계의 율의, 근의 율의와 관련하여 정념이 잘 확립된 상태이다. 그와 같이 정념이 잘 확립된 자에 있어서 불방일이고, 마음을

보호함이며, 선법들을 수행하는 것이다. 그와 같이 불방일한 자가 내적으로 심을 적정하게 하려는 노력이며, 증상혜로서의 법의 관찰이다.

이것이 4종의 요가로서, 16종의 측면을 가진 것이다.

8.3. 4종의 작용

그중에서 그는 信에 의해 획득되어야 할 대상을 신해한다. 선법들에 대한 획득을 맑은 믿음에서 행하고자 하는 상태를 일으킨다. 이와 같이 행하고자 하는 그는 밤낮으로 노력하며 주하며, 열성적이며, 견고한 용기를 갖고 있다. 방편에 포함된 저 정진은 획득되지 않은 것을 획득하기 위해, 증득하지 못한 것을 증득하기 위해, 촉증하지 못한 것을 촉증하기 위해 작동한다.

따라서 이들 4종의 법들이 요가라고 설해진다.

9. 작의(manaskāra)

9. 작의 (ŚrBh 278,1; Ch. 438b19)

작의란 무엇인가? 작의는 4종이다.

9.1. 4종 작의

4종이란 무엇인가? 힘에 의해 진행되는 것, 틈을 지닌 채 진행되는 것, 틈 없이 진행되는 것, 그리고 의욕작용 없이 진행되는 것이다. [178]

---

178 이하 4종의 작의는 제4유가처에서 상세하게 설명하고 있는 7종 작의와 관련한 분류이다. (i)에서는 샤마타의 9종 심주에 의해 삼매를 얻었지만, 그 힘이 아직 대상에 대한 분석으로 나아가지 못한 단계를 가리킨다면, (ii)는 7종 작의 중의 첫 번째인 요상작의(lakṣaṇapratisaṃvedī manaskāraḥ)를, (iii)은 승해를 일으키는 것(ādhimokṣika), 원리로 이끄는 것(prāvivekya), 즐거움을 포섭하는 것(ratisaṃgrāhaka), 관찰하는 작의(mīmāṃsā-manaskāra), 가행의 구극에 도달한 것의 5종이다. 그리고 (iv)는 가행의 구극을 결과로 가진 작의(prayoganiṣṭhaphalo manaskāraḥ)이다. Cf. ŚrBh III.3.3.1.1. 여기서 4종 작의는 전적으로 9종 심주의 단계에 배대되고 있다. VyY 46,22-24에서 앞의 3종의 작의가 삼매와 관련하여 각기 삼매를 얻지 못한 것과 얻은 것, 그리고 익숙한 것으로 설명되고 있다. 마지막 항목인 의욕작용 없이 진행되는 작의는 D4069에서 "삼매에 대해 행하는 경우에서이다"(lhun gyis grub pa'i yid la byed pa ni ting nge 'dzin la bya ba na yin pas so//)라고 설명되지만 그 의미가 분명하지는 않다.

(i) 그중에서 힘에 의해 진행되는 작의(balavāhano manaskāraḥ)란 무엇인가? 심을 오직 내적으로만 확립하고 안주하면서 법들을 관찰하는 초보수행자가 작의를 아직 획득하지 못했을 때에는 그에게 힘의 의해 진행되는 작의가 된다. 힘에 의해 진행됨으로써 저 심을 하나의 점에 안주시킨다. 따라서 힘에 의해 진행되는 [작의라] 불린다.

(ii) 틈을 지닌 채 진행되는 작의(sacchidravāhano[179] manaskāraḥ)란 무엇인가? 작의를 획득한 자가 후에 세간도나 출세간도를 통해 나아갈 때, 특징을 요지하는 작의(lakṣaṇapratisaṃvedī manaskāraḥ)[180]이다. 즉, 거기에서 삼매는 사유에 의해 혼재되어 있고 한결같은 수습의 측면에 의해 생겨나는 것은 아니다.

(iii) 틈 없이 진행되는 작의(niśchidravāhano manaskāraḥ)란 무엇인가? 특징을 요지하는 작의 이후에 가행의 구극에 도달한 작의(prayoganiṣṭhamanaskāra)에 이르기까지이다.

(iv) 그리고 의욕작용 없이 진행되는 작의(anābhogavāhano manaskāraḥ)란 무엇인가? 가행의 구극을 결과로 갖는 작의(prayoganiṣṭhāphalo manaskāraḥ)이다.

---

179 sacchidra는 MW에서 "having defects, faulty"로 제시된다. 티벳역 skabs su 'chad pa dang bcas pa는 "틈/사이를 가진" 정도로 번역하고 있어, 이에 따라 번역했다. 반면 한역 有間缺은 '틈과 결함을 가진' 정도의 의미로 두 가지 의미를 포괄하고 있다. 아래의 niśchidra(한역: 無間缺)도 마찬가지다.

180 여기서 '특징을 요지하는 작의' 등의 용어는 제4유가처에서 세간도와 출세간도를 7종 작의에 의한 설명을 전제하고 있다. 그리고 '了相作意' 등 7종 작의는 분명히 성문지에서 전문술어로서 사용되고 있고, 그런 한에서 술어를 그대로 사용하는 것이 원칙이지만, 그럴 경우 그 작의의 내용이 제대로 전해지지 않기 때문에 풀어서 번역했다. 특히 마지막 '加行究竟果作意'로 표기할 경우 '가행구경과'가 형용사복합어(bahuvrīhi)라는 점이 분명히 드러나지 않기 때문에 본문에서는 풀어 사용하는 것으로 정했다.

9.2. 다른 4종 작의

다른 네 가지 작의가 있다. 즉, 수순하는 것(ānulomika). 대치하는 것(prātipakṣika), 맑음을 불러일으킬 수 있는 것(prasadanīya), 개별관찰을 불러일으킬 수 있는 것(pratyavekṣaṇīya)이다.[181]

(i) 그중에서 수순하는 작의란 그것에 의해 인식대상을 혐오하고 올바른 노력을 시작하지만, 번뇌를 끊지는 못하는 것이다.

(ii) 대치하는 [작의]란 그것에 의해 번뇌를 끊는 것이다.

(iii) 맑음을 불러일으킬 수 있는 [작의]란 그것에 의해 침잠된 심을 끌어올리는 관념상들에 의해 즐거워하고 환희하고 끌어올리는 것이다.

(iv) 개별관찰을 불러일으킬 수 있는 [작의]이란 즉, 고찰하는 작의이다. 그것을 주제로 한 후에 번뇌들이 끊어졌는지 아니면 끊어지지 않았는지를 관찰하는 것이다.

9.3. 작의에 의해 지어지는 관념상(nimitta)

그중에서 인식대상을 작의하는 자에 의해 얼마나 많은 관념상들이 작의되는가?

답: 네 가지이다.[182] 즉, 인식대상으로서의 관념상, 원인으로서의 관념상, 제거되어야 할 관념상, 실행되어야 할 관념상(niṣevanīyaṃ nimittam)이다.[183]

---

181 이들 4종 작의는 ŚrBh IV.1.4.에서 7종 작의와 관련하여 설명되고 있다. (i)은 요상작의와 승해작의, (ii)는 원리로 이끄는 작의와 가행의 구극에 도달한 작의, 희열을 포섭하는 작의, (iii)은 희열을 포섭하는 작의, (iv)는 고찰하는 작의이다. 마지막 가행의 구경의 결과를 갖는 작의는 수습의 결과이기 때문에 여기에 포함되지 않았다.

182 이하 4종의 nimitta는 SamBh 3.2.1. (= T30: 333c25ff)에서 설명되고 있다.

9.3.1. 그중에서 인식대상으로서의 관념상(ālambananimitta)이란 인식되어야 할 사태와 유사한 영상이며, 현현이다.[184]

9.3.2. 그중에서 원인으로서의 관념상(nidāna-nimitta)이란 즉, 삼매의 자량의 축적이며, 수순하는 교설이며, 수습에 수반되는 강한 욕구이며, 염리를 불러일으킬 수 있는 법들에 대한 염리이며, 산란과 산란 없음의 변지에 집중하는 것이며, 인간에 의해 행해졌거나, 인간이 아닌 자에 의해 행해졌거나, 말에 의해 행해졌거나, 노력에 의해 행해졌거나 간에, 타인으로부터 동요되지 않음이다. 마찬가지로 비파샤나에 의존하는, 내적인 심의 응축이며, 후에 보다 강력한 비파샤나에 있어서 이후에 원인으로서의 관념상이다. 마찬가지로 샤마타에 의존하는 비파샤나이며, 후에 보다 강력한 샤마타에 있어서 이후에 원인으로서의 관념상이다.[185]

9.3.3. 제거되어야 할 관념상(parivarjanīya-nimitta)이란 4종이다. 즉, 침잠의 관념상, 홍분의 관념상, 집착의 관념상, 산란의 관념상이다.[186]

(i) 그중에서 침잠의 관념상(laya-nimitta)이란 저 인식대상으로서의 관념상과 원인으로서의 관념상에 의해 심이 침잠의 상태로 가는 것이다.

(ii) 홍분의 관념상(auddhatya-nimitta)이란 저 인식대상으로서의 관념상과

---

183 〈실행되어야 할 관념상〉의 설명은 아래에 나오지 않는다.

184 SamBh 3.2.1.1.에서 인식대상으로서의 관념상(ālambana-nimitta)은 "인식되어야 할 사태에 대한 분별 자체이다."로 정의된다. 반면 성문지의 정의(tatrālambananimittam/ yaj jñeyavastusabhāgaṃ pratibimbaṃ pratibhāsaḥ)에서는 ŚrBh II.3.1.에서 사용된 영상(pratibimba)이란 용어나 또는 미륵 논서에 특징적인 顯現(pratibhāsa)이란 용어의 사용이 주목된다.

185 SamBh 3.2.1.2.에서 nidāna-nimitta란 "삼매의 자량이다"로만 간략히 정의되고 있다.

186 SamBh 3.2.1.3.에서 4종이 나열되고 있지만, 각각의 정의가 상이하며, 나열순서에서도 마지막 둘의 순서가 바뀌어져 있다.

원인으로서의 관념상에 의해 심이 흥분되는 것이다.

(iii) 집착의 관념상(saṅgha-nimitta)이란 저 인식대상으로서의 관념상과 원인으로서의 관념상에 의해 심이 인식대상에 이끌리고 염착하고 염오되는 것이다.

(iv) 산란의 관념상(vikṣepa-nimitta)이란 저 인식대상으로서의 관념상과 원인으로서의 관념상에 의해 심이 외적으로 산란되는 것이다.

이들 여러 관념상은 사마히타지[187]에서 [설한 바와] 같다.

9.4. 작의에 의해 지어지는 9종 승해(adhimokṣa)

이 작의들에 의해 인식대상을 승해하는 자의 勝解(adhimokṣa)는 몇 가지인가? 답: 9종 승해이다. 즉, 빛나고 있는 것, 빛나고 있지 않은 것, 무감각한

---

187 여기서 여러 nimitta("관념상")에 대한 설명이 samāhitabhūmi의 교차인용을 통해 제시되고 있다. Deleanu(2006: 156)는 samāhitabhūmi를 인용하는 또 다른 개소인 ŚrBh 467,7을 예로 들면서 samāhitabhūmi의 인용만으로 그것이 성문지보다 선행한다는 것을 의미하지는 않는다는 점을 설득력 있게 보여 주고 있지만, 이 개소는 설명하고 있지 않다. 그 이유는 여기서의 교차인용의 경우 내용이나 형식적인 측면에서 어느 곳이 더 선행하는지 확인하기 어렵기 때문일 것이다. 먼저 형식적인 측면에서 (iii) saṅgha-nimitta와 (iv) vikṣepa-nimitta의 나열순서가 바뀌어져 있으며, 또 여기서는 네 번째 항목인 실행되어야 할 관념상(niṣevanīyaṃ nimittam)에 대한 설명이 누락되어 있다. 또한 내용적인 측면에서도 큰 차이를 보여 준다. 여기서 인식대상으로서의 관념상의 설명에서 보이는 ŚrBh II.3.1을 연상시키는 용어와 또 원인으로서의 관념상의 설명에 보이는 삼매의 자량을 샤마타와 비파샤나로 확장하려는 의도적인 고려, 그리고 4종의 제거되어야 할 관념상을 ālambana-nimitta와 nidāna-nimitta로 한정하여 설명하려는 시도는 분명히 「성문지」의 설명이 Samāhitabhūmi보다 발전된 것임을 보여 준다고 생각되며, 이는 여기서 실행되어야 할 관념상에 대한 설명이 맥락상 중요하지 않기에 누락되었다는 점에서도 방증될 것이다. 하지만 그렇다고 성문지 전체가 Samāhitabhūmi보다 후대라는 결론은 나오지 않으며, 단지 이 개소가 유가론 전체의 최종적 편찬단계에서 삽입되었다고 보는 것이 타당할 것이다.

것, 총명한 것, 협소한 것, 커다란 것, 무량한 것, 청정한 것, 청정하지 않은 것이다.

(i) 그중에서 빛나고 있는 승해란 잘 포착된 광명의 관념상에 대해 광명을 수반하는 것이다. (ii) 빛나고 있지 않은 승해란 잘 포착되지 않은 광명의 관념상에 대해 어둠을 수반하는 것이다.

(iii) 무감각한 승해란 감각기관이 늦은 자의 상속에 속한 것이다. (iv) 총명한 승해란 감각기관이 예리한 자의 상속에 속한 것이다.

(v) 협소한 승해란 즉, 협소한 信과 욕구를 가진 것과 협소한 인식대상을 가진 것이다. 따라서 작의의 협소성과 인식대상의 협소성에 의해 협소한 승해이다. (vi) 커다란 승해란 즉, 커다란 信과 욕구를 수반한 것이며 커다란 인식대상을 승해하는 승해이다. 따라서 작의의 광대성과 인식대상의 광대성에 의해 커다란 승해이다. (vii) 무량한 승해란 무량한 信과 욕구를 수반한 것이며 무한하고 끝없는 인식대상을 승해하는 승해이다. 따라서 작의의 광대성과 인식대상의 광대성에 의해 무량한 승해이다.

(viii) 청정한 승해란 잘 수습되고 성취되고 구경에 이른 것이다. (ix) 청정하지 않은 [승해]란 반면에 잘 수습되지 않고 성취되지 않고 구경에 이르지 못한 것이다.

10. 요가에 의해 행해져야 하는 것

10. 요가에 의해 행해져야 하는 것 (ŚrBh 283,2; Ch. 439a16)

요가에 있어 요가에 의해 행해져야 하는 것은 얼마나 많은가? 넷이다.

10.1. 4종

넷이란 무엇인가? 의지체의 소멸(āśrayanirodha)과 의지체의 전환(āśrayaparivarta), 인식대상의 변지(ālambanaparijñāna), 인식대상에 대한 기쁨(ālambanābhirati)이다.[188]

10.2. 4종에 대한 설명

(i-ii) 그중에서 의지체의 소멸 및 의지체의 전환이란[189] 가행과 작의의

188 네 가지 요소는 섭결택분(Ch. 628c8f)에서 〈번뇌의 끊음〉이란 주제하에서 마지막 여섯 번째 항목으로 설명되고 있다. 『현양성교론』(T31: 496b18ff.) 참조. 이 4종은 앞의 인식대상 항목(ŚrBh II. 3.1.4.)에서 〈행해져야 할 것의 완성(kāryapariniṣpatti)〉으로서 설해진 내용이며, 소의청정과 소연청정에 대응한다. 의지체의 소멸(āśrayanirodha)과 의지체의 전환(āśrayaparivarta) 개념에 대해서는 Sakuma 1990: I. 95ff. 참조.

수습을 위해 노력하는 자에게 추중을 수반한 의지체가 점차로 소멸하고, 의지체가 경안을 수반하는 것으로 전환되는 것이다.[190] 이 의지체의 소멸과 의지체의 전환이 요가에 의해 행해져야 하는 것이다.

(iii-iv) 그중에서 인식대상의 변지와 인식대상에 대한 기쁨은 [다음과 같다]. 인식대상의 변지와 인식대상에 대한 기쁨은 의지체의 소멸과 의지체의 전환에 의존하는 경우도 있다. 즉, 인식대상의 변지와 인식대상에 대한 기쁨에 의거해서 의지체가 소멸하고 전환된다. 또한 인식대상의 변지와 인식대상에 대한 기쁨은 의지체의 청정에 의존하는 경우도 있다. 즉, 의지체의 청정에 의거하여 극히 청정한 인식대상에 대한 지혜와 [그것에 대한] 기쁨이 결과가 완성될 때에 생겨난다.

따라서 네 가지 요가가 [信과 欲, 정진, 방편이라는] 요가에 의해 행해져야 할 것[191]이라고 설해진다.

---

189 ŚrBh 283,5에서와 사본에서 āśrayanirodhaḥ만 나오고 āśrayaparivarttaḥ는 언급되지 않는다. 티벳역도 이를 지지하지만, 한역은 所依滅及所依轉으로 두 종류를 모두 언급한다. 내용상 한역이 타당할 것이다. ŚrBh(2)는 이를 제시할 뿐 번역에서 명확한 입장을 취하지는 않는다.

190 여기서 의지체(āśraya, 所依)는 내6처로서의 심-신이지 알라야식은 아니다. Schmithausen 1987: n. 1330. 그리고 의지체의 소멸과 의지체의 전환은 추중을 수반한 의지체가 소멸하고, [동시에] 이것이 경안을 수반한 의지체로 전환하는 것으로 설명되고 있다. 〈소연〉 항목에서 인용한 레바타경에서 이는 소의청정(āśrayapariśuddhi)을 얻고, 접촉하고, 촉증하는 것으로 설명되고 있다.

191 ŚrBh 284,2f: tatrocyate catvāri yogasya karaṇīyānīti. ŚrBh(2)는 사본도 마찬가지라고 지적하면서, 그렇지만 티벳역(de'i phyir bzhi po de dag ni rnal 'byor gyi rnal 'byor du bya ba dag ces bya'o)과 한역(是名四種修瑜伽者瑜伽所作)에 따라 … yogasya 〈yoga〉karaṇīyānīti로 교정한다. 여기서 그 교정에 따라 번역했지만, 보충한 yoga-를 II.8에서 언급된 信(śraddhā)과 欲(chanda), 정진(vīrya)과 방편(upāya)으로 이해해서 번역했다.

11. 요가행자(yogācāra)

11.1. 3종의 요가행자 (ŚrBh 284,4; Ch. 439b1)

얼마나 많은 요가행자가 있는가?

답: 셋이다. 즉, 초보자(ādikarmika), 숙련된 자(kṛtaparicaya), 작의를 초월한 자(atikrāntamanaskāra)이다.[192]

---

192 요가행자의 3종 분류에서 사용된 ādikarmika 등의 용어는 유부의 논서에서 처음으로 사용된 것이다(釋惠敏 1994: 30). 『성문지』는 이러한 3종의 수행자를 두 방식으로 다시 구별하고 있다. 첫 번째 분류에서는 비록 "번뇌의 청정을 처음으로 행하는 자"란 표현이 나오긴 하지만 주로 삼매의 획득에 초점이 맞추어진 한에서 세간도에 따른 수행자를 함축할 것이다. 반면 두 번째 분류는 善法欲이나 사제 등의 용어를 볼 때, 분명 출세간도와 관련된 수행자의 분류이다. 이는 세간도와 출세간도에 따라 각기 7종 작의를 배대하는 제4유가처의 분류를 선취하는 것이지만, 『수행도지경』(217a2-c28)에서 범부의 길과 불제자의 길로 명확히 구분한 것과도 관련이 있을 것이다. 여기서 범부는 동일한 수식관을 대상으로 할 때에도 샤마타에 의해 5蓋(nīvaraṇa)를 제거하고 4선정의 단계를 통해 나아가며 5신통의 획득으로 연결되는 반면에, 불제자가 닦는 출세간도의 수식관은 4선근의 단계를 거쳐 4성제의 현관을 성취하고 7보리분법을 이루고(안성두 2003a: 12), 마침내 16종의 무루심과 88종의 번뇌를 끊는다고, 즉 견도를 성취한다고 설하고 있다 다만 성문지의 특색이 삼매를 단순히 샤마타에 한정하지 않고 비파샤나에 속한 삼매도 인정하고 있기에, 수행도지경의 분류보다 한 단계 더 나아갔다고 보이지만, 그것이 어떤 방식으로 전개되었는지는 추후의 과제일 것이다.

11.2. 요가행자에 대한 설명

(i) 그중에서 초보 요가행자는 작의를 처음으로 행하는 자와 번뇌의 청정을 처음으로 행하는 자이다. 작의를 처음으로 행하는 자는 심일경성과 관련하여 그것을 우선적으로 행하는 자이지만, 작의를 획득하지 못하고 심일경성을 접촉하지 못한다. 번뇌의 청정을 처음으로 행하는 자란 번뇌로부터 심을 정화시키고자 바라는 자가 비록 작의를 이미 증득했다고 해도, 어떤 것의 특징을 요지하는 작의를 착수하고, 취하고, 반복훈련하는 것이 번뇌의 청정을 처음으로 행하는 [초보자]이다.

(ii) 그중에서 숙련된 자란 누구인가? 특징을 요지하는 작의를 제외하고, 그것과 다른 여섯 번째 가행의 구경에 이른 작의들에 대해 숙련된 자이다.

(iii) 그중에서 작의를 초월한 자란 [일곱 번째] 가행의 구경을 결과로 갖는 작의와 관련된 자라고 알아야 한다. 그는 가행의 수습의 작의를 초월해서 수습의 결과에 안주한다. 따라서 작의를 초월한 자라고 설해진다.

11.3. 또 다른 설명방식

또한 선한 法欲과 관련해서 노력하는 자가 순결택분의 선근(nirvedha-bhāgīyāni kuśalamūlāni)들을 일으키지 않는 한, 그는 초보자이다.

반면 煖·頂·忍·世第一法이라는 순결택분을 일으킬 때, 숙련된 자가 된다.

그리고 正性離性에 들어가서 [사]제를 증득하고 스승의 교법에 대해 타인들에 의존하지 않을 때, 즉 다른 이들에 의해 인도되지 않을 때, 그는 작의를 초월한 자가 된다. 타인들에 의존하는 작의를 초월한 후에 타인들에 의존하지 않는 [작의]에 주한다. 따라서 작의를 초월한 자라고 설해진다.

12. 瑜伽修(yogabhāvanā)

12. 요가의 수습 (ŚrBh 285,11; Ch. 439b22)

요가의 수습이란 무엇인가?

답: 想의 수습(saṃjñābhāvanā)과 보리에 속한 수습(bodhipakṣyā bhāvanā)의 2종이다.

12.1. 想의 수습(saṃjñābhāvanā)

그중에서 상의 수습이란 무엇인가? 즉, 세간도로 노력하는 자가 모든 下地들에 대해 단점이라는 생각을 수습하거나, 또는 열반을 향해 노력하는 자가 [번뇌의] 끊음의 영역과 이욕의 영역, 소멸의 영역에 대해 적정하다고 보면서 끊음의 생각과 이욕의 생각, 소멸의 생각을 수습하는 것이다. 또는 샤마타를 위해 노력하는 자가 샤마타와 관련된 상·하의 관념을 수습하고, 비파샤나를 위해 노력하는 자가 비파샤나와 관련된 전·후의 관념을 수습하는 것이다.

그중에서 상·하의 관념을 가진 [상의 수습]이란 바로 그 신체를 서 있는 대로, 원하는 대로, 발바닥부터 위로 또 머리털부터 아래로 다양한 종류의 더러운 것이 가득하다고 관찰한다. 이 신체에 머리털과 털들이 있다고 앞에서 [설한 바와] 같다.

그중에서 전·후의 관념을 가진 [상의 수습]이란 어떤 자가 바로 관찰의 관념상을 적절하게 잘 파악했고 잘 작의했고 잘 받아들였고 잘 통달했다. 예를 들면 서 있는 자는 앉은 자를 관찰하고, 앉은 자는 누운 자를 [관찰하고], 또는 앞에 가는 자가 뒤에 오는 자를 관찰하는 것이다. 실로 그것은 조건에 따라 일어난, 삼세에 속한 제행들에 대해 비파샤나의 측면을 가진 관찰이라고 명시된다.

그중에서 우선 '서 있는 자는 앉은 자를 관찰하고'란 현재의 작의에 의해 미래의 알려져야 할 [대상]을 관찰하는 것이라고 명시되었다. 현재의, 이미 생겨난 작의상태가 '서 있는'이라고 설해진다. 반면 미래의 인식되어야 할 것의 상태는 아직 일어나지 않았지만 일어남을 향하고 있기 때문에 '앉은 자'라고 설해진다. 또 '앉은 자는 누운 자를 관찰하고'란 현재의 작의에 의해 이미 지나간 인식되어야 할 것을 관찰한 것이라고 명시된다. 또 '앞에 가는 자가 뒤에 오는 자를 관찰한다'란 현재의 작의에 의해 직후에 소멸한 작의를 관찰하는 것이 명시되었다. 거기서 계속해서 생겨난 작의가 직후에 소멸한 것이 '앞에 가는 자'이다. 거기서 직후에 계속해서 생겨난 새로운 작의가 직후에 소멸한 [작의]를 포착하는 것이 '뒤에 오는 자'이다.

그중에서 샤마타와 비파샤나를 수습하는 자는 그 양자에 속한 光明想을 수습한다. 이것이 관념상의 수습이다.

12.2. 보리분법의 수습 (ŚrBh 288,19; Ch. 439c18)

보리로 이끄는 수습이란 무엇인가?

37 보리분법들의 반복훈련과 익숙함, 빈번히 익힘, 수습, 빈번히 행함이 보리분의 수습이라 설해진다. 즉, 4念處·4正斷·4神足·5根·5力·7覺支·8聖道의 [수습이다].[193]

[4념처란] 身念處와 受念處, 心念處, 法念處이다. 정단이란 아직 생겨나지 않은 악하고 불선한 법들을 생겨나지 않게 하기 위해 욕구를 일으키고 노력하고 정진하는 것이며, 심을 작동시키고 몰두하는 것이며, 이미 생겨난 악하고 불선한 법들을 끊기 위해, 또 아직 생겨나지 않은 선한 법들을 생기게 하기 위해, 이미 생겨난 선한 법들이 머물게 하고, 잊지 않고, 수습의 충족을 위해, 더욱 증대하고 확장하고 광대하게 하기 위해 욕구를 일으키고 노력하고 정진하는 것이다. [4신족이란] 욕구의 삼매와 끊음의 작용을 수반한 것 및 정진과 심, 고찰의 삼매와 끊음의 작용을 수반한 것이다. [5근이란] 신·근·념·정·혜라는 根이다. [5력이란] 신·근·념·정·혜라는 힘들이다. [7覺支란] 念覺支, 擇法각지, 精進각지, 喜각지, 輕安각지, 定각지, 捨覺支이다. [8성도란] 정견·정사·정어·정업·정명·정정진·정념·정삼매이다.

12.2.1. 四念處

12.2.1.1. 사념처에 대한 기본 설명

12.2.1.1.1. **신체에 대한 정념의 확립** (ŚrBh 291,5; Ch. 440a13)

그중에서 신체란 무엇이며, 신체에 대해 신체로서 관찰함이란 무엇인가? 정념이란 무엇이며, 정념의 확립이란 무엇인가?

(i) 답: 신체는 35종이다. 즉, 내적인 것과 외적인 것, 근에 포섭된 것과 근에 포섭되지 않은 것, 중생에 속한 것과 중생에 속하지 않은 것, 추중을

193 대치의 수습(pratipakṣa-bhāvanā)이란 주제하에 37보리분법을 설명하는 텍스트에 『중변분별론』 제4장(MAVBh 50-55)이 있다.

수반하는 것과 경안을 수반하는 것, [4]대의 신체와 [4]대소조의 신체, 명칭의 그룹(nāmakāya)과 물질의 그룹(rūpakāya), 지옥에 속한 것과 축생에 속한 것, 조상의 영역에 속한 것, 인간의 [신체], 천상적인 것, 식을 가진 것과 식을 갖지 않은 것, 내부의 신체와 외부의 신체, 변역된 것과 변역되지 않은 것, 여성의 신체와 남성의 신체, 중성의 신체, 친구의 그룹(mitrakāya)과 적의 그룹(amitrakāya), 중립적인 그룹(udāsīnakāya), 열등한 그룹과 중간의 그룹, 상위의 그룹, 어린이의 신체와 청년의 신체, 노인의 신체이다. 이상 이것이 신체의 구별이다.

(ii) 그중에서 [신체의] 관찰(anupaśyanā)은 3종이다. 신체와 관련해 청문에서 나온 지혜, 사유에서 나온 지혜, 수습에서 나온 지혜이다. 그 지혜에 의해 모든 측면을 가진 일체 신체를 올바로 관찰하고 판단하고 이해하고 깨닫는 것이다.

(iii) 그중에서 정념이란 어떤 이의 신체에 의거해서 어떤 법들이 파악되고, 바로 그 법들의 저 의미가 사고되고, 수습에 의해 [법들이] 현증되었을 때, 현증되어진 음절과 의미에 대해 그의 마음이 잊지 않는 것이다.

(iv) '이 법들은 내게 잘 파악되었다거나 그렇지 않았다.', '각각 [음절과 의미]에 대해 지혜를 통해 [법들이] 잘 관찰되었다거나 그렇지 않았다.', 또는 '각각의 경우에 해탈에 의해 [법들은] 잘 이해되었거나 그렇지 않았다.' 고 하는 정념이 확립된 것이다. 이것이 정념의 확립이다.

또한 정념의 확립은 정념에 의해 보호되기 위해서이며, 인식영역을 염오시키지 않기 위해서이며, 인식대상과 결합하기 위해서이다.

그중에서 정념에 의해 보호됨이란 앞에서 설한 바와 같이 '그는 정념에 의해 보호되며, 정념이 현명한 자가 된다.' '인식영역을 염오시키지 않기 위해서'란 [앞에서] 설한 바와 같이 '정념에 의해 마음이 보호되지 않고, 평등하게 행하는 것이지' '주된 관념상을 취하지 않으며 부차적 관념상을 취하지 않는다.' 내지 '의근을 보호하고 의근에 의해 제어를 행한다.' 그 중에서 '인식대상과 결합하기 위해서'란 [앞에서] 설한 바와 같은 변재하는 인식대상, 행위를 정화시키는 인식대상, 능숙한 인식대상, 번뇌를 정화시키는 인식대상이라는 4종의 인식대상에 정념을 묶는 자에 있어서이다.

이 3종의 측면들에 의해 정념이 잘 확립된 것이 정념의 확립(smṛter upasthānam)이라고 설해진다.

12.2.1.1.2. 수·심·법에 대한 정념의 확립

1) 수·심·법의 종류

(i) 감수란 무엇인가? 즐거운 감수와 괴로운 감수, 즐겁지도 괴롭지도 않은 감수이다. 그중에서 신체적인 [감수에] 즐거운 것과 괴로운 [감수], 즐겁지도 괴롭지도 않은 것이 있다. 신체적인 것처럼 심리적인 [감수]도 마찬가지다. 물질적인(sāmiṣā) [감수에] 즐거운 것, 괴로운 것, 즐겁지도 괴롭지도 않은 것이 [있듯이], 비물질적인 [감수도] 마찬가지이며, 탐착에 의거하는 [감수]도 마찬가지이다. 그리고 출리에 의거하는 감수에도 즐거운 것과 괴로운 것, 즐겁지도 괴롭지도 않은 것이 있다.

이것이 21종의 감수이거나 또는 9종의 [감수]이다.[194]

(ii) 심이란 무엇인가? 탐을 가진 심과 탐을 여읜 심, 瞋을 가진 심과 진을 여읜 심, 치를 가진 심과 치를 여읜 심, 응축된 심과 산란된 심, 침잠된 심과 고무된 심. 흥분된 심과 흥분되지 않은 심, 적정한 심과 적정하지 않은

---

194 여기서 9종은 즐거운 감수와 괴로운 감수, 즐겁지도 괴롭지도 않은 감수를 구별한 후에 신체적인 감수, 심리적 감수, 물질적 감수, 비물질적 감수, 탐착에 의거한 감수와 출리에 의거한 감수의 6종을 더한 것이다. 21종의 감수는 이들 6종을 다시 3종으로 구분한 것에 처음의 3종 구분을 더한 것이다. Cf. Satipaṭṭhāna-sutta에서 9종의 감수는 첫 3종과 또 물질적이고 비물질적인 감수의 각 3종이다.

심, 삼매에 든 심과 삼매에 들지 않은 심, 잘 수습된 심과 잘 수습되지 않은 심, 잘 해탈한 심과 잘 해탈하지 못한 심이다. 이를 총괄하면 심은 20종이다.[195]

(iii) 법이란 무엇인가? 탐과 탐의 조복, 瞋과 진의 조복, 치와 치의 조복, 응축과 산란, 침잠과 상기, 흥분과 흥분되지 않음, 적정과 부적정, 잘 삼매에 듦과 잘 삼매에 들지 못함, 수행도가 잘 수습된 상태와 수행도가 잘 수습되지 못한 상태, 잘 해탈된 상태와 잘 해탈하지 못한 상태이다. 이들 20종의 법들은 잡염과 청정에 속한 것으로서 백품과 흑품으로 설정된 것이라고 알아야 한다.

2) 수·심·법의 종류에 대한 설명

(i) 그중에서 즐거운 감수란 즐거움으로 감수될 수 있는 접촉에 의거해서 즐거운 감수에 속한 경험이 생겨나는 것이다. 그런데 5식과 상응하는 것은 신체적인 [감수]이며, 의식과 상응하는 것은 심리적인 [감수]이다. 즐거움으로 감수될 수 있는 접촉에서처럼, 괴로움으로 감수될 수 있고, 또 즐겁지도 괴롭지도 않은 것으로 감수될 수 있는 접촉에 의거해서 즐겁지 않은 감수와 즐겁지도 않고 즐겁지 않은 것도 아닌 감수에 속한 경험이 생겨나는 것이다. 이것이 괴로운 감수이며, 즐겁지도 않고 괴롭지도 않은 감수이다. 그런데 그것도 5식과 상응하는 것은 신체적인 [감수]이며, 의식과 상응하는 것은 심리적인 [감수]이다. 열반에 수순하고 통달적인 [감수]가 구극의 완성, 구극의 無垢性, 구극의 범행의 완성을 위해 생겨날 때, 그것은 비물질적인 [감수]이다. 반면 색계와 무색계와 상응하거나 이욕과 수순하는 것은 출

---

195 Cf. Satipaṭṭhāna-sutta에서 16종의 심(citta)이 8쌍으로 제시되어 있다. 그것은 위의 처음 네 쌍의 심과 커다란 심(mahaggatam)과 크지 않은 심(amahaggatam), 위가 있는 심(sottara)과 최고의 심(anuttara), 삼매에 든 심(samāhitam)과 삼매에 들지 않은 심(asamāhitam), 그리고 해탈된 심(vimittam)과 해탈되지 않은 심(avimittam)이다. Gethin 1992: 46 참조.

리에 의거하는 [감수]이다. 그리고 욕계와 상응하고 이욕과 수순하지 않는 것은 탐착에 의거하는 [감수]이다.

(ii) 그중에서 貪을 가진 심이란 탐욕을 불러일으킬 수 있는 사태에 대해(rañjanīye vastuni) 탐에 의해 분출된 [심]이다. 탐을 여읜 [심]이란 탐의 분출이 없는 [심]이다. 瞋을 가진 심이란 진을 불러일으킬 수 있는 사태에 대해 진에 의해 분출된 [심]이다. 진을 여읜 [심]이란 진의 분출이 없는 [심]이다. 그중에서 癡를 가진 [심]이란 어리석음을 불러일으킬 수 있는 사태에 대해 치에 의해 분출된 [심]이다. 치를 여읜 [심]이란 치의 분출이 없는 [심]이다.

이들 여섯 심들은 탁발에 수반되는 것이라고 알아야 한다. 거기서 셋은 잡염에 속한 것이고, 셋은 잡염을 대치하는 것들이다.

그중에서 응축된 심이란 샤마타의 측면에 의해 내적인 인식대상에 결부된 것이고, 산란된 [심]은 외적으로 5종 욕망의 대상들에 따라 흐르는 것이다. 그중에서 침잠된 심은 혼침·수면을 수반한 것이며, 고무된 [심]은 맑은 인식대상에 의해 기쁘게 된 것이다. 홍분된 심은 극도의 상기 때문에 홍분에 의해 분출된 것이다. 홍분되지 않은 심은 상기되었을 때와 응축되었을 때에 평정을 획득하지 못한 것이다. 적정한 심이란 [5]蓋(nivaraṇa)로부터 벗어난 것이며, 부적정한 [심]이란 [5蓋로부터] 벗어나지 못한 것이다. 그중에서 삼매에 든 심이란 [5]蓋로부터 해탈한 후에 근본정에 들어간 것이며, 삼매에 들지 못한 [심]은 [그것에] 들지 못한 것이다. 그중에서 잘 수습된 심이란 바로 저 삼매에 오랫동안 친숙해졌기 때문에 원하는 대로 얻는 것이며, 쉽게 얻는 것이며, 신속히 성취하는 것이다. 그중에서 잘 수습하지 못한 심이란 이것과 반대라고 알아야 한다. 그중에서 잘 해탈한 심이란 모든 면에서 완전히 해탈한 것이며, 잘 해탈하지 못한 심은 모든 면에서도 또 완전히 해탈하지 못한 것이다.

이들 14종의 심들은 승방에 속한 것(vihāragata)이라고 알아야 한다. 그중에서 蓋의 청정과 관련하여 승방에 속한 것들은 응축된 심, 산란한 심에서 적정한 심과 부적정한 심에 이르기까지 여덟 심이며, 반면 번뇌의 청정과 관련하여 승방에 속한 것들은 [삼매에 든 심부터] 잘 해탈한 심과 잘 해탈하지 못한 심에 이르기까지 여섯 심이다.

(iii) 그런데 내적으로 蓋(nivaraṇa)가 있을 때 '내게 蓋가 있다'고 알며, 蓋가 없을 때 '내게 蓋가 없다'고 안다. 그리고 어떻게 일어나지 않은 蓋가 일어나는가도 알며, 어떻게 이미 일어난 [蓋]가 소멸했는지도 안다.

眼과의 결박(cakṣuḥsaṃyojana) 내지 意와의 결박(manaḥsaṃyojana)이 있을 때, '내게 意와의 결박이 있다'고 [알며], 意와의 결박이 없을 때, '내게 意와의 결박이 없다'고 안다. 그리고 어떻게 일어나지 않은 [眼과의 결박] 내지 意와의 결박이 일어나는가도 알며, 어떻게 이미 일어난 [眼과의 결박 내지 意와의 결박]이 소멸했는지도 안다.

내적으로 念覺支(smṛtisaṃbodhyaṅga)가 있을 때, '내게 염각지가 있다'고 알며, [염각지가] 없을 때, '내게 [염각지가] 없다'고 안다. 그리고 어떻게 일어나지 않은 염각지가 일어나는가도 알며, 어떻게 이미 일어난 [염각지가] 머무는지, 망각되지 않고 수습의 원만과 증대, 광대, 방대한 상태로 되는지도 안다. 염각지와 같이 擇法, 정진, 喜, 輕安, 삼매, 捨의 覺支들도 마찬가지라고 알아야 한다.[196]

이와 같이 자성과 단점, 대치의 측면들에 의해[197] 염오된 법들의 변지가

---

196 위의 법념처에 대한 蓋(nivaraṇa)와 결박(saṃyojana) 그리고 覺支(saṃbodhyaṅga)의 설명은 Satipaṭṭhāna-sutta에서 법념처의 다섯 항목들 중에서 각기 (i), (iii), (iv)번에 해당된다. Schmithausen(1976: 247f)은 이 세 항목들이 대응하는 판본들을 비교할 때 『사념처경』에 원래 있었던 요소로 보며, 반면 (ii) khandha, (v) ariya-sacca 항목은 후대에 첨가된 것으로 보는데, 『성문지』가 원래의 세 요소만을 법념처의 기술에서 설명하고 있는 것은 주목된다.

197 ŚrBh(2)는 yad evaṃ svabhāva-nidānādīnava-pratipakṣākāraiḥ로 Ms.에 없는 nidāna를 한역(441a14: 自性因緣過患對治) 및 티벳역에 따라 보완해서 읽는다. 왜 한역과 티벳역에서 因緣/gzhi

法念處의 항목이다.

12.2.1.2. 사념처의 수습에 대한 다양한 설명 (ŚrBh 299,15; Ch. 441a14)

(i) 신체에 대해 신체로 보는 것이 염처라고 설해지듯이, 마찬가지로 감수, 심, 법에 대해서도 이치에 따라 알아야 한다.

그중에서 어떻게 그는 내적으로 신체에 대해 신체라고 보면서 주하며, 어떻게 외적으로, 또 어떻게 내적·외적으로 [신체에 대해 신체라고 보면서 주하는가]?

그가 내적으로 유정으로 헤아려진 자신의 신체에 대해 신체라고 보면서 주할 때, 그는 그와 같이 내적으로 신체에 대해 신체라고 보면서 주한다. 그가 외적으로 중생이 아닌 것으로 헤아려진 색을 인식대상으로 할 때, 그는 그와 같이 외적으로 신체에 대해 신체라고 보면서 주한다. 그가 외적으로 중생으로 헤아려진 타인의 색을 인식대상으로 할 때, 그는 그와 같이 내적, 외적으로 신체에 대해 신체라고 보면서 주한다.

그중에서 그는 내적으로 중생으로 간주된 자신의 색에 관해서 생겨난 감수, 심, 법들을 인식대상으로 할 때, 그는 내적으로 감수, 심, 법들에 대해 [감수, 심,] 법으로서 보면서 주한다. 그가 외적으로 중생으로 헤아려지지 않은 물체에 관해서 생겨난 감수와 심, 법들을 인식대상으로 할 때, 그는 외적으로 감수, 심, 법들에 대해 [감수, 심,] 법으로 보면서 주한다. 그가 외적으로 중생으로 헤아려진 타인의 색에 관해서 생겨난 감수, 심, 법들을 인식대상으로 할 때, 그는 내적·외적으로 감수, 심, 법들에 대해 [감수, 심,]

를 넣었는지 그 이유를 설명하기 어렵지만, 문제는 직전의 문장에서 언급된 측면들은 蓋(=자성), 結(=단점), 覺支(=대치)로서, 인연에 대응하는 설명이 없다는 점이다. 앞의 각주에서 보듯이 因緣에 대응하는 것은 Pāli 문헌에 나오는 오온(khandha)이겠지만, 설명되지 않고 있다. 따라서 맥락에 따라 nidāna를 제외하고 번역했다.

법으로 보면서 주한다.

(ii) 다른 설명방식이 있다. 감관에 포착된 색을 인식대상으로 하는 그는 내적으로 신체에 대해 신체라고 관찰하면서 주한다. 근접하지 않고 집수되지 않은, 감관에 의해 포착되지 않은 색을 인식대상으로 하는 그는 외적으로 신체에 대해 신체라고 보면서 주한다. 내적으로 가까이 있고 집수된 색으로서 바로 감관에 의해 포착되지 않는 색을 인식대상으로 하는 그는 내적·외적으로 신체에 대해 신체라고 보면서 주한다.

앞의 3종의 색들에 관해서 생겨난 감수, 심, 법들을 그와 같이 이치에 따라 인식대상으로 하는 그는 그와 같이 보면서 주한다고 알아야 한다.

(iii) 또 다른 설명방식이 있다. 사마히타의 단계에 속하고 경안을 수반하는 색을 인식대상으로 하는 그는 내적으로 신체에 대해 신체라고 보면서 주한다. 내적으로 바로 자신에 속한, 사마히타의 단계에 속하지 않는, 추중을 수반하는 색을 인식대상으로 하는 그는 마찬가지로 외적으로 신체에 대해 신체라고 보면서 주한다. 추중을 수반하고 경안을 수반하는, 타인에 속한 물체를 인식대상으로 하면서 그는 내적·외적으로 신체에 대해 신체라고 보면서 주한다.

그것에 의거해서 생겨난 감수, 심, 법도 마찬가지로 이치에 따라 알아야 한다.

(iv) 또 다른 설명방식이 있다. 내적으로 [4]대의 색을 인식대상으로 하면서 그는 신체에 대해 신체라고 보면서 주한다. 외부의 [4]대의 색을 인식대상으로 하면서 그는 외적으로 신체에 대해 신체라고 보면서 주한다. 그 [4]대의 색에 의거해서 생겨난 감관과 대상으로 포착된 [사대에 의해] 생겨난 색을 인식대상으로 하면서 그는 내적·외적으로 신체에 대해 신체라고 보면서 주한다.

그것에 의거해서 생겨난 감수, 심, 법들도 그와 같이 이치에 따라 알아야 한다.

(v) 또 다른 설명방식이 있다. 그가 식을 가진 신체(savijñānaḥ kāyaḥ)를 내적으로 인식대상으로 할 때, 그와 같이 내적으로 신체에 대해 신체라고 보면서 주한다. 식을 갖지 않은, 중생으로 간주된 색을 [시체의] 푸르게 변한 상태들 속에서 인식대상으로 하면서 외적으로 신체에 대해 신체라고 보면서 주한다. 식을 갖지 않은 색은 과거세에는 식을 가진 상태였고, 또한 식을 가진 색은 미래세에는 식을 여읜 상태에 있다는 사실, 즉 동등한 성질과 비슷한 성질을 인식대상으로 하면서 그는 내적·외적으로 신체에 대해 신체라고 보면서 주한다.

그것에 의거해서 생겨난 감수, 심, 법들도 그와 같이 이치에 따라 알아야 한다.

(vi) 또 다른 설명방식이 있다. 머리털과 몸털, 손톱 등의 형상들을 통해 자신의 신체내부를 인식대상으로 하면서 그는 내적으로 신체에 대해 신체라고 보면서 주한다. 머리털과 몸털, 손톱 등의 형상들을 통해 타인들의 신체내부를 인식대상으로 하면서 그는 외적으로 신체에 대해 신체라고 보면서 주한다. [시체의] 푸르게 됨 등의 형상을 통해 변괴되지 않은 자신의 신체외부를 [인식대상으로 하면서], 또 [시체의] 푸르게 됨 등의 형상을 통해 변괴되거나 변괴되지 않은 타인들의 신체외부를 동등한 성질을 가진 것으로서 인식대상으로 하면서 그는 내적·외적으로 신체에 대해 신체라고 보면서 주한다.

그것에 의거해서 생겨난 감수, 심, 법들도 그와 같이 이치에 따라 알아야 한다.

신체와 감수, 심, 법의 구별에 의한 이러한 종류의 설명방식이 많다고 알아야 한다. 그렇지만 [여기서는] 몇 가지의 설명방식이 명시되었다.

12.2.1.3. 사념처를 설하는 목적 (ŚrBh 303,4; Ch. 441c6)

(i) 그중에서 세존께서는 네 가지 전도의 대치로서 사념처를 확립하셨다.

거기서 不淨에 대해 淨이라는 전도의 대치로서 신념처가 확립되었다. 실로 세존께서는 신념처의 수습에 있어서 부정관과 상응하는 네 단계의 공동묘지[198]를 설하셨다. 그것을 자주 작의하는 자에게 不淨에 대해 淨이라는 전도가 제거된다.

거기서 고에 대해 낙이라는 전도의 대치로서 수념처가 확립되었다. 감수들에 대해 감수라고 보면서 주하는 그는 '감수된 것은 무엇이든 여기서 괴로운 [감수]이다'라고 여실히 안다. 이와 같이 그에 있어 고에 대해 낙이라는 전도가 제거된다.

거기서 무상에 대해 상이라고 하는 전도의 대치로서 심념주가 확립되었다. 그가 탐을 수반한 심의 구별에 의해 각각의 수많은 낮과 밤, 찰나, 瞬息, 짧은 시간이 지난 후에 심의 많고 다양한 양상의 상태를 지각할 때, 무상을 상이라고 보는 전도가 제거된다.

거기서 무아에 대해 자아라고 보는 전도의 대치로서 법념처가 확립되었다. [전도된] 자에게 아견 등의 잡염은 존재하고 무아견 등의 선법들은 존재하지 않기 때문에, 온들에 대해 자아라는 견해가 일어나지만, 자상과 공상의 측면에서 법들을 법이라고 보고 여실히 아는 다른 자에게는 [일어나지] 않으며, 무아에 대해 자아라고 보는 전도가 제거된다.

(ii) 또 다른 설명방식이 있다. 일반적으로 개아는 다음과 같이 행한다. 온들에 관해 오직 온이며, 오직 법일 뿐이라고 여실하게 알지 못하고, '신

---

198 네 단계의 공동묘지(śiva-pathika)는 ŚrBh II.3.2.1.2.(=ŚrBh 205,20ff; Ch 429b6ff)의 설명에 대응한다. 이에 대해서는 釋惠敏 1994: 170-173 참조.

체에 의지하고 있고, 그 신체에 의거해서 고락을 경험하며, 법과 비법들에 의해 염오되고 청정해진다.'고 [생각한다]. 거기서 자아가 의지체로서의 사태라는 미혹을 제거하기 위해 신념처가 확립되었다. 바로 저 자아가 경험으로서의 사태라는 미혹을 제거하기 위해 수념처가 확립되었다. 심·의·식을 자아라고 파악함에 의해 미혹된 그들에게 자아로서의 사태라는 미혹을 제거하기 위해 심념처가 확립되었다. 바로 그에게 심의 잡염과 청정에 대한 미혹을 제거하기 위해 법념처가 확립되었다.

(iii) 또 다른 설명방식이 있다. 어디에서 행위를 하고, 무엇 때문에 행위를 하고, 누가 행위를 하며, 무엇에 의해 행위를 하는지의 이 모든 것을 하나로 묶은 후에 사념처가 확립되었다. 거기서 신체 속에서 행하고, 감수 때문에 [행하고], 심이 [행하며], 선법과 불선법들에 의해 [행하는 것이다].

(iv) 또 다른 설명방식이 있다. 어디서 염오되고 청정해지며, 무엇 때문에, 무엇이, 무엇에 의해 염오되고 청정해지는가를 하나로 묶은 후에 사념처가 확립되었다. 거기서 신체 속에서 염오되고 청정해지며, 감수들 때문에 [염오되고 청정해지며], 심이 [염오되고 청정해지며], 법들에 의해 염오되고 청정해진다.

12.2.1.4. 염처의 의미

그중에서 염처라는 것의 의미는 무엇인가? 답: 어떤 것에 대해 정념을 확립하고, 어떤 것에 의해 정념을 확립할 때, 그것이 염처라고 설해진다. 어떤 것에 대해 정념을 확립할 때, 그것이 인식대상에 대한 염처이다. 어떤 것에 의해 정념을 확립할 때, 그것에 삼매에 포섭된 지혜와 정념이 있을 때, 그것이 자성적인 염처이다. 그것과 다른, 그것과 상응하는 심법과 심소법들이 혼재해 있는 염처이다.

또한 *身·受·心·法*의 영향 아래 있는, 이미 생겨난 선한 유루와 무루의 수행도가 염처이다. 그런데 그것은 청문으로 이루어진 것과 사유로 이루어진 것 그리고 수습으로 이루어진 것이다. 거기서 청문으로 이루어진 것은 오직 유루인 것이며, 수습으로 이루어진 것은 유루이거나 무루인 것이기도 하다.

12.2.2. 四正斷(saṃyakprahāṇa)[199]

12.2.2.1. 정의 (ŚrBh 307,5; Ch. 442a26)

이와 같이 사념처들에 관해서 숙련된 그는 거칠고 거친 전도를 제거한 후에 선법과 불선법을 숙지한다. 그 직후에 "아직 일어나지 않은 불선법들을 일어나지 않게 하고, 또 이미 일어난 [불선법]들을 끊기 위해, 그리고 아직 일어나지 않은 선법들을 일으키기 위해, 또 이미 일어난 [선법]들을 유지시키기 위해서"라고 앞에서 말한 대로 심을 고무하고(pragṛhnāti) 집중한다(pradādhāti).

---

199 여기서 4正斷(saṃyakprahāṇa)은 북전에 따른 명명이고, 초기 Nikāya와 남방 상좌부에서는 samma-ppadhāna("right endeavour")로 달리 이해하고 있다. 이 차이에 대해 Gethin(1992: 70-72)은 중세 인도어 형태인 samma-ppahāna에 의거하여 북전 Sanskrit에서는 samyak-prahāṇa로, 남전 Pāli에서는 samma-ppahāna로 각기 다르게 구성했을 것이라고 추정한다. 그는 Pāli어 표현이 이 정형구의 일반적 기술로서 보다 부합되는 것처럼 보인다고 하면서, Mahāvastu(III 165)에서 samyak pradhāna가 사용되며, 또 Dharmaskandha의 산스크리트 단편에서도 samyak-pradhāna(Dietz 1984: 52)라는 표현이 나온다는 사실 등을 지적하면서, 동시에 팔리 주석문헌에서도 prahāṇa의 의미로 사용되는 경우가 보인다고 지적하고 있다. 그는 북전전통에서 4정단의 단계가 순결택분의 이전단계로 이해되고 있으며, 이 [4정단의] 단계를 거친 장애들과 방해물들을 끊은 것으로 특징짓는 것은 전혀 부적절한 것이 아니며, 또한 pradadhāti와 pradhāna의 용법이 거의 일치하지 않는다는 점을 지적하면서, prahāṇa의 의미로 받아들일 것을 제안하고 있다. 이하 성문지의 기술에서 우리는 '끊음'과 '노력'의 두 측면이 4정단에 나타나고 있음을 보게 된다.

12.2.2.2. 선법과 불선법의 상세한 분석

그중에서 불선법이란 무엇인가? 욕계에 속한, 신·구·의의 악행들에 의해 포섭된 염오된 신·구·의의 업이며, 또 그것을 작동시키게 하는 번뇌들이다. 그 [번뇌]들이 모이지 않고 현전하지 않을 때 그것들은 일어나지 않으며, 그것들이 만나고 현전할 때 그것들은 이미 일어난 것이다.

그중에서 선법들이란 악행들을 대치하거나 蓋들을 대치하거나 결박들을 대치하거나 간에 그 [불선한] 것들을 대치하는 법들이다. 악하고 불선한 법들처럼, 아직 일어나지 않은 [법]들이나 이미 일어난 [법]들도 마찬가지로 [대치하는 것]이라고 알아야 한다.

(1) 불선법의 정단

(i) 그중에서 아직 일어나지 않은, 악하고 불선한 법들을 일어나지 않게 하기 위해 '나는 모든 방식으로 모든 것을 모든 양태로 일으키지 않을 것이다.'라는 열망을 일으키고 원할 때, 그는 그와 같은 욕구(chanda)를 일으킨다. 또는 이미 일어나고 모인 [불선법]들을 '나는 모든 방식으로 모든 것을 모든 양태로 용인하지 않을 것이며, 끊을 것이며, 제거할 것이다.'[라는 열망을 일으키고 원할 때, 그는 그와 같은 욕구(chanda)를 일으킨다].

아직 일어나지 않은, 악하고 불선한 법들을 바로 앞에서처럼 일어나지 않게 하기 위해 열망을 일으키고 원하며, [그것을] 용인하려고 하지 않는 것이 아직 일어나지 않은 [불선법]들을 일어나지 않게 하기 위한 욕구이며, 또는 이미 일어난 [불선법]들을 용인하지 않고 끊는 것이 이미 일어난 [불선법]들을 끊기 위한 욕구(chanda)이다.

(ii) 또한 저 악하고 불선한 법들은 과거의 사태를 인식대상으로 하거나, 미래의 사태를 인식대상으로 하거나, 또는 현재의 사태를 인식대상으로 해서 일어나는데, 그것들은 현전하지 않는 영역을 인식대상으로 하거나 직접지각의 영역을 인식대상으로 한다.

과거와 미래의 사태를 인식대상으로 하는 [법]들은 현전하지 않는 영역을 인식대상으로 하고, [반면] 현재의 영역을 인식대상으로 하는 [법]들은 직접지각의 영역을 인식대상으로 한다.

그중에서 현전하지 않는 영역을 인식대상으로 하는, 아직 일어나지 않은 악하고 불선한 법들을 일어나지 않게 하기 위해, 그리고 이미 일어난 [불선법]들을 끊기 위해 힘쓴다(vyāyacchate). 반면 직접지각의 영역을 인식대상으로 하는, 아직 일어나지 않은 [불선법]들을 일어나지 않도록, 또 아직 일어나지 않은 [불선법]들을 일어나지 않게 하기 위해, 또 이미 일어난 [불선법]들을 끊기 위해 정진(vīrya)을 시작한다. 왜냐하면(hi) 그 [불선법]들은 보다 견고한 정진의 시작에 의해 생겨나지 않거나 끊어지기 때문이다. 또한 아직 일어나지 않은, 하급과 중급의 [번뇌의] 분출들은 일어나지 않도록, 또 이미 일어난 [번뇌의 분출]들을 끊기 위해 힘쓴다. 아직 일어나지 않은, 상급의 [번뇌의] 분출들은 일어나지 않도록, 또 이미 일어난 [분출]들을 끊기 위해 정진을 시작한다.

만일 과거의 인식대상에 대해 행한다면, 그 인식대상에 의해 그에게 번뇌가 생겨나지 않는 그러한 방식으로 행한다. 반면 만일 정념의 상실 때문에 [번뇌가] 생겨난다면, [그 번뇌를] 용인하지 않으며, 끊으며, 조복하고, 멀리한다. 과거의 인식대상에서처럼 미래의 [인식대상]에 대해서도 마찬가지라고 알아야 한다. 이와 같이 그는 아직 일어나지 않은 악하고 불선한 법들을 일으키지 않기 위해, 또 이미 일어난 [불선법]들을 끊기 위해 힘쓴다고 설해진다.

만일 그가 현재의 인식대상에 대해 행한다면, 그는 그 인식대상에 의해 번뇌가 일어나지 않는 그러한 방식으로 행한다. 반면에 만일 정념의 상실 때문에 [번뇌가] 일어난다면, 일어난 [번뇌]를 용인하지 않으며, 끊으며, 조복하고, 멀리한다. 이와 같이 그는 아직 일어나지 않은 악하고 불선한 법들을 일으키지 않기 위해, 또 이미 일어난 [불선법]들을 끊기 위해 정진을 시작한다고 설한다.

(iii) 분별(saṃkalpa)[200]의 힘에 의해 일어나지 인식영역(viṣaya)의 힘에 의해서 일어나지는 않는 악하고 불선한 법들이 있으며, 또한 분별의 힘과 인식영역의 힘에 의해서 일어나는 [악하고 불선한 법들도] 있다.

그중에서 분별의 힘에 의해 일어나지 인식영역의 힘에 의해서 일어나지는 않는 [불선법]들은 예를 들면 승원에 주하는 자에게 과거와 미래의 인식대상에 의해 일어나는 것들이다. [반면] 분별의 힘과 인식영역의 힘에 의해서 일어나는 [불선법]들은 예를 들면 [탁발을] 행하는 자에게 현재의 인식대상에 의해 일어나는 것들이다. 거기에는 반드시 올바르지 않은 분별이 있다.

그중에서 [불선한 법들이] 분별의 힘에 의해 일어날 때, 아직 일어나지 않은 [불선법]들을 일으키지 않도록, 또 이미 일어난 [불선법]들을 끊기 위해 힘쓴다. 거기서 [불선한 법들이] 인식영역의 힘 및 분별의 힘에 의해 일어날 때, 아직 일어나지 않은 [불선법]들을 일으키지 않기 위해, 또 이미 일어난 [불선법]들을 끊기 위해 정진을 시작한다.

(2) 선법의 수습

(i) 그중에서 "아직 일어나지 않은 선법들을 일으키기 위해 욕구를 일으킨다"는 말에서 아직 획득되지 않고 또 현전되지 않은 선법들을 획득하기 위해 또 현전하기 위해 열의를 일으키고 마음에 원하는 것이다. 그에게 강력한 획득하고자 하는 욕구와 현전시키려고 하는 욕구가 나타난다. 이것

---

200 위에서 saṃkalpa를 '分別'이라고 번역했다. 분별은 보통 전문술어로서는 vikalpa의 번역어지만, 여기서는 vikalpa를 포함해서 넓은 의미에서 사유작용 일반을 가리킬 것이다. 하지만 '사유'라고 번역한다면, 지나치게 포괄적이 될 것이며, 또 아래의 예문에서 보듯이 과거나 현재의 부정적인 생각을 담아내지 못할 것이기에 분별이라고 번역했다.

이 "아직 일어나지 않은 선법들을 일으키기 위한 욕구"이다.

"이미 일어난 선법들을 유지하기 위해, [정념을] 상실하지 않기 위해, 수습을 완성시키기 위해 욕구를 일으킨다"에서 "이미 일어난 선법들"이란 획득되었고 현전하는 것들이다. 그것들에 관한 획득의 사라지지 않음, 이미 획득된 것의 손상이 없음과 관련하여 "유지하기 위해"라고 말했다. [선법들이] 현전된 후에 사라지지 않은 것과 관련해서 "[정념을] 상실하지 않기 위해"라고 말했다. 바로 저 획득되고 현전된 선법들에 친숙해졌기 때문에 완성, [즉] 구경에 이른 것과 관련해 "수습을 완성시키기 위해"라고 말했다.

그것에 대해 "열의를 일으키고 마음에 원할 때" 그에게 강한 유지시키려는 욕구, [정념을] 상실하지 않으려는 욕구, 수습을 완성시키려는 욕구가 현전해 있는 것이다. 이것이 이미 일어난 선법들을 유지하기 위해, [정념을] 상실하지 않기 위해, 수습을 완성시키기 위한 욕구(chanda)라고 설한다.

(ii) 그중에서 "힘쓴다"란 획득된 [선법]들이 현전되기 위해서이다. "정진에 착수한다"란 획득하지 못한 [선법]들을 획득하기 위해서이다. "힘쓰다"란 이미 생겨난 [선법]들을 유지하고, 잊지 않기 위해서이며, "정진에 착수한다"란 수습을 완성하기 위해서이다. 또는 아직 생겨나지 않은 약하거나 중간 정도의 선법들을 일으키기 위해, 또 이미 생겨난 [선법]들은 유지하고 잊지 않기 위해 힘쓰는 것이며, 아직 생겨나지 않은 강한 선법들을 일으키기 위해, 또 이미 생겨난 [선법]들은 [유지하고 잊지 않기 위해] 내지[201] 수습을 완성시키기 위해 정진에 착수한다.

(iii) 그중에서 "심을 고무시킨다(cittaṃ pragṛhṇati)"는 것은 그 심이 샤마타의 수습 속에서, 하나의 대상을 가진 상태를 향해 아직 생겨나지 않은 악하고 불선한 법들은 일어나지 않게 하기 위해, 내지 이미 일어난 선법들은 지

201 티벳역은 gnas pa dang mi brjed pa dang으로 'yāvad'의 내용을 보충하고 있다.

속시키고 잊지 않고 수습을 완성시키기 위해 노력하는 것이다. 그와 같이 내적으로 긴장된 심은 이완하기 위해 나아가고, 이완된 것이라는 의심이 들 때에도 그렇게 본다. 그때 이러저러한 청정을 일으킬 수 있는, 고무시키는 청정한 관념상을 갖고 [선법들을] 취하고(pratigṛhṇāti) [심을] 즐겁게 한다(saṃharṣayati). 이와 같이 그는 심을 고무시킨다.

(iv) 어떻게 집중하는가(pradadhāti)? 고무할 때에 [심이] 홍분되거나 홍분의 의심이 든다고 볼 때에는 다시 내적으로 응축하고, 샤마타를 향한 원을 일으킨다.

(3) 상세한 설명의 결론

다음과 같은 것들이 4정단이다. 아직 일어나지 않은, 흑품에 속한 법들을 일으키지 않기 위해, 또 이미 일어난 것들을 끊기 위한 욕구(chanda)와 힘씀(vyāyāma), 정진의 착수(vīryārambha), 심의 고무(cittapragraha), 집중(pradadhana)이 두 개의 정단이다. 아직 일어나지 않은, 백품에 속한 법들을 일으키기 위해 내지 상세하게(vistareṇa)[202] 흑품에서와 같이 정단은 두 가지라고 알아야 한다.[203]

(i) 그 [불선법과] 관련하여(tatra) 하나는 율의에 의한 정단이다. 이미 생

202 '내지 상세하게'에서 생략된 것은 불선법에 대해 설명한 직전의 단락(2)의 내용이다.

203 '상세한 구별(vistaravibhāga)'에 따르면 4정단은 율의에 의한 정단, 끊음의 정단, 수습에 의한 정단, 보호에 의한 정단이다. 이 4종의 정단에서 앞의 둘은 불선법을 끊기 위해서이고, 뒤의 둘은 선법을 유지시키고 완성시키기 위한 것이라고 본다면, 적어도 불선법의 제거와 관련해서는 끊음의 의미가 두드러지지만, 선법의 유지 내지 발전과 관련해서는 정단(prahāṇa)의 의미보다는 정진 등의 의미가 현저하다고 생각된다. 그렇지만 무엇보다 특징적인 것은 전통적으로 4정단에 포함된, 그리고 아래의 '요약적 설명'에서 나열된 chanda, vīryārambha, citta-pragraha, pradadhana의 네 요소들이 모두 흑품과 백품의 요소들을 끊거나 발전시키기 위한 방법으로서 이해되고 있다는 점이다. 여하튼 이와 같이 4종 정단을 구분하는 것은 매우 성문지에 특유한 것이며, 따라서 여기서 '상세한 구별' 방식으로 구별된 것은 전통적 방식의 이해와 다른 것임을 보여 준다.

겨난 악하고 불선한 법들은 끊기 위한 욕구를 일으킨다는 등이다.

(ii) 두 번째는 끊음의 정단으로서, "아직 생겨나지 않은 [불선법]들을 끊기 위해 욕구를 일으킨다"는 등이다. 왜냐하면 이미 생겨난 악한 사태는 제어되어야 하고, 아직 생겨나지 않은 [불선법]은, 현전하지 않는다는 측면에서 끊어져야 하는 것이라고 간주한 후에, 현행하지 않는다는 점에서 이미 끊어진 것이다. [따라서] 이미 끊어진 것을 끊음이 끊음의 정단이다.

(iii) 그 [선법과] 관련하여(tatra) 하나는 수습에 의한 정단이다. 즉, "아직 생겨나지 않은 강한 선법들을 일으키기 위해서"부터 "심을 고무하고 집중한다."까지이다. 왜냐하면 선법들은 열심히 행해져야 하고 수습되어야 하는 것으로서, 획득되지 않은 것들은 획득되고, 이미 획득된 것은 현전시켜야 하기 때문이다.

(iv) 다른 하나는 보호에 의한 정단이다. 즉, "이미 일어난 선법들은 유지하고, [정념을] 잊지 않고"부터 "심을 고무하고 집중한다"까지 말한 것이다. 왜냐하면 이미 획득되고 현전된 선법들에 대해 방일을 떠난 것, 불방일을 열심히 행하는 것이 선법들을 유지시키고, [정념을] 잊지 않고, 수습의 완성을 위해 작동하기 때문이다. 이와 같이 이미 일어난 선법들이 보호되는 것이다.

이것이 정단들에 대한 상세한 구별(vistaravibhāga)이다.

12.2.2.3. 사정단에 대한 요약적 설명

요약적인 의미란 무엇인가? 답: 흑품과 백품에 속한 보시와 취함의 사태에 있어서 강력한 의향의 원만과 가행의 원만이 해설되었다. 그중에서 강력한 의향의 원만은 욕구(chanda)를 일으킴에 의해서이며, 반면 가행의 원만은 힘씀(vyāyāma)과 정진의 착수(vīryārambha), 심의 고무(cittapragraha), 집중(pradadhana)에 의해서이다.[204]

요가수행자에 의해 다음과 같이 행해져야 한다. 끊어져야 할 사태를 끊기 위해, 또 획득되어야 할 사태를 획득하기 위해 먼저 열망에서 생겨난 [욕구(chanda)]에 의해 수습되어야 하며, [번뇌의] 분출(paryavasthāna)을 끊기 위해, 또 [번뇌의] 잠재력(anuśaya)을 끊기 위해 정진이 착수되어야 하고, 적시에 샤마타(śamatha)의 관념상과 고무(pragraha)의 관념상, 평정(upekṣā)의 관념상들이 수습되어야 한다.[205] 또 [번뇌의] 분출의 끊음과 잠재력의 끊음을 위해서는 대치하는 선법들을 획득해야 한다.[206] 이 모든 것이 4정단에 의해 해설되었다.

이것이 요약적 의미이다.

12.2.3. 4神足(ṛddhipāda)[207]

12.2.3.1. 4종 삼매 (ŚrBh 314,5; Ch. 443b17)

삼매는 4종이다. 즉, 욕구의 삼매(chanda-samādhi), 정진의 삼매(vīrya-

---

204 '요약적 의미'에서 제시된 정단은 chanda, vyāyāma, vīryārambha, citta-pragraha, pradadhana이다. 정단은 4종으로 확정되기 때문에, 따라서 vyāyāma = vīryārambha로 간주한다면, 이 나열은 Pāli 문헌에서 제시된 4종과 일치한다.

205 위의 욕구와 정진에 대한 설명은 자명할 것이다. 남은 citta-pragraha와 pradadhana의 두 요소는 샤마타(śamatha)의 관념상과 고무(pragraha)의 관념상, 평정(upekṣā)의 관념상들에 대해 행해질 것이다. 샤마타의 관념상을 극복하기 위해 심의 고무가, 고무 내지 비파샤나의 관념상을 극복하기 위해서는 집중이 요구될 것이며, 평정의 관념상의 위험을 극복하기 위해서는 양자가 모두 필요할 것이다.

206 이 문장은 형태상이나 내용상 4종 정단과 잘 부합되지 않는다. 형태상으로 4종 정단은 이미 앞의 세 문장의 설명에서 각기 배대되었기 때문에 완결되었다고 보인다. 내용상으로도 "분출의 끊음과 잠재력의 끊음을 위해서는"은 이미 앞에서 정진의 요소를 설명할 때 그대로 나온 내용이다. 따라서 이 문장은 후에 추가된 것으로 보인다. 그 이유는 확실치 않지만, 아래 신족의 설명에서 보이듯이 번뇌의 분출과 그 잠재력의 차이에 대한 명확한 인식이 근저에 놓여 있으리라 추정된다.

207 Pāli 니카야에서 4신족에 대한 설명은 여러 군데 보인다(이하 Gethin 1992: 81ff 참조). DN II

samādhi), 심삼매(citta-samādhi), 고찰의 삼매(mīmāṃsā-samādhi)이다. 그중에서 욕구의 삼매를 주제로 해서 삼매가 얻어질 때, 그것이 욕구의 삼매이다.[208] 정진과 심, 사유를 주제로 해서 삼매가 얻어질 때, 그것이 [정진과 심 그리고] 고찰의 삼매이다.

(i) 먼저 그가 욕구를 단독으로 일으킬 때, 저 악하고 불선한 법들을 자성의 측면에서, 원인의 측면에서, 단점의 측면에서, 대치의 측면에서 올바로 사색하고 정념을 하나의 초점에 안주시킨다. 그것을 자주 행하기 때문에 [불선한 법들의] 분출의 현행을 멀리하는 방식에 의해 하나의 초점에 접촉한다. 그렇지만 악하고 불선한 법들의 잠재력(anuśaya, 隨眠)을 지금 근절하지는 않는다. 이것이 욕구에 영향받은 [삼매]이다.

(ii) 그는 과거나 미래, 현재에서 악하고 불선한 법을 일으킬 수 있고 또 약·중·강의 번뇌를 분출시킬 수 있는 인식대상에 대해 생겨나지 않은 것은 생겨나지 않게 하기 위해, 또 생겨난 것은 끊기 위해 노력하면서, 정진

214f: cattāro iddhi-pādā. … bhikkhu (i) chanda-samādhi-padhāna-saṃkhāra-samannāgataṃ iddhi-pādaṃ bhāveti. (ii) viriya-samādhi- … (iii) citta-samādhi- … (iv) vīmaṃsā-samādhi- … (신족은 4종이다. … (i) 비구는 욕구의 삼매와 노력의 작용에 속한 신족을 수습한다, (ii) 정진의 삼매와 …, (iii) 심의 삼매와 … (iv) 고찰의 삼매와 …). 복합어 chanda-samādhi-padhāna-saṃkhāra-samannāgataṃ은 Vibhaṅga 216에 따라 (Gethin 1992: 85f 참조) chanda-samādhi-samannāgataṃ과 padhāna-saṃkhāra-samannāgataṃ으로 분해된다. 그리고 앞의 4正斷에서의 차이처럼 여기서도 Pāli 전승에서는 padhāna-saṃkhāra를 사용하고, 반면 북전에서는 prahāṇa-saṃskāra(斷行)를 사용하여 대비된다. 이하 성문지의 神足 설명은 chanda-samādhi 등의 4종 삼매를 설명하고, 이어 8종 斷行을 설명하고, 마지막으로 신족을 설하는 점에서 위의 MN의 설명구조와 대응한다.

208 SN V 268f: chandaṃ ce bhikkhu nissaya labhati samādhiṃ labhati cittassa ekaggataṃ, ayaṃ vuccati chandasamādhi. "만일 비구가 욕구에 의거해서 삼매를 얻었고 또 심일경성을 얻었다면, 이것이 욕구의 삼매라고 불린다." 따라서 정확히 번역하자면, '욕구에 의거해서 생겨난 삼매' 정도가 될 것이다. 성문지는 이를 chandam adhipatiṃ kṛtvā 또는 chandādhipateya로 풀이하고 있다. 다른 삼매들의 풀이도 마찬가지다.

에 착수한다. 인식대상에 대해 심사하거나 또는 인식대상을 자성의 측면에서, 원인의 측면에서, 단점의 측면에서, 대치의 측면에서 올바로 사색하는 그에게, 또 정념을 하나의 초점에 확립하고, 그것에 반복해서 주하는 그에게 분출의 현행을 멀리하는 방식에 의해 심일경성이 생겨난다. 그렇지만 악하고 불선한 법들의 잠재력을 지금 근절하지는 않는다. 이것이 정진에 영향받은 삼매이다.

(iii) 또는 가라앉은 심을 상승시키고, 상승된 심에 집중하고 또 적시에 평정한 그에게, 또한 악하고 불선한 법들을 불러일으킬 수 있는 악하고 불선한 법들과 선법을 불러일으킬 수 있는 선법들을[209] 자성의 측면에서, 원인의 측면에서, 단점의 측면에서, 장점의 측면에서, 대치의 측면에서, 출리의 측면에서 올바로 사색하는 그에게, 또 정념을 하나의 초점에 확립하고, 그것에 반복해서 주하는 그에게 심일경성이 생겨난다. 상세하게는 [앞에서와] 같다.[210] 이것이 심에 영향받은 삼매이다.

(iv) 만일 어떤 법들이 올바르지 않게 작의하는 자에게 악하고 불선한 법을 불러일으킬 수 있다면, 바로 그것들은 올바르게 작의하는 자에게 선법을 불러일으킬 수 있다. 이와 같이 [번뇌의] 분출들이 멀리 떨어져 있을 때, 또 분출을 대치하는 삼매 등의 법들이 생겨났을 때, 저 악하고 불선한 법들은 현행하지 않는다. 그는 다음과 같이 생각한다. '왜 나는 존재하는 악하고 불선한 법들을 요지하지 못하는가? 그렇지 않으며 비존재하는 [악하고

---

209 ŚrBh(2) 214,14: yat pāpakākuśalān dharmān pāpakākuśaladharmasthānīyānvayān, kuśalākuśalān dharmān kuśalākuśalasthānīyāṃś ca dharmān. 그러나 이 문장은 한역과 비교할 때 중복필사된 것으로 보인다. 한역(443c10-11): 由是因緣, 於諸所有惡不善法若能隨順惡不善法, 及諸善法 若能隨順所有善法.

210 즉, 티벳역처럼 "악하고 불선한 법들의 隨眠을 지금 근절하지는 않는다."는 문장을 보충해서 읽어야 한다.

불선한 법들을 요지하지 못하는가!? 나는 그것을 고찰해야 하지 않을까?' 그는 고찰의 작의를 주제로 해서 [불선한 법들이] 끊어지고 끊어지지 않은 상태를 사유하고, 올바르게 관찰하고, 정념을 하나의 초점에 확립한다. 그리고 그것에 자주 주하는 그는 심일경성을 접촉한다. 그것에 의해 아만이 없다. 그는 "[번뇌의] 분출로부터 나의 심은 해탈되었지만, 모든 방식으로 잠재력으로부터는 아니다, 그것을 대치하는 삼매 등의 선법들이 내게 획득되고 수습되었지만, 잠재력을 대치하는 [선법]들은 아니다."라고 여실하게 안다. 이것이 그에게 고찰에 영향받은[211] 삼매라고 불린다.

4종의 삼매를 주제로 해서 [번뇌의] 분출이 멀리 떨어져 있을 때, 그는 모든 방식으로 악하고 불선한 법들의 잠재력을 영단하기 위해, 또 그것을 대치하는 선법들을 증득하기 위해 다시 욕구를 일으키고, 노력한다. 상세히는 4종의 正斷(samyakprahāṇa)을 갖고 노력한다.

12.2.3.2. 8종 斷行

그와 같이 수행하고 그와 같이 된 그에게 8종의 끊음의 작용(prahāṇa-saṃskāra, 斷行)이 있다. 그것들은 그에게 [번뇌의] 잠재력(anuśaya)을 근절하기 위해 또 삼매의 완성을 위해 일어난다.[212]

---

211 ŚrBh(2) 214,17: ayam asyocyate mīmāṃsāsamādhiḥ. 그러나 앞의 다른 삼매의 경우에서처럼 *ayam asyocyate mīmāṃsādhipateyaḥ samādhiḥ로 문맥상 교정해야 할 것이다.

212 Pāli 전승은 앞의 4정단에서 지적한 것처럼 padhāna(skt. pradhāna)이다. 그런데 4신족의 경우보다 8斷行의 경우 Pāli 전승과의 해석상의 차이가 두드러진다(Gethin 1982: 93). 그는 AKBh, Abhidharmadīpa, 『성실론』 등의 문헌과 MAVBh를 제시하고 있다. 그 외에도 MSA(143,1ff)의 설명이 있다. 그런데 성문지와 이들 문헌과의 두드러진 차이는 신족을 삼매의 완성이라는 본래 목적을 넘어 잠재력의 의미에서 번뇌의 隨眠(anuśaya)의 근절을 위한 기법으로 파악하고 있다는 점이다. 이와 같이 번뇌의 현상적 분출과 그 잠재력을 명확히 구별하고, 또 삼매 일반이 그런 잠재력의 제거에 기여할 수 있다고 보는 것이 성문지의 두드러진 특색이다. 그

(i) 욕구(chanda)란 '나는 언젠가 삼매를 완성시키고 또 악하고 불선한 법들의 잠재력들을 끊을 것이다.'

(ii) 힘씀(vyāyāma)이란 대체의 수습에 대해 가행을 버리지 않는 것이다.

(iii) 信(śraddhā)이란 가행을 버리지 않고 주하는 자가 이후의 증득에 대해 믿고 신뢰하는 것이다.

(iv) 경안(praśrabdhi)이란 信과 맑은 믿음에 의존하는 희열과 기쁨이다. 마음이 기쁜 자는 점차 악하고 불선한 법에 속한 추중을 息滅한다.

(v) 念(smṛti)은 9종이다. 샤마타에 속한 9종 心住(cittasthiti)를 포함한다.

(vi) 正知(saṃprajanya)란 비파샤나에 속한 慧이다.

(vii) 思(cetanā)는 끊어지고 끊어지지 않은 것을 사유하는 자에 있어 심의 의욕이며, 또 샤마타와 비파샤나에 적합한 심의 의욕이 신업과 구업을 일으키는 것이다.

(viii) 평정(upekṣā)이란 과거와 미래, 현재의 악하고 불선한 법을 불러일으킬 수 있는 [법]들 속에서 행하는 자에 있어 심의 불염오이며 심의 평등성이다.

그는 두 가지 이유에 의해 [번뇌의] 잠재력들의 끊어짐을 분석하고 안다. 즉, 경계에 직면하지 않은(viṣayaviparokṣa) 思에 의해 또 경계에 직면한 평정에 의해서이다.[213] 이것들이 여덟 가지 끊음의 작용들이다.[214]

리고 잠재력의 제거를 위해 삼매가 단순히 샤마타에 속한 것으로 한정되지 않고 비파샤나에 속한 것도 포함시키고 있다고 보인다.

213 성문지는 다른 6종의 斷行과 구별하여 마지막 양자가 수면의 근절을 위한 작용을 하고 있다고 설명한다. 성문지는 8종을 단계적 과정으로 보는 듯하며, 특히 (v)와 (vi)에서 수습된 샤마타와 비파샤나를 성취한 자가 (vii)에서 신업과 구업을 행하는 것으로 보며, (viii)은 이를 행할 때의 염오되지 않은 평등한 심적 태도라고 설명한다. 양자를 번뇌의 끊음과 관련시키는 설명은 MSA 143,4f (T31: 643c19-21): cetanā copekṣā ca prātipakṣika upāyaḥ / layauddhatyopakleśayoḥ kleśānāṃ ca pratipakṣatvāt/ ("思와 평정은 침몰과 도거라는 수번뇌 양자를

이 8종 끊음의 작용은 잠재력의 근절을 위한 요가이다.[215] 그중에서 욕구(chanda)는 [4종 요가에서] 바로 욕구이고, 힘씀은 정진(vīrya)이며, 信은 信이다. 또 경안과 念, 정지, 思, 평정은 방편(upāya)이다.

12.2.3.3. 신족

앞의 욕구의 삼매 등과 지금 끊음의 작용들은 잠재력이 끊어지고 삼매가 완성되었을 때, 이 모든 것을 요약해서 욕구의 삼매와 끊음의 작용을 수반한 神足(ṛddhipāda)이라고 설해지며, 또 정진의 삼매, 심의 삼매, 고찰의 삼매와 끊음의 작용을 수반한 神足이라고 설해진다.

어떤 이유에 의해 신족이라고 설해지는가? 답: 예를 들어 어떤 개아에게 발이 있을 때 그는 가고 오고 넘어갈 수 있듯이, 그와 같이 어떤 개아에게 이 법들이 있고 삼매가 완성되어 있다면, 이와 같이 심이 청정하고, 깨끗하고, 자극이 없고, 수번뇌를 여의고, 곧바르고, 유연하게 주하고, 부동을 얻었을 때, 그는 출세간의 법을 증득하고 또 접촉하기 위해, 가고 오고 넘어갈 능력이 있다. 왜냐하면 이 출세간의 법으로서, 신통은 최고이고 이 자재함은 최고이기 때문이다. 따라서 신족이라고 설해진다.

12.2.4. 五根과 五力

12.2.4.1. 오근과 오력의 정의와 종류 (ŚrBh 321,15; Ch. 444b8)

(i) 이와 같이 삼매에 안주한 그는 삼매에 의지한 후에 증상심의 훈련

대치하는 방편이다. 번뇌들을 대치하기 때문이다.").

214 한역(444a21)은 뒤에 8종 斷行을 勝行이라고도 부른다(亦名勝行)는 문장을 첨가하고 있다.

215 ŚrBh(2) 220,10: 'ṣṭaprahāṇasaṃskārayogo'; 하지만 'ṣṭaprahāṇasaṃskāro yogo'로 수정되어야 한다. 아래 설명은 8종 끊음의 작용과 4종 요가(yoga)의 포섭 관계를 나타낸 것이다. 요가의 종류와 의미에 대해서는 ŚrBh III.8을 참조할 것.

과 증상혜의 훈련을 향해 요가를 한다. 요가를 행하는 그에게 타인들, 즉 성문들과 스승의 증득에 대한 신뢰와 맑은 믿음이 있다. 信에 의해 영향(ādhipatya)을 받는다는 의미에서 信根이라고 설해진다.

어디에 이것의 영향력이 있는가? 답: 출세간의 법의 생기를 위시한 정진과 정념, 삼매, 혜를 일으키는 데 영향력이 있다. 정진 등이 있을 때, 그것들도 출세간법을 일으키는 데 영향력이 있으며, 내지 정행하는 데 영향력이 있고, 내지 혜는 출세간법을 일으키는 데 영향력이 있다. 따라서 이것들이 信 등의 五根이다.

(ii) 그런데 앞에서 뒤로 증득의 수승함을 아는 자에게 그것과 수순함에 의해 그 후에 출세간법을 증득하기 위해 신뢰(abhisaṃpratyaya)와 맑은 믿음(prasāda), 신실함(śraddadhānatā)이 있는 것이 굴복되지 않는다는 의미에서 信力이라고 설해진다. 어떤 이유에 의해 그것은 굴복될 수 없는가? 그 信은 천신이나 악마, 범천에 의해서도, 또는 세상에서 어떤 공유하는 성질에 의해서나 또는 번뇌의 분출에 의해 빼앗겨지지 않는다. 따라서 그것은 굴복되어지지 않는 것이라고 설한다. 그것을 시작으로 하고 그것을 선행요소로 하는 信 등이 力이라고도 설해진다. 그 힘들에 의해 힘을 가진 자는 모든 악마의 힘들을[216] 제압한 후에 루들의 소멸을 위해 수행한다. 따라서 力이라고 설해진다.

12.2.4.2. 4종 淨信(avetyaprasāda)

그중에서 信根과 信力은 네 淨信(avetyaprasāda)[217] 속에 있다고 알아야 한

---

216 악마의 힘 내지 악마의 작용들에 대해서는 ŚrBh II.15+16 참조.

217 D II 217에서 淨信(avetyaprasāda)은 모든 중생들 중에서 붓다가 최고라는 것, 모든 유위법 중에서 8정도가 최고라는 것, 모든 유위법과 무이법 중에서 열반이 최고라는 것, 그리고 모든 무리들 중에서 여래의 제자들의 무리가 최고라는 것을 완전히 확신하는 것으로 설명된다. 이

다. 그 이유는 무엇인가? 正性離生(samyaktvaniyāma)에 들어간 자의 淨信은 그 [신근과 신력]을 원인으로 하고 그것을 조건으로 하며 그것으로 말미암기 때문이다. 따라서 세존께서는 그 [信]이 그 [정성이생]을 증상과로 갖는다는[218] 점에서, 원인과 결과의 상관성에 의해 그곳에 [= 신근과 신력 속에] 있다고 보아야 한다고 설하신 것이지, [淨信이] 그 [信根과 信力]을 자체로 하고 그 [신근과 신력]을 특징으로 하기 때문은 아니다.

그중에서 精進根[219]은 4正斷(samyakprahāṇa)과 관련하여 알아야 한다. 그 이유는 무엇인가? 저 정단이란 무엇인가? 견도에서 제거되어야 할 번뇌를 끊기 위한 방편적인 정단들이 여기서 정단이라고 의도된 것이다. 왜냐하면 그것들은 궁극적으로 악하고 불선한 법들을 끊기 위해 작용하기 때문이다.

그중에서 念根은 사념처와 관련해서 알아야 한다. 이들 사념처는 남김없이 전도를 끊기 위해 작동한다. 三昧根은 사정려와 관련해서 알아야 한다. 정려들은 불환의 상태와 관련해서 방편적인 것이다. 慧根은 사성제와 관련

련 점에서 prasāda, 특히 avetyaprasāda는 śraddhā의 발전된 형태이며, 따라서 어느 정도의 이해에서 나오는 믿음의 측면을 보여 준다(Gethin 1982: 113). BoBh(W) 161,2에서도 "마치 淨信을 얻은 비구가 항시 설시자(=붓다)와 법, 승가에게 최고의 공양을 갖고 봉사하고 공양하는 것과 같다"로 설해지듯이, 삼보에 대한 확고한 신뢰를 가리킨다.

218 ŚrBh(2): tasyās tad adhipatiphalam …; 이에 따라 "淨信은 … 그 [믿음]의 증상과이다."라고 번역하지만, 내용상 타당하지 않을 것이다. 따라서 여기서 tasyās tad-adhipatiphalam으로 복합어로 읽었다.

219 한역은 精進根力으로 정진근과 정진력을 모두 나타내고 있다. 이는 뒤따르는 念根과 삼매근, 혜근의 경우에서도 마찬가지다. 앞에서 信根과 信力이 함께 나열되었기 때문에 한역의 번역 방식이 일관적이라는 인상을 준다. 반면 사본의 읽기는 마지막에 "根들처럼 力들도 마찬가지"라는 문장을 덧붙이고 있기에 역시 타당한 나열이라고 보인다. 현 사본과 한역이 의거했던 사본의 차이일 수도 있겠지만, 사본의 읽기가 일관적이지 않다는 점에서 보다 오랜 사본이라고 생각된다.

해서 알아야 한다. 諦의 인식은 사성제를 현관하기 위해 또 사문과를 획득하기 위해 작동한다. 根들처럼 力도 마찬가지라고 알아야 한다.[220]

12.2.4.3. 순결택분(nirvedhabhāgīya)의 선근

그는 이 根들과 저 力들을 열심히 행하고 수습하고 빈번히 행했기 때문에 하·중·상의 순결택분(nirvedhabhāgīya)[221]의 선근들을 일으킨다. 즉, 煖(ūṣmagata), 頂(mūrdhan), 順諦忍(satyānulomaḥ kṣāntayaḥ), 世第一法(laukikāgradharma)이다.

마치 불을 갖고 불을 다루는 일을 하고자 원하는 어떤 개아가 불을 구하고자 할 때, 아래에 마른 나무(āraṇyā)를 놓은 후에 위에서 마찰에 힘쓰고 몰두하고 애쓴다. 그가 힘쓰고 몰두하고 애쓸 때에 먼저 아래의 나무에서 온기(ūṣman)[222]가 일어난다. 바로 그 열은 확산되면서 위로 올라온다. 더욱더 온기가 확산하면서 화염 없이 불을 발화시킨다. 불을 발화한 직후에 화염이 일어난다.

마치 그가 생겨나고 일어나고 함께 일어난 화염을 갖고 불을 다루는 일을 행하듯이, 마찰에 힘쓰는 것은 5근들이 열심히 행하는 것이라고 알아야

---

220 한역에 이 문장은 보이지 않는데, 이는 앞의 각주에서 말했듯이 한역이 각각의 5根의 항목에서 5力을 같이 나열하고 있기 때문이다.

221 여기서 5근과 5력은 순결택분을 일으키는 것으로서 간주되고 있다. '순결택분' 개념의 맥락에 대해서는 안성두 2003a: 20ff 참조.

222 그 명칭이 시사하듯이, 煖位를 불이나 온기와 관련시키는 것은 아비달마 학파나 유가사들의 체험을 담은 〈禪經〉류 문헌들에서의 일반적 이해라고 보인다. 예를 들어 아비달마 문헌인 『비바사론』(28a16-18)에서 "모든 번뇌의 연료를 태우기 때문"이라는 설명이나 『甘露味論』(T28: 972c29f)에서 "鑽火가 나무 사이에서 생겨나는 것과 같다"는 비유처럼, 〈선경〉류 문헌인 『수행도지경』(T15: 217b5ff)과 『좌선삼매경』(T15: 279b18ff)에서도 번뇌를 태우는 불의 징조인 온기로 비유되고 있다. 이에 대해서는 안성두 2003a: 7ff 참조.

한다. 마른 나무에 의해 먼저 온기가 나오듯이, 煖들도 그와 같다고 보아야 한다. [이 煖들은] 불을 일으킬 수 있는, 번뇌를 태우는 무루법들이 일어나기 위한 선행하는 신호들이다. 바로 그 온기가 위로 가듯이, 頂들도 그와 같다고 알아야 한다. 연기가 나오듯이, [사]제와 상합하는 忍(順諦忍)[223]들도 그와 같다고 알아야 한다. 화염 없이 불이 발화하듯이 세제일법도 그와 같다고 알아야 한다. 그 직후에 화염이 일어날 때와 같이, 세제일법에 포함된 5근의 직후에 생겨나는 출세간의 무루법들도 그와 같다고 알아야 한다.

12.2.5. 七覺支 (ŚrBh 325,17; Ch. 444c29)

그것들은 무엇인가? 답: 7覺支이다. 定性離生에 들어간 개아에게 여실한 깨달음(avabodha)은 이 지분들이다. 왜냐하면 여실한 깨달음은 일곱 개의 지분을 포함하기 때문으로, 세 개는 샤마타에 속하고 세 개는 비파샤나에 속하고 하나는 양자에 모두 속한다. 따라서 깨달음의 지분(覺支)이라고 설해진다.

그중에서 법의 관찰(dharmavicaya[224]), 정진(vīrya), 희열(prīti)의 셋은 비파샤나에 속하며, 경안(prasrabdhi), 삼매(samādhi), 평정(upekṣā)의 셋은 샤마타에 속하고, 念(smṛti)[225]은 양자에 속하며, [따라서] 모든 곳에 변재한 것(sarvatraga)이라고 불린다. 이때 먼저 각지를 획득했기 때문에 그는 [사성제의] 흔적을 본 자(dṛṣṭapada)[226]인 有學(śaikṣa)이 된다.

---

223 satyānulomāḥ kṣāntayah(順諦忍)로 흥미롭게도 복수형으로 사용되고 있다. 이 용어는 『수행도지경』(217b13)에서 사용된 諦柔順法忍과 연관된 용어라 보이며, 성문지는 이를 채택하지만, 『비바사론』(24a13-b23); 『아비담감로미론』(973a12f); 『아비담심론』(849b12f) 등에서는 단순히 忍(kṣānti) 개념으로 대체되고 있다.

224 ŚrBh 326,5: dharmavinayaḥ/로 표기.

225 7각지의 각각의 지분이 무엇을 포함하고 따라서 어떤 기능을 하는지는 Gethin 1992: 188f에 간략히 정리되어 있다.

12.2.6. 8지 聖道 (ŚrBh 326,10; Ch. 445a8)

12.2.6.1. 성도의 법상 분류와 정의

그에게 견도에서 제거되어야 할 번뇌들이 이미 끊어졌지만, 수도에서 제거되어야 할 [번뇌]들이 남아 있다. 그는 그것들을 끊기 위해 [계정혜] 3온에 포함되는 8지 성도를 수습한다. 그중에서 정견과 정사유, 정정진은 慧蘊이다. 정어와 정법, 정명은 戒蘊이다. 정념과 정삼매는 定蘊이다.

어떤 이유로 8지 성도라고 불리는가? 답: 사성제의 자취를 본 성스런 유학의 수행도는 남김없이 일체 번뇌를 끊고 해탈을 촉증하기 위한 8지에 포함된 중도이다. 따라서 8지 성도라고 불린다.

(i) 그중에서 覺支의 때에 획득된 진실한 인식과 또 그것을 획득한 후에, 그는 지혜를 통해 어떻게 그 인식이 증득되었는지를 건립한다. 그 양자를 하나로 압축한 후에 정견이라고 불린다.

(ii) 그 정견에 의거해서 출리의 생각(saṃkalpa)과 증오가 없는 생각, 해침이 없는 생각을 하는 것이 정사유라고 불린다.

(iii) 만일 먼저 심이 심사에 들어갔다면 그는 이런 형태의 심사들을 하고, 반면 만일 심이 담화 속에 들어갔다면 정어를 주제로 해서 선한 생각으로부터 여법한 말을 하는 것이 정어이다.

(iv) 만일 그가 의복과 음식, 좌구와 와구, 병에 의거한 약과 생필품들을 추구하고 또는 그것에 관한 고려에 빠진다면, 그는 오고 갈 때, 또는 보거나 바라볼 때, 구부리거나 펼 때, 승가리(僧伽胝)와 의발을 지닐 때, 먹고 마시고 씹고 맛볼 때 정지를 갖고 주한다. 또는 승원에서 의복 등을 추구할 때, 행주좌와 내지 졸음과 피곤을 좇아버릴 때에 정지를 갖고 주한다. 이것이 정업이라고 불린다.

---

226 ŚrBh 326,10: prāptipadaḥ[/]로 표기.

(v) 의복 내지 약과 필수품을 여법하게 추구하고, 삿된 생활방식(mithyājīva)[227]을 짓는 법들을 제거했을 때, 그것이 正命이다.

그런데 정어와 정업, 정명들이 초연함(virati)에 의해 포함되었다면, 그것들은 [무루]작의의 획득으로부터 각지들과 함께 과거에 획득된 것이다. 그것들은 성자들이 바라는 戒들이다. 그 이유는 무엇인가? 왜냐하면 이것은 올바른 상태에 도달한 현명한 성자들이 '나는 말의 악행과 신체의 악행, 삿된 생활방식을 작동시키지 않는 율의를 얻게 될 것인가?'라고 오랫동안 바라던 것, 좋아하는 것, 마음에 드는 것이기 때문이다. 그가 긴 밤 동안 바라고, 좋아하고, 마음에 들어 하던 것을 그때에 획득했다. 따라서 성자가 바라는 것이라고 부른다. 성자가 원하던 계들을 얻었을 때, 그는 [그것을] 正知하면서 거짓말을 하지 않고, 고의로 목숨을 빼앗지 않으며, 주지 않은 것을 취하지 않으며, 욕망의 대상들 속으로 삿되게 행하지 않으며, 여법하지 않게 의복 등을 추구하지 않는다. 성자들이 바라는 계들을 주제로 해서 수행도를 수습할 때에 말을 하고 신체적 행위를 하고 살아갈 때, 그것들도 정어와 정업, 정명이라고 설해진다.

(vi) 정견과 정사유, 정어, 정업, 정명에 의거함에 의해 수습을 닦는 그에게 욕구, 정진, 애씀, 출리, 용기와 강건한 시도, 심의 단속이 있을 때, 그것이 정정진이라고 설해진다.

(vii-viii) 사념처에 의거해서 무전도에 포섭된, 9종 행상을 가진 念(smṛti)와 9종의 心住(cittasthiti)를 포함하는 [집중상태]가 정념과 정삼매라고 설해진다.

---

227 삿된 생활방식(mithyājīva)은 여법하지 않게 옷, 음식, 좌구 및 와구, 병에 따른 약, 생활도구를 구하는 것을 가리킨다. 이에 대해서는 ŚrBh I.3.3.4.2.(vii)을 볼 것.

12.2.6.2. 요약 설명

이 모든 것이 8지 성도인데, 그것은 요약하면 돌아다니면서 행해져야 할 것(cārakaraṇīya)[228]과 머물면서 행해져야 할 것(vihārakaraṇīya)과 관련하여 규정되었다.

그중에서 정어와 정업, 정명은 돌아다니면서 행해져야 할 것이고, 머물면서 행해져야 할 것은 샤마타와 비파샤나 2종이다, 그중에서 정견과 정사유, 정정진은 비파샤나이고, 정념과 정삼매는 샤마타이다.

이와 같이 그는 청정한 정어와 정업, 정명에 의지하여 샤마타와 비파샤나를 수습하고, 적시에 남김없이 결박(saṃyojana)의 끊음을 촉증하고 최고의 결과인 아라한의 상태를 획득한다.

강력한 수도는 지속적인 반복수행에 의해 번뇌들을 끊으며, 반면 오직 지혜(jñāna)와 결부된 견도는 단지 지혜의 생기에 의해서만 번뇌들을 끊는다. 이 이유에 의해 정어와 정업, 정명들이 수도에서 건립된다.

이와 같이 점차적으로 37보리분법들을 반복수행하고 익숙해지는 것이 보리에 속한 수습(菩提分修)이라 설해진다.

---

228 한역(445b17)은 이를 無所作(*akaraṇīya)이라고 번역하는데, 의미상 통하지 않는다.

13. 수습의 결과(bhāvanāphala)

13.1. 수습의 과보 (ŚrBh 331,1; Ch. 445b29)

수습의 과보는 무엇인가?

답: 네 사문과로서, 예류과, 일래과, 불환과, 최고의 결과인 아라한과이다.

1) 사문이란 무엇이며, 과보란 무엇인가?

답: 수행도가 사문이고, 번뇌의 끊음이 과보이다. 또 이전에 일어난 수행도의 과보는 이후에 생겨난 수행도이며, 그것은 중간정도나 또는 뛰어난 것이거나 비슷한 것이다. 또한 어떤 이유로 네 개로 건립되었는가? 답: 번뇌의 끊는 네 개의 대치에 의해서이다.

2) [대응하는] 사태가 없는 번뇌들을 끊기 때문에 또 대치가 생겨났기 때문에 예류과가 건립되었다. 그러나 세 개의 結(saṃyojana)[229]들을 끊기 위해 세존께서는 재가품과 잘못 설해진 법과 율의 품, 잘 설해진 법과 율의 품이

229 三結은 아래에서 설명되듯이, 유신견(satkāyadṛṣṭi)과 계금취(śīlavrataparāmarśa), 疑(vicikitsā)이다. 이 셋은 ŚrBh II. 1.17에서 "최대한 일곱 번 존재하는 개아"를 설명하는 중에 이들을 끊은 후에 예류자가 된다고 설명되고 있다.

라는 세 개의 품에서 건립하셨다. 왜냐하면 세 개의 結은 수행도의 생기에 방해를 일으키기 때문이다.

그중에서 재가품과 관련해서 유신견(satkāyadṛṣṭi)이 있다.[230] 그 [유신견]에 의해 그는 바로 처음부터 수행하지 않는다. 따라서 처음부터 유신견은 두려운 것이다. 잘못 설해진 법과 율의 품과 관련해서 계금취(śīlavrata-parāmarśa)가 있다. 비록 [법과 율로] 나아가더라도 삿되게 행동하며, 그럼으로써 수행도가 생기지 않는다. 잘 설해진 법과 율의 품과 관련해서 疑(vicikitsā)가 있다. 그 [법과 율에서] 행하고, 삿되게 행동하지는 않더라도, 그 [법과 율]을 반복수습하지 않기 때문에, 그에게 인식되어야 할 사태에 대한 여실지견이 생기지 않는 한, 의혹과 망설임이 수행도의 생기를 장애한다. 이 이유에 의해 예류과의 건립이 있다.

이 예류자에게 앞으로 일곱 번의 존재가 남아 있다. 그가 그의 생의 연속에서, 만일 그가 생에 속하고, 천신의 존재에 포함되고, 또 인간의 존재에 포함된 번뇌들을 끊을 때, — 그 [번뇌]들을 끊기 때문에, 그는 후에 한 번 천신의 존재로, 한 번 인간의 존재로 태어나게 되는데 — 그때 일래과가 건

230 세 개의 결에 포함되는 것으로서의 유신견은 예류에 들어선 자에게는 없고, 따라서 이는 유신견을 五下分結에 포함시키는 전통적 설명일 것이다. 그러나 『유가론』 본지분에서 유신견은 모든 견의 근본으로서의 성격을 부여받고 수소단으로서 간주되는데, 이는 수행도의 끝에서 비로소 제거될 수 있는 것이지 성자의 단계에서 사라지는 것이 아니다. 유식문헌에서 satkāyadṛṣṭi가 아견과 아소견을 포함하는 것으로 설명되는데 (TrBh 29,20f.: tatra satkāyadṛṣṭir yat pañcopādānaskandheṣu ātmātmīyadarśanam. "유신견이란 오취온에 대해 자아나 자아에 속한 것이라고 보는 것이다."), 그렇다면 이는 아견이나 아소견에 대한 전혀 다른 이해에 기인한 것이라 보인다. YBh 26,18에서 종자의 동의어로서 satkāya, upādāna가 언급되는데, 이는 오취온이 satkāyadṛṣṭi의 토대가 된다는 것을 의미할 것이다(이에 대해서는 Schmithausen 1987: 157-160 참조). 이는 신체 속에 내장되어 있고, 신체에 부착되어 있는 알라야나 종자, satkāya 개념과 결합하고 있음을 보여 준다. 위의 설명은 ŚrBh II의 앞부분에서 추중 개념과 연관하여 행고성을 다룰 때의 맥락과 전혀 다르다.

립된다.

그렇지만 그가 이 세계로 환귀시켜 태어나게 하는 번뇌를 끊은 후에 천신의 존재로 단지 한번 태어날 때, 그때 불환과가 건립된다.

모든 존재에서의 재생을 일으키는 번뇌를 끊었기 때문에 최고의 결과인 아라한과가 건립된다.

그런데 일래과는 3결을 끊었기 때문에, 또 탐·진·치의 약화 때문에 세존에 의해 건립되었다. 五下分結을 끊었기 때문에 불환과가, [오하분결을] 소진한 후에 모든 번뇌를 끊었기 때문에 아라한과가 [건립되었다]. 이것이 수습의 과보라고 설해진다.

13.2. 개아들의 과보의 특징 (ŚrBh 334,16; Ch. 446a8)

1) 탐·진·치·만·심사의 [성향을 가진] 개아들에 있어서는 앞에서 먼저 행위를 정화시키는 인식대상 속에서 행위가 정화되어야 하며, 그 후에 心住(cittasthiti)가 증득된다. 그들에게 이 인식대상은 결정된 것이며, 그들은 반드시 그 인식대상을 갖고 수행해야만 한다. 그러나 균등하게 행하는 [개아]는 그가 희열을 가진 것에 대해 오로지 심의 안주를 위해 수행해야 한다. 균등하게 행하는(samabhāgacarita) 개아처럼[231] 때가 적은(mandarajaska) 개아도 마찬가지다.

그렇지만 이들의 차이는 다음과 같다. 탐의 [성향을 갖고] 행하는 자는 오랫동안 수행하면서 증득한다. 균등하게 행하는 자는 오랫동안이 아니며, 때가 적은 자는 빨리, 매우 신속하게 심의 안주를 증득한다.

2) 앞에서 탐 등의 [성향을 갖고] 행하는 개아들의 특성들을 말했다. 균등

231 균등하게 행하는 개아와 때가 적은 개아에 대해서는 ŚrBh II,1.8-9를 볼 것.

하게 행하는 개아와 때가 적은 개아의 특징은 무엇인가?

답: 균등하게 행하는 개아에게 탐의 [성향을 갖고] 행하는 개아들의 모든 특성들은 존재하지만, 그러나 그 탐들은 탐의 [성향을 갖고] 행하는 개아들처럼 강하지도 않고 주도적이지도 않다. 그것들은 균등하게 획득되며, 조건들이 있을 때 알려진다.

때가 적은 개아의 특징들이 있다. (i) 덮여지지 않고, (ii) 처음부터 청정하며, (iii) 자량을 갖추고 있으며, (iv) 맑은 믿음이 많고, (v) 현명하고, (vi) 복덕을 갖추고 있고, (vii) 공덕을 갖추고 있다.

(i) 그중에서 장애(āvaraṇa)는 셋이다. 즉, 업장, 번뇌장, 이숙장이다.[232]

업장은 5무간업이며, 또한 다른 업으로서, 의도적으로 행한, 이숙이 무르익은 무거운 업과 수행도를 일으키는 데 방해하는 것이다.

번뇌장은 강력한 번뇌와 장기간의 번뇌이다. 현재에서 행위를 정화시키는 인식대상의 정화에 의해 정화시킬 수 없는 것이다.

이숙장이란 어떤 재생처에서 성스런 수행도가 작동하지 않을 때, 그곳에서 이숙을 산출하는 것이다. 또는 성스런 수행도가 작동하고 행해지는 곳에서 재생한 자가 무감각하고, 양과 같은 입을 갖고 있고, 손으로 말을 하고, 잘 설해지고 잘못 설해진 법들의 의미를 알 수 없는 것이다.[233]

(ii) 그중에서 처음부터 청정함이란 매우 청정한 계와 곧은 견해이다.

극히 청정한 계는 열 가지 이유들 때문이라고 알아야 한다. 견해의 곧음이란 信(śraddha)과 상응하기 때문에, 승해와 상응하기 때문에, 허위와 사기

---

232 『보살지』(BoBh(D) 56,9-11)는 동일한 세 장애를 언급하면서, "근의 성숙에 의해 이숙의 장애로부터 해탈하며, 선근의 성숙에 의해 업의 장애로부터, 그리고 지혜의 성숙에 의해 번뇌장으로부터 해탈한다."고 설명한다.

233 "무감각하고 ~ 법들의 의미를 알 수 없는 것"까지의 표현은 ŚrBh II.2.3.(iii) 〈우치의 [성향에 따라] 행하는 개아의 특징〉 항목에서 나온다.

가 없기 때문에, 잘 사유된 법의 의미를 의혹과 의심 없이 가행하기 위해 진행하기 때문이다.

견해는 信과 상응하는 것으로서 이 법과 율로부터 물러서지 않는 것이며, 또한 승해와 상응하는 것으로, 붓다들과 붓다의 제자들의 불가사의한 위력과 불가사의한 재생처들, 심원한 교설, 답해지지 않은 사태(avyākṛtavastu)를 신해하며, 두려워하지 않고, 공포에 떨어지지 않는다. 또한 그 견해는 허위와 사기가 없다. 그는 그것에 의해 곧게 되며, 곧은 부류로서 배운 대로 실천하고, 여실하게 스스로를 드러낸다. 법들의 무상성과 고성, 공성, 무아성과 관련해 의미가 잘 사유되고, 잘 고려되고, 잘 관찰되고 있다. 그 때문에 그는 의혹이 없고 의심이 없이, 두 길 사이에서 방황하지 않고 수승하게 나아간다. 이 4종 견해가 약설한 대로 견해의 곧음이라고 설해진다.

(iii) 자량이 축적된 상태란 자량은 바로 앞에서 상세하게 설명했듯이 요약하면 4종이다. 복덕의 자량, 지혜의 자량, 과거의 것과 현재의 것이다.

복덕의 자량이란 그것에 의해 지금 적절한 생활용품들이 만족스럽고 풍부한 것이며, 선우들을 얻고, 수행자에게 장애가 없는 것이다.

지혜의 자량이란 그것에 의해 현명한 자가 되는 것이며, 잘 설해지고 잘못 설해진 법들의 의미를 알 수 있는 것이며, 적합한 법의 교설과 의미의 교설, 교수와 교계를 얻는 것이다.

과거의 [자량]이란 그것에 의해 지금 과거의 선근의 적집으로부터 성숙한 감각능력들을 얻는 것이다.

현재의 [자량]이란 선한 法欲이고, 성숙한 감각능력을 가진 자에 있어 계의 律儀(śīlasaṃvara)와 근의 율의(indriyasaṃvara)이다. 상세한 것은 앞에서와 같다.

(iv) 맑은 믿음이 많은 자란 스승에 대해 의혹하지 않고, 의심하지 않고,

맑게 믿고, 신해하는 자이다. 스승에 대해서처럼 법과 훈련항목에 대해서도 마찬가지다. 상세한 것은 앞에서와 같다.

(v) 현명함이란 그것에 의해 신속하게 법을 파악하고, 오랫동안 법과 의미를 잊지 않으며, 신속하게 법과 의미를 통달하는 것이다.

(vi) 복덕을 행한 상태란 그것에 의해 아름답고, 보기 좋고, 멋있고, 장수하게 되는 것이다. 엄정하게 말하고, 고귀하며, 지적이고, 큰 복덕을 갖고 있다. 의복 등을 얻으며, 왕들의 존중과 존경을 받는다.

(vii) 공덕을 갖추고 있음이란 작은 욕구 등의 공덕이라고 알아야 한다. 〈사문장엄〉[234]에서 설했던 대로 그는 본성적으로 이 공덕들을 갖추고 있다.

때가 적은(mandarajaska) 개아의 특징들은 이러한 부류라고 알아야 한다.

---

234 사문장엄은 ŚrBh I.3.13에서 분류되고 설명되어 있다. 거기서 '작은 욕구'는 사문을 장엄하는 17개의 특성들 중에서 여섯 번째로 나열되어 있다.

14. 개아의 동의어(pudgalaparyāya)

14.1. 개아의 동의어 (ŚrBh 338,9; Ch. 446c6)

여섯 개의 개아의 동의어가 있다. 여섯 개란 무엇인가? 사문, 바라문, 범행자(brahmacārin), 비구(bhikṣu), 정진자(yāti), 출가자(pravrajita)이다.

1) 사문은 넷이다. 수행도의 승리자, 수행도를 가르치는 자, 수행도로 살아가는 자, 수행도를 더럽히는 자이다.

善逝(sugata)가 수행도의 승리자이며, 법을 말하는 자가 수행도를 가르치는 자이며, 잘 정행하는 자가 수행도로 살아가는 자이며, 삿되게 행하는 자가 수행도를 더럽히는 자이다.

선서는 남김없이 탐·진·치의 소멸을 얻은 분이라고 설해진다. 법을 설하는 자는 탐·진·치의 조복을 위해 법을 설한다. 정행하는 자는 탐·진·치의 조복을 위해 정행하며, 나쁜 계와 나쁜 법을 가진 자가 삿되게 행하는 자이다.

또한 유학과 무학이 수행도의 승리자라고 설해진다. 왜냐하면 견도에서 제거되어야 할 번뇌들과 수도에서 제거되어야 할 번뇌들을 제거했기 때문이다.

세간적인 법과 율을 보존하고, 법의 인도자를 작동시키는 여래와 미래에 보리를 위해 정행하는 보살들, 경을 암송하고(sūtradhara), 율을 암송하고(vinayadhara), 마트르카를 암송하고 있는(mātṛkādhara) 성문들이 수행도를 가르치는 자라고 불린다.

자신의 이익을 위해 행동하고, 부끄러움을 갖고 있고, 후회를 하며, 훈련을 갈망하는 선한 범부들은 아직 획득하지 못한 것을 획득하기 위해, 증득하지 못한 것을 증득하기 위해, 촉증하지 못한 것을 촉증하기 위해 노력하면서, 내지 촉증하지 못한 것을 촉증하기 위한 힘이 있고 능력이 있다. 그들이 수행도로 살아가는 자라고 불린다. 또한 이들에게는 煖(ūṣmā)들이 있는데, 그것에 의해 이들은 성스러운 慧根의 생기를 위해 죽지 않고 살아 있다고 설해진다.

어떤 개아가 악계를 지니고, 악한 법을 갖고, 내지 범행하지 않으면서 梵行者라고 주장할 때, 그가 수행도를 더럽히는 자라고 불린다. 그에 의해 수행도는 근본적으로 시초부터 더럽혀지게 된다. 그것에 의해 그는, 수행도의 교설이 존재하더라고 또 증득이 존재하더라도, 수행도를 생기시킬 수 있는 힘이 없고, 능력이 없으며, 그릇이 되지 못한다. 따라서 수행도를 더럽히는 자라고 불린다.

이것을 의도해서 세존께서는 "여기서 첫 번째 사문 내지 네 번째 사문이 있고, 타인들의 주장들은 사문들과 바라문들을 결여하고 있다. 8지의 성스런 수행도가 알려진 곳에 첫 번째의 사문 내지 네 번째의 사문이 있다"[235]고

---

235 Shukla는 이 경을 AN II 253; DN II 116-7로 제시한다. ŚrBh(2)는 그 외에 Mahāparinibbāna-suttanta(DN II 151): yasmiñ ca kho subhadda dhammavinaye ariyo aṭṭhaṅgiko maggo upalabbhati, samaṇo pi tattha upalabbhati, dutiyo pi tattha samaṇo upalabbhati, tatiyo pi tattha samaṇo upalabbhati, catuttho pi tattha samaṇo upalabbhati. … suññā parappavādā samaṇehi añño. (ŚrBh(2) 253, n. 1에서 인용). 또 이와 비슷한 개소로서 Avadānaśataka 103,8ff도 제시하고 있다.

설하셨다.

2) 바라문(brāhmaṇa)은 셋이다. 즉, 계급으로서의 바라문, 명칭상의 바라문, 정행으로서의 바라문이다.

그중에서 계급으로서의 바라문은 바라문의 가문에서 태어났고, 자궁에서 태어났고, 어머니로부터 태어났고, [바라문인] 부모를 갖춘 자이다. 명칭으로서의 바라문이란 세상에서 [바라문이라는] 명칭과 관념, 통용되는 생각, 가명, 언설이다. 정행으로서의 바라문이란 그 목적을 성취한 구경에 이른 자이거나 또는 그에 의해 악하고 불선한 법들이 소진된 것이다. 설해진 대로 바라문에게 행해야 할 것은 없으며, 바라문은 그 목적을 성취한 자라고 기억되기 때문이다.

3) 범행자(brahmacārin)는 셋이다. 즉, 멀리 떨어져서 수지한 자, 그 사이에 끊은 자, 그것을 완전히 끊은 자이다.

그중에서 멀리 떨어져서 수지한 자는 범행이 아닌 삿된 음욕의 요소로부터 멀리 떨어져서 훈련항목을 받은 자이다. 그 사이에 끊는 자는 세간적인 수행도에 의해 욕계로부터 이욕한 범부이다. 그것을 완전히 끊은 자는 不還이나 또는 아라한이다.

4) 비구(bhikṣu)는 다섯이다. 탁발하기 때문에 비구이며, 자칭 비구이며, 명칭상 비구이며, 번뇌를 깨뜨렸기 때문에 비구이며, 白四羯磨(jñapticaturtha-karman)[236]를 갖춘 비구이다.

5) 정진자(yāti)는 셋이다. 악계를 제어하기 때문에 정진자이다. 그는 불

236 jñapticaturtha-karman(白四羯磨)는 불교 수계의식에서 행해지는 네 개의 공개적인 물음을 나타낸다. 한 승려가 수계를 받을 때 먼저 그에게 계를 주는 羯磨師가 먼저 대중들에게 수계하려는 어떤 비구가 출가하려고 한다고 공지하고(jñapti = 白), 이어 대중들에게 찬성 여부를 묻는 질문을 세 차례 더 공지하는 것이다. 앞의 공지와 후의 세 차례의 공지를 합해 四羯磨라 부른다.

선으로부터 신업과 구업을 제어한다. 경계를 제어하기 때문에 정진자이다. 그는 근의 문을 보호하며, 念을 지키고, 念을 보호한다. 상세한 것은 앞에서와 같다. 번뇌를 제어하기 때문에 정진자이다. 그는 견도에서 제거되어야 할 번뇌들과 수도에서 제거되어야 할 번뇌들을 끊었고, 계속해서 일어나는 욕구의 심사, 증오와 해침의 심사, 탐·진·사견·분·한·복·뇌 등 계속해서 일어나는 악처로 이끌고 지옥으로 이끌며, 악취로 진행하고, 사문이 행하지 말아야 하는 항목들에 집착하지 않고, 끊고, 조복하고, 약화시킨다. 이것이 분출(paryavasthāna, 纏)의 제어와 잠재력(anuśaya, 隨眠)의 제어라는 2종의 번뇌의 제어이다.

6) 출가자(pravrajita)는 2종이다, 잘 설해진 법과 율을 가진 자와 잘못 설해진 법과 율을 가진 자이다.

그중에서 잘 설해진 법과 율을 가진 자는 비구, 비구니, 식샤마나, 사미, 사미니이다. 또한 스스로 악하고 불선한 법들을 끊을 때 그는 승의의 관점에서 출가자라고 설해진다. 잘못 설해진 법과 율을 가진 자는 비불교도의 출가자나 또는 '창백한 자(pāṇḍuraka)'라고 하는 자이나교의 출가자이거나, 또는 이러한 부류의 다른 자이다.

따라서 사문과 바라문, 범행자, 비구, 정진자, 출가자는 개아의 동의어이다.

14.2. 개아의 종류와 개아를 건립하는 원인 (ŚrBh 342,11; Ch. 447b13)

개아는 8종이며, 개아의 건립의 원인들은 넷이다.

14.2.1. 8종의 개아

8종이란 무엇인가? 즉, 능력이 있는 자(samartha)와 능력이 없는 자, 방편을 아는 자(upāyajña)와 방편을 알지 못하는 자, 항상적인 자(sātatika)와 항상적이지 않은 자, 능숙함을 성취한 자(kṛtaparicaya)와 능숙함을 성취하지 못한 자이다.

14.2.2. 4종 개아건립의 원인

개아의 건립의 네 원인들이란 이들 8종 개아들을 건립하기 위해 네 개의 구별의 원인들이다. 즉, 근의 구별이란 근이 성숙한 자와 근이 성숙하지 않은 자이다. 요가의 구별이란 요가를 아는 자(yogajña)와 요가를 알지 못하는 자이다. 가행의 구별이란 항시 존중하면서 가행하는 자와 항시 존중하지 않고 가행하는 자(sātatyasatkṛtya)이다. 시간의 구별이란 수행도를 오랫동안 수습한 자(dīrghakālabhāvitamārga)와 수행도를 오랫동안 수습하지 않는 자이다.

이러한 네 가지 구별들이 어떻게 8종 개아들의 건립을 위한 원인이 되는가? 근이 성숙한 자는 능력이 있는 자이며, 근이 성숙하지 않은 자는 능력이 없는 자이다. 요가를 아는 자는 방편을 아는 자이며, 요가를 알지 못하는 자는 방편을 알지 못하는 자라는 의미이다. 항시 존중하면서 가행하는 자는 항상적인 자이고 열심인 자이며(nipaka),[237] 항시 존중하면서 가행하지 않는 자는 항상적이지 않은 자이고 열심히 하지 않는 자(anipaka)라고 불린다. 수행도를 오랫동안 수습한 자는 능숙함을 성취한 자이며, 수행도를 오랫동안 수습하지 않은 자는 능숙함을 성취하지 못한 자이다. 이와 같이 근의 구별에 의해, 또 요가와 가행, 시간의 구별에 의해 8종의 개아들이 건

237 nipaka에 대해서는 BHSD 참조. 여기서 (1) chief, (2) wise, prudent, 이 경우에 zealous라는 번역도 충분히 의미가 통함, (3) zealously attending, constantly self-possessed. 여기서는 (3)의 의미가 타당할 것이다.

립된다.

14.2.3. 양자의 상호 연관성

(i) 개아가 성숙하지 않은 근을 가진 자인 한, 그는 비록 방편을 알고 항상적이고 능숙함을 성취했다고 해도 올바로 선법을 따르지 못한다.

(ii) 만일 그가 성숙한 근을 가졌지만 방편을 아는 자가 아니라면, 그는 [올바로 선법을] 따르지 못한다.

(iii) 그가 성숙한 근을 가졌고 방편을 아는 자이지만 항상적이지 않다면, 그는 신속하게 신통을 얻지 못한다.

(iv) 그가 성숙한 근을 가졌고, 방편을 알고, 항상적이지만 능숙함을 성취하지 못했다면, 그런 한에서 그는 자리를 성취하지 못하고 행해야 할 것을 성취하지 못한다.

(v) 그가 성숙한 근을 가졌고, 방편을 알고, 항상적이고, 능숙함을 성취했다면, 그와 같이 그는 [올바로 선법을] 따르고, 신속히 신통(abhijña)을 획득하고, 자리를 성취하고, 행해야 할 것을 성취한다.[238]

---

238 개아와 그 원인의 구별에 의해 여기서 몇 가지 경우가 제시된다. (i)의 의해 근의 성숙은 선법의 획득과 관련되며, (ii)에 의해 방편은 선법의 획득과 관련된다. (iii)에 의해 항상적인 노력은 수행도를 오랫동안 닦은 자이기에 신통의 획득과 관련되며, (iv)에 의해 능숙함의 성취는 자리(svārtha)와 행해야 될 것의 완성과 관련된다.

15. 4종의 악마

15.1. 4종의 악마 (ŚrBh 343,10; Ch. 447c15)

악마(māra)는 넷이다. 수많은 악마의 행위들이 요가를 수행하는 요가행자에 의해 알려져야 한다. 그것들은 변지된 후에 제거되어야 한다. 네 악마란 즉, 온이라는 악마, 번뇌라는 악마, 죽음이라는 악마, 그리고 천신으로서의 악마이다.

15.2. 4종에 대한 설명

(i) 온이라는 악마는 취착의 대상인 오온(=5취온)이다.

(ii) 번뇌라는 악마는 삼계에 속한 번뇌들이다.

(iii) 죽음이라는 악마는 각각의 유정들이 각각의 유정들의 그룹으로부터의 죽음이며 사망(kālakriyā)이다.

(iv) 온과 번뇌, 죽음을 초월하기 위해 선품에 대해 노력하는 자에게 자재력을 획득한 욕계에 속한 천신이 방해를 일으킬 때, [즉,] 산란하게 만들 때에, 그가 천신으로서의 악마라고 불린다.

그곳에서 죽고, 그것 때문에 죽고, 그것이 죽음이고, 그 장애하는 사태 때문에 죽음을 초월하지 못할 때, 이것을 하나로 압축해서 4종의 악마라고 건립한다.

이미 생겨났고 작동하는 5취온 속에서 그는 죽는다. 번뇌 때문에 미래에 태어나고, 태어난 후에 죽는다. 죽음과 사라짐, 중생들의 명근의 소멸, 사망이 자성적으로 죽음이다. 천신으로서의 악마는 죽음을 초월하기 위해 노력하는 자에게 장애를 일으킨다. 그것에 의해 죽음이라는 성질을 초월할 수 없거나 또는 다른 때에 [죽음을] 초월한다.

악마의 지배에 떨어지지 않는 자는 이 세상에 머물거나, 또는 그곳에서 재생하는, 세간도에 의해 이욕한 범부이다. 반면 [그의] 지배에 떨어지는 자는 이욕하지 못한 자이다. 그중에서 이욕하지 못한 자는 [악마의] 손에 떨어지고, 욕망에 따라 행하게 된다. 반면에 이욕한 자는 그가 이 [욕]계에 다시 돌아오는 한, 악마의 결박들에 의해 묶여지고 악마의 포승줄들로부터 벗어나지 못한다.

16. 악마의 행위(mārakarman)

16. 악마의 8종 행위 (ŚrBh 345,22; Ch. 448a7)

악마의 행위들이 있다.[239]

(i) 어느 누구에게 욕망의 대상에 대한 탐착에 의거해서 출리에 의해 초래된 선법에 대한 욕구가 일어난다면, 이것은 악마의 행위라고 알아야 한다.

(ii) 근의 문을 보호하면서 주하는 자가 탐을 불러일으킬 수 있는 색·성·향·미·촉·법들에 대해 주된 현상적 특징과 부수적인 현상적 특징을 취할 때, [그의] 심이 [외6처로] 향한다면, 이것은 악마의 행위라고 알아야 한다.

(iii) 마찬가지로 음식의 양을 아는 것에 주하는 자에게 좋은 맛에 대한 욕탐(chandarāga)을 탐착함(anunaya)에 의해 이 심이 음식의 불균형한 상태로

239 Cf. 문소성지(Ch. 354b4ff; D 183a6ff)에 7종의 악마와 번뇌에 속하는 힘이 열거된다. 그것들은 위의 맥락과는 달라 청문과 관련된 장애를 상징화한 것이라 보인다. "(i) 교설에 대한 손상, (ii) 나쁜 존재형태로 가는 악행을 행하는 것, (iii) 자신의 부분이 아닌 것을 고려하지 않고 장애하는 법을 익히는 것, (iv) 타인의 비난을 고려하지 않고 장애하는 법을 익히는 것, (v) 선과 불선, 죄를 수반한 것과 죄를 여읜 것, 하열한 것과 뛰어난 것, 검은 것과 흰 것의 구별을 가진 연기법들을 이해하지 못하는 것, (vi) 인색함의 때에 의해 압도된 마음으로 여러 가구와 생필품을 모으는 것, 그리고 (vii) 어리석고 작은 지혜로 어리석은 것이다."

향한다면, [이것은 악마의 행위라고 알아야 한다].

(iv) 마찬가지로 이른 밤과 늦은 밤에 깨어서 요가를 닦고 주하는 자에게 수면의 낙과 눕는 낙, 옆으로 눕는 낙에 대해 심이 향한다면, 이것은 악마의 행위라고 알아야 한다.

(v) 마찬가지로 정지를 갖고 주하는 자가 왕래할 때에 좋은 얼굴빛을 한 소년이나 아름다운 여인을 본 후에 올바르지 않게 주된 현상적 특징을 취함에 의해 심이 [그쪽으로] 향하거나, 또는 세상의 현란함을 본 후에 심이 향하거나, 많은 이익이 나는 일이나 많은 사업에 심이 향한다면, 재가자와 출가자들과 함께 거주하는 것을 즐기거나 나쁜 친구들과 함께 몰두하는 즐거운 일에 심이 향할 때, 이것은 악마의 행위라고 알아야 한다.

(vi) 마찬가지로 불법승에 대해, 고집멸도에 대해, 이 세계와 저 세계에 대해, 의혹과 의심들이 일어난다면, 이것은 악마의 행위라고 알아야 한다.

(vii) 그는 아란야에 가거나 나무 아래로 가거나 빈 곳에 가거나 간에 커다란 두렵고 무서운 것과 두려움일 일으키는 머리털을 곤두세우는 것을 본다. 범천의 자태나 인간의 자태, 또는 비인간의 자태로 어떤 것이 접근한 후에 [그를] 백품으로부터 분리시키고, 흑품을 받아들이게 한다면, 이것은 악마의 행위라고 알아야 한다.

(viii) 이득과 공경에 심이 향한다면, 인색함과 큰 욕구, 불만족, 분노와 원한, 허위, 기만 등에 또 사문의 장엄과 반대되는 요소들에 심이 향한다면, 이것은 악마의 행위라고 알아야 한다.

이와 같이 이러한 부류가 순서대로 네 악마들의 악마의 행위라고 알아야 한다.

17. 결실이 없는 시도(ārambho viphalaḥ)

17. 결실이 없는 시도의 이유 (ŚrBh 347,9; Ch. 448b4)

세 가지 이유들에 의해 올바로 노력하는 자의 시도는 결실이 없게 된다. 즉, 선근의 적집에 의해, 적절한 교설에 의해, 삼매의 미약함에 의해서이다.

(i) 만일 근들이 적집되지 않았다면, 적절한 교설이 있고 삼매가 강력해도,[240] 그의 시도는 결실이 없다.

(ii) 만일 근들이 적집되지 않았고 적절한 교설이 없다면, 삼매가 강력해도, 시도는 결실이 없다.

(iii) 만일 근들이 적집되지 않았고 적절한 교설이 없고 삼매가 무력하다면, 시도는 결실이 없다.

(iv) 만일 근들이 적집되었고 적절한 교설도 있지만, 삼매도 무력하다면, 시도는 결실이 없다.

(v) 만일 근들이 적집되었고, 적절한 교설도 있고 삼매도 힘이 있다면, 그의 시도는 결실이 있다.

---

240 ŚrBh(2) p.270,5: kevalavān. 하지만 한역과 맥락에 따라 balavān으로 교정해야 한다.

이 세 가지 이유들에 의해 [시도는] 결실이 없게 되고,[241] 동일한 세 가지 이유들에 의해 [시도는] 결실이 있다.

요약송(uddāna)이다.[242]

개아, 그 [개아]의 건립, 인식대상,
교수, 훈련, 훈련에 수순하는 것,
요가의 괴멸, 요가, 작의, 요가행자들,
[요가에 의해] 행해지는 것, 수습, 결과, 개아의 동의어,
악마, 악마의 행위, 결실이 없는 시도이다.

유가사지론에서 성문지에 포함된 제2 유가처이다.

---

241 만일 이 세 요소의 부재와 존재에 의해 결실의 유무를 나열한다고 하면, 논리적으로 (iii) 다음에 "만일 근들이 적집되었지만, 적절한 교설이 없고 삼매도 무력하다면, 일은 결실이 없다."라는 하나의 경우가 첨가되어야 한다,

242 이 17개의 항목들은 제2유가처의 주제이다. 다만 항목들의 나열에서 요가행자들과 [요가에 의해] 행해지는 것의 순서가 실제 서술순서와 바뀌어져 있다.

성문지(Śrāvakabhūmi)

제3 유가처

(ŚrBh Ⅲ)

1. 스승과의 만남

1.1. 스승의 방문 (ŚrBh 351,2; Ch. 448b21)

그와 같이 개아의 건립, 인식대상의 건립 내지 수습의 결과의 건립이 행해질 때, 자신을 원하고, 自利를 획득하려고 원하며, 그것을 먼저 행하는 초심자인 개아는 요가를 아는 궤범사나 친교사 또는 스승이나 스승과 같은 자에게 [아래의] 네 가지 점에 대해서 정념을 확립한 후에 다가가야 한다.

(i) [타인들의] 비난에 대해 마음을 쓰지 않기 때문에 아는 것만을 의도하고, (ii) [스승과] 동일하다는 교만을 갖지 않기 때문에 존중하고, (iii) 자신을 드러내려는 목적 없이 오직 선만을 추구하고, (iv) 재산과 명예를 위해서가 아니라, '나는 자신과 타인을 선근과 결합시킬 것이다.'

그리고 이와 같이 다가가서 적시에 기회를 얻은 후에 한쪽의 상의를 드러낸 후 오른쪽 무릎을 땅에 대고 또 물러나 좌석에 앉은 후에, 존중심과 공경심을 가지고 요가에 대해 물어야 한다. '저는 요가를 추구하는 자입니다. 연민심을 갖고 저에게 요가를 가르쳐 주십시오.'

1.2. 스승의 응답과 격려

또한 이와 같이 요청을 받은, 요가를 아는 요가행자는 요가의 작의를 수행하고자 원하고, 그것을 처음으로 행하는 저 초보자를 매우 부드러운 말의 방식들로 흐뭇하게 해야 하고, 기뻐하게 해야 하고, 또한 [번뇌의] 끊음과 관련한 장점을 설명해야 한다.

"좋은 이여! 좋구나, 매우 좋구나, 그대는 방일에 빠져 있고 대상에 함몰해 있고, 대상에 집착하는 중생들 속에서 방일하지 않기 위해 노력하고자 원한다.

악행에 빠진 자들 속에서 악행으로부터 벗어나고자 원한다. 탐·진·치라는 속박에 묶여 있는 자들 속에서 결박들을 끊기를 원한다. 윤회라는 큰 숲의 가기 어려운 길에 들어간 자들 속에서 윤회라는 큰 숲의 어려운 길을 벗어나기를 원한다. 번뇌 때문에 선근을 얻기 어려운 상태에 떨어진 자들 속에서 선근을 쉽게 구함을 획득하기를 원한다.

번뇌라는 도둑에 대한 큰 두려움에 빠진 자들 속에서 편안한 열반을 획득하기를 원한다. 번뇌라는 큰 병에 걸린 자들 속에서 병을 여읜 최고의 열반을 획득하기를 원한다. 4종의 폭류라고 하는 흐름에 의해 떠내려간 자들 속에서 폭류를 건너가기를 원한다. 대무명이라고 하는 어둠에 떨어진 자들 속에서 대지혜의 광명을 획득하기를 원한다.

장로여! 지금 다음과 같이 노력하는 그대는 실패 없이 나라사람들의 보시를 향수할 것이며, 또한 스승의 말을 행하게 될 것이다. 즉, 정려를 버리지 않고, 비파샤나를 갖추고, 빈 곳들을 넓히는 자가 되고, 자리를 위한 노력을 수행하고, 지혜로운 동료 범행자들에 의해 비난받지 않고, 많은 사람의 이익을 위하여 많은 사람의 행복을 위하여 세간 사람들의 연민을 위하여 신들과 사람들에게 이로움과 이익, 안락을 주기 위하여 자리와 타리를 실천하는 자가 된다."

2. 스승의 질문과 답변의 검토

2.1. 스승의 4종의 질문 (ŚrBh 353,1; Ch. 449a10)

이와 같은 부류의 부드러운 말의 방식들을 가지고 [초보자를] 즐겁게 하고 기쁘게 한 후에, 또 [번뇌의] 끊음(斷)의 장점을 제시한 후에, 네 가지 질문될 수 있는 법들에 대하여 질문해야 한다.

(i) 그대는 오로지 불·법·승에 귀의했으며, 다른 비불교의 선생이나 다른 스승들을 알고 있지는 않는가?

(ii) 그대에게는 범행의 수습을 위하여 처음부터 정화된 것들이 있는가? 또 그대의 계는 극히 청정한가? 또 견해는 곧은가?

(iii) [사]성제에 대한 요약적 설명과 광대한 설명과 관련해서 그대는 작든 많든 간에 법을 듣거나 받아들인 것은 있는가?

(iv) 그대의 심은 열반을 향해서 승해하고 있으며, 또 [그대는] 열반을 의향하고 있는 출가자인가?

2.2. 4종의 대답에 대한 검토

만일 [질문 받은 자가] '그렇습니다.'라고 대답한다면, 그 후에 네 가지 점들에 대해서 네 가지 이유들을 통하여 검토되어야만 한다. 서원의 측면에서 검토되어야 하고, 종성의 측면에서, 根의 측면에서, 그리고 행위 [성향]의 측면에서 검토되어야 한다. 또 질문에 의하여 검토되어야 하며, 말에 의해, 행동에 의해, 타심지에 의해 검토되어야 한다.

2.2.1. 네 가지 점들에 대한 질문

어떻게 질문에 의하여 서원의 측면에서 검토되어야 하는가?

다음과 같이 질문해야 한다. '그대는 성문승이나 독각승 또는 대승의 어느 것에 대해 서원을 세웠는가?' 그가 각각의 [승]에 대해서 서원을 세웠을 때, 바로 그와 같이 스스로 대답할 것이다. 이와 같이 질문을 통하여 서원의 측면에서 검토되어야 한다.

어떻게 질문에 의해 종성과 근, 행위 [성향]이 검토되어야 하는가? 그는 다음과 같이 질문을 받아야 한다. '그대는 자신의 종성과 근과 행을 알고 있는가? 나는 어떤 종성을 가졌으며, 나의 근은 어떤 종류의 것인가? 둔한가, 중간정도인가, 예리한가? 나는 탐욕을 갖고 행하는 자(rāgacarita)인가, 아니면 진에를 갖고 행하는 자(dveṣacarita)인가, 내지 심사를 갖고 행하는 자(vitarkacarita)[243]인가?'

만일 그가 지혜롭다면, 그는 차례로 자신의 종성과 근과 행위 [성향]을 구별하고, 특징을 잡는다면. 바로 그와 같이 대답한다. 반대로 만일 우둔하다면, 이 순서대로 내지 특징을 잡지 못하며, 따라서 행위 [성향]을 구별하지 못한다면, 그는 질문을 받아도 대답하지 못한다.

---

243 여기서 개아의 분류는 제2 유가처의 앞부분에서 28종으로 개아를 구분하고 정의할 때 앞의 7종의 개아를 가리킬 것이다. 다만 거기서는 (1) 둔한 능력을 가진 자, (2) 예리한 능력을 가진 자, (3) 탐욕이 강한 자(rāgotsada), (4) 진에가 강한 자, (5) 미혹이 강한 자, (6) 慢이 강한 자, (7) 심사가 강한 자로 분류되어 조금 차이를 보여 준다.

2.2.2. 말에 의한 검토 (ŚrBh 355,15; Ch. 449b6)

그는 그 후에 말을 가지고 우선 [종성, 근, 행위 성향]의 셋을 검토해야만 한다.

(1) 그의 앞에서 분명하고 다양하며 이해하기 쉽고 부드러운 말의 방식들을 가지고 성문승과 상응하는 말이 행해져야 한다. 그 말이 말해질 때 만일 그가 성문의 종성을 가졌다면 극히 그 말에 의해 기뻐하고 만족하고 환희가 생겨나고 즐거움이 생겨나고 믿고 승해하게 된다.

만일 그가 독각의 종성이나 대승의 종성을 가졌다면, 그는 그 말에 의해 극히 기뻐하지 않고 만족하지 않고 환희가 생겨나지 않고 즐거움이 생겨나지 않고 믿지 않고 승해하지 않게 된다. 혹은 대승과 상응하는 말이 말해질 때 대승의 종성을 가진 그는 매우 기뻐하고 만족하고 내지 믿고 승해하게 되지만, 성문과 독각의 종성을 가진 자는 그렇지 않다.

(2) 또한 만일 그가 둔근자라면, 그는 비록 평이한 말들이 설해질 때에도 법과 의미를 판별하고 파악하고 통달하는 데 극히 둔하게 된다. 중근자라면 그렇지 않다. 하지만 이근자라면 비록 심오한 말들이 말해질 때에도 법과 의미를 신속하게 판별하고 포착하고 통달한다.

(3) 반면에 만일 그가 탐욕의 [성향을 갖고] 행하는 자라면, 그는 즐거움을 일으킬 수 있는 말들이 말해질 때 극히 믿고 기뻐한다. 그래서 실질적으로 눈물이 떨어지는 흥분상태에 들어가게 되며, 부드러운 흐름의 상태와 유연한 심과 유동적인 심의 상태를 보여 준다.

만약 그가 진에의 [성향을 갖고] 행하는 자라면 그는 저 [탐욕의 성향을 갖고 행하는 자]와는 반대라고 알아야 한다.

만일 그가 우치의 [성향을 갖고] 행하는 자라면 그는 열반과 상응하고, 염착을 여읜, 결택하는 말이 말해질 때 놀라게 되고 두려움에 빠진다. 둔근자에 대해 말했던 것과 같다고 알아야 한다.

만약 만심의 [성향을 갖고] 행하는 자(mānacarita)라면 그는 잘 듣지도 않고, 귀를 기울이지 않는다. 그와 같이 그는 해탈지를 향한 마음을 확립하지 않고, [그가 비록 스승의 말에] 귀를 기울이더라도 '좋다'라는 말을 하지 않는다.

반면 만일 그가 심사의 [성향을 갖고] 행하는 자(vitarkacarita)라면 매우 주의 집중해서 듣는다고 해도 그의 마음은 산란되어 있다. 잘못 포착된 대로 파악하면서, 견고하게 파악하지 않고, 확고히 파악하지 않으며, 또한 파악한 것도 부정한다. 그는 반복해서 계속 질문한다.

이와 같이 말에 의해 종성과 근, 행위 [성향]이 검토되어야 한다.

2.2.3. 행동(ceṣṭā)에 따른 검토

어떻게 행동(ceṣṭā)에 의해서 [검토되어야 하는가]? 성문의 종성을 가진 자와 탐욕 등의 [성향을 갖고] 행하는 개아들에 있어서 이전에 설했던 표식들이 바로 행동이라고 설해진다. 그 행동에 의해 이치대로 종성과 근과 행위 [성향]이 검토되어야 한다.

2.2.4. 타심지(cetaḥparyāyajñāna)에 의한 검토

그중에서 어떻게 타심지(cetaḥparyāyajñāna)에 의하여 종성과 근과 행위 [성향]들이 검토되어야 하는가? 저 요가를 아는 요가행자는 타심지를 획득한다. 그는 그 타심지에 의해서 종성과 근과 행위 [성향]을 여실하게 안다.

3. 다섯 가지 점들에 대한 제어

3. 다섯 가지 점들에 대한 제어 (ŚrBh 358,1; Ch. 449c15)

그는 이 네 가지 점들을 이 네 가지 이유들에 의해 검토한 후에, 다섯 가지 점들과 관련하여 제어한다. 즉, (1) 삼매의 자량의 보호와 적집(samādhisaṃbhārarakṣopacaya)과 관련하여, (2) 원리(prāvivekya)와 관련하여, (3) 심일경성(cittaikāgratā)과 관련하여, (4) 장애의 청정(āvaraṇaviśuddh)과 관련하여, 그리고 (5) 작의의 수습(manaskārabhāvanā)과 관련해서 [제어한다].

3.1. 삼매의 자량의 보호와 적집

그중에서 삼매의 자량의 보호와 적집이란 무엇인가?

그가 그런 한에서 戒의 律儀까지 갖추고 있을 때이다. 그것과 관련해서 방일하지 않고 머물면서, 그는 붓다에 의해 교설되고 붓다에 의해 인정되고, 또 이미 충족된 계의 더미로부터 퇴환하지 않기 위하여 학처[=훈련항목]를 정행함에 의하여 정진을 늦추지 않는다. 이와 같이 그는 이미 증득한 계와 상응하는 훈련의 길로부터 퇴환하지 않는다. 또 아직 증득하지 못한 훈련의 길을 증득한다. 계의 율의에서처럼 근의 보호, 음식에 대해 적정량을 아는 것, 이른 밤과 새벽에 항상 깨어 있으면서 수행하는 것, 정지를 갖고 주하는 것도 마찬가지이며, 내지 사문의 장엄까지도 마찬가지다.[244]

각각의 자량에 포섭된, 제법의 분석을 획득할 때, 그는 그 [제법의 분석]을 보호하고 나아가 분석을 완성하기 위하여 또 설해진 대로 더하지도 덜함도 없이 현행시키기 위하여 의욕을 일으키고, 열정을 일으켜서, 용맹정진하며 주한다. 이것이 삼매의 자량의 보호와 적집이라고 설해진다.

3.2. 遠離에 주하는 자(praviviktavihārin)

그가 퇴환을 불러일으킬 수 있는(順退分) 법들을 제거하고, 또 수승함을 불러일으킬 수 있는(順勝分) 법들을 익힐 때, 遠離에 주하는 자(praviviktavihārin)가 된다. 원리란 무엇인가? 처소의 원만, 위의의 원만, 감소이다.

3.2.1. 처소의 원만

그중에서 처소의 원만이란 무엇인가? [처소란] 아란야나 나무뿌리, 또는 빈 곳이다.

그중에서 산의 협곡이나 높은 산의 바위동굴, 짚 더미 등이 '빈 곳'이라 불린다. 숲에서 은거하는 것(vanaprastha)이 '나무뿌리'라고 불린다. 노지나 묘지, 외진 장소가 '아란야'라고 불린다. 이를 요약하여 거주처라고 알아야 한다. 즉, 아란야와 나무뿌리, 빈 곳, 산의 협곡, 높은 산의 바위굴, 짚더미, 노지, 묘지, 숲, 외진 장소이다.

그리고 처소의 원만은 5종이다.

(i) 여기서 처소는 바로 본래부터 아름답고 보기 좋고 깨끗하고, 정원을

---

244 이 항목은 성문지 제1 유가처에서 13종의 자량도로 설명되고 있다.

갖추고 있고, 숲과 연못을 갖추고 있으며, 청정하고 매력적이며, 오르거나 내려감이 없고, 견고하게 가시를 갖고 있지 않으며, 많은 돌과 자갈조각들이 없다. 그것을 본 후에 그의 마음은 [번뇌를] 끊기 위해 주함에 대해 청정하며, 그는 기쁜 마음을 갖고, 환희에 차서 [번뇌의] 끊음을 확립하는 것이다. 이것이 첫 번째 처소의 원만이다.

(ii) 또한 낮에는 덜 혼잡하며, 밤에는 소리가 적고 잡음이 적으며, 무는 곤충과 모기, 바람과 열기, 뱀과의 접촉이 적다. 이것이 두 번째 처소의 원만이다.

(iii) 또한 사자와 호랑이, 표범, 도둑, 적, 인간과 인간 아닌 것들에 대한 두려움과 공포가 없는 곳이다. 그곳에서 그는 안심하면서 마음에 두려움 없이 즐거운 접촉에 주한다. 이것이 세 번째 처소의 원만이다.

(iv) 또한 의복 등의 적합한 생활자구들이 여기에서 적은 노력으로 구해지며, 그는 그곳에서 계획 없이도 바로 탁발에 의하여 피곤해지지 않는다. 이것이 네 번째 처소의 원만이다.

(v) 또한 훌륭한 선지식이 포섭된다. 여기에는 다음과 같은 현명한 동료 범행자들이 산다. 그들은 그의 숨겨진 점들은 드러나게 하고 드러난 점들은 더욱더 드러나게 한다. 또한 지혜에 의하여 심원한 의미와 어구를 통달한 후에 지견을 청정하기 위해 매우 잘 해명한다. 이것이 다섯 번째 처소의 원만이다.

3.2.2. 위의의 원만

그중에서 위의의 원만이란 무엇인가? 그는 낮에는 경행하거나 좌선에 의해 시간을 보낸다. 초야분에서도 마찬가지이다. 중분에서는 오른쪽으로 눕는다. 후분에서는 바로 신속히 일어난다. 그리고 경행과 좌선으로 시간을 보낸다. 이와 같이 갖추어진 침구와 좌구와 관련하여 그와 같이 붓다께서 인정하신 대좌나 소좌, 또는 (쿠샤) 풀로 된 자리에서 (결)가부좌를 한 후에 앉는다.

무엇 때문인가? 그는 다섯 가지 이유들을 본다.

(i) 웅축한 신체에 의해서 매우 빨리 경안이 생겨난다. 이 위의는 경안이 일어나기에 적합하기 때문이다.

(ii) 마찬가지로 오랫동안 앉아서 시간을 보낼 수 있다. 이 위의에 의하여 그에게 극도의 신체의 피곤함은 생겨나지 않는다.

(iii) 마찬가지로 이 위의는 타인들과 논쟁하는 비불교도들과 공통된 것이 아니다.

(iv) 마찬가지로 이 위의에 의하여 [요가행자가] 앉아 있는 것을 본 후에 타인들은 극도로 맑은 믿음을 가진다.

(v) 마찬가지로 이 위의는 붓다들과 붓다의 성문들에 의하여 행해지고 인정된 것이다.

그는 이 다섯 가지 이유들을 보고 결가부좌를 하고 신체를 곧게 유지한 후에 앉는다.

그중에서 신체의 곧음이란 것은 무엇인가? 신체가 펴지고 곧게 세워지고 유지된 상태이며, 또 속임을 여의고 위선이 없는 마음을 갖고 곧바로 세움이다. 그중에서 이미 취해진 곧은 신체에 의해서는 혼침에 의해 증대된 마음은 집착한 후에 주하지 않는다. 속임을 여의고 위선이 없는 마음에 의해서는 念을 면전에 확립한 후에 외적으로 산란은 취한 후에 주하지 않는다.

그중에서 확립하는 면전의 정념이란 무엇인가? 여리작의와 상응하는 정념은 모든 흑품의 현전과 반대되는 것이기 때문에 "면전"이라고 부른다. 또한 정념이 삼매의 관념상을 대상으로 하고 현현을 대상으로 할 때, "면전"이라고 부른다. 왜냐하면 [그것은] 일체의 집중된 단계에 속하지 않은 것을 대상으로 해서 현전하기 때문이다. 이것이 위의의 원만이라 설해진다.

3.2.3. 감소

감소(vyapakarṣa)란 무엇인가? 답: 두 종류로서, 신체의 감소와 심의 감소이다.

그중에서 신체의 감소는 재가자와 출가자들과 함께 두 집단으로 나뉘어 [함께] 주하지 않는 것이다. 심의 감소는 염오된 작의와 중립적인 작의를 제거한 후에, 집중된 단계에 속한 것이나 삼매의 자량의 가행에 속한 작의를 선하고 이익을 산출하는 것으로 수습하는 것이다. 이것이 심의 감소라고 설해진다.

그중에서 처소의 원만과 위의의 원만, 그리고 신체의 감소와 심의 감소를 하나로 압축하여 원리(prāvivekya)라고 부른다.

3.3. 삼매(samādhi) (ŚrBh 362,11; Ch. 450b27)

그중에서 [심]일경성(ekāgratā)이란 무엇인가?

답: 隨念(anusmṛti)과 유사한 것을 반복해서 인식대상으로 하고, 또 [심의] 흐름에서 죄를 여읜 즐거움과 결합된 심의 상속이 삼매나 능숙한 심일경성이라고 불린다.

그중에서 무엇을 반복해서 수념하는가?

답: 포착하고 청문한 법들과 스승들로부터 획득한 교수와 교계와 관련하여 사마히타의 단계에 속한 관념상을 현전화한 후에 그것을 대상으로 하고, 흐름과 결합된 정념을 작동시키고 결합시키는 것이다.

그중에서 유사한(sabhāga) 인식대상이란 무엇인가?

사마히타의 단계에 속한, 다양하고 무수한 종류의 어떤 인식대상이 있을 때, 또 그것에 의해 인식대상에 심이 집중되어 있을 때, 이것이 유사한 인식대상이라고 불린다.

이 유사한 [인식대상]은 무엇을 위한 것인가?

답: 그것은 인식되어야 할 사태와 비슷한 것이기 때문에 "유사한 것"(sabhāga)이라고 불린다.

또한 직후의, 방해받지 않은 정념이 산란되지 않은 행상을 가진 채, 저 인식대상과 같이 항시 간절하게 생겨날 때, 이것이 흐름(pravāha)과 결합된 것이다.

그런데 바로 저 인식대상에 대해 즐거워하는 자에게 정념이 염오되지 않고 주하고 또 인도하는 수행도의 상태에 있을 때, 이것이 무죄에 대한 즐거움과 결합된 것이다. 때문에 수념과 부분을 같이하는 것을 반복해서 인식대상으로 하고, 또 [심의] 흐름에서 허물이 없는 즐거움과 결합된 심의 상속이 '삼매'이다.

3.3.1. 2종 삼매

실로 바로 그 일경성은 샤마타에 속한 것이며, 비파샤나에 속한 것이다. 그중에서 샤마타에 속한 [심일경성]은 바로 9종 심주와 관련된 것이고, 반면 비파샤나에 속한 것은 4종의 지혜의 작동과 관련된 것이다.

3.3.1.1. 샤마타에 속한 삼매

(1) 9종 심주의 정의

그중에서 9종 심주란 무엇인가? 여기서 비구는 바로 심을 내주하고, 등주하고, 안주하고, 근주하고, 조순하고, 적정하게 하고, 완전히 적정하게 하고, 하나로 만들고, 등지한다.

(i) 어떻게 [심을] 내주하는가? 일체 외적인 인식대상들로부터 [심을] 응축한 후에 산란하지 않게 하기 위해 [심을] 내적으로 결합시키는 것이다. 산란하지 않도록 [심과] 처음으로 결합된 것이 내주이다.

(ii) 어떻게 [심을] 등주하는가? 바로 저 마음이 처음으로 결합되었을 때 그것은 동요하고 거칠고 안주하지 못하고 두루 안주하지 못한다. 바로 그 인식대상에 대해 지속적이고 청정한 방식으로 [심을] 제어하고 매우 미세하게 하고 두루 포섭할 때, 등주하는 것이다.

(iii) 어떻게 안주하는가? 만일 그가 심을 이와 같이 내주하고 등주할 때, 念의 망실로부터 외적으로 산란하게 된다면, 그는 다시 바로 그와 같이 모은다. 이와 같이 그는 안주한다.

(iv) 어떻게 근주하는가? 바로 처음으로 이러저러하게 念을 확립하고 주하면서, 그 심을 등주한다면 거기서부터 그의 마음은 외적으로 이동하지 않는다. 이와 같이 근주한다.

(v) 어떻게 조순하는가? 즉, 색·성·향·미·촉의 관념상들에 의해, 또 탐·진·치·여자·남자의 관념상들에 의해 저 심은 산란된다. 거기에서 바로 앞에서처럼 이 [관념상]에 의해 과환이라는 생각을 취한다. 그것과 관련하여 저 관념상들에 대해 그 심은 동요하지 않는다. 이와 같이 조순한다.

(vi) 어떻게 적정하게 하는가(śamayati)? 욕망의 대상에 대한 심사 등의 심사에 의해, 또 탐욕의 덮개 등의 수번뇌에 의해 바로 그 심이 요동한다. 거기에서 바로 앞의 경우처럼 이 [심사]에 의해 과환 등의 생각을 취하게 된다. 그것과 관련하여 저 심은 심사와 수번뇌들 속에서 동요하지 않는다. 이와 같이 적정하게 한다.

(vii) 어떻게 완전히 적정하게 하는가(vyupaśamayati)? 정념의 망실 때문에 그 [심사와 수번뇌] 양자가 현행할 때 계속해서 생겨난 심사와 수번뇌들을 집착하지 않고 끊는다. 이와 같이 완전히 적정하게 한다.

(viii) 어떻게 하나로 만드는가(ekotīkaroti)? 중단 없고, 끊임없이 강력한 의욕작용을 수반한 삼매의 지속을 확립하는 것이다. 이와 같이 하나로 만든다.

(ix) 어떻게 등지하는가(samādhatte)? 친숙해지기 때문에, 수습하기 때문에, 자주 반복하기 때문에 무공용으로 이끌고 저절로 이끄는 수행도가 획득된다. 바로 이 의욕작용의 부재에 의해 무공용에 의해 그에게 심삼매의 지속은 산란 없이 일어난다. 이와 같이 등지한다.

(2) 9종 심주와 6종 힘(bala)

그중에서 6종 힘에 의해 9종 심주는 원만하게 된다. 즉, 청문의 힘에 의해, 사유의 힘에 의해, 정념의 힘에 의해, 정지의 힘에 의해, 정진의 힘에 의해, 그리고 친숙함의 힘에 의해서이다.

그중에서 우선 청문과 사유의 힘에 의해서란 먼저 청문하고 사유한 것과 관련해서 심을 처음으로 인식대상 속에 확립한다. 바로 거기에서 지속적 방식으로 확립한다. 그와 같이 결합된 심을 정념의 힘에 의해 응축하고 산란하지 않게 안주시키고 근주시킨다. 그 후에 정지의 힘에 의해 관념상에 대한 심사와 수번뇌들 속에서 진행하는 [심]을 따르지 않고 조순하고 적정하게 한다. 정진의 힘에 의해 저 [심사와 수번뇌] 양자의 현행에 집착하지 않고, 완전히 적정하게 하고, 하나로 만든다. 그리고 친숙함의 힘에 의해 등지한다.

(3) 9종 심주와 4종 작의

그중에서 9종 심주와 관련하여 4종 작의가 있다고 알아야 한다. [즉,] 힘에 의해 진행되는 [작의], 틈을 지닌 채 진행되는 [작의], 틈 없이 진행되는 [작의], 그리고 의욕작용 없이 진행되는 [작의]이다.[245]

---

245 Cf. 4종 작의는 ŚrBh II.9.1에서 설해졌지만, 거기에서는 7종 작의와 관련되어 구별되었다.

그중에서 내주하고 등주하는 것에 있어서는 힘에 의해 진행되는 작의가 있다. 안주하고, 근주하고, 조순하고, 적정하게 하고, 완전히 적정하게 하는 것에 있어서는 틈을 지닌 채 진행되는 작의가 있다. 하나로 만드는 것에 있어서는 틈 없이 진행되는 작의가 있다. 등지하는 것에 있어서는 의욕작용 없이 진행되는 작의가 있다.

이와 같이 이들 4종 작의는 9종 심주와 관련하여 사마타에 속한 것이다.

3.3.1.2. 비파샤나에 속한 삼매 (ŚrBh 366,20; Ch. 451b10)

3.3.1.2.1. 4종 비파샤나

이와 같이 그가 내적으로 심의 사마타를 얻고 비파샤나를 향해 노력할 때, 그에게 바로 [다음과 같은] 4종 작의는 비파샤나에 속하는 것이다.

4종 비파샤나란 무엇인가? 여기서 비구는 내적으로 심의 사마타를 의지한 후에, 법들을 사택하고 간택하고 상세히 심사하고 두루 사려한다.[246]

어떻게 사택하는가? 그는 행위를 정화하는 인식대상과 선교와 관련된 인식대상과 번뇌를 정화시키는 인식대상을 진소유성(yāvadbhāvikatā)에 의해 사택하고, 여소유성(yathāvadbhāvikatā)에 의해 간택하고, 지혜를 수반한, 분별을 수반한 작의에 의해 바로 관념상을 지으면서 상세히 심사한다. 그리고 그는 [관념상을] 탐구하면서 두루 사려한다.

3.3.1.2.2. 비파샤나의 3종 유형과 여섯 측면에서 인식대상의 개별관찰

실로 이 비파샤나는 세 유형이 있고, 여섯 가지 사태의 차이를 인식대상

---

246 4종의 비파샤나에 속한 작의는 순서대로 vicinoti, pravicinoti, parivitarkayati, parimīmāṃsām āpadyate이다. ŚrBh II.3.1.1.에서 분별을 수반한 영상(savikalpaṃ pratibimbam)을 관찰하는 네 가지 방식으로 설명되고 있다.

으로 한다고 알아야 한다.

3.3.1.2.2.1. 비파샤나의 세 유형

무엇이 비파샤나의 세 유형인가? 단지 관념상만을 따르는(nimitta-mātrānucaritā) 비파샤나, 尋究를 따르는(paryeṣaṇānucaritā) 비파샤나, 개별관찰을 따르는(pratyavekṣaṇānucaritā) 비파샤나이다.

(i) 그중에서 단지 관념상만을 따르는 비파샤나란 그것에 의해 청문되거나 취해진 법이나 교수를 사마히타의 단계에 속한 작의를 갖고 작의하는 것이지만, 사유하지는 않고, 측량하지도 않고, 탐구하지 않고, 자세히 관찰하지 않는 것이다. 이것이 단지 관념상만을 따르는 것이다.

(ii) 반면에 그가 사유하고, 측량하고, 탐구하고, 자세히 관찰할 때, 그때 심구를 따르는 것이다.

(iii) 나아가 그가 탐구하고 자세히 관찰한 후에 바로 안립된 대로 개별관찰할 때, 그때 개별관찰을 따르는 것이다. 이것이 세 방식의 비파샤나이다.

3.3.1.2.2.2. 여섯 측면에서 인식대상의 개별관찰

여섯 사태의 차이를 인식대상으로 하는 것은 무엇인가? 심구하는 그는 의미(artha), 사태(vastu), 특징(lakṣaṇa), 품(pakṣa), 시간(kāla), 도리(yukti)의 여섯 사태들을 심구한다. 그리고 심구한 후에 바로 이것들을 개별관찰한다.

(i) 어떻게 의미를 심구하는가? "이것이 설해진 [법]의 의미이고, 저것이 설해진 [법]의 의미이다"라고 그와 같이 의미를 심구한다.

(ii) 어떻게 사태를 심구하는가? 사태는 2종으로, 내적인 것과 외적인 것이다.

(iii) 어떻게 특징을 심구하는가? 자상과 공상 2종이다. 그와 같이 특징을 심구한다.

(iv) 어떻게 품을 심구하는가? 품은 흑품과 백품의 2종이다. 흑품은 과실의 측면에서, 또 과환의 측면에서이다. 반면 백품은 공덕의 측면에서와 이익의 측면에서이다. 이와 같이 품을 심구한다.

(v) 어떻게 시간을 심구하는가? 시간은 3종으로, 과거와 미래와 현재이다. "그것은 과거세에 이와 같이 존재했었고, 그것은 미래세에 이와 같이 존재할 것이며, 그것은 지금 현재세에 이와 같다"라고 이와 같이 시간을 심구한다.

(vi) 어떻게 도리를 심구하는가? 도리는 4종으로, 관대도리와 작용도리, 증성도리와 법이도리이다.

그중에서 관대도리에 의해서 세속을 세속의 측면에서, 승의를 승의의 측면에서, 원인을 원인의 측면에서 심구하는 것이다. 작용도리에 의해서 "이것은 법이고, 저것은 작용이고, 이것은 저것을 작용으로 하는 것이다."라고 제법의 작용을 심구하는 것이다. 증성도리에 의해 성언량과 비량, 현량의 세 가지 인식수단을 심구한다. "여기에 성언량이 있습니까, 없습니까?", "현량의 대상은 지각됩니까, 아닙니까?" "비량에 의해 타당합니까, 아닙니까?" 그중에서 법이도리에 의해 제법이 그와 같이 생겨났다는 사실, [세상에서] 인정되고 있다는 사실, 생각될 수 없는 성질을 갖고 있다는 사실, [개념적으로] 정립되었다는 성질을 갖고 있음을 믿는 것이지, [그것을] 사유하고 분별하지 않는 것이다. 이와 같이 도리를 심구한다.

비파샤나는 여섯 가지 항목들의 차이를 인식대상으로 하고, 또 세 가지 방식을 가진 것이다. 이것에 의해 요약하면 모든 비파샤나가 포함되는 것이다.

3.3.1.2.2.3. 여섯 측면에 따른 구별의 이유

또한 무슨 이유로 여섯 가지 항목들의 구별이 정립되는가? 답: 3종의 인지(avabodha) 즉, 설해진 [법]의 의미의 인지, [사태의] 전체성(yāvadbhāvikatā, 盡所有性)의 인지, 그리고 [사태의] 여실성(yathāvadbhāvikatā, 如所有性)의 인지와 관련해서이다.

그중에서 설해진 [법]의 의미의 인지는 의미의 심구에 의해서이다. 사태의 전체성의 인지는 사태의 심사와 또 자상의 심구에 의해서이다. 여실성의 인지는 共相의 심구에 의해, 또 품의 심구에 의해, 또 시간의 심구에 의해, 또 도리의 심구에 의해서이다. 요가행자가 알아야 하는 것은 다음과 같은 한에서이다. 즉, 설해진 [법]의 의미와 인식되어야 할 [사태의] 전체성과 여실성이다.[247]

3.3.1.2.2.4. 여섯 측면에 따른 오정심관의 분석

(1) 부정관의 경우[248] (ŚrBh 370,11; Ch. 452a11)

(i) 그중에서 부정을 수행하는 요가행자는 어떻게 6가지 항목들을 관찰하면서 심구하는가? 답: 이미 청문했고 파악했던 부정을 주제로 하는 법과 관련하여 사마히타의 단계에 속한 작의를 가지고 다음과 같이 의미(artha)를 요지하는 것이다.

부정에 의해서란 '이것은 부정하고 거슬리는 것이고, 이것은 부패된 것

---

247 [사태의] 전체성(yāvadbhāvikatā)과 여실성(yathāvadbhāvikatā)은 제2유가처 〈소연〉 항목에서 변만소연의 세 번째 항목(ŚrBh II.3.1.3)으로 설명한 것이다. 이와 같이 요가행자가 알아야 할 내용은 설해진 [법]의 의미 (=12분교와 그 의미), 전체성 (=인식되어야 할 사태를 내외의 측면에서의 관찰과 그것의 자상), 그리고 여실성 (=사태의 공상, 백품-흑품, 시간, 도리)이다. Cf. BoBh IV. tattvārtha에서 2종의 진실인 대상도리에 의해 인정된 진실으로서 진소유성과 여소유성이 언급되고 있고, 또 4종의 진실인 대상으로서 세간에서 인정된 진실, 번뇌장으로부터 청정해진 지의 영역인 진실 그리고 소지장이 청정해진 지의 영역인 진실.

248 이하에서 ŚrBh II.3.2.에서 淨行所緣(caritaviśodhanam ālambanam)에서 다룬 5종의 인식대상이 다시 확장되어 설명되고 있다.

이고, 이것은 악취가 나고 썩는 냄새가 난다.' 이러한 부류의 측면들에 의해 바로 과거에 들었던, 부정과 관련된 저 법의 의미를 요지하는 것이다. 이와 같이 부정에 의해 의미를 심구한다.

(ii) 어떻게 사태(vastu)를 심구하는가? 그는 이와 같이 의미를 요지하면서 저 부정한 것이 내적이고 외적인 두 가지 부분으로 확립되었다고 본다.

(iii) 어떻게 자체의 특징(自相, svalakṣaṇa)을 심구하는가?

그는 내적으로 먼저 신체 내부에 속한 부패하고 부정한 것을 [다음과 같이] 승해한다. '이 신체 속에 머리털 등 내지 뇌와 뇌막, 오줌이 있다.' 나아가서 그는 무수한 신체 내부에 있는 저 부정한 것들이 지계와 수계라는 두 가지 영역(界)에 포함되었다고 승해한다.

그중에서 털에서부터 간과 대변에 이르기까지 지계라고 승해한다. 눈물과 땀에서부터 오줌에 이르기까지 수계라고 승해한다. 또한 외적으로는 외부에 속한 부정한 상태를 푸르게 변함 등의 행상들에 의해 승해한다. 그중에서 푸르게 변함을 승해하는 것이란 그것에 의해 죽은 자의 시체를 스스로 보거나 타인으로부터 듣거나 또한 상상한 것이다. 또는 여성이나 남성, 친구나 적 또는 중립적인 자의 [시] 또는 하열한 것이거나 중간인 것, 수승한 것, 또는 어린아이나 중년, 노년의 [시체]이다.

그중에서 관념상을 취한 후에, 죽은 지 하루가 된, 피가 떨어지거나 고름이 되지 않은 상태를 '푸르게 변함'이라고 승해한다. 죽은 지 이틀이 된, 부패의 상태가 되고 아직 벌레가 생기지 않은 것을 '고름을 가진 것'이라고 승해한다. 죽은 지 7일이 된, 이미 벌레가 생겨나고 부풀어 오른 상태를 '벌레가 들끓어 오르고, 고름이 부풀어 오른 것'이라고 승해한다.

까마귀들과 매, 독수리들과 개, 자칼들에 의해서 먹혀지고 있는 시체를 '먹혀진 것'이라고 승해한다. 또한 먹혀지거나 또는 피부와 살, 피가 제거되고 다만 힘줄로 결합된 것을 '피로 얼룩진 것'이라고 승해한다. 이곳저곳에 흩어지고, 느슨해진 채, 살이 붙어 있거나 살이 없거나 간에 어떤 잔존하는 살들을 지닌 사지와 지절들에 대해 '이리저리 흩어진 것'이라고 승해한다.

손뼈들은 다른 곳에, 발뼈들은 다른 곳에, 무릎 뼈들과 넓적다리 뼈들, 앞 팔뼈들, 아래 턱 관절뼈들, 등뼈, 턱의 둥근 뼈, 치열은 다른 곳에, 두개골은 다른 곳에 [흩어져] 있는데, [이] 보이는 것들을 '뼈들'(asthi)이라고 승해한다. 또한 흩어지지 않고 결합된 뼈들을 작의할 때는 오로지 주된 관념상만을 취하고, 사지와 지절들에 대해서는 작은 특징들을 취하지는 않는다. 이와 같이 연쇄(śaṅkalikā)를 승해한다. 하지만 작은 특징을 파악할 때는 뼈의 연쇄(asthiśaṅkalikā)를 승해한다.

또한 두 가지 연쇄는 몸통의 연쇄와 지절의 연쇄이다. 그중에서 몸통의 연쇄는 허리통에서부터 등뼈 내지 바로 그곳에 두개골이 있는 곳까지이다. 지절의 연쇄는 연결된 팔뼈들과 연결된 다리뼈들이다. 그중에서 몸통의 연쇄가 바로 연쇄라고 불리며, 지절의 연쇄는 뼈의 연쇄라고 불린다.

또한 연쇄를 상으로 파악하는 것은 두 가지이다. 그림으로 그리거나 돌이나 나무나 진흙에 의해 만들어진 것이거나 혹은 실물의 연쇄이다. 실재하지 않은 연쇄를 관념상으로 작의할 때는 바로 연쇄만을 승해하지, 뼈의 연쇄는 아니다. 반면에 실재하는 연쇄를 관념상으로 작의할 때는 바로 뼈의 연쇄를 승해하는 것이다. 실로 그 소조색에 포함된 외적인 색깔과 형태에 있어서 3종 변화가 있다. 즉 자연적인 변화, 다른 것에 의해 일어난 [변화], 그리고 그 양자에 속한 것이다.

그중에서 푸르게 변함에서부터 부풀어 오르는 것에 이르기까지는 자연적인 변화이다. 그중에서 먹혀진 것에서부터 흐트러진 것까지는 다른 것에 의해 일어난 변화이다. 그중에서 뼈나 연쇄 또는 뼈의 연쇄란 이 양자에 속한 변화이다.

이와 같이 여실하게 외적으로 부정한 것을 행상의 측면에서 아는 그는 그와 같이 외적으로 부정성의 자체의 특징(svalakṣaṇa)을 심구한다.

어떻게 부정한 것의 공통의 특징(共相)을 심구하는가? 내적으로 외부 신체가 깨끗한 색깔로서 현현하고, 변괴되지 않은 상태이며, 내지 외적으로 외부 신체가 더러운 색깔로서 현현하고, 변괴된 것이며, 내적인 부정한 색깔로서 현현한다는 점에서 공통된 성질을 갖고 있고 균등한 성질을 갖고 있다고 승해한다. 즉, 나에게 깨끗한 색깔로서 현현하는 이것은 이러한 성질을 가진 것이다. 어떠한 중생들일지라도 이러한 색깔로서 현현하는 깨끗한 것을 수반했을 때, 그들에게도 저 깨끗한 상태는 이러한 성질을 가진 것이다. 즉 이것이 외적인 [부정]이다. 이와 같이 공통의 특징(sāmānyalakṣaṇa)을 심구한다.

(iv) 어떻게 품(pakṣa)을 심구하는가? 그는 다음과 같이 생각한다. 나는 아름답게 현현하는 이 깨끗한 것들이 부정한 성질을 갖고 있음을 여실하게 알지 못하고 내적으로나 외적으로 아름답게 나타나는 깨끗한 것에 대하여 욕망을 일으키는 것이 바로 전도로서 흑품에 포섭된 것이며, 번뇌를 수반한 법이며, 고를 수반하고, 해로움을 수반하고, 횡액을 수반하고, 슬픔을 수반한 것이다. 이 때문에 미래에 생·노·병·사와 우울과 비탄, 고통과 불쾌함, 고뇌가 생겨난다.

또한 이 아름답게 현현하는 깨끗한 것 속에 부정한 성질이 수반되고 있다는 것이 백품에 속한 여실한 관찰이며, 바로 이 성질은 번뇌를 떠난 것이고 고를 여읜 것이고 해로움을 여읜 것이며, 이 때문에 내지 불행이 소멸하는 것이다. 그중에서 이 흑품은 나에 의하여 집착되지 않아야 하며, 제거되어야 하며, 통제되어야 한다. 또한 백품에 속한 [법]은 생겨나지 않았다면 생겨나야만 하며, 또 이미 생겨난 것은 주하고 증대되고 광대한 상태로 행해져야 한다. 이와 같이 품을 심구한다.

(v) 어떻게 시간(kāla)을 심구하는가? 그는 다음과 같이 생각한다. 내적으로 아름답게 현현하는 깨끗한 것은 현재세와 관련된다. 반면 외적으로 아름답게 현현하는 부정한 것도 오직 현재세와 관련된다. 또한 과거세와 관련하여 깨끗한 것이 존재했었다. 이것은 우선 바로 과거세와 관련되어 존재하는 깨끗한 것이었다. 즉, 현재세와 관련해서 나에게 있어서 [청정한 것이었고] 그와 같이 점차적으로 현재세와 관련하여 그때 부정한 것이 생겨났다. '바로 나에게 아름답게 현현하는 깨끗한 것은 현재세와 관련하여 존속하는 깨끗한 것이고, 미래세에 있어서 부정한 것으로서 존재하지 않을 것이다.'라는 이러한 경우는 없다. 즉, 현재세와 관련해서는 오직 외적인 것만이 그렇다. 왜냐하면 과거와 미래, 현재세에서 나의 신체는 그렇게 구성되어 있었고 그렇게 존재했었으며, 이 성질을 벗어날 수 없다. 이와 같이 시간을 심구한다.

(vi) 어떻게 도리(yukti)를 심구하는가?

그는 다음과 같이 생각한다. 깨끗하거나 또는 깨끗하지 않은 것은 내적으로나 외적으로 지각될 수 있는 어떠한 자아나 중생으로 존재하지 않는다. 하지만 어떤 것에 대해 그것은 깨끗하다거나 부정하다고 하는 관념, 균등한 지각, 가설, 언설은 단지 물질뿐이고 그것은 단지 시체일 뿐이다. 또한

> 수명이나 체온, 식이 신체를 떠날 때,
> 그때 내던져진 [몸]은 마치 나뭇조각처럼 지각작용 없이(acetana) 남아 있다.[249]

249 SN III 143: āyu usmā ca viṇñāṇaṃ // yadā kāyaṃ jahant' imaṃ // apaviddho tadā seti // parabhattam acetanam //. 이 게송은 AKBh 73,19f; 243,21f에도 인용되어 있다(ŚrBh(3) p. 44, fn. 7 참조).

저 시간이 되어 죽은 자가 점차로 변괴된 것이 다음의 상태라고 가설된다. 즉, '푸르게 변함'이나 내지 '뼈의 연쇄의' [상태이다]. 혹은 "나의 이 신체는 과거의 업과 번뇌들에 의하여 영향받았고, 부모의 부정한 칼라라(kalala)에서 생겨난 것이고, 미죽과 산죽 등에 의하여 적집된 것이다. 이러한 원인과 이러한 인연으로 이것은 잠시 아름다운 모습으로 현현하는 것이다. 또한 내적인 신체는 항시 항구적으로 내적, 외적으로 부정하다고 알아야 한다. 이와 같이 세속적인 원인과 승의적인 원인의 관점에서[250] 관대도리를 심구한다.

그는 다음과 같이 생각한다. 이와 같이 친숙하게 되고 수습되고 자주 반복된 이 부정[관]은 욕망의 대상에 대한 탐을 끊기 위해 작동된다. 욕망의 대상에 대한 탐은 제거되어야 한다. 이와 같이 작용도리에 의해 심구한다.

그는 다음과 같이 생각한다. 세존께서는 친숙하게 되고 수습되고 자주 반복된 부정관은 욕망의 대상에 대한 탐심을 끊기 위해서 작동한다고 설하셨다. 이것이 먼저 내게 성언량이다. 개별적으로도 내게 지견이 생겨난다. 내가 이것에 대해 이와 같이 부정관을 수습하고 작의하면 할수록 그와 같이 생겨나지 않은 욕망의 대상에 대한 탐심의 분출은 일어나지 않고 이미 생겨난 것은 사라진다. 이 규정은 추론적인 것이기도 하다. 지금 치료대상인 법을 작의하는 자에게 어떻게 그 [번뇌]와 반대되는 인식대상에 의해 번뇌가 생겨나겠는가? 그와 같이 증성도리에 근거하여 심구한다.

그는 다음과 같이 생각한다. '부정[관]의 수습은 욕망의 대상에 대한 탐심을 끊는 대치이다'라는 것은 실로 [세상에서] 알려진 성질이고, 불가사의한

---

250 여기서 세속적인 원인은 조건에 따라 "잠시 아름다운 모습으로 현현하는 것"을 가리키고, 승의적인 원인은 "신체는 항시 항구적으로 내적, 외적으로 부정하다"는 것을 가리킬 것이다.

성질이다. 또한 그것은 사유될 수 없고 분별될 수 없으며, 승해되어야 한다. 이와 같이 법이도리에 의해 부정한 것을 심구한다.

이것이 먼저 부정[관]을 닦는 자의 세 방식이며, 여섯 가지 측면들의 차이를 인식대상으로 하는 비파샤나이다.

(2) 자애관의 경우 (ŚrBh 377,10; Ch. 453a29)

(i) 어떻게 자애를 닦는 자는 비파샤나하면서 여섯 가지 항목들을 심구하는가? 청문하고 파악했던 자애에 관한 법과 관련하여 '이익과 낙의 의향을 가진 자의 자애는 중생들에 대해 낙을 초래하고자 하는 승해로 특징지어진다.' 그는 그와 같이 의미를 요지하고, 의미를 심구한다.

(ii) 이와 같이 의미를 요지하는 그는 또한 사택한다. '이 사람은 친구에 속하고, 이 사람은 적에 속하고, 이 사람은 중립적인 편에 속한다.' '모든 이 품들은 타인의 상속에 속하기 때문에 외적인 사태이다.'라고 승해한다. 내적인 것은 친구 쪽이고, 외적인 것은 적이나 중립적인 쪽이다. 이와 같이 사태와 관련해서 자애를 심구한다.

(iii) 또한 그는 사택한다. '이들 세 가지 불고불락의 품에 속하면서 낙을 갈구하는 사람들은 즐거운 자가 되기를.' 그와 관련해 친구는 요익으로 특징지어지고, 적은 해침으로서 특징지어지고, 중립적인 쪽은 그 양자와 반대되는 것으로서 특징지어진다. 또한 이들 불고불락의 품에 속하지만 낙을 갈구하는 사람들에게 있어서 세 가지 낙을 바라는 상태가 언설된다. 일부는 욕계의 낙을 원하고, 일부는 희를 수반한 색계에 속한 [낙], 그리고 일부는 희를 여읜 [낙을 원한다]. 그중에서 욕계의 낙이 결핍된 자들은 죄를 여읜 저 욕계의 낙에 의하여 즐거워하는 자가 되기를! 희를 수반하고 희를 여읜 낙에 의해서도 마찬가지라고 알아야 한다. 그는 그와 같이 자상의 측면에서도 자애를 심구한다.

그는 다음과 같이 간택한다. '친구에 속한 자와 적에 속한 자, 중립적인 품에 속한 자에 대해 여기서 나는 균등한 심의 상태, 평등한 심의 상태를 행해야만 한다.'

그 이유는 무엇인가? 먼저 친구에 속하는 자가 있을 때, 그에 대해서 내가 낙을 초래하는 것은 행하기 어렵지 않다. 이 중립적인 자가 있을 때, 그에 대해서도 내가 [낙을 초래하는 것은] 극히 행하기 어렵지 않다. 하지만 그가 적에 속해 있을 때, 그에 대해서는 극히 행하기 어렵다. 그에 대해서 먼저 나는 낙을 초래해야만 한다. 친구의 쪽이나 중립적인 쪽과 관련해서는 반복할 필요가 있겠는가? 그 이유는 무엇인가? 여기서 욕을 하는 자나 욕을 먹는 자, 또는 화를 내는 자나 화냄을 받는 자, 또는 비난하는 자나 비난을 받는 자, 또는 때리는 자나 맞는 자는 누구도 없다. 이것들은 다른 것과 관련된 음절들이 말해진 것이며, 이것은 단지 음성뿐이고, 소리뿐이다.

또한 그와 같이 생겨난 이 신체는 물질적이고 거칠고 4대로 만들어진 것이다. 그곳에 주하고 있는 나에게 다음과 같은 형태의 접촉들이 생겨난다. 즉 소리의 접촉이나 손과 덩어리, 몽둥이와 칼의 접촉이다. 나의 신체 이것은 무상하고, 이들 접촉도 [무상하다]. 모든 해를 끼치는 이것들도 무상하다. 또한 생·노·병·사의 성질을 가진 바로 일체 중생도 바로 본성적으로 고통을 받는 것이다.

내가 만일 본성적으로 고통받는 중생들에 대해 낙을 인기하지 않고 바로 더 많은 고를 초래하려고 한다면, 그것은 나에게 있어서 적절한 것이 아닐 것이다. 이 중생들이 바로 스스로가 스스로에게 행하고 있는 것은 적이 상대에 대해 행하려고 하는 것이다. 또한 세존께서 말씀하셨다.

'나는 오랜 세월이 지난 후에 너희들의 부모나 형제, 자매 또는 궤범사나 친교사, 스승이 스승과 같은 자가 아니었던 그 어떤 중생도 쉽게 얻을 수 있다고 보지 않는다. 또한 이 방식으로 바로 적이 나의 친구다. 또 여기서 어느 누구에게도 친구와 적의 상태에서 완결된 것은 없다. 친구도 다른 시간에는 적이 되기도 하고, 적도 친구로 된다. 그렇기 때문에 나는 일체 중생들에 대해 평등한 심의 상태와 평등한 견해를 행해야만 한다. 또 균등한 이익을 주려는 의향과 낙을 주려는 의향, 낙을 초래하려고 하는 승해가 균등하다.'

이와 같이 그는 공통의 특징에 의하여 자애를 심구한다.

(iv) 다시 그는 간택한다(pravicinoti). '악을 행하는 중생들에 대한 나의 진에는 번뇌를 수반하는 성질이 있다.' 자세한 것은 이전과 같다. '나아가 지금 진에를 여읜 이것은 번뇌가 없다는 성질이 있다.' 자세한 것은 이전과 같다. 이와 같이 자애의 백품과 흑품을 심구한다.

(v) 또한 그는 간택한다. '먼저 과거세와 관련하여 낙을 갈구하는 중생들은 지나간 것이다. 또한 우리는 그들에 대해서 어떤 낙의 산출을 행해야만 하는가? 또한 현재의 중생들이 있을 때 바로 현재세에서부터 미래세에 이르기까지 항시 즐거운 자가 되기를!' 이와 같이 자애와 관련해 시간을 심구한다.

(vi) 또한 그는 간택한다. '낙을 원하거나 또는 그에게 낙이 초래되는 어떠한 자아나 중생도 존재하지 않는다. 그렇지만 어떤 것에 대해 이 관념이나 가설, 언설이 있을 때, 바로 그것은 단지 蘊뿐이고 그것은 단지 行뿐이다. 그런데 그 제행은 업과 번뇌를 원인으로 한다.' 이와 같이 관대도리에 의해 자애를 심구한다.

'친숙하고 수습되고 자주 반복적으로 행해진 자애는 진에를 끊기 위해 작동되어야 한다. 또한 진에는 끊어져야 한다.' 이와 같이 작용도리에 의해 자애를 심구한다.

'이것은 성언량이기도 하다. 내적으로 지견이 내게 일어난다. 이 규정은 비량에 속한 것이기도 하다.' 이와 같이 증성도리에 의해 자애를 심구한다.

'자애의 수습은 진에를 끊기 위해 작동한다는 이것은 실로 [세간에] 알려진 성질이고, 생각될 수 없는 성질이다.' 이와 같이 법이도리에 의해 자애를 심구한다.

(3) 연성연기의 경우 (ŚrBh 381,1; Ch. 454a16)

(i) 차연성이라는 연기(idaṃpratyayatā-pratītyasamutpāda)를 인식대상으로 하는 비파샤나를 수행하는 자는 어떻게 의미를 심구하는가?

답: 그것을 주제로 하여 청문하고 파악했었던 법과 관련하여 '이러저러한 제법의 생기로부터 각각의 제법이 생겨나고 각각의 제법의 소멸로부터 각각의 제법이 소멸된다. 여기에는 어떤 자재자나 행위자, 창조자나 제법의 화작자도 없고, 또 본질도 없으며, 제법을 작동시키는 또 다른 푸루샤(原人, puruṣa)도 없다.' 이와 같이 의미를 요지하는 자는 [연기의] 의미를 심구한다.

(ii) 다시 그는 간택한다. '내적으로 또 외적으로 12유지를 승해한다.' 이와 같이 사태를 심구한다.

(iii) 또 그는 간택한다. '무명이란 바로 전제와 관련된 무지'라고 상세히 『연기분별경』[251]에서 설해졌다. 이와 같이 자상을 심구한다. 또 그는 간택한다. '이와 같이 조건지어져 생겨난 일체의 행들은, 비존재한 후에 생겨

---

251 이 경은 緣起經(T2.124: 547b19ff)을 가리킨다. YBh 204,1ff에서는 연기분별경을 인용해 이 문장을 상세히 설명하고 있다.

나기 때문에 또 생겨난 후에는 사라지기 때문에 점차로 무상하고, 생·노·병·사의 성질을 가지고 있기 때문에 고통스러운 것이고, 독립적이지 않기 때문에 또 내부의 푸루샤를 지각하지 않기 때문에 공하고 무아이다.' 이와 같이 共相을 심구한다.

(iv) 또 그는 간택한다. '여실하게 이해되어야 하는, 무상·고·공·무아의 제행에 대해 내게 미혹이 있을 때, 이 법은 번뇌를 수반하고, 흑품에 속한다. 반면 [그것들에 대해] 미혹하지 않을 때, 이 법은 번뇌를 떠난 것이고, 백품에 속한다.' 자세히는 이전과 같다. 이와 같이 품을 심구한다.

(v) 또 그는 간택한다. '과거세와 관련하여 지속적(상주)이고 바로 확정적인 방식으로(바로 그와 같이) 존속했었던 신체를 획득하는 것은 가능하지 않다. 현재세와 관련하여 존속하지 않고 미래세와 관련하여 또한 존속하지 않는다.' 이와 같이 시간을 심구한다.

(vi) 또 그는 간택한다. '업은 존재하고 이숙도 존재한다. 그러나 법의 표식은 제외하고 행위자나 감수자라는 그런 행위자(kāraka)는 지각되지 않는다. 바로 그들과 관련하여 무명을 연하는 제행 내지 생을 연하는 노사에 관해 '행위자, 감수자'라는 관념, 가설, 언설이 있다. 또 그는 이러한 이름을 갖고 있고, 이러한 부류에 속하며, 이러한 종성에 속하고, 이러한 음식을 먹고, 이와 같이 낙과 고를 경험하고, 이와 같이 장수하고, 이와 같이 오래 머물렀고, 이와 같이 목숨을 다했다는 [관념, 가설, 언설이 있다].

또한 이 결과는 2종이고, 원인도 2종이다. 심신복합체라는 결과(ātmabhāva-phala)와 대상의 향수라는 결과이며, 또 원인은 인기하는 것(ākṣepaka)[252]과 산출하는 것(abhinirvartaka)이다. 그중에서 심신복합체라는 결

---

252 여기서 인기하는(ākṣepaka) 원인은 AS 26,7-9 (ASBh 31,12ff)에서 설한 能引支(ākṣepāṅga), 所引支(ākṣiptāṅga) 能生支(abhinirvartakāṅga), 所生支(abhinirvṛttyaṅga)의 4종의 범주에서 능인지에 해당되

과란 지금 이숙으로부터 생겨난 육처이고, 대상의 향수라는 결과란 원하고 원하지 않은 업을 주제로 하여 여섯 가지 촉에서 생겨난 감수(vedanā)이다.

그중에서 인기하는 원인은 2종의 결과에 대한 미혹이고, 또 미혹에 의존하는 복과 비복, 부동의 제행이다. 또한 제행에 포섭된(samskāra-parigṛhīta) 그 [식]의 종자는 後有의 식이라는 싹이 출현하기 위해서이고,[253] 또한 후유에 속한 명·색의 종자와 6입의 종자 및 촉과 수의 종자는 식에 포함되어 있다.[254] 이와 같이 미래에 생이라고 불리는, 식과 명색, 6입, 촉, 수들을 산출하기 위해 차례대로 바로 이전의 종자를 포함하는 것이 인기하는 원인(ākṣepako hetuḥ)이다.

반면에 무명과의 접촉에서 생겨난 감수를 감수하는 자는 그것을 인식대상으로 하는 갈애를 통해 후유에 속하는 갈애를 일으키며, 갈애에 속한 취와 우치에 속한 취를 포섭한다. 바로 그것의 힘과 바로 그 공능에 의하여 바로 저 업이 이숙을 제공하는 능력을 갖게 된다. 이것이 능생인(abhinirvṛtti-hetu)이다.

이 두 개의 원인을 주제로 해서 다음과 같은 3종의 苦性과 결부된 이 커다란 고온의 일어남이 있다.' 이와 같이 관대도리를 심구한다.

이 차연성이라는 연기는 우치를 끊기 위하여 친숙하고, 수습되고, 자주

며, 산출하는(abhinirvartaka) 원인은 능생지에 해당된다. 이에 대해서는 松田和信(1983) 참조. 성문지의 설명과 기은 관련성은 유가론 유심유사지에 나온다. 여기서 원인을 인기하는 원인(ākṣepako hetuḥ)과 재생을 산출하는 원인(upapattyabhinirvṛttihetu)으로 나누고, 전자를 현세의 무명과 행, 식에서 受까지 여러 요소들의 종자로 설하고, 후자를 현세의 갈애와 취, 유라고 구분한다. 그러나 AS에서처럼 4종 범주로 정형화되고 있지는 않다.

253 즉, 현재의 제행에 포함된 식의 종자가 미래의 재생에서 식의 종자가 된다는 의미이다.

254 ŚrBh 384,14: vijñāna-parigṛhītaṃ … nāmarūpabījam에서 parigṛhīta는 수동적 의미로 (possessed by, or contained in v.) 이해된다. parigṛhīta의 의미는 —upagata ("approached with, furnished with")와 통한다. 이에 대해서 Schmithausen 1987: n. 147(b)를 볼 것.

반복되어 일어난다. 이것은 성언량이기도 하며, 내자증지이고, 이 규정은 추론적인 것이기도 하다. 이것은 [세상에서] 알려진 성질이다. 이와 같이 작용도리와 증성도리와 법이도리를 심구한다.

(4) 계차별의 경우 (ŚrBh 385,14; Ch. 454c9)

(i) 계의 차별을 인식대상으로 하는 비파샤나를 수행하는 자는 어떻게 의미를 심구하는가? 계(dhātu)의 의미는 종성(gotra)의 의미이고, 종자(bīja)의 의미이고, 원인(hetu)의 의미이고, 본성(prakṛti)의 의미이다'[255]라고 이와 같이 의미를 요지하는 그는 의미를 심구한다.

(ii) 地 등의 6계를 내적, 외적으로 승해하는 그는 사태를 심구한다.

(iii) '지는 딱딱함을 특징으로 하고, 내지 바람은 움직임을 특징으로 하고, 식은 요별을 특징으로 하고, 空界는 빈 공간으로서 특징지어지고, 물질적인 것을 명료하게 하는 것으로 특징지어진다.' 이와 같이 자상을 심구한다. '이 모든 계들은 무상성 내지 무아라고 하는 점에서 평등하다.' 이와 같이 공상을 심구한다.

(iv) 계의 다양성을 알지 못하고 단일체라는 관념을 갖고 있는 자(piṇḍasaṃjñin)가 이 다양한 계에 속한 신체 때문에 거만과 자만을 가진 것은 번뇌를 수반한(saraṇa) 법이고 흑품에 속하는 것이다. 반대되기 때문에 백품에 속한다. 이와 같이 품을 심구한다.

(v) '과거세와 미래세, 현재세와 관련하여 6계를 조건으로 하여 모태 속에 가르바(garbha)가 들어가게 된다.' 이와 같이 시간을 심구한다.

---

255 ŚrBh I.1.1.에서 종성의 동의어로서 종자와 계, 본성이 언급된 것을 가리킨다. 다만 위에서 원인(hetu)이 첨가된 것은 유가행파 문헌에서 계(dhātu)가 일반적으로 원인으로 풀이되기 때문이다.

(vi) 마치 풀과 나무를 조건으로 하여 둘러싸인 허공을 '집이다, 집이다'라고 부르는 것처럼, 바로 이와 같이 6계에 의지하여 뼈와 근육과 피부와 살과 피를 조건으로 해서 둘러싸인 허공에 대해 '[이것은] 신체다, 이것은 신체다'라는 관념, 가설, 언설이 있다. 이전의 업과 번뇌들과 자신의 종자가 이 [계]들의 원인이다.' 이와 같이 관대도리를 심구한다.

'계의 분별은 慢心을 끊기 위하여 친숙히 행해지고 수습되고 자주 반복되어 일어난다. 이것은 성언량이기도 하고, 내자증지이고, 이 규정은 추론적인 것이기도 하다.' '[세상에] 알려진 성질이고, 사유될 수 없는 성질이다.' 이와 같이 작용도리와 증성도리와 법이도리를 심구한다.

(5) 수식관의 경우 (ŚrBh 387,5; Ch. 455a7)

(i) 입출식념을 인식대상으로 하는 비파샤나를 수행하는 자는 어떻게 의미를 심구하는가? '입출식념 입식과 출식이라는 인식대상과 결합된 심을 망실하지 않고, 명료하게 하는 것이다.' 이와 같은 의미를 심구한다.

(ii) '입식과 출식은 신체에 결부되었기 때문에 내적으로 지각되며, 또한 외처에 포함된다.' 이와 같이 사태를 심구한다.

(iii) '두 가지 입식이 있고, 두 가지 출식이 있다. 바람이 들어가는 바로 그것이 입식이고, 나가는 것이 출식이다. 긴 입출식도 있고, 짧은 입출식도 있다. 나는 이것들을 온몸으로 경험하고 있지만, 이것들은 아니다.' 이와 같이 자체의 특징(自相)을 심구한다. '입식이 소멸할 때 출식이 생겨나고, 출식이 소멸할 때 입식이 [생겨난다]. 또 입출식의 작동과 밀접히 관련된 명근과 이 신체는 식을 수반한 것이다. 이와 같이 의지체와 함께 입출식들은 무상하다.' 이와 같이 공통의 특징(sāmānyalakṣaṇa)을 심구한다.

(iv) '이와 같이 입출식에 대해서 정념이 확립되지 않는 자에 있어서 심사에 의해 만들어진 심의 동요가 있을 때, 바로 이 법이 번뇌를 수반하

고 흑품에 속한다. 반대되기 때문에 백품에 속한다.' 이와 같이 품을 심구한다.

(v) '과거세와 미래세, 현재세에서 신체와 심은 입출식과 결부되어 있고, 입출식은 신체와 심과 결부되어 있다. 이와 같이 시간을 심구한다.

(vi) 여기에 입식하고 또는 출식하는 어떤 자도 없다. 이 입출식들은 그것에 대해서이다. 하지만 원인에 의해 생겨나고, 조건지어 생겨난 제행에 대해서 이 관념과 가립, 언설이 있다. 이와 같이 관대도리를 심구한다. '입출식념은 심사를 끊기 위하여 친숙히 행해지고 수습되고 자주 반복되어 일어난다.' 이것은 성언량이기도 하다. 내자증지이고 이 규정은 추론적인 것이기도 하다.' [세상에] 알려진 성질이고, 생각할 수 없는 성질이다. 이와 같이 작용도리와 증성도리, 법이도리를 심구한다.

이와 같이 그는 행위를 정화하는 인식대상을 갖고 여섯 가지 사태를 심구한 후에 내적으로 심을 반복해서 적정하게 한다. 반복적으로 이와 같이 추구된 바로 그것을 비파샤나의 행상들에 의하여 조사한다. 그는 샤마타에 의지한 후에 비파샤나가 청정하게 되고, 비파샤나를 의지한 후에 샤마타가 광대하게 된다. 능숙한 인식대상과 번뇌의 정화를 위한 비파샤나는 여섯 가지 사태를 가지고 있는데, 나는 그것을 후에 원래의 개소(svasthāna)[256]에서 말할 것이다.

---

256 svasthāna가 '원래의 [맥락에 맞는] 개소'인지 아니면 '자체에 [적합한] 개소'인지 불확실하며, 또한 이후에 과연 ŚrBh에 '여섯 가지 사태'에 따라 비파샤나의 방식으로 인식대상을 설하는 경우가 있는지 확정하기 어렵다. Deleanu(2006: 150; 203 fn. 19)는 1인칭 화법으로 설명하는 방식의 특이함을 지적하면서, 이것이 간접 인용을 나타내며, 이후의 성문지에서 6가지 점에 따른 분석은 ŚrBh 439,9ff(=ŚrBh IV.1.3.1.1.)에만 나온다고 지적하면서, 그럼에도 여기에는 "능숙한 인식대상과 번뇌의 정화를 위한" 설명은 보이지 않는다고 의문을 표시한다. 나는 svasthāna가 '원래의 [맥락에 맞는] 개소'의 의미에서 사용된 것은 아닐까 추정하며, 그렇게 볼 때 가장 유력한 후보지는 ŚrBh III.3.5.3.(=ŚrBh 411,5ff) 이하에서 부정 등의 5종 인식대

3.3.2. 백품과 흑품에 포함된 9종 가행 (ŚrBh 388,21; Ch. 455b16)

요가수행자는 9종의 백품에 포섭된 가행과 그것과 반대되는 것으로서 9종이 흑품에 포섭되었다고 알아야 한다. [9종이란] ① 적절하게 가행하는 것, ② 반복수습된 것에 대한 가행, ③ 느슨하지 않게 가행하는 것, ④ 전도되지 않게 가행하는 것, ⑤ 적시에 가행하는 것, ⑥ 관찰을 위해 가행하는 것, ⑦ 만족하지 않고 가행하는 것, ⑧ 결핍 없이 가행하는 것, 그리고 ⑨ 바르게 가행하는 것이다.

이 9종의 백품에 포섭된 것에 의하여 심은 매우 빨리 입정한다. 삼매를 수승하게 한다. 또한 그 [가행]에 의하여 증득되어야 하거나 획득되어야 하는 단계까지 느리지 않게 [진행하는 가행]은 바로 매우 빨리 그 [단계]에 도달하게 된다. 흑품에 포함된 가행들에 의해 심은 매우 빨리 입정하지 못하며, 또 삼매의 수승함으로 나아가지 못한다. 그 [가행]에 의하여 증득되어야 하거나 획득되어야 하는 단계까지 [나아갔을 때], 그곳에 도달해서 느려지게 된다.

3.3.2.1. 그중에서 적합하게 가행하는 것이란 무엇인가? 만일 탐욕의 [성향을 갖고] 행하는 자라면 부정한 것에, 진에의 [성향을 갖고] 행하는 자라면 자애에 대해, 내지 심사의 [성향을 갖고] 행하는 자는 수식관에 대해 심을 결합시키는 것이다. 또 평등하게 행하는 자이거나 때가 적은 자라면,[257] 바로 저 인식대상 속에 [가행이] 기쁘게 올라타고 이것을 통해 노력하는 것이다. 이것이 적합한 가행이다.

상을 샤마타뿐 아니라 비파샤나에 의해 관찰하는 설명이라고 생각하고 있지만, 여기서도 6가지 점에 의한 분석은 명확히 보이지 않는다.

257 수행자를 성향에 따라 분류하는 것은 ŚrBh II.2.3. 참조.

3.3.2.2. 그중에서 반복수습에 의해 가행하는 것이란 무엇인가? 그가 샤마타와 비파샤나와 관련해 끝까지 비록 조금이라도 반복수습을 행했다면, 모든 방식으로 모두 바로 초보자는 아니다. 왜냐하면 초보수행자는 비록 적합한 인식대상에 대해 노력하더라도 장애들과 심신의 추중이 빈번히 현행하며, 그에 의해 그의 심은 빠르게 입정하지 못하기 때문이다. 이것이 반복수습에 의해 가행하는 것이다.

3.3.2.3. 그중에서 느슨하지 않게 가행하는 것이란 무엇인가? 그는 항상 또 존중하면서 수행하는 자이다. 그런데 만일 그가 삼매에서 출정했을 때 탁발을 위해서건 혹은 스승을 봉양하기 위해서건 혹은 병을 간호하기 위해서건 혹은 대중의 일을 하는 것이거나 혹은 나머지도 이러한 부류의 의무를 위한 것이든 간에, 그가 그것에 몰두하고, 그것에 떨어지고, 그것에 전념하는 마음을 가지고 모든 것을 행했다면, 바로 매우 신속하게 행한 후에, 마친 후에, 명상하기 위하여 앉아서 바로 다시 노력한다.

만일 그가 비구와 비구니, 재가신자, 크샤트리아, 바라문의 무리들과 함께 있다면, 오랫동안 함께 보내지 않을 것이고, 적당히 말하고, 말을 계속하지 않고, 다른 것에 대하여 산란하게 말하지 않는다. 반면에 그는 다음과 같이 용맹정진을 착수한다. 이제 나는 바로 지금 획득해야만 하고 증득해야만 한다. 그것은 무엇 때문인가? 나에게 죽음의 조건들은 많다. 나에게 풍질이나 황달이나 담이 일어날 수 있고, 먹은 것이 잘못될 수도 있고 이것에 의하여 나의 몸에 질병이 자리잡을 수 있을 것이다. 뱀이나 전갈이나 지네가 나를 물 수도 있다. 인간이나 비인간 때문에 나에게 두려움이 [생겨날 수] 있다. 이러한 경우들을 항상 작의하고, 방일하지 않고 주한다.

또한 다음과 같이 방일하지 않게 주한다. '아! 나는 7일이나 6일, 5일이나 4일, 3일, 2일, 1일이나 야마(yāma)[258]나 야마의 절반만큼 살 것이고, 무후르타(muhūrta)나 무후르타의 절반만큼 [살 것이다]. 아! 나는 음식을 먹는 동안 살 것이고, 입식한 후에 출식할 때까지 살 것이고, 또 출식한 후에 입식할 때까지 살 것이다. 나는 살아 있는 한 그러한 한에서 요가의 작의에 의해서 스승의 가르침에 대해 노력을 행할 것이다. 이러한 한, 스승의 가르침에 대하여 나는 많이 행해야 할 것이다.' 이것이 느슨하지 않게 가행하는 것이다.

3.3.2.4. 그중에서 전도됨이 없이 가행하는 것이란 무엇인가? 요가행자는 설해지고 교설된 대로 그와 같이 여실하게 가행한다. 그는 의미와 문구를 전도됨이 없이 파악하고, 스스로 만심이 없고, 스스로의 견해에 집착해서 주하지 않고, 경솔하게 파악하지 않고, 스승의 교설에 대해 비난하지도 않는다. 이것이 전도됨이 없이 가행하는 것이다.

3.3.2.5. 그중에서 적시에 가행하는 것이란 무엇인가? 적시에 샤마타의 관념상과 비파샤나의 관념상과 고무(pragraha, 擧)의 관념상과 평정의 관념상을 수습한다. 샤마타와 샤마타의 관념상, 샤마타의 때를 알고, 비파샤나와 비파샤나의 관념상, 비파샤나의 때를 [알고], 고무와 고무의 관념상, 고무의 때를 [알고], 평정과 평정의 관념상, 평정의 때를 [아는 것이다].

그중에서 샤마타는 무엇인가? 9종 심주이다.[259] 거기에서 그 심은 관념상을 여의고 있고, 분별을 여의고 있으며, 적정하고 완전히 적정하며, 적정에 오로지 주한다. 따라서 샤마타라고 한다.

---

258 yāma는 하루의 1/8로서 약 3시간에 해당되고, 1 muhūrta는 약 24분에 해당된다. Concept of Time Division in Ancient India - Ancient Science (booksfact.com)

259 9종 심주에 대해서는 ŚrBh III.3.3.1.1.을 볼 것.

그중에서 샤마타의 관념상은 무엇인가? 인식대상의 관념상(ālambananimitta)과 인연의 관념상(nidānanimitta) 2종이다.[260] 그중에서 인식대상의 관념상이란 샤마타에 속하고 인식되어야 할 사태와 유사한 영상이 인식대상에 대한 관념상이다. 바로 그 인식대상에 의하여 저 마음을 적정하게 하는 것이다. 인연의 관념상이란 심이 샤마타에 영향받았을 때 계속해서 샤마타를 청정하게 하기 위하여 비파샤나를 가행하는 것이 인연의 관념상이다.

그중에서 샤마타의 때란 무엇인가? 답: 심이 흥분되었을 때나 도거라고 의심될 때 샤마타를 수습하기 위한 때이다. 그와 같이 심이 비파샤나에 영향받았을 때 심사에 손상받고 의무의 산란에 의해 손상받았을 때, 샤마타를 수습하기 위한 때이다.

그중에서 비파샤나란 무엇인가? 네 가지 방식과 3문과 여섯 측면의 차이를 인식대상으로 해서 관찰하는 것이다. 비파샤나의 관념상이란 무엇인가? 인식대상의 관념상과 인연의 관념상 2종이다. 그중에서 인식대상의 관념상이란 비파샤타에 속하고 인식되어야 할 사태와 유사한 영상이 인식대상의 관념상이라고 불리는데, 바로 그 인식대상을 통해 지혜를 관찰하는 것이다. 그중에서 인연의 관념상이란 심이 비파샤나에 영향받았을 때 계속해서 비파샤나를 청정하게 하기 위하여 심의 샤마타를 가행하는 것이다.

---

260 인식대상의 관념상(ālambananimitta)과 인연의 관념상(nidānanimitta)은 샤마타와 비파샤나에 모두 적용된다. 두 개의 관념상에 대한 SamBh(Delhey 2009: 213)에서의 일반적인 정의는 다음과 같다. "관념상(nimitta)들이란 무엇인가? 2종 관념상이다. 인식대상의 관념상과 인연의 관념상이다. 그중에서 인식대상의 관념상은 분별 자체이고, 이러한 인식대상에 의해 입정한다. 인연의 관념상이란 바로 이 삼매의 자량에 의해 입정하는 것이다. 즉, 적합한 교설, 삼매의 자량의 적집, 수습을 동반한 욕구, 심이 염리된 상태, 산란과 불산란에 대한 변지를 지니는 것, 사람 때문이건 사람 때문이 아니건, 또는 소리에 의해서 만들어진 것이건 산란한 행동(vyāpāra)에 의해서 만들어진 것이건 간에, 타인으로부터 손상받지 않는 것이다." (한역 T31: 342a4ff).

그중에서 비파샤나의 때란 무엇인가? 심이 샤마타에 영향받았을 때 바로 처음으로 인식되어야 할 사태를 여실하게 인지하기 위하여 비파샤나를 수습하기 위한 때이다.

고무란 무엇인가? 여러 가지 중에서 명료함을 일으킬 수 있는 인식대상을 포착함에 의하여 심을 즐겁게 하고 나타나게 하고 취하게 하는 것이다. 거기서 고무의 관념상이란 무엇인가? 그것과 명료함을 일으킬 수 있는 인식대상에 의해 심을 활발하게 작동하는 것이다. 또한 그것에 적합한 용맹정진이다. 그중에서 고무의 때란 무엇인가? 심이 침몰한 때이거나 침몰이라고 의심될 때 고무를 수습하기 위한 때이다.

그중에서 평정이란 무엇인가? 인식대상에 대해서 염오되지 않은 심을 가진 자에 있어서 심의 평등성이며, 또한 샤마타품과 비파샤나품에 대해서 평정해지고 저절로 인도하는 것과, 활동적인 마음을 가진 자의 활동성과, 심이 무공용의 작용을 증대시키는 것이다. 평정의 관념상이란 무엇인가? 바로 저 인식대상에 의해 심을 무관심하게 두는 것이며, 또 바로 그 인식대상에 대한 과도한 정진에 반응하지 않는 것이다. 그중에서 평정의 때란 무엇인가? 마음이 샤마타와 비파샤나에 속한 침몰과 도거로부터 벗어났을 때 평정을 수습하기 위한 때이다. 이것이 적시에 가행하는 것이다.

3.3.2.6. 그중에서 관찰을 위해 가행하는 것이란 무엇인가? 바로 그 관념상들을 잘 포착하고 잘 파악한 것이다. 그것들을 잘 포착하고 잘 파악했기 때문에 그는 원할 때에 입정하게 된다. 원하는 한까지 입정해서 머문다. 출정을 원할 때에 바로 삼매의 영역인 영상을 버리고 사마히타지에 속하지 않은 일상적인 인식대상을 작의함에 의하여 출정한다. 이것이 관찰을 위해 가행하는 것이다.

3.3.2.7. 그중에서 만족하지 않는 자의 가행이란 무엇인가? 그는 선법들에 만족하지 않고, [번뇌의] 끊음들에 의해서도 그치지 않는다. 그는 더 높고 더욱더 탁월한 상태를 추구하는 자의 성질을 가지고 자주 머무르기 때문에, 극히 뒤에 행해야 하는 일에 대해 작고 하열한 샤마타에 의해서 도중에 권태에 빠지지 않는다. 이것이 만족하지 않는 자의 가행이다.

3.3.2.8. 그중에서 끊어지지 않고 가행하는 것이란 무엇인가? 그는 훈련항목으로 받은 것을 쪼개지 않고 단절하지 않는다. 아름다운 모습의 아이나 매력적인 여성을 본 후에 주된 특징을 취하거나 부수적인 특징을 취하지 않는다. 또한 음식에 대해서도 적절히 행한다. 그는 깨어 있기 위해 노력하며, (이익을) 추구하는 바가 적고 행해야 할 일이 적고 구분하는 것이 적다. 오랫동안 행해지고 오래 설해진 것을 기억하고 기억하게끔 한다. 이러한 부류의 법들이 "끊어지지 않는 가행"이라고 불린다. 이 법들은 심일경성에 적합하고 [그것을] 끊어지지 않게 하는 것이며, 또 심을 산란시키기 위해 작동하지 않는다. 그것들은 외적으로 집착하기 위해 또 내적으로 심의 비활동성을 위해 [작동하지 않는다]. 이것이 끊어지지 않고 가행하는 것이라고 불린다.

3.3.2.9. 그중에서 올바른 가행이란 무엇인가? 인식대상을 승해하고 승해한 후에 [그것을] 제견하기 때문에 "올바른 가행"이라고 불린다. 만일 부정[관]을 행하는 자라면 그는 부정의 행상들에 의하여 부정을 작의한다. 오직 관념상을 따르는 비파샤나에 의해 그는 그 [부정]을 인식대상으로 하는 작의를 계속해서 제견해야만 하고 계속해서 현전시켜야만 한다.

3.3.2.9.1. 또한 제견(vibhāvanā)은 5종이다. 내적으로 심을 축약하기 때문

에, 정념의 부재와 작의의 부재 때문에(asmṛtyamanasikārataḥ), 그것과 다른 것을 작의하기 때문에, 대치를 작의하기 때문에, 무상계를 작의하기 때문이다.

그중에서 (i) 내적으로 심을 축약하기 때문이란 비파샤나를 선행요소로 하는 9종 심주에 의해서이다.

(ii) 정념의 부재와 또 작의의 부재 때문이란 처음부터 비산란하기 위해 일체의 관념상을 여읨과 결합한 자에 있어서의 [제견]이다.

(iii) 그것과 다른 것을 작의하기 때문이란 사마히타의 단계에 속한 인식대상으로부터 바로 그 사마히타의 단계에 속한 또 다른 인식대상을 작의하는 자에 있어서의 [제견]이다.

(iv) 대치를 작의하기 때문이란 깨끗한 것의 대치로서 부정을, 내지 심사의 대치로서 입출식념을, 색의 대치로서 허공계를 작의하는 자에 있어서의 [제견]이다.

(v) 무상계를 작의하기 때문이란 일체 관념상들을 작의하지 않기 때문에 또 무상계를 작의하기 때문이다.

또한 변재하는 인식대상은 제견의 특징을 가졌다고 건립되었다. 그렇지만 이 맥락에서 [제견은] 내적으로 심을 축약하기 때문에 또 정념의 부재와 작의의 부재 때문에 의도되었다.

3.3.2.9.2. 처음으로 행하는 초보자는 바로 처음부터 심을 부정한 것이든 또는 그것과 다른 것이든 간에, 어떠한 인식대상과도 결합시켜서는 안 되지만, 단지 비산란을 위해서 [결합시키는 것은] 제외된다. "어떠한 나의 마음도 관념상을 여의고, 분별을 떠나 있으며, 적정하고, 매우 적정하고, 흔들리지 않고, 동요하지 않고, 열망하지 않고, 동요를 떠나 내적으로 환희한다."

그와 같이 노력하는 자는 반복해서 생겨나는 모든 외적인 관념상들에 대해 정념의 부재와 작의의 부재를 행한다. 이것이 그에게 정념의 부재와 작의의 부재에 의한 인식대상의 제견이다.

그는 그것에 대해 요가를 행하면서 희열을 취하며(pratigṛhṇāti),[261] 관념상을 수반하고 또 분별을 수반한 부정 등의 인식대상 속에서 행한다. 또한 어떻게 행하는가? 관념상만을 따르고, 또 심구를 따르고, 개별관찰을 따르는 비파샤나에 의해 [행하며], 부분적으로만 비파샤나를 갖고 노력하는 것은 아니다. 반면에 비파샤나의 관념상을 되돌린 후 바로 그 인식대상을 샤마타의 행상에 의해 작의한다. 그때 그는 저 인식대상을 버리지도 않고 또 취하지도 않는다. 그 [무분별영상]을 인식대상으로 하는 샤마타가 작동하기 때문에, 따라서 그는 [인식대상을] 버리지도 않는다. 또한 그는 관념상을 취하지 않고 분별하지도 않기 때문에, 따라서 [인식대상을] 취하는 것도 아니다. 이와 같이 내적으로 축약하기 때문에 인식대상을 제견한다.

그중에서 비파샤나의 관념상을 취하지 않는 자의 인식대상은 산란하지 않지만, 반면에 샤마타의 관념상을 취하는 자의 인식대상은 인식되어야 할 사태를 관념상으로 가진 것이다. 만일 그가 오로지 인식대상을 승해하지만 반복해서 제견하지 않는다면, 그의 승해는 인식되어야 할 사태의 직접지각에 이를 때까지 계속해서 청정하고 명료한 것으로 생겨나지 않게 될 것이다.[262] 그가 반복해서 승해하고 또 계속해서 제견하면 할수록, 그의

---

261 ŚrBh(3) p. 86, 각주 1에서 사본은 pratipratigṛhṇāti로 읽고 있다고 제시하지만, ŚrBh(2) 208,4에서 pratigṛhṇāti saṃharṣayati로 제시되어 있다는 점에 의거해, 이를 "고무하다"로 번역하고 있다. 하지만 ŚrBh(3)의 각주에서 제시된 대로 티벳역 dga' ba skyed par byed cing 및 한역 攝受適悅은 모두 prītiṃ pratigṛhṇāti의 읽기를 지지한다. 나는 여기서 '희열'을 희열의 관념상으로 해석한다면 무리가 없다고 생각한다.

262 이 설명은 ŚrBh II.3.1.1.에서 설한 '분별을 수반한 영상'(savikalpaṃ pratibimbam)의 설명에 의거하고 있다.

승해는 인식되어야 할 사태의 직접지각에 이를 때까지 더욱 청정하고 더욱더 명료한 것으로 생겨난다.

예를 들면 화가나 혹은 화가의 제자는 맨 처음에 그림 그리는 일들을 할 것이다. 그는 스승 곁에서 가르침에 의거해서 형태를 취하고 반복해서 본 후에 모사품을 만든다. 계속해서 만든 후에 제견하고 지우고, 바로 다시 그린다. 그가 이와 같이 반복해서 지우면 지울수록 더욱 그에게는 점차로 더욱 명확하고 더욱 분명한 형태가 나타나게 된다. 실로 이와 같이 바르게 노력하는 [제자]는 시간이 지나면 스승과 동등하거나 혹은 그보다 뛰어난 상태가 된다. 반면에 만일 그가 지우지 않은 후에 그 형태를 바로 그 위에 반복해서 그린다면, 그에게 그 형태는 명확하고 분명하게 나타나지 않을 것이다. 여기서의 이치도 마찬가지라고 알아야 한다.

거기에서 인식대상을 승해하는 만큼 제견하지만, 반드시 제견하는 만큼 승해하는 것은 아니다. 한정된 [인식대상]을 승해한다면 바로 한정된 것을 제견하며, 큰 [인식대상]이나 무량한 [인식대상]도 마찬가지다. 또한 한정된 것을 제견한 후에 어떤 때는 바로 한정된 것을 승해하고, 어떤 때는 바로 큰 것과 무량한 것을 [승해한다]. 크고 무량한 [인식대상]에 대해서도 마찬가지이다.

그중에서 물질적인 요소들의 관념상과 영상, 현현은 거친 화현과 비슷하다. 반면 비물질적인 요소들의 현현은 명칭과 기호에 의존하고 또 경험에 따라 영향받은 것이다. 이것이 올바른 가행이라고 불린다.

바로 이 9종의 백품에 속한 가행은 샤마타와 비파샤나에 적합한 것이라고 알아야 한다. 이것과 반대로서 적합하지 않은 상태(vilomatā)도 바로 9종이다. 바로 이것이 흑품과 백품의 건립에 의한 18종의 가행이다.

이것이 [심]일경성이다.[263]

3.4. 장애의 청정(āvaraṇaviśuddhi) (ŚrBh 398,11; Ch. 457b4)

3.4.1. 장애의 청정의 이유

그중에서 장애의 청정(āvaraṇaviśuddhi)이란 무엇인가?

답: 네 가지 이유에 의하여 이와 같이 바르게 노력하는 요가행자는 장애들로부터 심을 정화시킨다. 즉, 자성의 변지에 의해서, 인연의 변지에 의해서, 단점의 변지에 의해서, 그리고 대치의 수습에 의해서이다.

(i) 그중에서 장애(āvaraṇa)의 자성이란 무엇인가?

답: 장애들은 4종이다, ① 겁약 ② 덮개 ③ 심사 ④자신에 대한 우쭐함이다. ① 겁약은 출리와 원리를 수행하는 자의 염오된 기대, 즐겁지 않음, 갈망, 불쾌감, 고뇌이다. ② 덮개(nivaraṇa)는 탐욕의 덮개 등 5가지 덮개들이다.[264] ③ 심사는 욕망의 대상에 대한 심사 등 염오된 심사들이다. ④ 자신에 대한 우쭐함은 단지 작고 하열한 지견과 접촉에 주하는 것만으로 "나는 획득한 자이지만, 타인들은 그와 같지 않다"라고 스스로 우쭐해 한다. 자세한 것은 앞에서와[265] 같다고 알아야 한다. 이것이 장애의 자성이다.

(ii) 그중에서 [장애의] 인연(nidāna)이란 무엇인가? 먼저 겁약의 인연들은 여섯이다. 즉, 이전의 업의 영향에 의해서나 또는 병의 고통 때문에 신체의 허약함, 심한 가행, 절반의 가행, 최초의 가행, 번뇌의 다수, 원리를 반복수습하지 않는 것이다. 덮개와 심사들, 자신에 대한 우쭐함의 인연은 덮개를 불러일으킬 수 있고 심사를 불러일으킬 수 있고 자신의 우쭐함을 불러일으킬 수 있는 요소들에 대한 비여리작의와 자주 행하는 것이다. 이것이 장

---

263 여기까지가 ŚrBh III.3.3.의 주제인 심일경성을 다룬 것이다.

264 5蓋에 대해서는 ŚrBh I.3.7.1. (=ŚrBh 99,17ff)에서 '장애'와 관련되어 설명된다.

265 자신에 대한 우쭐함(ātmasaṃpragraha)은 ŚrBh I.3.11.2.3.2 (=ŚrBh 147,14ff)에서 비파샤나의 두 가지 장애 중의 하나로서 상세히 설명되고 있다.

애와 심사, 자신의 우쭐함의 원인이다.

부정한 것을 작의하지 않은 후에 청정한 것을 작의하는 것이 여기서 비여리이다. 이와 같이 자애를 작의하지 않은 후에 진에의 관념상을 [작의하고], 광명상을 작의하지 않은 후에 어둠의 관념상을 [작의하고], 또 샤마타를 작의하지 않은 후에 친척과 고향마을, 불사에 대한 심사와 이전에 유희하고 웃었던 것과 즐겼던 것, 행한 것들을 [작의하고], 차연성이라는 연기를 작의하지 않은 후에 3세에 속한 제행과 관련하여 '이것은 나이다'라고 혹은 '이것은 나의 것이다'라고 부적절하게 수반된 관념을 작의하는 것이 이 맥락에서 비여리이다.

(iii) 그중에서 단점이란 무엇인가? 바로 장애가 있을 때, 모든 4종이 존재할 때, 그는 아직 증득하지 못한 것은 증득하지 못했고, 이미 증득한 것으로부터는 물러서고, 요가의 가행으로부터는 산란된다. 또 그는 염오된 채 주하는 자가 되고, 고통에 주하는 자가 된다. 스스로 타인을 비난하고 타인으로부터 비난을 받는다. 신체가 파괴되고 죽은 후에 악취에서 태어난다. 이것이 이 맥락에서 단점이다.

(iv) 그중에서 대치란 무엇인가? 겁약의 대치는 요약하면 隨念들이다. 수념의 작의에 의해 그의 심을 기쁘게 한 후에 이미 생겨난 겁약은 제거하고, 생겨나지 않은 것은 일어나지 않게 한다.

그중에서 신체의 허약과 극도의 가행, 최초의 가행이 있을 때, 그것에 대한 대치는 정진을 골고루 하면서 관통하는 것이다. 절반의 가행이 있을 때, 그것에 대한 대치는 청문하려는 것과 질문이다. 번뇌의 다수성이 있을 때, 그것의 대치는 이치에 따라 부정 등의 인식대상의 수행이다. 반복수습이 없을 때, 그것에 대한 대치는 이러한 종류의 간택이다.

'이전에 나에게 원리를 위한 반복수습이 행해지지 않았지만, 그 때문에 지금 원리를 가행하는 나에게 겁약이 생겨난다. 만일 지금 내가 반복수습을 행하지 않는다면, 마찬가지로 미래의 재생에 있어서도 이와 같은 형태가 생겨날 것이다. 나는 관찰한 후에 즐겁지 않은 것을 버려야 하고 즐거움은 행해져야 한다.' 나머지 덮개 등의 대치는 비여리작의와 반대되는 것으로서 여리작의의 수습이라고 알아야 한다.

3.4.1.1. 그중에서 '이것은 장애이기 때문에, 잡염이기 때문에, 흑품이기 때문에 제거되어야 한다.'고 자성을 요지한 후에, '또 인연을 제거하기 때문에 이것을 원리한다.'고 인연을 심구한다.' 또한 '제거하지 않기 때문에 제거되어야 하는 그 [원인]의 과실은 무엇인가?'라고 단점을 심구한다. '제거된 것이 어떻게 미래에 생겨나지 않게 하는가?'라고 대치를 수습한다. 이와 같이 심은 장애로부터 청정하게 된다.

3.4.2. 샤마타와 비파샤나에 의한 경안의 획득과 전의 (ŚrBh 402,7; Ch. 457c27)

그중에서 비파샤나에 적합한 많은 교설이 있는 만큼, 그만큼 많은 비파샤나가 있다. 많은 비파샤나가 있는 만큼 그만큼 많은 샤마타가 있다. 실로 바로 이 비파샤나는 인식되어야 할 것의 무한함 때문에 무한하다고 알아야 한다. 즉, 바로 이들 3종의 방식에 의해서 여섯 가지 사태들 중에서 각각의 것의 무한한 행상의 구별을 이해하는 방식에 의해서이다. 바로 그와 같이 바르게 노력하는 자에 있어서 비파샤나가 반복수습에 의한 청정의 힘을 주제로 해서 확대되고 증대되고 광대한 상태가 되듯이, 바로 그와 같이 신심의 경안을 일으키는 샤마타품도 확대되고 증대되고 광대한 상태가 된다고 알아야 한다.

이와 같이 그의 몸과 마음이 경안하게 되듯이, 바로 그와 같이 인식대상에 대한 심일경성이 증장된다. 심일경성이 증장되는 만큼 바로 그만큼 몸과 마음도 경안하게 된다. 이와 같이 이들 두 가지 법, 즉 심일경성과 경안은 서로서로 의지해 있고 상호 결합되어 있다. 이것이 경안과 심일경성이라는 이 두 가지 요소들의 구경인 의지체의 전환(轉依)이다. 또 바로 그 [의지체]가 전환되었기 때문에 인식되어야 할 사태에 대한 현량지가 생겨난다.

3.4.3. 샤마타와 비파샤나에 의한 5종 대상의 청정 (ŚrBh 402,21; Ch. 458a11)

그중에서 어느 정도에서 부정관이 획득되고 내지 어느 정도에서 입출식념이 획득되는가? 이하 생략. 따라서 바로 이 부정관을 가행하는 요가행자가 친숙해지고, 수습하고, 반복해서 행하기 때문에, 행하고 주하는 그에게 설사 경계가 현전하더라도, 또 관념상의 개별관찰에 의해서도 바로 본성적으로 의욕작용을 행하지 않음에 의해 더 많은 부정한 것이 현현한다.

즉, 부정이 잘 수습되었기 때문에 감각적 욕망의 대상에 대한 탐심을 분출시킬 수 있는 요소들에 대해 심이 들어가지 않고, 즐거워하지 않고, 승해하지 않는다. 평정 및 염리에 의해 [욕망을] 거역하는 상태(nirvitpratikūlatā)에 안주한다. 요가행자는 '나는 부정(관)을 얻었고, 나는 수습의 결과를 획득했다'라고 알아야 한다. 그런 한에 있어서 부정은 이미 획득된 것이다. 반대라면 획득되지 않았다고 알아야 한다.

부정(aśubhā)처럼 자애(maitrī)와 緣性緣起(idaṃpratyayatāpratītyasamutpāda), 계분별(dhātuprabheda)과 입출식념(ānāpānasmṛti)도 마찬가지라고 알아야 한다. 그것에 관해 다음과 같은 차이가 있다.

"더 많이 자애심이 현현하지, 진에의 관념상은 [현현하지] 않는다. 진에를 분출시킬 수 있는 요소들 속에 심을 들어가게 하지 않는다."라는 상세한 설명은 [앞에서와 같다]. "더 많은 무상성·고성·무아가 현현하지만, 상·

낙·유신견을 수반한 우치의 관념상은 [현현하지] 않는다." "그는 우치를 분출시킬 수 있는 요소들 속에 심을 들어가게 하지 않는다."라는 상세한 설명은 [앞에서와 같다]. "다양한 계의 상태와 무수한 계의 상태를 가진 신체를 단일체로 구별하는 관념이 현현하지만. 그렇지만 바로 단일체라는 관념은 [현현하지] 않는다. 慢心을 분출시킬 수 있는 요소들 속에 심을 들어가게 하지 않는다."라는 상세한 설명은 [앞에서와 같다]. "내적으로 더 많은 적정이라는 관념과 샤마타의 관념이 현현하지만, 그렇지만 오직 희론의 관념은 [현현하지] 않는다. 심사를 분출시킬 수 있는 요소들 속에 심을 들어가게 하지 않는다."라는 상세한 설명은 [앞에서와 같다].

3.4.4. 지관쌍운도 (ŚrBh 404,4; Ch. 458b4)

그중에서 어느 정도로 샤마타와 비파샤나 양자가 섞여 평등하게 작동하는가? 그럼으로써 함께 결합되어 진행하는 도(雙運轉道)라고 불리는가?

답: 9종 심주에서 9번째의 행상, 즉 사마히타를 얻은 그는 저 완성된 삼매에 의지하여 증상혜를 법의 관찰과 관련해 수행한다. 그때 법들을 관찰하는 그에게 바로 저절로 진행하는 수행도가 의욕작용 없이 진행하게 된다.

바로 샤마타의 수행도처럼 의욕작용 없이 비파샤나는 청정하고 완전히 청정하며, 샤마타에 수순하고, 유연성에 포섭되어 작동한다. 따라서 "그에게 샤마타와 비파샤나가 있고, 또 결합된 양자가 평등하게 일어난다. 바로 그것이 샤마타와 비파샤나가 결합된 채 진행되는 수행도이다."

중간의 요약송(antaroddāna)이다.[266]

---

266 세 개의 중간요약송에서 첫 번째 요약송은 III.3.3.1.2.1.에서 다루어졌다. Pada ab는 비파샤

오직 관념상, 추구, 관찰이 진행하는 문이네.
의미, 사태, 특징들에 의해, 또 품들과 시간에 의해, 그리고 도리들을 의해서이다.

적절함, 반복수습, 느슨하지 않음, 전도되지 않음,
시간, 이해, 불만족, 끊어지지 않고 가행함,
올바른 가행이 바로 9종이고, 2종으로 생각된다.

자성의 측면에서, 인연의 측면에서, 과환을 봄에 의해,
대치의 수습이 바로 장애의 청정이라네.

3.5. 작의의 수습(manaskārabhāvanā) (ŚrBh 405,19; Ch. 458b23)

작의의 수습(manaskārabhāvanā)은 무엇인가?

답: 그것을 처음으로 행하는 초심자는 그와 같이 변재하는 특징이 건립되었을 때, [심]일경성과 장애의 청정에 의해 잘못된 노력을 제거하고 또 바른 가행에 대해 훈련한다. 먼저 그는 "나는 [심]일경성과 [번뇌의] 끊음에 대한 즐거움을 증득할 것이다."라고 생각하면서, 4종 작의에 의해 수습한다.

나의 세 방식을, Pada cd는 의미(artha) 등의 여섯 가지 점들을 대상으로 하는 비파샤나를 제시한 것이다. 두 번째 요약송은 III.3.3.2.의 주제항목으로서, 백품에 포함된 가행의 9종을 제시한 것이다. 2종은 백품과 흑품 양자이다. 마지막은 III.3.4의 네 가지 주제항목으로, 〈장애의 청정〉으로 이끄는 네 가지를 가리킨다.

3.5.1. 4종 작의의 수습

4종은 무엇인가? 심을 정련시키는 작의, 심을 강하게 적시게 하는 작의, 경안을 낳는 작의, 지견(jñānadarśana)을 청정하게 하는 작의에 의해서이다.

3.5.1.1. 심을 정련시키는 작의

심을 정련시키는 작의란 무엇인가?

답: 이 작의에 의하여 그는 염리를 불러일으킬 수 있는 요소들에 대해 심을 염리하는 것이다. 이것이 심을 정련시키는 작의이다.

3.5.1.2. 심을 강하게 적시는 작의

심을 강하게 적시는 작의란 무엇인가?

답: 이 작의에 의해 그가 매우 즐거움을 일으킬 수 있는 요소들에 대해서 심을 희열하게 하는 것이 심을 강하게 적시는 작의이다.

3.5.1.3. 경안을 낳는 작의

경안을 낳는 작의란 무엇인가?

답: 이 작의에 의하여 그는 적시에 염리를 불러일으킬 수 있는 요소들에 대해서 심을 염리한 후에, 적시에 환희를 불러일으킬 수 있는 요소들에 대해서 심을 희열하게 한 후에, 내적으로 적정하게 하고, 바로 모든 관념상을 여읜 무분별의 상태 속에 [심을] 안주시키고, 정념을 한 점으로 작동시킨다. 바로 그 인연 때문에 그는 심신의 추중을 대치함에 의해서 심신을 기쁘게 한다. 그에게 신체의 경안과 마음의 경안이 생겨나게 된다. 이것이 경안을 낳는 작의라고 불린다.

3.5.1.4. 지견을 청정하게 하는 작의

지견을 청정하게 하는 작의란 무엇인가?

답: 어떤 작의에 의해서 적시에 그와 같이 내적으로 심을 적정하게 했을 때, 그 작의에 의해 계속해서 신속하게 법의 관찰과 관련해 증상혜라는 요가를 바로 저 내적인 심의 샤마타에 의지한 후에 행한다. 바로 이것이 지견을 청정하게 하는 작의라고 한다.

3.5.2. 심의 염리와 심의 환희 (ŚrBh 407,10; Ch. 458c11)

3.5.2.1. 심의 염리

그는 적시에 염리를 일으킬 수 있는 요소들 속에서 심을 염리한다. 이와 같이 그의 심은 루들과 루를 야기할 수 있는 요소들 속에서 뜨거워지고, 달아오르고, 싫증 내고, 완전히 싫증을 낸다.

그중에서 염리를 불러일으킬 수 있는 경우들은 무엇인가?

답: 4종이다. 즉, 자신의 쇠락과 타인의 쇠락이 진행되고, 만나고, 현전되었을 때, 여리작의를 수반함에 의해 염리를 불러일으킬 수 있는 경우가 된다. 그중에서 자신의 흥성과 타인의 흥성이 지나가 버렸고, 소진했고, 소멸했고, 사라지고 변괴되었을 때, 여리작의를 수반함에 의해 염리를 불러일으킬 수 있는 경우가 된다.

3.5.2.2. 심의 환희

그는 적시에 매우 기쁨을 일으킬 수 있는 요소들에 대해 심을 환희케 한다. 그가 환희하고 있을 때, 그의 저 마음은 다음과 같이 부드럽게 되고 온화해지고 유연해지고 밝게 빛나고 깨끗해진다.

환희를 불러일으킬 수 있는 경우들은 무엇인가?

답: 환희를 불러일으킬 수 있는 경우들은 3종이다. [3]보, 학처의 청정과

계의 청정, 그리고 스스로에 대해 특별한 증득의 확신에서 생겨난 심이 위축하지 않음이다.

(i) 그는 [3]보들을 다음과 같이 기억하면서 심을 환희하게 한다. '여래·아라한·정등각자는 나의 스승이신데, 내가 [그들을] 만난 것은 얼마나 잘된 것인가! 나는 잘 설해진 법과 율에서 출가했는데, 내가 그것을 얻은 것은 얼마나 잘된 것인가! 나의 동료 범행자들은 계를 갖추고 공덕을 갖추고 온화하며 훌륭한 성품을 가지고 있는데, 내가 그들을 만난 것은 얼마나 잘된 것인가! 내게 죽음은 좋은 것이고, 죽음의 시간도 좋은 것이고, 미래도 좋은 것이다.' 이와 같이 [3]보를 기억하면서 심을 환희하게 한다.

(ii) 훈련항목의 청정과 계의 청정을 기억하면서 그는 어떻게 심을 환희하게 하는가? '내가 스승인 여래·아라한·정등각자 중에서, 또 그의 잘 설해진 법과 율에서, 또 그것을 향해 정행하는 성문승가에서 이들 범행자들과 함께 공통된 계를 가지고, 공통된 훈련항목을 가지고, 자애로운 신·구·의의 행위를 갖고, 공통된 견해를 갖고, 동등하게 향수하는데, 내가 그것을 얻은 것은 얼마나 잘된 것인가!' 이와 같이 그는 훈련항목의 청정과 계의 청정을 기억하면서 후회 없음에 의거한 환희에 의해 심을 환희하게 한다.

(iii) 어떻게 그는 스스로의 탁월함의 증득의 발생에 토대를 둔 후에 심을 환희케 하는가?

'나는 이들 범행을 같이하는, 현명하고 정행하는 진실한 사람들과 공통된 계와 공통된 견해를 가질 수 있는 힘이 있고, [그런] 그릇(bhājana)이 되는 자로서, 청정한 계를 가질 수 있다. 나는 이와 같이 진실하고 이와 같이 정행하는 자로서 바로 현세에서 획득하지 못한 것을 획득하고, 증득하지 못한 것을 증득하고, 촉증하지 못한 것을 촉증할 수 있는 능력이 있다.' 따라서 큰 기쁨을 일으킨다. 이와 같이 그는 스스로의 탁월함의 증득의 발생에 토대를 둔 후에 심을 환희케 한다.

또한 전후에 용맹정진을 착수하면서 주하는 그가 탁월함을 증득하게 되었을 때, 바로 그것을 기억하면서 더욱더 탁월함의 증득을 믿으면서 심을 환희케 한다. 이것은 다른 설명방식이다.

3.5.2.3. 샤마타와 비파샤나에 의한 발전

동요를 일으킬 수 있는 요소들에 대해 심을 열중하면서 루와 루를 일으킬 수 있는 요소들로부터 심을 벗어나게 하고 싫어하게 하고 직면함에 의해 안주시키고 분리시킨다. 즐거움을 일으키는 요소들 속에서 매우 즐겁고 강하게 적셔지면서 출리와 원리에서 생겨난 법들 속에 축축함을 수반한 심을 직면하게 만들고 가까이 접촉하게 하고 기쁘게 하고 결합하게 한다. 이와 같이 그의 그 마음은 염리와 환희라는 두 가지 요소들에 의해 모든 흑품을 등지는 [심]과 모든 백품을 향하는 [심]을 일으킨다.

그는 그 심을 그와 같이 심을 정련시키는 작의에 의하여 흑품을 등지고 나서, 또 심을 적시는 작의에 의하여 백품을 향한 후에, 또 경안을 생기게 하는 작의에 의하여, 즉 심의 사마타에 의하여 적시에 내적으로 확립하는 것이다. 또 지견을 청정하게 하는 작의에 의하여 적시에 제법을 사택하고 간택하고 상세히 심사하고 두루 사려한다.

이와 같이 그의 그 심은 적시에 사마타와 비파샤나에 의하여 포섭된다. 일체 행상과 일체 공덕이라는 원인들에 의해 도움을 받으면서 그는 각각의 밤낮과 찰나(kṣaṇa), 라바(lava), 무후르타(muhūrta)가 지나간 후에 탁월함으로 나아간다.

예를 들면, 금이나 은이 능숙한 대장장이나 대장장이의 제자에 의해 적시에 때와 먼지가 제거된 상태로서 정련되고, 또 [그것이] 물에 담겨졌을 때, 그것은 각각의 단계에서 장식하는 작업에 의해 부드럽고 유연한 상태로서 나타나게 된다. 바로 그것을 능숙한 대장장이나 대장장이의 제자가 그것에 맞는 기술의 지식에 의해 일하는 도구를 가지고, 그것에 대해 원하는 장식의 가공을 하고 바로 변화시킨다. 바로 그와 같이 요가행자에 의하여 그 심이 탐욕 등의 때와 먼지 속에서 벗어남에 의해, 또 염오된 불쾌감을 벗어남에 의해 염리되게 된다. 선품에 대해 매우 기뻐하고 현전함에 의하여 큰 즐거움이 생겨난다.

요가행자가 바로 그것을 각각의 샤마타 품이나 비파샤나 품에서 실행할 때, 각각 잘 밀착되고 잘 고착되고 손상되지 않고 흔들리게 되지 않으며, 의도된 대로 목적을 완성하기 위하여 나아간다.

3.5.3. 초보자의 작의의 수습 (ŚrBh 411,5; Ch. 459b22)

어떻게 그것을 처음으로 행하는 초보자는 작의의 수습에 적용하는가? 그와 같이 실행하면서 정행하는 그가 무엇보다 먼저 끊음의 즐거움과 심일경성을 접촉할 때, 여기서 요가를 아는 요가자는 요가를 행하는 초보자에게 무엇보다 먼저 다음과 같이 가르친다.

'와라, 좋은 이여, 그대는 관념상을 취하는 세 가지 이유, 즉 본 것과 들은 것, 그리고 사유와 비량에 의해 영향받은 분별에 의지한 후에, 동요를 일으킬 수 있는 [관념상], 명료함을 일으킬 수 있는 [관념상], 단점의 관념상, 광명의 관념상, 사물의 탐구에서 [생겨난] 관념상이라는 5종의 관념상을 취하라.'

3.5.3.1. 부정관의 수습 (ŚrBh 411,14; Ch. 459c3)

만일 요가를 가행하는 초보자인 그가 탐욕의 [성향을] 갖고 행하는 자라면, 부정(관)에 의해 조복되어야 한다.

3.5.3.1.1. 샤마타의 수행도

어떻게 그는 5종 관념상들을 포섭하기 위하여 가르치는가?

(i) 그는 다음과 같이 가르친다. '와라, 좋은 이여, 너는 바로 이러저러한 마을이나 촌락에 의거한 후에 머문다. 거기에서 만일 어떤 또 다른 마을이나 촌락에서 어떤 남자나 여인이 병에 걸렸으며, 또는 남자나 여인이 고통받고 병에 걸렸고, 죽었거나 또는 죽을 때가 되었다고 듣는다. 그뿐 아니라 그 남자나 여인의 여러 부류의 친구와 친척, 친족들이 [그렇다고] 듣는다. 또는 그 마을과 촌락에 속한 사람들의 재산의 손실이 적병들에 의해 행해졌거나, 또는 불에 태워졌거나, 또는 물에 떠내려갔거나 또는 잘못 보관된 보물이 손실되었거나, 또는 잘못 운영된 사업의 실패 때문에 일어났거나, 또는 좋아하지 않은 상속인의 [재산의] 획득 때문에 일어났거나, 또는 집안의 낭비자에 의해 손실되었다고 [듣는다]. 만일 그대가 듣지는 못했지만 그래도 직접 보았다면, 또한 만일 그대가 다른 마을과 촌락에서가 아니라 바로 그 마을과 촌락에서 [직접 보았다면], 바로 그 마을과 촌락에서도 아니고, 또 다른 사람들에게서가 아니라, 바로 그대 스스로에게 강력한 신체적인 고통의 감수와의 접촉이 생겨난다.' 자세하게는 이전과 같다.

'그대는 보고 듣고 나서, 또 다음과 같이 심을 염리한 후에 '아, 이 윤회는 고통이고, 심신복합체의 획득은 고난이다. 그것에 대한 자신과 타인들에 있어 이런 형태의 쇠퇴가 지각되고, 즉 무병의 쇠퇴, 친척의 쇠퇴, 재산의 쇠퇴, 병과 병의 성질을 가진 것, 죽음과 죽음의 성질을 가진 것, 또한 어떤 자들에 있어서 계의 쇠퇴와 견해의 쇠퇴가 있다. 그 때문에 중생들은 현재에 고통에 주하는 자들이 되고, 미래세에 악취에 들어가게 된다.

현세에서 낙에 머물기 위해, 또 미래에 선취에 도달하기 위한 성취들도 바로 무상한 것이고, 그것들의 무상성이 인지된다. 쇠퇴가 만약 현전하는 것이거나 현전하지 않는다고 한다면 바로 그때 성취는 현전하는 것이 아니다. 쇠퇴가 현전하지 않을 때에도 성취는 획득하기 어렵고 소멸하는 성질을 갖고 있다.' 이와 같이 그대는 심을 염리시킨 후에, 적절하고 좋게 이치에 맞게 작의하면서 확립하라.

윤회 속에서 윤회하고 있고 바로 반열반하지 않고 해탈심을 갖지 않은 나에게 이 소멸과 완성이라는 바로 이 경우는 따를 수 없고 신뢰할 수 없다. 나에게 있어서 쇠퇴는 현전하는 것일 수도 있고 현전하지 않을 수도 있다. 혹은 그것을 원인으로 해서 나에게 강력하고 견고하고 날카롭고 뜻과 다르게 획득된 고통이 일어나면 안 된다. 이 경우는 획득되지 않는다. 따라서 바로 이 의미와 관련하여 끊음의 기쁨에 즐거워하는 나는 불방일을 갖고 수습해야 한다. 그와 같이 빈번히 머무르고 있는 나에게 오직 이 무익함의 끝이 있기를 바란다. 이와 같이 잘 여리하게 작의하면서 심을 확립하라.

(ii) 그대는 다음과 같이 동요를 일으킬 수 있는 관념상을 취한 후에, 다시 명료함을 불러일으킬 수 있는 관념상을 취하며, 또 스스로 戒를 관찰하라. 왜 나의 계는 청정하거나 청정하지 않은가? 내가 정념의 상실 때문이거나 또는 존중하지 않음 때문에, 또는 번뇌가 많거나 또는 산출되지 않았기 때문에 훈련항목에 대해 범하거나 범하지 않았거나, 그와 같이 본성적이고 확고한 법을 일으키지 않기 위해 심을 일으킨다. 그것이 무엇이든 나는 행해야 할 바를 행했으며, 또한 하지 않아야 할 것을 하지 않았는가? 요약하면 나는 훈련항목과 관련해서 의향을 갖춘 자이고, 가행을 갖춘 자인가? 이와 같이 개별관찰하는 그대에 의해 만일 계온이 청정해졌다면, 그대는 '과연 내게 후회하지 않음이 일어날까?'라는 생각을 다시 하지 말아야 한다.

그렇지만 이와 같이 계가 청정한 자에게 후회하지 않음이 일어나는 것이 바로 법성이다. 이와 같이 후회 없음에 의해 '나에게 어떤 기쁨이 일어날 것인가'라는 생각을 하지 말아야 한다. 그렇지만 후회 없는 자에게 기쁨이 생겨나는 것이 바로 법성이다. 우선 이런 하나의 기쁨을 토대로 한 그대는 후회 없음에 의존하는 기쁨을 일으켜야 한다.

[기쁨을] 일으킨 후에 다른 즐거움의 토대에 의해 희열이 생겨나야만 한다. '나는 유능하고 유력하며, 이와 같이 청정한 계를 지니고 있고, 현재 획득하지 못한 것을 획득하기 위하여, 증득하지 못한 것을 증득하기 위하여, 촉증하지 못한 것을 촉증하기 위하여 세존의 훈련항목들에 대해 안주하고 있다. [그대는] 이 토대에 의해 마음을 즐겁게 하라.

만일 그대가 전후로 비록 작더라도 탁월함의 증득을 얻었다면, 그대는 그것에 관해 타인들에 대해서는 여래 혹은 여래의 성문들이라는 완성된 탁월함의 증득에 대해, 또는 자신에 대해서는 상위의 탁월함의 증득에 대한 믿음을 일으켜서 마음을 즐겁게 하라.

"이러한 행상들에 의해 그대의 심에 즐거움이 있을 때, 그것은 이전에 환희했던 그대에게 지금 희열의 심상태가 있는 것"이라고 설해진다.' 이와 같이 그는 명료함을 일으킬 수 있는 관념상을 취하게 한다. 취하게 한 후에 다시 교수한다. '와라, 좋은 이여, 그대는 염리를 일으킬 수 있는 관념상에 의해 열중된 마음을 갖고 있고, 명료함을 일으킬 수 있는 관념상에 의해 강하게 적셔진 심을 갖고, 탐과 불쾌감을 끊은 후에 세간에 자주 머무르게 될 것이다. 또한 사마타품에 속하거나 비파샤나품에 속한 이러저러한 인식대상 속에 심을 안주할 것이며, 내적으로 안주한다. 그리고 심신의 경안과 심일경성을 얻게 될 것이다.

(iii) 염리에 의해 적셔짐에 의해 이와 같이 흑품에서 벗어나고 또 백품을 향하면서, 그대는 다시 관념상들과 거친 사유, 수번뇌들에 대해 단점의 관념상을 취하라. 그중에서 관념상(nimitta)들은 색의 관념상 등의 10종이고, 거친 사유(vitarka)들은 감각적 욕망에 대한 심사 등의 8종이고, 수번뇌(upakleśa)는 감각적 욕망에 대한 욕구 등의 5종이다.

그리고 그것들에 대해서 다음과 같이 단점을 취하라. 이 관념상들은 심을 동요시키며, 이 거친 사유들은 심을 열망케 하고 동요시키며, 이 수번뇌들은 심을 적정하지 않게 한다. 관념상에 의해 만들어진 심의 동요, 거친 사유에 의해 만들어진 열망과 동요, 그리고 수번뇌에 의해 만들어진 적정하지 않음이 심을 고통에 주하게 한다.

따라서 이 관념상과 거친 사유, 수번뇌들은 괴로운 것이며 성스럽지 않고 이익을 산출하지 않고 심을 산란하고, 동요시키고, 염오시킨다. 이와 같이 단점의 관념상을 취한 후에 심일경성과 심주와 심의 산란없음 속에서 6종의 생각, 즉 무분별이라는 생각에 의해, 관념상을 여읜 것에 대한 무열망과 무동요라는 생각에 의해, 적정이라는 생각에 의해, 적정 속에서 번민을 떠난 적멸의 낙이라는 생각에 의해 관념상을 취하라.

(iv) 이와 같이 관념상을 취한 후에 [그대는] 다시 등불이나 불무리의 비춤으로부터 혹은 일륜이나 월륜으로부터 또 다른 광명상을 취하라.

(v) 관념상을 취한 후에 묘지 등으로 들어가서 푸르게 변함에서부터 뼈들과 지절들의 뼈에 이르기까지 관념상을 취하라. 만일 묘지가 아니라면 그림이나 나무, 돌, 진흙으로 만들어진 것으로부터 관념상을 취하라.

[관념상을] 취한 후에 침구와 좌구가 있는 곳으로 가라. 아란야나 나무뿌리, 혹은 외진 곳, 대좌나 소좌나 [쿠샤] 풀로 된 자리에 앉아서 두 발을 씻은 후에 가부좌를 하고 몸을 곧바로 세운 후에 정념을 면전에 확립하고 앉은 후에 무엇보다 먼저 바로 심일경성 속에서 심의 불산란 속에 정념을 결합하라.

거기에서 6가지 관념(saṃjñā), 즉 無相의 관념, 무분별의 관념, 적정의 관념, 무동요의 관념, 무열정과 무요동의 관념, 번민을 떠난 적멸의 낙이라는 관념을 작의하라. 그대는 그것에 대한 산란함과 산란하지 않음의 변지에 집중함을 현전시켜야 한다. 산란함과 산란하지 않음의 변지에 집중함에 의해 그와 같이 관념상과 거친 심사와 수번뇌들에 대한 산란을 변지해야 하며, 6종 관념의 수습에 속한 심일경성에 대한 산란하지 않음도 변지해야 한다. 또한 그대는 [심]일경성과 결합되고, 내적으로 심의 샤마타와 결합된 일체의 심상속이 심을 유지시키고, 관념상을 여의고, 분별을 여의고, 적정하게 연이어서 작동되는 것처럼 산란과 산란하지 않음 양자에 대해서 그와 같이 집중하라.

만일 심이 샤마타를 얻었을 때에도 정념의 상실 때문에 또 반복수행하지 않는 잘못 때문에, 관념상과 거친 사유, 수번뇌들이 나타나고, 모습이 나타나고,[267] 대상으로 작용한다면, 과거에 보았던 단점과 관련해서 각각의 생겨난 것들에 대해 집중하지 않음과 작의하지 않음이 행해져야 한다. 이와 같이 그 인식대상은 집중하지 않음과 작의하지 않음에 의해 제견되고 제거되며, 완전히 나타나지 않는 상태 속에서 안정될 것이다. 좋은 자여, 이 미세한 인식대상은 통달하기 어렵다. 그대는 그것에 통달하기 위해 강력한 욕구와 노력을 행해야 한다.' 이 인식대상을 의도하신 후에 세존께서는 다음과 같이 설하셨다.

> "비구들이여, '나라의 미녀, 나라의 미녀'라고 생각하면서 많은 사람들의 무리가 모였다. '실로 저 나라의 미녀는 춤과 노래, 음악에 가장 뛰어나다'고 생각하면서 더 많은 사람들의 무리가 모였다. 어리석지 않은 한 사람이 왔다고 하자. 어떤 이가 그에게 말할 것이다. 남자여, 너는 발우에 기름이 가득 찬 물건을 나라의 미녀들 가운데 또 많은 군중들 가운데 운반해야 한다. 저 칼을 높이 올린 살해자는 너의 바로 뒤에 붙어 있다. 만일 그대가 이 기름에 [가득 찬] 발우로부터 한 방울이라도 땅에 떨어뜨린다면, 그 후에 칼을 높이 올린 살해자가 그대의 머리를 뿌리째 잘라버릴 것이다.

---

267 Skt. mukham ādarśayati; 한역 如鏡中面所緣影像.

비구들이여, 너희들은 어떻게 생각하느냐? 그 남자는 기름이 가득 찬 발우에 주의를 기울이지 않고, 칼을 높이 들어 올린 살해자에 주의를 기울이지 않은 후에, 나라의 미녀나 또는 많은 군중들에 주의를 기울이겠는가? 존자시여, 그렇지 않습니다. 그 이유는 무엇인가? 왜냐하면 바로 뒤에 그 사람에 붙어 있는, 칼을 들어 올린 살해자가 보이기 때문입니다. 그는 '만일 내가 이 기름에 [가득 찬] 발우로부터 한 방울이라도 땅에 떨어뜨린다면, 칼을 높이 올린 살해자는 나의 머리를 뿌리째 잘라 떨어뜨릴 것이다.' 라고 생각할 것입니다. 그 남자는 나라의 미녀나 많은 군중에 주의를 기울이지 않고, 바로 저 기름에 [가득 찬] 발우를 전심으로 바로 운반할 것입니다.

비구들이여, 바로 그렇다. 사념처를 존중하고, 공경하면서, 전념을 다해 수습하는 자들이 나의 제자들이다."

그중에서 '나라의 미녀'는 감각적 욕망에 대한 욕구 등의 수번뇌를 분출시킬 수 있는 법들의 비유적 표현(adhivacana)이다. '춤과 노래, 음악에 가장 뛰어나다'란 거친 사유와 희론에 의해 동요될 수 있는 법들의 비유적 표현이다. '많은 군중'이란 색의 관념상 등 10개의 관념상들의 비유적 표현이다. '어리석지 않은 사람'이란 유가행자의 비유적 표현이다. '기름에 [가득 찬] 발우'란 신·심의 경안과 유연함의 의미에서 샤마타에 결부된 심의 비유적 표현이다. '칼을 높이 올린 살해자'란 관념상과 거친 사유, 수번뇌들에 대해 이전에 취했던 단점들의 원인의 비유적 표현이다. '전심으로 운반하고 한 방울도 땅에 떨어뜨리지 않는다'란 산란과 산란하지 않음의 변지에 집중에 포함된 샤마타의 수행도의 비유적 표현이다. 이것에 의해 그는 심을 유지시키고, 관념상을 여의고, 분별을 여의고, 적정한 일체의 심상속을 정진의 힘에 의해 직후에 연이어서 작동시킨다. 그래서 관념상을 인식대상으로 하거나 거친 사유와 수번뇌를 인식대상으로 하는 한 [찰나의] 심도 [일으키지] 않는다.

그 요가수행자는 샤마타에 대해 노력하는 초보자를 다음과 같이 가르친다. 좋은 이여, 이와 같이 샤마타에 대해 노력하는 그대의 심이 정념과 정지를 수반하고, 희열을 동반하고, 그와 같은 방편에 포함된 한에서, 그대는 바로 샤마타의 수행도를 수습해야 한다.

3.5.3.1.2. 비파샤나의 수행도[268] (ŚrBh 419,17; Ch. 461a29)

반면에 만일 반복수행하지 않는 잘못 때문에 심이 즐겁지 않고 번민(upāyāsa)을 동반하고 있다면, 그때는 빨리 저 분별을 여읜 인식대상으로부터 나온 후에 분별을 수반한 인식대상에 [심을] 정념과 결부시켜야 한다. 이전에 취한 부정의 관념상이 있다면, 관념상만을 따르는 비파샤나에 의해 먼저 푸르게 변한 [시체]나 고름에 찬 [시체] 내지 뼈의 연쇄까지 바로 그 [부정의 관념상]에 대해 작의하라.[269] 그와 같이 수행하는 그는 먼저 하나의 푸르게 변한 [시체]를 승해한 후에, 하나의 뼈의 연쇄에 이르기까지 승해한다. 이에 대해 그대가 익숙하게 되고 그대의 승해가 그 인식대상에 대해 밝게(prabhāsvara) 생겨난다면, 그때에는 둘이나 셋, 넷, 다섯, 10, 20, 30, 40, 50, 100개의 시체, 천 개의 시체 내지 모든 방향과 간방에 최종적으로 막대기의 끝을 지탱할 수 없을 정도의 틈조차 없을 정도로 무량한 행상으로 가득차고 끊이지 않게 승해하라. 푸르게 변한 [시체]처럼 고름에 찬 [시체]도 마찬가지다.

---

268 이하의 설명은 비파샤나의 수행도를 설한 것으로, 위의 샤마타의 수행도의 설명과 구별해야 한다. 하지만 ŚrBh(3) p. 134에서는 구분되지 않는다.

269 여기서 '작의하라'는 분명 주의를 기울이고, 마음을 쏟으라는 의미로 이해된다.

그대는 이와 같이 승해작의(adhimokṣamanaskāra)에 의지한 후에 진실작의(bhūtamanaskāra)에 들어가고, 또한 다음과 같이 들어가라. 내가 승해한 푸르게 변한 [시체]들 내지 뼈의 연쇄들을 승해한 것보다 나의 전생과 관련해서는 더 무량하다. 각각의 윤회존재(bhava)와 존재형태(gati), 죽음과 재생 속에서 죽고 죽음에 이른 자에게 푸르게 변한 [시체]가 생겨났었고, 내지 뼈의 연쇄들이 생겨났을 때, 그 생겨나는 것들의 과거제는 알려지지 않는다. 만일 누가 그것을 모으고, 또 모았던 것들이 소멸하지 않고, 부패하지 않는다면, 그것들의 틈이 있는 대지의 어떤 곳도 없을 것이다. 만일 누군가 한 겁 만큼의 뼈의 연쇄들을 모았다면, 그 모였던 [뼈의 연쇄]들의 무더기는 광대한 脅山과 비슷할 것이다. 과거제에 대해서처럼 미래제에서도 나는 고통을 끝낼 수 없을 것이다. 이와 같이 그대는 승해작의에 의지한 후에 진실작의에 들어간 자가 되어야 한다.

이 푸르게 변한 [시체]들 내지 생겨났던 뼈의 연쇄들은 비파샤나를 행하는 자에 의해 단박에 관찰되어서는 안 된다. 단지 하나의 푸르게 변한 [시체]를 승해한 후에 다시 심을 적정하게 해야 한다. 푸르게 변한 [시체]가 승해되어야 하는 한, 인식대상에 대한 즐거움을 수반하고 빛나는 [심]은 번민과 묶이지 않으며, 억지로 작동될 수 있는 것이 아니다. [그런 승해가] 억지로 작동되기 때문에 또 [작동되는] 한, 그때에 내적으로 [심은] 적정하게 되어야 한다. 푸르게 변한 [시체]처럼 뼈의 연쇄에 이르기까지도 마찬가지이며, 무량한 [뼈의 연쇄]에 이르기까지도 바로 이 방식으로 이해되어야 한다.

심을 내적으로 적정하게 한 후에 승해해야 한다. 그 후에 무량한 푸르게 변한 [시체]들 내지 무량한 뼈의 연쇄들을 내적으로 심을 축약함에 의해 제견하고, 나타나지 않은 [상태] 속에 안정시킨다. 그러나 저 분별을 수반한 관념상들을 제거하는 것도 아니고 분별하는 것도 아니다. 단지 바로 그것을 인식대상으로 하는 심을 관념상을 여의고, 분별을 여의고, 적정한 것으로 안정시키는 것이다.

그 [스승]은 다시 가르친다. '좋은 이여, 그대가 이전에 취했던 광명상(āloka-nimitta)을 그대는 샤마타품의 수행에서뿐 아니라 또 비파샤나품의 수행에서도 작의하라. 광명을 수반하고, 빛남을 수반하고, 빛나고, 어둠이 없는 심을 갖고 샤마타와 비파샤나를 수습하라. 이와 같이 샤마타와 비파샤나의 수행도에서 광명상을 수습하는 그에게 만일 처음부터 승해가 불명료하고 또 인식대상에 대해 모호하게 현현한다면, 그는 그 때문에 수습을 반복수행하기 때문에 [승해는] 보다 명료한 상태로 되고, 또 풍부하게 현현하는 상태로 된다. 반면에 만일 처음부터 [승해가] 명료하다면, 승해는 더욱더 명료한 상태와 또 더 풍부하게 현현하는 상태에 이른다.

그대는 잘 취해진, 염리를 일으킬 수 있는 관념상에 의해, 명료함을 불러일으킬 수 있는 관념상에 의해, 잘 취해진 샤마타의 관념상과 비파샤나의 관념상, 광명상에 의해 적시에 내적으로 심을 적정하게 하면서, 적시에 단지 관념상만을 따르는 비파샤나에 의해 법들을 사택하고, 부정[관]의 수행을 주제로 한 후에 사념처에 들어가라.

또한 다음과 같이 들어가라. 외적으로 신체와 관련해 머리털부터 오줌까지 36개의[270] 사물들의 관념상을 취한 후에, 내적으로 신체에 대해서도 이것들은 모두 깨끗하지 않은 사물들이라고 승해하라. 계속해서 승해한 후에 내적으로 심을 적정하게 하라. 이것이 그대에게 내적으로, 즉 자신의 신체 내부와 관련해서 신체에 대해 신체라고 관찰하는 [정념]의 [확립(upasthāna)이다].

또한 그대는 외적으로 이미 취해진 부정의 관념상에 의해 푸르게 변한 [시체] 내지 뼈의 연쇄를 한정된 승해에 의해서나 또는 커다란 승해와 무량

---

270 36종의 신체 내부의 기관들에 대해서는 ŚrBh II.3.2.1.1. (ŚrBh 202,6ff)을 보라.

한 [승해]에 의해 승해하라. 계속해서 승해한 후에 내적으로 심을 적정하게 하라. 이것이 그대에게 외적으로, 타인의 흐름에 속한 신체 외부와 관련하여 신체에 대해 신체라고 관찰하는 [정념]의 [확립]이다.

또한 그대는 자신의 신체 내부에서 부정에 의해 영향받은 심에 의해 또 타인의 신체에 대해서도 내·외로 부정에 의해 영향받은 심에 의해 자신이 죽어간다고 승해하라. 또한 죽어서 공동묘지에 운반되어 간다고 [승해하고], 운반된 [시체]가 공동묘지에 버려진다고 [승해하고], 버려진 [시체]가 푸르게 변한 상태와 고름에 찬 상태 내지 뼈의 연쇄의 상태에 있다고 승해하라. 이것이 그대에게 내적으로, 또 외적으로 신체에 대해 신체라고 관찰하는 [정념]의 [확립]이다.

또한 그대는 네 가지 비물질적인 온들을 청문과 사유의 힘에 의존하는 분별에 의해, [즉] 관념상을 취함에 의해 샤마타에 속하고, 산란에 속하고, 그리고 비파샤나에 속한 세 부분들 속에서 승해하라.

그대가 내적으로 심을 축약할 때, 거기서 관념상을 여의고, 분별을 여의고, 적정의 행상을 갖고, 또 작용과 열망을 떠나고, 동요와 번민을 여의고, 소멸의 낙이라는 관념의 행상을 가진, 산란하지 않은 것을 대상으로 하는 감수 등의 네 가지 비물질적인 온들이 매 찰나 상호적으로 항시 새롭고 낡지 않은 상태로 생겨난다고 승해하라. 이것이 그대에게 내적으로 감수들과 심, 법들에 대해 [감수와 심] 법이라고 관찰하는 [정념]의 [확립]이다.

그대는 이전에 인식경계로서 취착하고, 인식경계를 대상으로 하고, 사마히타의 단계에 속하지 않고, 지나갔고 소멸한 4온들과, 또 지금 정념의 상실 때문에 심이 산란되어 있을 때 관념상과 거친 사유와 수번뇌들을 인식대상으로 하고 [그것들에] 의존해서 생겨나는 감수 등의 네 가지 비물질적 온들의 오고 감과 일시성, 우연적인 현전, 단점을 지닌 상태, 견고하지 않음, 불안함을 승해하라. 이것이 그대에게 외적으로 감수들과 심, 법들에 대해 [감수와 심,] 법이라고 관찰하는 [정념]의 [확립]이다.

또한 그대는 비파샤나의 관념상을 취한 후에 관념상을 지닌, 분별을 수반한 작의 속에 안주하면서, 분별을 수반한 관념상을 대상으로 하고 [그것에] 의존해서 내적으로 생겨나는 감수 등의 네 가지 비물질적 온들의 매 찰나 상호 새로운 상태와 낡지 않은 상태를 앞에서처럼 승해하라. 이것이 그대에게 내적, 외적으로 감수들과 심, 법들에 대해 [감수와 심,] 법이라고 관찰하는 [정념]의 [확립]이다.

실로 그대가 이와 같이 부정의 수행을 주제로 하여 사념처에 들어간다. 그대는 염처의 수행에서도 적시에 샤마타와 비파샤나에 대해 수행해야 한다. 그대가 그와 같이 네 염처들에 대해 확립된 정념을 갖고 어느 마을이나 촌락에 접근해서 주한다. 그대는 그것에 기울어지고(tannimna), 그것에 향하고(tatpravaṇa), 그런 경향을 가진(tatprāgbhāra) 심을 갖고, 또 인식대상과 인식대상에 대한 관념상을 버린 [심을] 갖고 바로 그 마을이나 촌락에 탁발하기 위해 들어가라. 난폭한 코끼리와 난폭한 말, 난폭한 소와 난폭한 개, 뱀, 구덩이, 株杌, 가시, 연못, 하수구, 나쁜 행동거지, 와구와 좌구들을 멀리하며, 그대의 몸을 잘 보호하라. 그런 인식경계의 관념상들에 대해 그대의 감각기관들은 발동되어서는 안 되며, 그것들에 대해 향함이 없이 감각기관들을 잘 보호하라. 또는 그 관념상들에 대해 감각기관들이 발동되어야 한다면 번뇌가 현행하지 않도록 그것들에 대해 정념을 잘 확립하라.

그대가 이와 같이 잘 보호된 몸을 갖고, 잘 제어된 감각기관들을 갖고, 잘 확립된 정념을 갖고, 그것에 속한 심으로 분량에 맞추어 음식을 먹어라. 그리고 재가자들과 출가자들과 함께 적당히 말하고, 이치에 따라 말하고, 때에 맞게 말하고, 곧게 말하고, 조용히 말하라. 그대는 여법하지 않은 담화를 모든 경우에 피해야 하며, 여법한 담화를 말할 때에도 논쟁식의 담화를 하지 말아야 한다. 그 이유는 무엇인가? 논쟁식의 담화와 비난을 행하는 사람과 개아의 심은 많은 담화 속에 안주하며, 많은 담화가 있을 때 홍분이 있고, 홍분이 있을 때 적정하지 않음이 있다. 적정하지 않은 마음을 가진 자의 심은 삼매로부터 멀리 떨어져 있다.

그대가 이와 같이 행한다면, 빨리 앉은 후에 샤마타와 비파샤나에 대해 바로 취해진 관념상을 갖고 항시 존중하고 또 완전히 행하는 자로서 요가를 행하라. [마치] 불을 지피는 방법에 대한 노력에 의해서처럼, 항시 존중하면서 노력하는 상태에 의해 끊임없이 행하는 자가 되라.

그대는 심을 다음과 같이 원하라. 만일 남섬부주에서 모든 남섬부주에 사는 사람들의 수명이 있는데, 그 모든 [수명]을 나 하나로 모은다고 하자. 바로 이 요가의 수행이 커다란 과보와 커다란 이로움을 가진다고 안 후에 나는 무량한 수명이 다할 때까지 [번뇌의] 끊음을 위한 요가의 작의에 있어 샤마타와 비파샤나에 대한 요가를 그치지 않을 것이다. 하물며 비록 오랫동안이라고 해도 100년이고, 須臾(muhūrta)로도 헤아려질 수도 있는, 작은 수명과 짧은 목숨에 있어서이겠는가!

이와 같이 그대는 가르침을 받은 대로 끊임없이 행하며 온전히 행한다면, 그것을 위해 [번뇌의] 끊음에 도달한 그대는 그 목적을 이루게 될 것이다. 그대는 먼저 미약한 신체의 경안과 심의 경안, 심일경성에 접촉해야 하며, 그 후에 광대한 세간과 출세간의 완성을 얻을 것이다.'

이와 같이 초보자는 처음 행하는 자로서 부정관을 수행하면서 요가를 아는 스승에 의해 가르침을 받고, 올바로 가르침을 받는다. 이와 같이 정행하는 그는 올바로 행하는 자가 된다.

3.5.3.2. 자애관의 수습 (ŚrBh 427,12; Ch. 463a5)

부정과 관련하여 부정관에 의해 제어된 사람처럼, 그와 같이 자애관에 의해 제어된 사람들부터 입출식념에 의해 제어된 사람에 이르기까지 이치에 따라 알아야 한다. 이와 관련하여 다음과 같은 차이가 있다. 바로 그것과 다른 이해방식들에 대해서 나는 그것을 구별할 것이다.

그중에서 자애의 수습을 위해 노력하는 초보자는 적절한 와구와 좌구를 갖고 외적으로 친구 쪽이나 적의 쪽, 중립적인 쪽으로부터 관념상을 취한 후에, 이익과 낙을 주려는 강한 의향을 가진, 사마히타의 단계에 속한 작의를 갖고 먼저 한 명의 친구나 한 명의 적 또는 한 명의 중립적인 자에 대해 승해해야 한다. 이러한 세 부류들에 대해서 동등하게 이익과 낙을 주려고 하는 강한 의향을 수반한 작의를 가지고 '이들 낙을 갈구하는 중생들이 죄를 여의고자 하는 낙에 의하여, 죄를 여의고 희열을 수반한 낙에 의하여, 죄를 여의고 희열을 여읜 낙에 의하여 즐겁게 되기를 바랍니다.'라고 평등하게 행해야 한다.

그 후에 둘이나 셋, 넷, 다섯, 10, 20, 30명의 친구와 앞에서처럼 모든 사방과 간방에 이르기까지도 친구들에 의해 가득 차 있다고, 그곳에 다만 지팡이의 끝을 유지할 수 있을 정도의 어떤 틈도 없다고 끊임없이 승해하는 것이다. 친구에 의해서 [채워진 것]처럼, 적과 중립적인 자에 의해서도 마찬가지라고 알아야 한다.

그는 자애를 향한 노력(=수행)을 버리지 않고, 전적으로 바로 자애를 수습하면서 사념처에 들어간다. 어떻게 들어가는가? '마치 내가 타인들에게 친구라고 간주되거나 적이라고 간주되거나 중립적인 자로 간주되는 것처럼, 나도 낙을 원하고 고를 싫어한다.'고 승해하면서 들어간다. 이것이 그가 내적으로 신체에 대해서 신체라고 관찰하는 [자애]의 수행이다. '이 중생들도 타인들에게 친구거나 적이거나 또는 중립적인 자이다. 나처럼 이 중생들도 낙을 원하고 고를 싫어한다.' 이것이 그에게 있어 외적으로 신체와 관련하여 신체라고 관찰하는 [자애]의 [수행]이다.

'나처럼 이 중생들도 마찬가지다. 마치 내가 스스로 낙을 추구하는 것처럼, 그와 같이 이 중생들도 [낙을 추구한다]. 자신과 동등한 상태이고 자신과 균등한 상태이기 때문에, 나는 이 중생들에게 이익과 낙의 초래를 행해야 한다.' 이것이 그에게 내적, 외적으로 신체와 관련하여 신체라고 관찰하는 [자애]의 수행이다.

이것들이 사념처이다. 뒤섞인 온들을 인식대상으로 함에 의해 염처는 그 인식대상이 섞이게 된다. 하지만 요가수행자는 색의 관념상과 색깔, 형태, 표색의 관념상을 취한 후에, 친구나 적, 중립적인 쪽으로서 승해한다. 그럼으로써 이것이 바로 신념처로 건립된다.

그는 승해작의에 의지한 후에, 진실작의에 들어간다. 또한 그는 다음과 같이 작의하면서 들어간다. '내가 이익과 낙을 주려는 강한 의향을 가지고 승해하는 이 무량한 중생들보다 과거에 나의 친구나 적, 중립적인 자로서 지나간 중생들이 있었고, 또 나의 친구가 된 후에 적으로 되었고, 또 적이 된 후에 친구와 중립적인 자로 된 중생들은 이들보다 더 무량하다. 그리고 이 방식에 의하여 바로 일체 중생들은 평등하다.

이 점에서 친구나 적, 중립적인 자로 확정된 어떤 자도 없다. 따라서 바로 이 방식에 의해 일체의 세 부류들에 대해서 평등한 마음을 행해야 하고, 또 평등한 이익과 낙을 초래해야 한다. 과거와 관련해서처럼, 미래와 관련해서도 윤회에서 윤회가 있는 한 마찬가지다. 비록 과거에 내가 자애심을 갖고 연민하지 않았던 중생들이 있었고 설사 그들이 사라졌다고 해도 그렇지만 지금 나는 스스로의 마음에 염오가 없고 진에가 없기 때문에 그들에 대해서 연민심을 가져야 한다, '아! 태어났지만 사라진 그 중생들이 행복하기를, 또 미래세에서 아직 태어나지 않은 그들도 행복하기를!'

이와 같이 진실작의에 속한 자애에 주하는 자가 복덕에 (강하게) 적셔지고 선에 적셔지면, 승해에 속한 자애에 머무는 복덕의 더미는 그것의 100분의 1에도 미치지 못하고 1000분의 1에도 [미치지 못하고], 숫자에서의 1에도, 우파니사드의 1에도 미치지 못한다. 나머지는 이전과 같다.

3.5.3.3. 연성연기에 대한 관찰 (ŚrBh 429,10; Ch. 463b11)

그중에서 차연성이라는 연기를 수행하는 초심자는 청문과 사유에 영향받은 분별에 의하여 관념상을 취한다. 이들 중생들에게는 무지와 우치가 존재한다. 이것에 의하여 이들은 무상한 직접지각의 대상을 항상한 것으로, 부정한 직접지각의 대상을 깨끗한 것으로, 고를 낙이라고, 본질이 없는 상태를 자아라고 이해한다. 전도된 이들 중생들은 전도 때문에 현재의 감수작용에 대해, 또 미래에 심신복합체를 일으킬 때 갈애를 일으킨다. 갈애하는 그들은 생에 뿌리를 둔 업들을 지은 후에 이와 같이 미래에 업과 번뇌를 원인으로 하는 오직 고온만을 산출한다. 다음과 같이 관념상을 취한 후에 '이 모든 苦蘊도 바로 이와 같이 생겨난 것이다'라고 내적으로 승해한다.

또 심신복합체는 무변무제하며, 과거와 관련하여 이것들의 시초는 알려지지 않았지만, 바로 그것들은 이와 같이 생겨난 것이다. 이들 중생들의 심신복합체는 과거·미래·현재의 고온에 포섭된 것이고 바로 이와 같이 생겨났고, 또 미래에도 생겨날 것이다.' 바로 이것이 차연성의 작의이다. 모든 것은 바로 진실작의이고 승해작의는 아니다. 반면에 그가 자신에게서 작동하는 온들을 조건지어 생겨난 것이라고 작의할 때는 내적으로 신체 내지 법에 대해서 [신체 내지] 법이라고 관찰하면서 주하는 것이다. 반면 그가 타인들에게서 작동하는 온들을 조건지어 생겨난 것이라고 작의할 때는 외적으로 신체 내지 제법에 대해서 [신체 내지] 법이라고 관찰하면서 주하는 것이다. 자신과 타인들에 대해 과거와 미래의 온들을 조건지어 생겨난 것이라고 작의할 때는 내적, 외적으로 신체 내지 제법에 대하여 법이라고 관찰하면서 주하는 것이다. 나머지는 이전과 같다.

3.5.3.4. 계차별에 대한 관찰 (ŚrBh 430,14; Ch. 463c2)

그중에서 계의 차별을 수행하는 초심자는 외적으로는 地界, 즉 땅과 산, 풀, 숲, 조약돌, 돌, 진주(마니보주), 유리, 조개, 벽옥, 산호 등으로부터 지의 견고성에 대한 관념상을 취한 후에, 내적으로 견고성을 승해한다. 외적으로 수온, 즉 강과 폭포, 연못(소), 하천, 우물 등으로부터 관념상을 취한 후에, 마찬가지로 외적으로 커다란 화온, 즉 여름에 태양광선에 달구어지거나 혹은 열기에 노출된 중생들로부터 혹은 광대한 불에 의해 완전히 태워진(전소된?) 집으로부터 [관념상을 취한 후에], 마찬가지로 외적으로 풍온, 즉 동서남북의 바람 내지 풍륜으로부터 [관념상을 취한다]. 물질에 의하여 공간이 채워지지 않고 관통되지 않고, 장애를 갖고 있고, 잘 구멍뚫려 있고, 빈틈이 있는 공간으로부터 허공계라는 관념상을 취한 후에, 내적으로 수계와 화계, 풍계와 허공계를 승해한다. 또 청문과 사유에 영향받은 분별에 의해 이와 같은 식계로부터 관념상을 취한다. 만일 내적인 안처가 손상되지 않고 색이 현현하고, 또 바로 그것에서 생겨난 작의가 현전하지 않는다면, 그 [내처, 색, 작의]에서 생겨난 안식은 나타나지 않는다.

[그것과] 반대되기 때문에 [안식이] 생겨나게 된다. 내지 의처와 법, 의식도 마찬가지라고 알아야 한다.

다음과 같이 관념상을 취한 후에 '4대로 이루어진 바로 이 신체 속에 이 모든 식들의 종자와 계, 종성과 본성이 있다'[271]고 승해한다. 먼저 이러한

---

271 이 문장은 모든 식들의 종자가 신체 속에 있다고 설하는 점에서 초보적 형태의 심신호훈설의 형태일 것이다. 심신호훈설은 신체와 심의 종자가 상호 영향을 준다는 이론으로서, 알라야식이 도입되기 이전에 6식이 부재하는 것처럼 보이는 특정한 심적 상태에서도 신체의 종자가 남아 있기에 그 종자를 통해 생명의 흐름이 존속된다는 것을 보여 주려는 것이다. 이 설명은 『유가론』 섭결택분(Ch. 583b21ff)에 나온다. "토대를 포함해서 물질적 감각기관들과 식 양자가 일체종자를 갖고 있다. 물질적 감각기관들을 수반하는 [종자]들은 물질적 감각기관들과 다른 물질적 요소들의 종자이며, 또 모든 심과 심소법들의 종자이다. 식을 수반하는

4대종들이 사지와 지절들의 거친 것이라고 승해한다. 그 후에 보다 미세한 부분들의 차이를 승해한다. 마찬가지로 창문으로 들어온 먼지와 비슷한 것으로서 이와 같이 더욱더 미세할 정도로 극미에 이르기까지 승해한다. 그는 사지의 각각의 부분들을 무량한 극미의 적집에 의하여 부착되어 있다고 승해한다. 온몸에 대해서는 다시 말해 무엇 하겠는가? 이것이 계의 차별을 수행하는 자에게 있어서 물질적인 계의 차별에 구극이다.

그런데 계들 중에서 허공계와 관련하여[272] 눈의 빈 공간이나 혹은 귀나 코의 목구멍이 있다. 그것에 의하여 [음식을] 삼키고 그곳으로 [음식이] 들어가고 그것에 의해 삼켰던 것이 그의 하부로 배출되는 것을 거친 허공계라고 먼저 승해한다. 그 후에 점차로 모든 털구멍에 이르기까지 구멍을 승해한다.

반면에 식계(vijñānadhātu)는 점차로 소의와 소연, 작의, 시간, 부류의 차이에 의하여 무량하다고 승해한다. 바로 식계를 승해할 때 소의와 소연의 승해에 의하여 바로 그 식계를 10종의 소조색이라고 승해한다. 또 대종처럼 그것도 동일하다. 만일 (그가) 스스로 자신에 속한 계를 승해한다면 그는 내적으로 (4)념처에서 행해야 한다. 또는 중생에 속하지 않은 다른 것들에 대해서도 마찬가지로 외적으로 [염처와 관련해서 행하는 것]이다. 또는 다른 중생에 속한 다른 것들에 대해서도 마찬가지로 내적, 외적으로 [염처와 관련해서 행하는 것]이다.

다른 설명이다. 또한 스스로에 있어 이 신체가 죽어간다고 승해하고, 앞

[종자]들은 모든 심과 심소법들의 종자이며 또한 물질적 감각기관들의 종자이다." 이런 심신호훈설의 설명은 "6처가 종자의 토대"라는 섭사분(Ch. 814b11-13)에도 보인다. 이에 대해서 Schmithausen(1987: 21; n. 172)과 Yamabe(1990), 권오민(2014; 2015) 참조.

272 Shukla 본에는 여기서부터 § 3.5.4의 앞부분에 이르기까지 (번역문의 두 번째 문장까지) 누락되어 있다.

에서 설한 것처럼 푸르게 변한 상태나 고름에 찬 상태까지 [승해한다]. 계속해서 고름이 흐르고 있다고 승해한다. 그는 점차로 대해의 끝에 있는 대지가 고름으로 가득 차 있다고 승해하는 만큼 그만큼 바로 그 고름의 흐름을 증대시킨다.

혹은 불에 의해 태워진 저 신체가 크고 무수하고 끝없는 불의 무더기에 의하여 무수한 종류로 승해되었다고 승해하는 것이다. 혹은 불이 꺼졌을 때에 남은 뼈나 잔재가 무수하고 무변한 승해에 의하여 승해된다. 또 그 뼈들이 무량한 바람에 의해 분쇄된 후에 이곳저곳으로 흩어지고 있거나 흩어졌다고 승해한다. 또 흩어진 그 뼈들과 잔재, 또는 그 바람도 보지 않고 바로 남겨진 허공계만을 본다.

이와 같이 먼저 승해작의에 의거하여 내적, 외적으로 부정의 가행에 의존함에 의하여 계의 차별에 들어가기 때문에 신체와 관련하여 신체라고 관찰하면서 주한다.

반면에 진실작의에 의해서는 다음과 같이 승해하면서 내적, 외적으로 신체에 대해 신체라고 관찰하며 주한다. '내가 이 수계와 화계, 지계, 풍계, 공계를 무량하게 승해하는 한, 시작 없이 생의 윤회 속에서 윤회하고 있는 나에게 어머니의 죽음들과 아버지의 죽음들, 형제와 자매, 친척의 죽음들에 있어서, 향수물의 손실과 재산의 상실에 있어서 눈물이 흘러내렸고, 모유를 먹었거나 (내가) 도둑과 강도, 밤도둑과 소매치기로서 무량한 손의 절단과 발의 절단과 머리의 절단과 코의 절단과 다양한 사지와 지절의 절단들을 경험했었으며, 거기에서 무량한 피가 흘러내렸다. 또 물로 가득 찬 4대해들은 그의 눈물이나 우유, 피에 포함된 수계의 100분의 1에도 미치지 못한다.' 자세한 것은 앞에서와 같다.

'또 각각의 존재와 재생형태에서의 죽음과 재생들에서 불에 태워진 시체는 무량하며, 불의 무더기도 [그것과] 비교할 수 없다. 또한 땅에 놓여 있고 흩어져 있는 뼈들도 무수하다. 생하고 멸하는 풍계도 무량한데 바로 그 [풍계]에 의하여 저 시체들이 분쇄되게 된다. 또한 그 시체들에게 무량한 눈구멍 등이 있었다. 또한 식의 흐름도 무량하다. 바로 저 식의 흐름은 계속적이고 새로운 시체에서부터 지금 이 최후의 시체에 이르기까지 그것에 부착되어 있다. 그(식)에 있어서 미래의 존재형태는 확정된 것이 아니다. 이와 같이 이 [계]는 식계에 이르기까지 무량하다.'

3.5.3.5. 입출식념에 대한 관찰 (ŚrBh omitted; Ch. 464b2)

그중에서 입출식념을 실행하는 초보자는 두 개의 문을 가진 침실에서부터나 또는 대장장이의 두 개의 풀무로부터, 또는 금을 만드는 자의 통에 의해서 외적으로 바람의 무더기(風蘊)로부터 들어오고 나가고, 다가오고 멀어져 간다는 관념상을 취한 후에, 내적으로 들숨과 날숨을 인식대상으로 하는 정념을 갖고 입식과 출식을 승해한다.

먼저 그는 미세한 바람을 가슴 부근의 거친 구멍에 들어오고 나간다고 승해한다. 그 후에 점차로 그 바람이 더 많고, 가장 많다고 승해한다. 모든 모공으로 들어간 것에 이르기까지 승해한다. 이와 같이 모든 신체가 풍온에 따르고 있고, 풍온에 둘러싸여 있고, 바람에 은폐되어 있고 무량한 풍온의 가운데에 부착되어 있다고 [승해한다]. 즉, 목화솜이나 목화가 가볍다고 승해하는 것과 같다. 바로 그가 내적으로 입식과 출식의 작동을 끊임없이 작의할 때, 바로 그때 내적으로 신체에 대해서 신체라고 보면서 주하는 것이다.

반면에 푸르게 변함 등의 타인들의 죽은 시체의 상태들에 있어서는 입식과 출식의 작동이 끊어졌다고 작의할 때, 그때 외적으로 신체에 대해서 신체라고 보면서 주한다. 그렇지만 자신이 죽어가고 있거나 혹은 죽었다고 승해하면서 들숨과 날숨의 작동이 없다고 승해할 때, 바로 그 때에 내적,

외적으로 신체에 대해서 신체라고 직접 보면서 주한다.

또한 모든 수행들에 있어서 수행이 샤마타품을 수반하고 샤마타품에 포함되어 있다고 행하는 것이다. 다른 나머지 모든 것들도 이전처럼 알아야 한다.

3.5.4. 작의의 수습의 결론 (ŚrBh 432,4; Ch. 464c2)

이와 같이 올바로 충고받고 바로 올바로 정행하는 초보자가 용맹정진하고, 정지를 갖추고, 정념을 갖고, 세상에 대한 탐심과 근심을 제어한 후에 주한다.

먼저 그 가행 속에서 항상 행하고 영속적으로 행하는 그가 바르게 획득된 작의를 집회 등 때문에 산란되지 않는 것이 용맹정진하는 자의 [수행]이다. 또 그가 그 수행에서 샤마타와 비파샤나의 수습과 관련하여 그의 산란과 불산란을 변지하는 것에 집중하는 것이 정지를 가진 자와 정념을 가진 자의 [수행]이다. 반면 그가 동요를 불러일으킬 수 있는 관념상이나 명료함을 불러일으킬 수 있는 관념상을 잘 취했을 때, 바로 이것이 탐심과 근심을 제거한 자의 [수행]이다.

다음과 같이 용맹정진하면서 주하는 그가 먼저 세상에 대한 탐심과 근심을 제거한 후에 앞에서처럼 올바르게 가행을 할 때, 매우 규정하기 어려운 미세한 심일경성과 신·심의 경안이 일어난다. 거기에서 샤마타 혹은 비파샤나를 수습하고 있는 자의 매우 편안한 심의 상태 혹은 매우 편안한 신체의 상태 혹은 심·신의 활동성이 여기서 심·신의 경안이다.

그에게 바로 이 미세한 심일경성과 심·신의 경안이 증대되었을 때, 그것은 원인을 서로서로 제공하는 방식으로 거칠고 잘 규정될 수 있는 심일경성과 심·신의 경안을 인기한다. 그러나 오래지 않아 지금 잘 관찰될 수 있는, 거친 심·신의 경안과 심일경성이 그에게 생기하는 것은 아니다. 그에게 머리에 무겁게 현현하는 과거의 관념상이 생겨나지만, 그것은 해치는 것으로서 특징지어지는 것은 아니다.

그것이 바로 직후에 생겨나기 때문에 [번뇌의] 끊음의 기쁨을 장애하는 번뇌품에 속한 심의 추중이 끊어진다. 또 그것의 대치로서 심의 활동성과 심의 경안이 생겨난다. 그것이 생겨나기 때문에 신체의 경안의 생기에 적합한, 풍의 요소가 압도적인 대종들이 신체에 들어온다. 그것들이 들어오기 때문에 [번뇌의] 끊음의 기쁨을 장애하는 번뇌에 속한 신체의 추중이 사라진다. 그것을 대치하는 신체의 경안에 의하여 온몸이 채워지고 충만한 것처럼 나타난다.

처음으로 [경안이] 나타날 때, 심의 기쁨 및 희열을 수반한 심의 즐거움과 심이 인식대상에 대한 즐거움을 수반한 상태가 바로 그때 나타난다. 그 후에 먼저 경안의 힘이 근접해 있을 때 그것은 점차로 보다 더 느슨하게 된다. 마치 그림자가 뒤따르는 것처럼, 경안이 신체 속에 일어난다. 그리고 바로 그 심의 기쁨조차도 사라지게 된다. 인식대상에 대해 샤마타에 토대를 둔 적정의 행상을 가진 심이 생겨난다. 그 후에 그 초보 요가행자는 작의를 지닌 자가 되고 작의를 가진 자라고 불리게 된다.

그 이유는 무엇인가? 바로 그는 색계에 속한, 사마히타의 단계에 속한 작의를 매우 작더라도 먼저 획득하기 때문이다. 바로 그 때문에 작의를 가진 자라고 불린다. 바로 그 작의를 가진 초보자에게는 다음과 같은 특징들이 있다. 그는 매우 작지만 색계에 속한 심을 획득하고, 매우 작지만 신체의 경안, 심의 경안, 심일경성을 얻는다. 그는 번뇌의 정화를 인식대상으로 하는 수행을 행할 수 있고 힘을 가진 자이다.

또한 그의 심상속은 부드럽게 된다. 샤마타에 덮여 있기 때문에 그 때에 그의 행위는 정화되게 된다. 만일 욕망을 일으킬 수 있는 행위영역 속에서 행한다면, 극심한 탐욕의 분출을 일으키지 않는다. 단지 작고 하열하다고 해도 강한 의욕을 가진 대치의 토대에 의하여 그는 제어할 수 있다. 욕망을 불러일으킬 수 있는 [행위영역]에서처럼, 진에를 불러일으킬 수 있고, 우치를 불러일으킬 수 있고, 아만을 불러일으킬 수 있고, 심사를 불러일으킬 수 있는 [행위영역]에 대해서도 마찬가지라고 알아야 한다.

또한 그가 앉아서 은거 속에서 심을 향하고 있을 때, 매우 빨리 심과 신체가 경안하게 되고, 또한 신체의 추중들도 극히 괴롭히지 않는다.

또한 장애가 극도로 현행하지도 않으며, 극도로 열망과 기뻐하지 않음, 두려움을 수반한 想의 작의들도 현행하지 않는다. 비록 그가 출정해서 행하고 있을 때에도 어떤 종류의 경안만이 심과 신체에 동반하게 된다.

따라서 작의를 갖춘 자의 청정한 표식들과 관념상들은 이러한 부류라고 알아야 한다.

총괄 요약송이다.[273]

방문, 즐거워함, 질문, 심구,
제어와 보호, 적집, 원리, [심]일경성,
장애의 청정에 의해서 행한 후에, 작의의 수습이다.

유가사지(론) 중에서 성문지에 포함된 제3유가처를 마쳤다.

273 한역에서 총괄 요약송은 제3유가처의 맨 앞부분(448b28-29: 往慶問尋求 方安立護養 出離一境性 障淨修作意)에 나온다. 이들 항목들은 모두 9종으로서, 제3 유가처의 전체 내용을 구성한다. (1) 往=§ 1; (2) 慶=§ 2.1; (3) 問=§ 2.2; (4) 尋求=§ 2.3; (5) 方安立護養=§ 3.1; (6) 出離=§ 3.2; (7) 一境性=§ 3.3; (8) 障淨=§ 3.4; (9) 修作意=§ 3.5.

성문지(Śrāvakabhūmi)

제4 유가처

(ŚrBh IV)

—

(ŚrBh 431,1; Ch. 465a27)

여기서 작의(manaskāra)[274]를 획득했고, 그와 같이 [번뇌의] 끊음에 대해 작은 기쁨에 들어간 요가행자가 그 후에 수습해야 하는 것은 두 가지 수행도

---

274 manaskāra(作意)는 제4유가처의 핵심적인 주제어이다. 보통 manaskāra는 한역에서 작의로 번역되지만, 영어로 'attention' 'mental orientation' 등으로 번역된다. 아비달마의 심소법의 분류에서 작의는 모든 심작용에 나타나는 10종 대지법의 하나이다. AKBh 54,23에서 "작의란 심을 향하게 하는 것이다(manaskāraś cetasa ābhogaḥ)"로 정의된다. 심소법의 정의이기에 그 의미는 심을 인식대상으로 향하게 하는 것이 작의의 기능이라고 말하는 것이다. 비슷한 방식으로 TrBh에서 작의는 "향하게 함이란 지향이다. 그것에 의해 심이 인식대상에 직면하는 것이다. 또한 그것은 인식대상에 대해 심을 유지시키는 작용을 한다."고 설명한다.
그렇지만 7종 작의의 맥락에서 이 용어는 심소법의 하나로서 심적 지향성이라는 의미와는 전혀 다른 의미를 갖고 있다. 여기서 작의의 의미는 Sakuma(1990: 28,5-6)가 ŚrBh 443,16-17을 교정하면서 보여 주듯이 "색계와 관련된 집중상태에 속한 작의(rūpāvacāro samāhitabhūmiko manaskāraḥ)"이다. 즉, 작의는 정려상태에서 행해지는 집중(attention, concentration)의 맥락에서 사용되고 있다. 이런 집중된 상태에서의 명상의 의미를 가진 작의 개념은 세간도와 출세간도를 포함한 수행도 전체를 포괄하면서 각각의 단계를 7종의 작의에 의해 특징짓고 있다. 따라서 이런 맥락에서 작의는 현대적 의미에서 '명상 수행'에 대응할 것이라 생각된다. Deleanu도 이런 점에서 이 단어를 'contemplation'으로 번역하면서, Griffiths(1983: 426-432)가 택한 번역어인 act of attention이 강력하고 반복적인 훈련을 나타내는 manaskāra 개념의 의미를 살리지 못하고 있다고 생각한다. 그는 작의 개념에서 변행심소 내지 대지법에 속한 심소로서의 의미가 기본적이라고 보고 있는데, 이는 심소법의 분류가 이미 아비달마 초기부터 행해지고 있다는 점에서 당연한 것이지만, 여하튼 유가행파의 문헌에서 집중상태에 속한 작의 개념이 매우 중요한 역할을 하며, 그것들은 모두 이 ŚrBh에 의거하고 있다. 예를 들어 7종 작의는 유가론 Samāhitā Bhūmiḥ에서 근본작의로서 언급되며, 사소성지 의취가타 제48-51송 및 그 주석, 그리고 섭결택분(T30: 692b10-16)에도 나타난다. 그리고 AS 68,22-69,1 및 ASBh 80,4ff.에서는 4정려와 관련하여 사용되고 있다. 이에 대한 선행연구로서 Griffiths 1983 및 Deleanu 2006 참조.

이지, 다른 것이 아니다. 두 가지란 무엇인가? 세간적인 수행도(世間道)와 출세간적인 수행도(出世間道)이다.

그중에서, 작의를 지닌 초보 요가행자[275]는, '나는 세간적인 수행도나 출세간적인 수행도를 통하여 나아갈 것이다.'라고 생각하면서, 바로 그 작의를 반복적으로 행한다. 그가 반복적으로 [작의를] 행하는 바대로, 여러 번의 낮과 밤을 보냈기 때문에, [심·신]의 輕安(praśrabdhi)과 심일경성(cittaikāgratā)[276]이 향상되고 확장되고 증대된다. 그에게 견고하고 확고하며 단단한 작의가 일어나고, 인식대상(ālambana)[277]에 대한 청정한 勝解(adhimokṣa)[278]가 일어나, 샤마타(śamatha, 止)와 비파사나(vipaśyanā, 觀)에 의해

---

275 요가행자(yogācāra)는 ŚrBh II.11에서 초보자((ādikarmika), 숙련된 자(kṛtaparicaya), 작의를 초월한 자(atikrāntamanaskāra)의 3종으로 분류된다. 거기서 7종 작의와 관련하여 초보자는 특징을 요지하는 작의(lakṣaṇa-pratisaṃvedī manaskāraḥ)에 해당되며, 제2~제6 작의까지는 숙련된 자에, 그리고 마지막 작의는 작의를 초월한 자에 배당되고 있다. 성문지에서 특히 제3 유가처에서는 '초보자'를 위한 방법이라고 명시하면서, 삼매에 들어가는 여러 방법들을 설명하고 있다.

276 心一境性(cittaikāgratā)은 ŚrBh III.3에서 보았듯이 삼매(samādhi)를 정의하는 용어이며, 특히 샤마타에 속한 것과 비파샤나에 속한 것의 2종으로 제시되고 있다. 위의 개소에서도 이런 2종의 삼매가 모두 세간도와 출세간도에서 작동하는 것으로 해석되고 있다.

277 인식대상(ālambana)은 不淨(aśubhā), 자애(maitrī), 연성연기(idaṃpratyayatāpratītyasamutpāda), 계차별(dhātuprabheda), 입출식념(ānāpānasmṛti)으로서, ŚrBh 411,5ff.에서 설해지고 있다. 이들 다섯 가지 대상을 관찰하는 명상이 전통적으로 五停心觀이라고 불린다.

278 adhimokṣa는 현장역에서 勝解 또는 信解로 번역되고 있는데, 이는 AKBh 54,23에서 "승해란 신해이다(adhimokṣo 'dhimuktiḥ)"라는 정의에 따른 것이라 보인다. adhimukti에 대해 AKVy 128,2-4에서는 "신해는 성질의 관점에서 인식대상을 확인하는 것이다. 어떤 사람들은 기쁨(ruci)이라고 하며, 유가행자는 확정하는 대로 명상하는 것"이라고 주석하고 있다. 특히 勝解는 adhi-mokṣa의 기계적 번역에 가깝기 때문에 그 의미를 제대로 전달하기 어렵다. Deleanu (2005: 470-3)는 이 개념에 대해 선행연구와 원전자료를 제시하면서 상세히 설명하고 있는데, 그는 이 개념이 하나의 용례로 설명하기에는 너무 광대한 뉘앙스를 갖고 있다고 하면서 서로 관련되어 있지만 다른 심리적 과정을 나타내는 세 가지 의미를 구별하고 있다. (i) 명상대상에 대해 집중적으로 수행하는 요가행자의 노력, (ii) 명상대상을 (단순히 직접경험에 의해 나타나는 대로가 아니라 불교교설에 따라 규정된 대로) 심적으로 재현하는 능력, (iii) 그것을 내

관념상(nimitta, 相)[279]들이 포착되었을 때, 세간도나 출세간도를 통해 나아가려고 하는 그는 加行(prayoga)을 시작한다.

면화하는, 즉 그 표상에 대해 확신하는 능력이다. 그는 이 개념이 명상의 맥락에서 어떻게 사용되는지에 대해서는 AKBh 338,2-18를 제시하면서 설명하고 있다. 특히 여기서는 (ii)의 의미와 관련하여 adhimokṣa 개념이 명상의 맥락에서 어떻게 명상자가 원하는 대로 대상을 산출하는 능력을 의미하는지에 대해서 Schmithausen 1982a: 408-409 및 이에 대한 번역인 슈미트하우젠(2006) 참조. 또한 Sakurabe 1997: 34-39 참조.

279 nimitta(相, mtshan ma, rgyu)는 characteristic, mark, sign 등을 가리키지만 매우 넓은 뉘앙스를 갖고 있다. 한역은 '相'으로 번역되지만, 相이 ākāra, lakṣaṇa 등 중요한 산스크리트 술어의 공통된 번역어이기 때문에 이 번역어만으로 어떤 것을 의미하는지 명확히 알기는 어려울 것이다. 티벳역은 반면 mtshan ma("이미지"), rgyu("원인"), rgyu mtshan("원인으로서의 특징"), rtags("표식") 등으로 맥락에 따라 다양하게 번역하고 있다. (이에 대해서 YBh-Index, p.675 참조). 특히 마지막 번역어를 제외하면 셋은 명상의 맥락에서 nimitta가 가진 의미를 드러내기 위해 구별되어 사용된다. 본지분의 SamBh에서 (Delhey 2009: 122-128 참조) 32종의 nimitta가 구별되고 있듯이, 유가행파에서 명상의 목적은 장애로서 작용하는 이들 nimitta를 제거하는 것이다. 여기서 nimitta를 '관념상'으로 번역한 것은 Schmithausen 1982를 따른 것이다. 성문지에서 이 개념은 선정을 통해 포착된 내면화된 특징을 가리키는데, 그것은 때로 "명상대상의 실질적인 현상적 형태"(Erscheinungsform des Übungsobjektes)일 수도 있고, 때로는 "관념 속에서 취한 이런 현상적 형태의 이미지"일 수도 있는 것이다.

1. 세간도(laukikamārga)

1.1. 세간도를 행하는 자 (ŚrBh 437,17; Ch. 465b14)

현세에서 오직 세간도에 의해서만 나아가지, 출세간도에 의해서는 [나아가지] 않는 사람들은 얼마나 되는가? 답: 네 [종류]이다. 즉, 모든 비불교도(itobāhyaka), 비록 불교의 가르침을 따르지만 과거에 샤마타만을 수행한 자로서[280] 이해력(根機)이 둔한 자, 비록 [이해력은] 예리하지만 善根이 성숙되지 않은 자,[281] 그리고 미래에 보리를 얻으려고 원하지만 현세에서는 [원하지] 않는 자이다. 이들 네 종류가 현세에서 세간도를 통하여 나아가는 자이다.

---

280 무상 등에 대한 관찰 없이, 다시 말해 비파샤나 없이 샤마타만을 수습하거나 주로 수습한 자를 가리킬 것이다.

281 여기서 善根은 가행도에서 수습하는 네 가지 선근을 가리키며, 따라서 순결택분에 도달하지 못한 자를 가리킬 것이다. 순결택분이 유가행파에서 보살행의 첫 번째 단계를 가리킨다면, 이는 아직 보살행을 시작하지 않은 자를 의미한다고 보인다. 이렇게 해석한다면, 네 번째 부류에 속하는 자는 네 부류의 점층적 성격을 고려할 때 보살행의 완성을 위해 완전한 깨달음을 유예하고 현세에서 자신과 타인의 성숙을 위해 노력하는 것을 가리킬 것이다.

1.2. 세간도에 의해 나아감 (ŚrBh 438,8; Ch. 465b20)

세간도에 의해 나아가는 자도 두 종류이다. 완전히 결박되어 있는 (sakalabandhana) 범부들과 부분적으로 결박된(vikalabandhana) 有學들이 [세간도에 의해 나아가는 자]이다.

그것은 무엇인가? 감각적 욕망들에 대해 거칠다고 보면서, 집중상태(samāpatti, 等至)와 재생을 수반하는 초정려에서 적정함을 보는 자가 그 감각적 욕망들로부터의 離欲으로 나아가는 것이며, 그와 같이 無所有處로부터의 이욕이 이르기까지 [나아감이라고] 알아야 한다. 無想定(asaṃjñisamāpatti) 및 정려와 집중상태를 통해 다섯 가지 신통력(abhijñāna)[282]을 산출하는 것도 마찬가지이다.

1.3. 7종 작의에 의한 이욕 (ŚrBh 439,3; Ch. 465b27)

감각적 욕망으로부터의 이욕을 위해 노력하는 요가행자는 7종 작의 (manaskāra)[283]를 통해 감각적 욕망으로부터의 이욕을 획득한다.

---

282 이것은 6신통 중에서 앞의 다섯을 가리킨다. 6신통은 보살지(BoBh 40,12ff.)에서 神變의 경계(ṛddhiviṣaya), 신적인 귀(divyaṃ śrotram), 타인의 마음을 아는 것(cetasaḥparyāya), 전생의 머물음에 대한 기억(pūrvanivāsānusmṛti), 죽음과 재생의 직접적 봄(cyutyupapādadarśana), 그리고 루의 소멸에 대한 智(āsravakṣayajñāna)로 상세히 설해지고 있다(이에 대한 번역은 안성두 2015: 101ff.를 보라). 앞의 5신통은 일반인들에 의해서도 획득되지만, 마지막 신통은 다만 아라한에 의해서만 획득된다. 신통은 AKBh 421,6ff. 이하에서도 다루어지고 있다.

283 「성문지」는 7종 작의의 체계에 의해 세간도와 출세간도에 따른 수행의 전체를 포괄하고 있다. 따라서 이 작의 개념에 의거한 수행도의 구성은 성문지에 독특한 것이라고 보인다. 유가론의 다른 개소에서도 7종 작의의 명칭은 나타나는데, 예를 들면 「사소성지」 意趣伽陀에 대한 주석에서 7종 작의가 언급되며, 「사마히타지」와 섭결택분(T30: 692b10-16)에도 나타난다. 집론(AS 68,22ff) 및 잡집론(ASBh 80,4ff)에도 4정려와 관련하여 사용되고 있다.

그 7종 작의란 무엇인가? 답: [대상의] 특징을 요지하는(lakṣaṇa-pratisaṃvedin) [작의], 승해를 일으키는(ādhimokṣika) [작의], 원리로 이끄는(prāvivekya) [작의], 즐거움을 포섭하는 (ratisaṃgrāhaka) [작의], 관찰하는 작의(mīmāṃsā-manaskāra), 가행의 구극에 도달한(prayoganiṣṭha) [작의], 그리고 가행의 구극을 결과로 가진(prayoganiṣṭhāphala) [작의]이다.

1.3.1. 초정려에서의 了相作意

[대상의] 특징을 요지하는 작의란 무엇인가? 답: 그 작의에 의해 욕망들의 거친 특징과 또 초선에서 적정의 특징을 요지하는 것이다.

1.3.1.1. 여섯 측면에서 거친 특징의 요지

어떻게 욕망들의 거친 특징을 요지하는가? 욕망들의 여섯 가지 점(vastu),[284] 즉 의미(artha), [요지의] 사태(vastu), 특징(lakṣaṇa), 품류(pakṣa), 시간(kāla), 도리(yukti)를 탐구하는 자가 [거친 특징을 요지하는 것이다].

(i) 먼저(tāvat) "이 감각적 욕망들은 단점(ādīnava)을 갖고 있으며, 많이 혐오스럽고(upadrava), 많은 결함을 가지며(ītika), 많은 질병(upasarga)을 갖고 있다."라고 거침의 의미를 탐구한다. 그 감각적 욕망들과 관련해 많은 단점 내지 많은 질병이 있다는 것이 거침의 의미이다.

(ii) 사태(vastu)를 탐구하는 것이란 "내적으로 감각적 욕망을 향한 욕구(kāmacchanda)[285]가 있고, 외적으로 감각적 욕망의 대상들을 향한 욕구가 있

---

284 6종 측면들에 의한 관찰은 여기서는 요상작의의 단계에서 행해지지만, ŚrBh III.3.3.1.2.1.2.(=ŚrBh 368,10ff)에서도 부정관 등의 5종의 淨行所緣을 관찰하는 방식으로 상세하게 설해지고 있다.

285 Kāma-chanda는 Pāli English Dictionary에서 "desire that is appetite" (=Karmadhāraya 복합어), "appetite for sensual pleasures" (Tatpuruṣa 복합어)로 풀이된다.

다."고 탐구하는 것이다.

(iii) [욕망의] 고유한 특징(svalakṣana, 自相)을 탐구하는 것이란 이것들은 번뇌로서의 욕망(kleśa-kāma)이며, 저것들은 사물로서의 욕망[의 대상](vastu-kāma)[286]이다. 그런데 그것들은 낙을 일으킬 수 있는 것(sukha-sthānīya)이고, 고통을 일으킬 수 있는 것(duḥkha-sthānīya)이며, 고통스럽지도 안락하지도 않은 [상태]를 일으킬 수 있는 것이다.

낙을 일으킬 수 있는 것은 욕망에 대한 탐착의 근거이고, 想의 전도(saṃjñā-viparyāsa)[287]와 심의 전도(citta-viparyāsa)의 근거이다. 고통을 일으킬

---

286 여기서 kleśa-kāma(煩惱欲)와 vastu-kāma(事欲)를 karmadhāraya 복합어로 풀이했다. 이는 두 가지 욕망이 다른 유형의 kāma가 아니라 실은 kāma의 다른 측면을 가리키기 때문이다. 그 중에서 번뇌욕은 감각적 욕망의 염오시키는 측면을, 事欲은 욕망이 향하는 외적 대상을 가리킨다. 2종의 kāma의 구분에 대해서는 사소성지(T30, 387b29ff.) 참조. 여기서 vastu-kāma는 탐욕의 대상인 외적 사물로서, 광물이나 돈, 토지, 부인 등이다, kleśa-kāma는 식에 생겨나는 vastu-kāma를 촉진시키는 탐닉으로서 정의되며, 망분별에서 생겨난 탐욕(saṃkalpa-rāga)과 동일시되고 있다. 사소성지는 두 유형의 감각적 욕망을 출가자와 재가자와 관련시켜 설명한다. 事欲의 제거는 재가자의 생활의 무상함은 감옥과 같다고 보면서 출리를 추구하는 것이다. 재가자의 생활을 버리고 출가자의 생활로 들어가는 것은 감각적 욕망이 제거될 수 있음을 의미하지는 않는다. 번뇌라는 감각적 욕망의 제거는 아란야에서 수행함에 의해 모든 감각적 욕망을 남김없이 제거하는 것을 가리킨다. 섭결택분(Ch. 625b26ff.)은 두 개의 kāma 중에서 kleśa-kāma가 근본적인 것으로서 후자를 낳은 원인임을 보여 주면서, 그런 의미에서 오직 saṃkalpa-rāga라고 불릴 수 있다고 상세히 설명하고 있다. 이와 관련된 게송이 Uv II 7에 나온다.

287 여기에서 想의 전도(viparyāsa), 心의 전도, 見의 전도의 3종이 언급되면서, 앞의 둘은 낙을 일으킬 수 있는 욕망에, 그리고 견의 전도는 불고불락을 일으킬 수 있는 욕망에 배대되고 있지만 그 이유는 분명치 않다.
일반적으로 전도를 주관적 측면에서 분류될 때 想의 전도, 心의 전도, 見의 전도의 3종으로 분류되며, 여기에 대상적 측면에서 無常·苦·不淨·無我인 것을 각기 常·樂·淨·我라고 보는 4종의 전도가 있다. 각각의 3종에 4종이 포함된다고 보면 12종의 전도설이 나오며, 이런 12종의 전도설은 해심밀경(SNS VIII 20.7)과 현양성교론(T31: 502b21f.)에 보인다. 반면에 3종에 4종을 단순히 더해 7종으로 제시하는 경우도 YBh 166,6ff에 보인다. 흥미로운 것은 대비

수 있는 것은 진에(dveṣa)의 근거이며, 분노(krodha)와 혐오(upanāha)의 근거이다. 고통스럽지도 안락하지도 않은 [상태]를 일으킬 수 있는 것은 [잘못의] 은닉(mrakṣa)과 [자기 견해에 대한] 고집, 속임수(māyā)와 기만, [자신에 대한] 수치심의 결여(āhrīkya)와 [타인에 대한] 수치심의 결여(anapatrāpya)의 근거이며, 見의 전도(dṛṣṭi-viparyāsa)의 근거이다. 이와 같이 이 욕망들은 좋지 않은 감수를 수반하고 좋지 않은 번뇌를 수반한다. 그렇게 욕망들의 고유한 특징(自相)을 탐구한다.

어떻게 [욕망의] 공통적인 특징(共相)을 탐구하는가? 이 모든 욕망들은 태어남의 고통과 늙어감의 고통, 내지 求不得苦(icchā-vighāta-duḥkha)와 균등하게(samasamam) 묶여 있고, 부착되어 있다. 욕망의 대상을 향수하는 자들이 커다란 욕망을 갖추었다고 해도 그들은 태어남 등의 성질로부터 벗어날 수 없으며, 그들의 성공도 일시적인 것이다. 이와 같이 [욕망의] 공통적인 특징을 탐구한다.

(iv) 어떻게 품류를 탐구하는가?

이 욕망들은 바로 부정적인 품류(黑品)에 떨어지는 것이다. [그것들은] 해골(asthikaṃkāla)과 같고, 고기 덩어리와 같고, 건초의 횃불과 같고, 숯불의 구멍과 같고, 독사와 같고, 꿈과 같고, 빌린 보석과 같고, 나무의 열매와 같

바사론(T28: 536c8ff.)이 12종의 전도설을 分別說部의 주장으로 귀속시킨다는 점이다. 분별설부에 따르면 12종에서 常과 自我에 대한 상·심·견의 세 가지 전도 및 낙과 정에 대한 見顚倒라는 8종의 전도는 오로지 見所斷의 번뇌이지만, 나머지 4종의 전도는 修所斷의 번뇌이다. 따라서 8종은 고제에 대한 類智忍(duḥkhe anvayajñānakṣānti)에서 끊어지며, 4종은 금강유정에서 완전히 끊어지는 것이다. 대비바사론(537a29ff.)은 이를 비판하면서 4종 전도에 미혹된 자를 범부로 간주한다. 즉, 그는 견도의 단계에 이르지 못한 자이다. 따라서 4종 전도는 모두 고제의 인식에 의해 제거되는 것이다. 이것들은 유신견을 토대로 하고 있는데, 유부에 따르면 유신견은 예류에서 완전히 끊어지기 때문에 이에 의거한 전도들도 고제의 인식에 의해 끊어지는 것이다.

다.[288] 중생들이 욕망의 대상을 탐구할 때조차 탐구에서 생겨난 고통을 경험하게 되고, 또한 보호로부터 생겨난 [고통]과 좋아하는 것이 손상되는 [고통]과 만족을 모르는 것으로부터 생겨난 [고통], 자재력의 부재에서 생겨난 [고통]과 잘못된 행동으로부터 생겨난 [고통]을 경험하게 된다. 모든 것은 앞에서처럼 이해되어야 한다. 세존께서도 다음과 같이 욕망에 친숙하게 되는 자의 다섯 가지 단점들을 설하셨다.

> "욕망들은 만족은 적고, 많은 고통과 많은 단점을 갖고 있다. 실로 욕망들에 친숙한 자에게 사양함이나 만족, 충분함은 없다. 이런 방식에 의해 욕망들은 붓다들과 붓다의 제자들, 진실한 자들과 올바로 도달한 진실한 사람들에 의해 비난받는다. 실로 욕망들에 친숙한 자에게 결박(saṃyojana)들이 쌓이게 된다. 그는 무엇이든 간에 악하고 불선한 행위를 하지 않는 것이 없다고 나는 말한다."

따라서 이 욕망들은 만족을 불러일으키지 못하고, 많은 이들이 공유하는 것이고, 올바르지 않고 균등하지 않은 행위를 원인으로 하며, 욕망과 갈애를 증대시키고, 성자들에 의해 제거되어야만 하는 것이며, 신속히 파괴되어야 하며, 조건에 의지하며, 放逸(pramāda)에 토대를 두고 있으며, 허위적인 것이고(rikta), 무상하며(anitya), 거짓되고(tuccha) 속이는 성질을 지녔으며(mṛṣāmoṣadharman), 환상과 같고, 어리석은 자를 속이는 것이다. 현세적이고 내세적인 감각적 욕망, 또는 신적이거나 인간적인 감각적 욕망들은 바로

---

288 이들 여덟 비유는 사소성지의 意趣伽陀 46-47에도 약간 변형된 채 나타난다. 여기서 "모든 세상 사람들에 의해 알려진 비유들의 언급에 의해 단점을 제시했다."고 하는데, 주석은 이 비유들을 여덟 가지 단점들의 구체적인 예시로 간주한다. 초기경전에서 (MN I 130, AN III 97, Vin II 25f.) 욕망의 비유로 10종이 언급되는데, 그중에서 앞의 7종은 위의 비유와 일치한다.

마라의 행동영역이며, 마라의 씨앗으로서, 거기서 이들 여러 종류의 악하고 불선한 심적 요소들, 즉 貪心과 瞋心, 복수심이 일어나거나, 또는 훈련하는 성스러운 성문의 장애가 된다. 이 감각적 욕망들은 무수한 방식으로 대부분 흑품에 떨어진다. 이와 같이 품류를 탐구한다.

(v) [어떻게 시간을 탐구하는가?] 과거와 현재, 미래의 시간에서 항시 그리고 견고하게 저 감각적 욕망들은 그와 같이 많은 불행을 갖고 있으며, 많은 괴로움을 갖고 있으며, 많은 단점을 갖고 있다. 이와 같이 시간을 탐구한다.

(vi) 어떻게 [욕망들의 거침의 특징의] 도리(yukti)[289]를 탐구하는가?

① 감각적 욕망들은 많은 노력과 많은 탐구, 커다란 수고를 통해 다양하고 다수의 수공업영역들에 의해 산출되고, 달성되고, 축적된다. 그 [감각적 욕망]들이 비록 잘 축적되고 잘 산출되었다고 해도, 외적으로는 포섭하는 요인 때문에, 즉 부모와 처자, 남자 종과 여자 종, 노비와 일꾼, 친구와 동료(amātya),[290] 친족과 친척 때문에, 또는 내적으로는 물질적인 거친 4대로 구성되어 있고, 곡식과 밥에 의해 성장되는 신체가 항시 연고, 목욕, 마사지를 필요로 하지만, [그럼에도] 부서지고 쪼개지고 흩어지고 파괴되는 성질들을 갖고 있기 때문에, 계속해서 일어나는 고통만을 완화시키는 것이다.

② 음식은 배고픔의 고통을 제거하기 위해서이며, 옷은 추위와 더위의 고통을 제거하기 위해 또 수치스러운 부분을 가리기 위해서이다. 침구와 의자는 수면의 고통을 제거하기 위해 또 걷거나 서있는 고통을 제거하기

---

289 앞에서 설명했듯이 yukti(道理)는 관대도리, 작용도리, 증성도리, 법이도리의 4종이며, 『성문지』 외에도 『해심밀경』과 『대승아비달마집론』 등의 유가행파의 문헌들에서 널리 사용되고 있다. 여기서 주목되는 것은 이러한 추론적 인식이 출세간법의 증득에도 적용된다고 하는 사실이다.

290 amātya에 대해서는 Deleanu(2006: 495, fn. 77)의 상세한 설명을 보라.

위해서이다. 병에 따른 약은 병의 고통을 제거하기 위해서이다. 이처럼 이들 욕망의 대상들은 고통을 되돌리기 위한 것이기 때문에, 이것들은 흥분이나 집착을 위해 향수되어서는 안 되며, 마치 약하고 병에 걸린 환자가 병을 치료하기 위해서 약을 사용하는 것처럼 [사용되어야 한다].

③ 다음이 신뢰할 만한 경전이다. "저 감각적 욕망들은 이러저러하게 거칠다는 지혜와 통찰(jñānadarśana, 智見)[291]이 나에게 일어났다." 이 규정(vidhi)은 추론적인 것이다.

④ 이 욕망들의 본성은 무시이래 [세상에] 알려진 성질을 갖고 있으며, 不思議한 성질을 갖고 있기에, 그것은 사고될 수 없으며 분별될 수 없다.

이와 같이 도리를 탐구한다.[292]

1.3.1.2. 了相作意의 결론 (ŚrBh 443,5; Ch. 466b12)

그는 이와 같이 여섯 가지 점들에 의해 욕망들의 거친 특징을 요지한 후에, 초정려에서 적정의 특징을 '욕계(欲界)에 있는 바로 그러한 거친 [상태]가 모든 점에서 초정려에는 없으며, 이 거친 상태를 여의었기 때문에 초정려는 적정하다.'라고 요지한다. 이와 같이 그는 초정려에서 적정의 특징을 요지한다. 따라서 그러한 사마히타의 단계에 속한 작의에 의해 욕망들에 대해 거친 특징을 요지하고 초선에 대해 적정의 특징을 [요지할] 때, 그것이 특징을 요지하는 작의(了相作意)라고 설해진다. 실로 이 작의는 청문과 사

---

291 여기서 지혜와 통찰로 번역한 jñāna-darśana(智見)는 불전에서 다양한 맥락에서 사용되지만, 적어도 두 단계의 구별되는 인식을 나타낸다. 예를 들어 SNS VIII.25에서 智는 총법을 대상으로 해서 지-관을 수행하는 자의 慧로, 見은 총법을 대상으로 해서 지-관을 수행하는 자의 慧로 구별된다.

292 이상의 ①~④의 네 단락은 각기 순서대로 관대도리, 작용도리, 증성도리, 법이도리에 따른 설명이다.

유가 섞인 것이라고 알아야 한다.[293]

1.3.2. 승해작의(勝解作意) (ŚrBh 443,12; Ch. 466b18)

그렇게 그는 탐구된 대로 초선을 거침과 적정의 특징에 의해 욕망들을 변지한 후에, 청문과 사유를 초월하고, 한결같은 수습의 방식에 의해 勝解하고, 바로 그 관념상을 대상으로 하는 샤마타와 비파샤나를 수습한다. 그는 수습하면서 그와 같이 탐구된 대로의 거침과 적정의 상태를 반복해서 승해한다. 이것이 승해를 일으키는 작의(ādhimokṣiko manaskāraḥ, 勝解作意)라고 한다.

1.3.3. 원리작의(遠離作意)

그것에 친숙하고, 수습하고, 많이 행했기 때문에, 처음으로 번뇌를 제거하기 위한 수행도(mārga)가 생겨난다. 또 번뇌를 제거하기 위해 수행도가 생겨났을 때, 그것을 수반하는 작의가 원리로 이끄는 [작의](prāvivekyo manaskāraḥ, 遠離作意)라고 설해진다.

1.3.4. 섭락작의(攝樂作意)

그가 처음으로 욕계에 속한 번뇌 등의 제거되어야 할 것을 제거했기 때문에, 또 그것에 속한 麤重(dauṣṭhulya)을 여의었기 때문에, 그 이후에 그는 [번뇌를] 끊는 것에 기뻐하며, [번뇌와] 분리됨에 기뻐하게 된다. [번뇌를] 끊었을 때 그는 공덕을 보면서, 원리에서 생겨난 작은 희열과 낙을 접촉하

293 같은 문장이 ASBh 80,4-6에 나온다. yena samāhitabhūmikena manaskāreṇa kāmeṣv ādīnavā didarśanenaudārikalakṣaṇaṃ pratisaṃvedayate, tadabhāvāc ca prathamadhyāne śāntalakṣaṇaṃ, ayam ucyate lakṣaṇapratisaṃvedī manaskāraḥ. sa ca śrutacintāvyavakīrṇo veditavyaḥ.

게 된다. 적시에 청정을 일으킬 수 있는 작의에 의해 즐거워하고, 또는 염리를 일으킬 수 있는 작의에 의해 염리하여, 혼침(styāna)과 수면(middha), 도거(auddhatya)를 제거하게 된다. 이것이 희열을 포함하는 작의(ratisaṃgrāhako manaskāraḥ, 攝樂作意)라고 불린다.

1.3.5. 관찰작의(觀察作意)

그와 같은 [번뇌의] 끊음에 대해 기뻐하고 또 수습에 대해 기뻐하는 그가 올바로 수행할 때, 선품을 향한 수행에 근거하고 있기 때문에 행하거나 머무를 때에 욕망과 결합한 번뇌의 분출을 현행하지 않는다. 그는 다음과 같이 생각한다. "나는 욕망[의 대상]들에 대한 감각적 욕망을 향한 욕구(kāma-chanda)를 [비록 그것이] 바로 존재하기 때문에 경험하지 않는가? 아니면 [그것이] 존재하지 않기 때문에 [경험하지 않는가]?"[294] [이를] 고찰하고자 바라는 그는 여러 가지 중에서 맑음을 일으킬 수 있는 깨끗한 관념상(śubhanimitta)을 작의한다. 그 잠재력(anuśaya)이 모든 측면에서 모두 끊어지지 않았기 때문에 그 관념상을 작의하는 그에게 친숙함에 떨어지고(sevanānimna), 친숙함에 기울어지고(sevanāpravaṇa), 친숙함에 향하는(sevanāprāgbhāra) 마음이 일어난다. [따라서] 그는 평정에 안주하지 못하며, 염리와 싫어함, 되돌림, 거역하는 상태에 안주하지 못한다. 그는 다음과 같이 생각한다. "나의 마음은 욕망들로부터 올바로 이욕하지 못했고 해탈하지 못했다. 마치 물이 [댐에] 담겨 있는 것처럼, 나의 마음은 제행에 의해 제압되어 있고, 법성에 의해 제압되고 있지 않다.[295] 이제 나는 더욱 그 수면

---

294 이 질문은 kāmachanda의 존재가 현실적인 분출로서 경험되는 경우를 묻는 것이 아니라 그 kamachanda의 잠재력이 존재하지 않기 때문에 그것을 경험하지 못하는가의 질문이다. 여기서는 깨끗한 관념상을 작의함에 의해 그 잠재력, 즉 anuśaya의 존재를 확인하는 것이다.

295 이 문장은 saṃskārābhinigṛhītaṃ me cittam, vārivad dhṛtaṃ, 〈na〉 dharmatābhinigṛhītam. 이와

을 남김없이 끊기 위해, 더욱더 [번뇌의] 끊음에 대한 기쁨과 수습에 대한 기쁨에 머물러야만 한다." 이것이 관찰하는 작의(mīmāṃsā-manaskāra)이다.

1.3.6. 가행구경작의(加行究竟作意)

그는 더욱더 [번뇌의] 끊음에 대한 기쁨과 수습에 대한 기쁨에 머물면서 샤마타와 비파샤나에 대해 노력하고, 반복해서 고찰한다. 그가 한편으로(ca) 대치를 수습하면서, 다른 한편으로(ca)는 때때로 이미 끊어지고 아직 끊어지지 않은 [번뇌의] 상태를 탐구할 때, 그의 마음은 모든 욕계에 속한 번뇌로부터 다만 일시적으로 벗어나지만, 완전히 [번뇌의] 종자를 근절한 것은 아니다. 그때에 초선을 향한 가행도의 끝에 이른, 모든 번뇌를 대치하는 작의가 생겨나게 된다. 이것이 가행의 구극에 도달한 작의(prayoganiṣṭho manaskāraḥ, 加行究竟作意)라고 설해진다.

1.3.7. 가행구경과작의(加行究竟果作意)

바로 그 직후에 그것을 원인으로 하고, 그것을 조건으로 하는 첫 번째 근본정려(maulaprathamadhyāna)에 들어간다. 첫 번째 근본정려를 수반한 작의가 바로 가행의 구극을 결과로 갖는 작의(prayoganiṣṭhāphalo manaskāraḥ, 加行究竟果作意)라고 설해진다.

유사한 문장이 Delhey 2009: 213에 나온다. "유연함이란 무엇인가? 만약 그의 삼매가 제행에 의하여 제압되어 마치 물처럼 보존된 것이고, 법성에 따라서 제압된 것이 아니고 …" 여기서 법성(dharmatā)은 감각적 욕망이 가진 성질을 의미할 것이다. 이 문장이 담고 있는 함축적이고 풍부한 이미지에 대해 Deleanu 2006: 507, fn. 111을 볼 것.

1.4. 7종 작의에 의한 초정려에서의 경험
(ŚrBh 445,13; Ch. 466c23)

원리로 이끄는 작의와 희열을 포섭하는 작의 속에서 작동하는[296] 그는 때때로 미약한 [즐거움]이 현전하는 방식으로 원리에서 생겨난 낙과 희열에 의해 신체를 채우며, 가행의 구극에 도달한 작의[가 작동할] 때에는, 때때로 단단하고 광대한 [즐거움]이 현전하는 방식으로 [신체를] 가득 채운다. 반면에 가행의 구극을 결과로 하는 작의 속에서 작동하는 그에게 모든 신체로부터 원리에서 생겨난 낙과 희열에 의해 충만되어야 할 어떤 채워진 것도 없다. 그는 그때에 욕망의 대상들과 분리되고, 악하고 불선한 요소들과 분리되고, 거친 사유와 미세한 사유를 지닌(savitarkaṃ savicāraṃ), 원리로부터 생겨난 낙과 희열을 수반한, 다섯 지분으로 이루어진 초선을 성취한 후에 주한다. 그는 욕계에 속한 [번뇌]의 대치도의 수습의 결과 속에 주하면서 이욕의 상태를 얻는다고 설해진다.

그는 특징을 요지하는 작의에 의해서 제거되어야 할 것을 올바로 변지하고, 획득해야 할 것을 바로 알며, 끊어져야 할 것을 끊기 위해, 또 획득해야 할 것을 획득하려고 원한다(praṇidhatte). 또 승해를 일으키는 작의에 의해서 끊고 획득하기 위한 올바른 노력을 시작한다. 원리로 이끄는 작의에 의해서 강력한 번뇌들을 제거하며, 희열을 포함하는 작의에 의해서 중간부류의 번뇌를 제거한다. 고찰하는 작의에 의해서 획득한 것에 대한 강력한 아만심(abhimāna)이 없는 상태에 마음을 안주시킨다. 가행의 구극에 도달한

---

296 Deleanu 2006: I. 326,16-17: prāvivekyamanaskāre vartamāno ratisaṃgrāhake. 그러나 티벳역은 vartamāno를 vartamāne로서 처격 절대격으로 읽고 있다. 하지만 유사한 유형의 다음 문장(prayoganiṣ prayoganiṣṭhāphale punar manaskāre vartamānasya)에서 vartamānasya는 초정려에서 작의를 행하는 자를 가리키기 때문에 여기서 Deleanu의 견해에 따라 번역했다.

작의에 의해서 미세한 번뇌의 부류를 제거한다. 가행의 구경의 결과를 갖는 작의에 의해서 이들 수습되고 잘 수습된[297] 작의의 부류들의 수습의 결과를 경험한다.

또한 특징을 요지하는 작의와 승해를 일으키는 작의는 [번뇌의] 혐오(vidūṣaṇā)로서의 대치[298]를 동반하는, 수순하는 작의이다. 원리로 이끄는 작의와 가행의 구극에 도달한 작의는 [번뇌의] 끊음으로서의 대치(prahāṇapratipakṣa)를 동반하는, 대치하는 작의이다. 여기서 희열을 포섭하는 작의는 대치하는 [작의]이면서 동시에 맑음을 일으킬 수 있는 [작의]이다. 고찰하는 작의는 개별관찰을 불러일으킬 수 있는 작의라고 설해진다. 그와 같다면, 여섯 가지 작의들 속에 수순하는 것(ānulomika), 대치하는 것(prātipakṣika), 맑음을 불러일으킬 수 있는 것(prasadanīya), 개별관찰을 불러일으킬 수 있는 것(pratyavekṣaṇīya)의 네 개의 작의가 들어간다고 알아야 한다.[299]

1.5. 7종 작의에 의해 나머지 정려와 무색정에 들어감
(ŚrBh 447,1; Ch. 467a16)

7종 작의에 의해 초정려에 들어가듯이, 제2정려와 제3정려, 제4정려에 들어가는 것도 마찬가지다. 또한 공무변처와 식무변처, 비소유처, 비상비비상처(naivasaṃjñānāsaṃjñāyatana)에 들어가는 것도 [7종] 작의에 의한 것이다.[300]

---

297 Tib.에는 bhāvitānāṃ subhāvitānāṃ에 대응하는 번역어가 없다.

298 AS 71,6f: vidūṣaṇā-pratipakṣaḥ katamaḥ/ sāsraveṣu saṃskāreṣv ādīnavadarśanam// ("혐오감의 대치란 무엇인가? 루를 수반한 제행에 대해 단점을 보는 것이다.")

299 이 4종 작의는 ŚrBh II.9.2에서 정의되고 있다.

1.5.1. 각각의 단계에 들어가는 방법

그것에 의해 거친 사유들 속에서 거친 특징을 요지하고, 또 거친 사유가 없는 제2정려에서 적정의 특징을 요지할 때, 그것이 제2정려에 들어가기 위한 특징을 요지하는 작의이다. 초정려에 들어가서 초정려를 획득한 자는 거친 사유들에 대해 다음과 같이 거침을 본다.

"사마히타 상태에 속하지만, 인식대상에 대해 산동하며 행하는 것이 가장 먼저 일어나기 때문에(tatprathamopanipātitayā) 인식대상에 대한 거친 분별(manojalpa)이며, 이것이 거친 사유(vitarka)이다. 그것과 결합되어 행하는 산동하는 행위가 인식대상에 대한 보다 미세한 분별로서 미세한 사유(vicāra)이다. 그런데 이들 거친 사유와 미세한 사유들은 심소로서 마음이 생겨날 때에 생겨나는데, 동시적이고, 상응하며, 동일한 인식대상을 갖고 일어난다. 이와 같이 이것들은 외적인 영역을 포괄하면서 내적으로 생겨난다. 그것들 모두는 적정하지 않은 행상으로서 과거·미래·현재에 속하며, 원인에서 일어난 것이며, 조건지어 일어난 것이며, āyāpāyika이며, 잠정적인 것이며, 잠시 현전하는 것이며, 마음을 동요시키는 것이며, 흔들리게 하는 것이다. 상지와 관련해서 고통에 머무는 것에 수순하기 때문에 黑品의 것이고, 욕망의 대상과의 분리에서 생겨난 기쁨과 즐거움의 단편의 장점에 수순한다. 이 단계는 본성적으로 다음과 같은 성질을 갖고 있다. 그곳에서 주하는 자의 심적 작용은 항시 그리고 견고하게 거친 사유와 미세한 사유를 수반하는 것이지, [이전의] 적정보다 더 적정한 것은 아니다."

이런 부류의 측면들을 통해 거친 사유들 속에서 거친 특징을 요지한다.

---

300 이는 7종 작의를 각각의 정려의 상태와 무색정의 상태에 적용시키는 것을 의미한다.

거친 사유가 없는 두 번째 정려에는 모든 방식으로 이 거친 특징이 없다. 따라서 거친 [사유]가 없기 때문에 두 번째 정려는 적정하다.

제2정려에 들어가기 위한 나머지 작의들은 앞에서처럼 이치에 맞게 이해해야 한다.

1.5.2. 下地의 일반적 특징

비상비비상처에 이르기까지 각각의 영역들과 관련하여 일곱 가지 작의들은 이치에 따라 이해되어야 한다. 무소유처로부터 그 아래에 있는 모든 영역들과 관련해서 거침의 특징은 요약하면 2종으로 이해되어야 한다. 아래의 영역들에서 [중생들은] (i) 더욱 고통스럽게 머물고 매우 적정하지 않게 머무는 것과 (ii) 더욱 짧은 수명을 갖는 것이다.[301]

각각의 영역으로부터 이욕을 원하는 자는 이런 2종의 거침의 특징을 여섯 가지 점(vastu)들에 의해[302] 이치에 따라 탐구해야 한다. 또한 [무소유처보다] 상위의 영역과 관련해서 그는 가행의 구극을 결과로 갖는 작의들에 이르기까지 이치에 따라 적정의 특징을 탐구해야 한다.[303]

---

301 두 개의 거침의 특징은 ASBh 80,27-29에서도 그대로 나타난다. 여기서 첫 번째 두 개의 특징의 관계에 대해 "적정하지 않게 주함에 의해 더 많은 고통에 주하는 것"으로 설명되고 있다. 각각의 영역에서의 중생들의 수명의 차이에 대해서는 YBh 77,13ff 및 AKBh 173f을 볼 것. 상좌부 전통에서 삼계의 각각의 존재들의 수명의 길이에 대해서는 Gethin 1998: 116f 참조.

302 여섯 가지 점들은 앞에서 의미(artha), [요지의] 사태(vastu), 특징(lakṣaṇa), 품류(pakṣa), 시간(kāla), 도리(yukti)로 상세히 설명되어 있다.

303 여기서 세간도에 따른 7종의 작의들이 8종의 영역에 대응하는 방식이 간단히 설해져 있다. 세간도에 따른 작의는 요약하면 하계의 거침과 상계의 적정을 보는 방식이지만, 마지막 비상비비상처는 그 위에 더 이상의 적정이 없기 때문에 단지 가행의 구극을 결과로 갖는 작의의 대상이라고만 설해져 있다.

1.6. 4정려와 4무색정을 설명하는 경전의 자구 풀이

1.6.1. 초정려 (ŚrBh 449,14; Ch. 467b22)

[감각적 욕망들과 원리되고, 악하고 불선한 요소들과의 원리된 것을 수반한 것과 탐구를 수반한 것이고, 원리로부터 일어난 기쁨과 즐거움을 가진 초선을 성취하여 머문다고 말한다.][304]

여기서 '감각적 욕망(kāma)들과 원리된'이란 말에서 감각적 욕망들은 2종이다. 번뇌로서의 욕망(kleśa-kāma)과 [외적] 사물로서의 욕망[의 대상](vastu-kāma)들이다. '감각적 욕망으로부터의 遠離'도 2종이다. 상응으로부터의 원리와 인식대상으로부터의 원리이다.[305]

'악하고 불선한 요소들로부터의 원리된 것'이란 말에서 수번뇌는 욕망에 기인하는 것이다. 불선한 요소들은 신체를 갖고 잘못 행하는 것과 입을 통해서 잘못 행하는 것, 의도에 의해 잘못 행하는 것, 칼을 잡는 것과 몽둥이를 잡는 것, 전쟁과 잘못을 끄집어내는 것, 논쟁과 분열, 동요시키는 것과 유인하는 것, 연민이 없는 것과 거짓말이 일어나는 바로 그것들이다. 그것들을 제거하기 때문에, 악하고 불선한 요소들로부터 원리된 것이라고 한다.

'거친 사유와 미세한 사유를 수반한다'란 거친 사유와 미세한 사유들에 대해 허물을 보지 못하기 때문이다. 욕망을 대치하는 스스로의 단계에 속

---

304 티벳역은 여기서 초정려에 대한 경전의 문장을 추가해서 번역하고 있지만, 이는 ŚrBh와 ŚrBh 사본, 한역에는 없다. 'dod pa dag las dben pa{'i} sdig pa mi dge ba'i chos rnams la dben pa'i rtog pa dang bcas pa/ spyod pa dang bcas pa/ dben pa las skyes pa'i dga' ba dang bde ba can/ bsam gtan dang po'i yan lag lnga bsgrubs te gnas pa dang/ (이에 대해서는 Deleanu 2006: II. 526, fn. 157 참조). 티벳역의 이런 보충은 각각의 정려를 설명할 때 반복해서 나타난다.

305 두 가지 원리는 각기 두 가지 감각적 욕망에 대응한다. 상응으로부터의 원리는 번뇌로서의 욕망의 경우이고, 인식대상으로부터의 원리는 사물로서의 욕망의 대상의 경우에 대응한다.

한, 선을 수반한 거친 사유와 미세한 사유이기 때문에, '거친 사유와 미세한 사유를 수반한다'고 말한다.

욕망들로부터의 원리는 가행의 구극에 이른 작의[에 의해 얻어지는 것]이다. [낙은] 그것의 직후에 생겨났고, 그것을 원인으로 하고, 그것을 조건으로 한다. 따라서 [경에서] '원리로부터 생겨난 것'이라고 말한다.

욕구하고 바라는 대상을 얻음에 의해 기쁨에서 결점을 보지 않기 때문에, 또 광대한 輕安(praśrabdhi)[306]으로서의 심리적이고 신체적인[307] 활동가능

---

306 현장은 praśrabdhi를 輕安, 즉 경쾌하고 안락함의 두 뉘앙스를 가진 것으로 풀이하고 있다. 경안이 불교의 수행전통에서 장애의 제거 후에 나타나며, 초정려에 들어가기 이전의 상태로 설명하고 있기 때문에 경안은 정려의 상태에서 획득하는 낙(sukha)의 선행조건으로 간주되고 있다. Deleanu(2006: 531, fn. 168)는 여기서는 경안이 낙과 동일시되고 있다는 점을 구문론적 분석을 통해 주장하고 있다. 산스크리트 구문론에서 도구격과 탈격이 함께 사용될 경우 일반적으로 도구격은 탈격을 보조하는 이유를 나타내지만, 여기서는 그렇지 않고, 오히려 도구격으로 표시된 "광대한 경안으로서의 심리적이고 신체적인 활동가능성"이 바로 추중의 사라짐의 결과라고 보고 있다. 하지만 경안의 나타남과 추중의 사라짐이 동시적이라고 한다면, 어느 것이 다른 것의 원인이고 결과라고 보기 어려울 것이다. 또한 기쁨을 설명하는 앞의 두 구절도 동일한 방식으로 도구격과 탈격으로 구성되고 있는데, 이 경우 "욕구하고 바라는 대상을 얻음에 의해"라는 도구격은 "기쁨에서 결점을 보지 않기 때문에"라는 탈격의 이유를 설명하고 있다. 이렇게 본다면 경안이 안락을 얻기 위한 조건이 된다는 것으로 받아들여도 무방할 것이다.

307 Deleanu(2006: 532, fn. 169)는 '신체적이고 심리적인'이라는 표현과 관련하여 상세한 설명을 제시하고 있다. 그는 먼저 『구사론』(AKBh 438,17-18)에서 "처음 두 정려에서 낙은 경안이다. 그러나 처음 두 정려에서 낙은 경안이다." 우리는 이를 통해 세친이 처음 두 정려에서 양자를 동일시했음을 보지만, 어떻게 두 요소가 이해되는지에 대해 유부와 경량부 사이에 차이가 보인다고 지적한다. 아비달마논자는 정려 속에서 경험된 낙이 신체적인 것이라는 점을 부정한다. 왜냐하면 집중상태에 들어간 자에게 식의 그룹들은 없기 때문이다. 반면에 경량부로 비정되는 비유사는 처음 세 정려에서 심적인 낙근(caitasikaṃ sukhendriyam)이 없으며, 여기서 낙은 오직 신체적인 낙을 가리킨다고 해석한다. 이런 해석에 따르면 경안은 모든 정려에 나타나며, 그것은 낙과 다르다. 여기서 경안은 신체에 펴져 있으며 특정한 삼매를 일으키는 風으로 묘사되고 있다. 이 風이 신체적인 낙을 낳는 것이다. Deleanu는 성문지의 이 구절은 교리적 배경에 대해서도 추정하게 한다고 지적한다. 성문지는 아비달마논자와 달리

성(karmaṇyatā)에 의해 모든 추중이 사라졌기 때문에, 따라서 [초정려는] '희열과 낙(prītisukha)'이다.

'처음'이란 순서대로 세는 [요가행자]가 처음으로 욕계로부터 상승했기 때문이다. '정려'란 인식대상에 대한 깊은 사유(upanidhyāna)[308]에 의거하기 때문에, 또 한 점으로 모인 정념(smṛti)을 [인식대상에] 묶기 때문이다.

'획득해서'란 가행의 구극을 결과로 하기 때문이다.

계속해서 수습을 반복해서 성취하기 때문에 [수행자는] [정려를] 원하는 대로 획득하고, 수고 없이 획득하고, 어려움 없이 획득하며, 또한 정려에 들어감으로써 하루 밤과 하루 낮 또는 하루 밤낮 정려에 들어갈 수 있으며, 또는 원한다면 7일 밤낮에 이르기까지 주한다. 따라서 [경에서] '머문다'고 한다.

1.6.2. 제2정려 (ŚrBh 451,4; Ch. 467c13)

[그는 거친 사유와 미세한 사유를 여의고 내적으로 맑다. 심의 흐름이 하나로 되었기 때문에, 거친 사유가 없고 미세한 사유가 없으며, 삼매로부터 생겨난 기쁨과 즐거움을 가진 제2정려를 성취하고 머문다.][309]

신체의 경안과 심의 경안 양자를 인정하는 듯이 보이며, 이런 점에서 구사론의 비유자의 관점과 비슷하다. 나아가 이는 처음 두 정려에서의 낙이 심의 경안이라고 보는 아비달마논자와 다르며, 또 낙을 경안과 동일시하지 않는 비유사와도 다르다.

308 upanidhyāna는 upa-ni-dhyāna로 분해되듯이, dhyāna("정려")의 측면이 포함되어 있다. 그렇지만 정려가 주로 樂, 喜, 捨 등의 정서적인 감수의 콘트롤과 관련된 반면, 이 단어는 티벳역 nye bar sems pa가 보여 주듯이 정서의 안정 뒤에 나오는 안정된 관찰행위의 측면이 더 강하다고 생각된다. BoBh(8,22; 17,2f.)와 SamBh(§ 2)에서도 이 단어는 전문술어로서 정려명상의 반성적이고 관찰적인 측면을 보여 주고 있다. āĀ 113,13에서 upanidhyāna의 동사형인 upanidhyāyati는 smaraṇapratyaye 'vasthāpanād upanidhyāyati("기억하는 인식 속에 확립시키기 때문에 깊이 고찰한다.")로 설명되고 있다.

309 여기서도 티벳역은 제2정려에 관한 경전의 문장을 덧붙여 번역한다. de rtog pa dang dpyod

거친 사유를 수반하고 미세한 사유를 수반한 삼매의 관념상(nimitta)들로부터 마음을 되돌이킨 후에, 그는 거친 사유와 미세한 사유를 여의고 삼매의 관념상들에 대해 [심을] 묶는다. 불안하게 작동하는 인식대상으로부터 멀어진 후에, 그는 안정되게 작동하는 인식대상에 대해 동질적인 [심적] 상태를 [획득함에] 의해서(ekarasatayā)[310] 심을 적정하고 분명하게 작동시키고 안립시킨다. 따라서 '거친 사유와 미세한 사유를 여의고 내적으로 맑다'고 한다.

그것에 의해 수습해야 할 것을 잘 수습하기 위하여, 거친 사유와 미세한 사유를 여읜 삼매 바로 거기서 거친 사유와 미세한 사유 때문에 장애되고 방해된 상태로부터 초월해서, 장애됨이 없고 끊어짐이 없는 상태를 획득했기 때문에, 따라서 '심의 흐름이 하나로 되었기 때문에'라고 한다.

그는 [제2정려에서] 거친 사유와 미세한 사유를 모든 방식으로 끊었다. 따라서 '거친 사유를 여의고 미세한 사유를 여읜'이라고 한다.

'삼매로부터'란 '가행의 구극에 이른 작의라는 삼매로부터'이다. '생긴'이란 그것을 원인으로 하고 그것을 조건으로 함에 의해 바로 그 직후에 올바르게 생겨난 것에 대해 말한 것이다. 따라서 '삼매로부터 생겨난'이라고 말

---

pa dang bral zhing nang yongs su dang ste/ sems kyi rgyud gcig tu gyur pas I rtog pa med pa dang I dpyod pa med pa'i ting nge 'dzin las skyes pa'i dga' ba dang bde ba can bsam gtan gnyis pa bsgrubs te gnas so// (이에 대해서는 Deleanu 2006: II. 534, fn. 175 참조).

310 ekarasatā(한역: 一味)는 ekarasa에 추상명사 tā를 붙인 것이다. MW에 따르면 "having only one pleasure, having always the same object of affection, unchangeable"를 의미한다. CPD에 따르면 이 단어는 전문술어로서 "having the same character/nature, having the same/single function/accomplishment"라는 의미로 풀이한다. 따라서 ekarasatā는 은유적인 의미에서 사용된 것으로 정신적인 경험의 균질성, 동질성의 상태를 나타낸다. 『보살지』(BoBh 260,18-20)는 이 단어를 보살의 샤마타를 나타내는 네 가지의 마지막에서 사용한다. "불가언설적인 사태뿐인 것에 대해 심적 이미지(nimitta) 없이 또 분별을 여읜 마음의 적정을 통해 일미로 이끄는(ekarasagamin) 일체법의 평등성이다."

한다.

욕구하고 바라는 대상을 획득해서 기뻐하는 것에 대해 결점으로 보지 못함에 의해 [수행자는] 기쁨과 즐거운 마음을 수반하기 때문이며, 또 초선의 거친 사유와 미세한 사유[를 수반하는] 번뇌품에 속한 모든 추중을 여의기 때문에, 또 그것의 치료책인 심신의 활동가능성으로서의 경안과 즐거움을 수반하기 때문에, '기쁨과 즐거움을 가진'이라고 한다.

'제2 정려를 성취하고 머문다'에서 '제2'란 순서대로 헤아리기 때문이다. 나머지 모든 것도 앞에서와 같이 이해해야 한다.

1.6.3. 제3정려 (ŚrBh 451,20; Ch. 467c28)

[그는 희열에 대한 탐착을 여의기 때문에, 평정심(捨心)에 머물면서, 정념과 정지를 갖고 낙을 몸으로 경험한다. 성자들은, 바로 그들은 정념을 가지고, 낙에 머물고 평정하다고 언설한다. 희열이 없는 제3정려를 성취하고 머문다.][311]

[그는] 희열의 관념상들에 대해 허물이라고 본다. 따라서 [경은] '그는 희열의 탐착을 여의기 때문에'라고 말한다.

그때에 희열을 여읜 제3정려를 향해 마음을 확립하는 그에게 마음을 산란하게 하는 두 가지 결점, 즉 제2정려에서의 거친 사유와 미세한 사유, 그리고 현재의 희열이 사라진다. 따라서 '평정심에 머문다'고 한다. 왜냐하면 이들 두 가지 요소는 마음을 산란하게 하고 또 항시 평정을 방해하기 때문

---

311 여기서도 티벳역은 제3정려에 관한 경전의 문장을 덧붙여 번역한다. de dga' ba'i 'dod chags dang bral bas/ btang snyoms la gnas shing dran pa dang shes bzhin can yin te/ bde ba lus kyis myong la/ 'phags pa rnams kyis gang de dran pa dang ldan pa bde ba la gnas pa/ btang snyoms pa'o zhes brjod pa ste/ dga' ba med pa bsam gtan gsum pa bsgrubs te gnas so// (이에 대해서는 Deleanu 2006: II. 538, fn. 185 참조).

이다. 이 점에서 초정려에는 거친 사유와 미세한 사유가 존재하기 때문에 항시 평정이 작동하지 못하며, 제2정려에는 희열이 있기 때문에, 거기에서도 항시 평정이 작동하지 못한다. 따라서 초정려와 제2정려 속에 평정은 존재하지 않는다. 따라서 제3정려에서 정려 수행자는 '평정심에 머문다'고 한다.

그가 평정하게 주할 때, 이러저러하게 희열을 수반한 관념과 작의들이 일어나지 않는 그런 방식으로 그렇게 그는 정념을 확립하고 머문다. 만약 제3정려를 잘 수습하지 않기 때문에 정념의 상실 때문에, 때로 희열을 수반한 관념과 작의들이 일어난다면, 그것들을 매우 신속하게 지혜를 통해서 관통하고, 올바로 알고, 발생한 모든 것들을 받아들이지 않고, 끊고, 제거하고, 정화하고, 마음을 [희열을 수반한 관념과 작의들에 대해] 평정하게/무관심하게[312] 한다. 따라서 [경에서] '정념과 정지를 갖고'라고 한다.

그때에 이와 같이 평정하게 머물고, 정념과 정지를 가진 그에게 노력의 결과로서, 수습의 결과로서, 반복수행의 결과로서 그의 마음을 자극하는, 희열을 수반한 감수가 끊어지며, 적정하고 매우 적정한 '희열을 여읜' 감수가 희열의 치료제로서 [그의] 마음에 일어난다.

그는 그때에 감수된 것으로서의 낙과 경안으로서의 낙을 물질적인 신체(rūpakāya)와 심리적 신체(manaḥkāya)를 통해 경험한다. 따라서 [경에서] '낙을 몸으로 경험한다.'고 한다.

제3정려 아래에는 그러한 형태의 낙은 없을 뿐 아니라 항시적 평정도 없다. 제3정려 이상에는 평정은 있다고 해도 그러나 낙은 없다. 그 아래에는 낙과 평정은 없고, 그 이상에는 낙이 없기 때문에, 바로 이 영역이 제3정려

---

312 cittam adhyupekṣate를 "마음을 [그것에 대해] 평정하게/무관심하게 지닌다."로 번역했다. 여기서 adhi+upekṣate는 "ignore, disregards, to be indifferent"(BHSD)이다.

이다. 그것을 대상으로 하고 머무는 사람과 관련시키면서 성자들은 그것을 '바로 그는 평정하며, 정념을 가지고, 낙에 머문다.' '그는 제3정려를 갖춘 후에 머문다.'고 말한다. '성자'란 붓다와 붓다의 제자들이다.

1.6.4. 제4정려 (ŚrBh 453,18; Ch. 468a26)

[그는 낙도 끊었기 때문에, 앞에서부터 고를 끊었기 때문에, 심적 즐거움과 심적 우울함이 사라졌기 때문에, 낙도 아니고 고도 아닌 평정과 정념의 청정인 제4정려를 성취하고 머문다.][313]

대치는 비슷한 종류이기 때문에(tulyajātīyatvāt), 낙의 끊음으로 [이끄는] 대치가 설명되지 않고, 단지 그것을 대치함에 의해 일어난 낙의 끊음만이 설명되었다. 무엇이 그것의 대치인가? 그것은 평정과 정념, 정지이다. 그 [대치]들에 대한 반복수습에 의해 그는 제3정려를 초월해서 제3정려의 단계에 속한 낙을 끊기 때문이다. 따라서 [경전에서] '낙을 끊었기 때문에'라고 한다. 그때에 그 정려자는 낙과 고의 초월을 얻는다.[314] 따라서 이전에 끊었던 것과 또 지금 끊어진 것을 요약한 후에 [경은] '낙을 끊었기 때문에, 고를 끊었기 때문에, 그리고 바로 이전에 심적 즐거움과 심적 우울함이 사라졌기 때문에'라고 말한다.

제4정려에 들어갈 때에는 낙을 끊기 때문에, 제2정려에 들어갈 때에는

313 여기서도 티벳역은 제4정려에 관한 경전의 문장을 덧붙여 번역한다. de bde ba yang spangs te/ snga nas sdug bsngal yang spangs shing yid bde ba dang/ yid mi bde ba yang nub pas bde ba yang ma yin/ sdug bsngal yang ma yin/ btang snyoms dang/ dran pa yongs su dag pa bsam gtan bzhi pa bsgrubs te gnas so// (이에 대해서는 Deleanu 2006: II. 543, fn. 196 참조).

314 제4 정려의 맥락에서 sukha(낙)와 duḥkha(고)는 신체적인 낙이나 고를 가리킨다는 것은 이하의 경의 인용에서 언급되는 saumanasya(심적 즐거움)와 daurmanasya(심적 우울함)가 낙과 고와 구별되어 언급되는 데에서도 분명할 것이다. 다만 여기서는 심적 즐거움과 우울을 모두 포함하는 것으로 이해되어야 할 것이다.

고를 끊기 때문에, 제3정려에 들어갈 때에는 심적 즐거움이 사라지기에, 초정려에 들어갈 때에는 심적 우울함이 사라지기 때문에, 먼저 낙과 고의 끊음에 의해 그에게 낙도 아니고 고도 아닌 감수만이 남아 있게 된다. 따라서 [경은] '낙도 아니고, 고도 아닌'이라고 말한다.

그때에 초정려부터 [제4정려] 아래의 영역에 속한 결점들, 즉, 거친 사유와 미세한 사유, 희열과 입출식[315] 등 모든 것들이 끊어진다. 그것들을 끊었기 때문에 그것들에 대한 평정과 정념이 청정하게 되고, 깨끗하게 된다. 그러므로 제4정려에 들어가는 그의 마음은 동요함이 없이, 모든 동요를 여의고 안주한다. 따라서 [경은] '평정과 정념의 청정'이라고 한다.

'제4정려를 [성취하고 주한다.]'란 앞에서 설명했듯이 초정려 등의 [정려]들에 있어서와 같다고 알아야 한다.

1.6.5. 공무변처 (ŚrBh 455,4; Ch. 468b14)

[그는 모든 방식으로 물질의 관념을 초월해서, 저항의 관념들이 사라지게 되고, 다양성의 관념들을 작의하지 않기 때문에, 허공은 끝이 없다고 생각한 후에, 공무변처를 성취하고 주한다고 설해진다.][316]

---

315 입출식(āśvāsapraśvāsa)는 날숨과 들숨이다. 호흡이 완전한 삼매에 방해가 된다는 생각은 이미 초기경전에 보인다. AN V 135,3에서 "제4정려에서 들숨과 날숨은 가시이다." 이런 생각의 근저에는 제4정려에서 호흡이 사라진다고 보는 설명에 있을 것이다. "제4정려에 입정한 자에게 입출식은 사라진다."(DN III 266,9f.) 호흡의 중지에 대한 상세한 설명과 현대의학에 의거한 해석은 Deleanu(2006: 545, fn. 206) 참조.

316 여기서도 티벳역은 공무변처에 관한 경전의 문장을 덧붙여 번역한다. de mam pa thams cad du gzugs kyi 'du shes mams las yang dag par 'das te/ thogs pa'i 'du shes mams nub par gyur cing/ sna tshogs kyi 'du shes mams yid la mi byed pas/ nam mkha' mtha' yas so snyam nas/ nam mkha' mtha' yas skye mched bsgrubs te gnas so// (이에 대해서는 Deleanu 2006: II. 546, fn. 208 참조).

허공에 대해 승해하기 때문에 그는 청·황·적·백 등과 연결된 색깔의 관념들이 현현하지 않고, [그것들을] 싫어하며 욕망하지 않는다는 점에서[317] [그것들을] 초월했다. 따라서 [경에서] '그는 모든 방식으로 물질이라는 관념들을 초월했기 때문에'라고 한다.

[더 이상] 현현하지 않음에 의해 그 [물질의 관념]들을 초월했기 때문에, 색깔이 모여졌기 때문에 색깔의 적집에 의해 야기된, 무수하고 다양한 종류의 장애의 관념(āvaraṇasaṃjñā)들이 사라지게 된다. 따라서 [경에서] '저항의 관념이 사라지기 때문에'라고 한다.

나아가 그 [관념]들이 사라지기 때문에 집적에서 생겨난 관념들, 예를 들어 먹을 것, 마실 것, 탈것, 입을 것, 보석, 집, 정원, 숲, 군대, 산 등의 관념들이 [여전히] 남아 있는 특별한 결합(saṃghāta)들 속에서 일어난다. 그 관념들에 대해 그는 모든 방식으로 주의(ābhoga)[318]를 기울이지 않는다. 따라서 [경에서] '다양성의 관념을 작의하지 않기 때문에'라고 한다.

그는 이와 같이 색과 저항성, 다양성의 관념들을 제거한 후에, 허공을 무한의 측면에서 승해한다. 따라서 [경에서] '허공은 끝이 없다'고 한다.

그는 근접[삼매](sāmantaka)를 초월한 후에, 가행의 구극에 이른 작의로부터 이후의 가행의 구극에 이른 것을 결과로 하는 근본[삼매](maulya)에 입정한다. 따라서 [경에서] '공무변처를 성취하고 머문다.'고 한다. 그가 근본[삼매]에 입정하지 않는 한 그의 인식대상은 허공이지만, 반면 이미 입정한 자의 [인식대상은] 바로 그 [허공] 및 그것과 다른, 스스로의 영역에 속한 온들이다. 그러나 근접[삼매]에서는 하지에 속한 온들이 [인식대상이다].

---

317 Deleanu(2006: 337)의 교정에 따라 nirvi⟨dvi⟩rāgatayā로 읽고 번역했다. 이 교정에 대한 그의 설명은 fn. 279 참조.

318 ābhoga는 '[mental] orientation'을 의미하지만 manaskāra의 동의어로서 사용된다.

1.6.6. 식무변처 (ŚrBh 457,1; Ch. 468c1)

[그는 모든 방식으로 공무변처로부터도 초월해서, 식이 끝이 없다고 생각하면서 식무변처를 성취하고 머문다고 설한다.][319]

그가 저 식에 의해 허공을 무한하다고 승해할 때, 바로 그 식이 무한성의 측면에서 허공을 승해하는 것이다. 식무변처에 입정하기를 원하는 그는 공무변처의 관념으로부터 물러난 후에 바로 그 식을 무한성의 측면으로 승해한다. [그때에] 그는 근접[삼매]와 근본[삼매]를 포함해 공무변처를 초월한다. 따라서 [경에서] '모든 방식으로 공무변처를 초월한 후에 식은 끝이 없다'고 말한다.

그는 식무변처의 근접[삼매]를 초월한 후에, 가행의 구극에 이른 작의들에 의해 가행의 구극에 이른 것을 결과로 갖는 근본[삼매]에 입정한다. 따라서 [경에서] '식무변처를 성취하고 머문다.'고 한다.

1.6.7. 무소유처 (ŚrBh 457,11; Ch. 468c9)

[그는 모든 방식으로 식무변처를 초월해서 어떤 것도 없다고 생각한 후, 무소유처를 성취하고 머문다.][320]

식무변처로부터 상승하면서 그는 식과 독립해 있는 다른 물질적이거나 비물질적인 것이든 간에 어떤 것과 연결된 인식대상을 탐구하지만 [그것을] 지각하지 못한다. 그가 저 인식대상을 지각하지 않을 때, 그는 근접[삼

---

319 여기서도 티벳역은 식무변처에 관한 경전의 문장을 덧붙여 번역한다. de rnam pa thams cad du nam mkha' mtha 'yas skyed mched las yang dag par 'das te/ rnam par shes pa mtha' yas so snyam nas/ rnam shes mtha' yas skye mched bsgrubs te gnas so// (이에 대해서는 Deleanu 2006: II. 550, fn. 219 참조).

320 여기서도 티벳역은 무소유처에 관한 경전의 문장을 덧붙여 번역하지만, ŚrBh와 ŚrBh 사본, 한역에서는 마지막 구절에서 이를 제시한다.

매]와 근본[삼매]를 포함해 식무변처를 초월한 후에, 다른 어떤 인식대상도 없다고 승해한다. 그는 오로지 아무것도 없다는 관념을 승해하게 된다. 저 관념에 대한 승해를 반복해서 행했기 때문에, 그는 가행의 구극에 이른 작의에 이르기까지 무소유처의 근접[삼매]를 초월한 후에, 가행의 구극을 결과로 갖는 근본[삼매]에 입정한다. 따라서 [경에서] '그는 모든 방식으로 식무변처를 초월해서 어떤 것도 없다고 생각한 후, 무소유처를 성취하고 머문다.'고 한다.

1.6.8. 비상비비상처 (ŚrBh 458,1; Ch. 468c17)

[그는 무소유처를 초월한 후에, 비상비비상처를 성취하고 머문다.][321]

무소유처로부터 상승하면서 그는 무소유처의 관념에 대해 거침의 관념을 갖고, 단점의 관념을 가지면서, 무소유처의 관념에서 물러난다. 따라서 [경에서] '그는 모든 방식으로 무소유처를 초월한 후에'라고 한다.

그가 이전에 무소유처에 입정할 때에, 어떤 것이라는 관념을 초월했지만, 지금은 어떤 것도 없다는 관념을 초월했다. 따라서 [경에서] '非想'이라고 설했다. 즉, 어떤 것이라는 관념과 어떤 것도 없다는 관념이다.

반면에 그의 관념은 무상정이나 멸진정에서처럼 완전히 소멸한 것은 아니다. 그 관념은 미세하고, 인식대상에 대한 [어떤] 관념상도 갖지 않는다. 따라서 [경에서] '非非想'이라고 한다.

이와 같이 그 영역에 대해 승해할 때, 그는 근접[삼매]와 근본[삼매]를 포함해 무소유처 및 가행의 구극에 이른 작의에 이르기까지 비상비비상처의 근접[삼매]를 초월한 후에, 가행의 구극을 결과로 갖는 근본[삼매]에 입정한

---

321 앞의 무소유처에서처럼 여기서도 티벳역은 비상비비상처에 관한 경전의 문장을 덧붙여 번역하지만, ŚrBh와 ŚrBh 사본, 한역에서는 마지막 구절에서 이를 제시한다.

다. 따라서 [경에서] '무소유처를 초월한 후에, 비상비비상처를 성취하고 머문다.'고 한다.

정려에 들어갈 때에는 라사딸라(Rasātala)[322]라는 [하계]에 들어가는 것처럼 몸에 현현하는 표식이 있다. 무색정에 들어갈 때에는 [몸이] 허공에 나는 것과 같다. 그런 경우에 샤마타의 측면에 의해 [심이] 평정하기 때문에 올바르게 가행하는 것이다.

1.7. 2종의 無心定(accitikā samāpattiḥ) (ŚrBh 458,19; Ch. 469a4)

無心定(accitikā samāpattiḥ)이란 無想定(asaṃjñāsamāpatti)과 滅盡定(nirodha-samāpatti)의 2종이다. 그중에서 오직 범부만이 관념을 외면하는 작의에 의해 무상정에 들어간다. 반면 오직 성자만이 멸진정에 들어간다. 등지에 들어감은 다음과 같이 두 등지의 경우에 2종 작의에 의해 [산출된다]. 즉, 무상정의 경우에는 관념을 외면하는 작의에 의해서, 그리고 멸진정의 경우에는 비상비비상처에서 상승하여 인식대상이 소멸된 작의에 의해서이다.

1.7.1. 무상정(asaṃjñāsamāpatti)의 증득

'관념(想)은 질병(roga)이며, 관념(想)은 종기(gaṇḍa)이며, 관념(想)은 화살(śalya)이다. 관념을 여읜 상태, 이것은 적정하며, 이것은 매우 훌륭하다.'[323]

---

322 PW에 따르면 rasātala는 하계 또는 지옥을 의미하며, 7종으로 나누어진다. 하지만 정려에 들어갔을 때 몸에 나타나는 현상을 이렇게 묘사했을 때, 저자가 어떤 이미지를 염두에 두었는지는 확실하지 않다. 티벳역 sa'i og tu는 "땅 아래에"로서 하계와 같이 읽었다고 보이며, 반면 한역 處室은 역시 이해하기 어렵다. 이와 관련한 설명은 Deleanu (2006: 552, fn. 234) 참조.

323 이와 동일한 표현이 MN II 230,17-19에 나오는데, 자아가 想을 갖고 있다는 비불교도의 주

라고 생각하면서(iti) [수행자는] 관념을 외면하는 작의를 취한 후에 계속해서 일어난 관념들에 대해 무념과 무작의(asmṛtyamanaskāra)를 행한다. 그는 그것을 수습했기 때문에 가행도에서 심작용을 수반한 상태(sacittikāvasthā)[324]가 진행된다. 그러나 그가 직후에 [무상정에] 입정했을 때에 그의 마음은 더 이상 작동하지 않는다. 이와 같이 출리의 관념에 의존하는[325] 작의에 의해서 遍淨天[326]으로부터 이욕하고, 廣果天으로부터 이욕한 그에게 심과 심소법들의 소멸이 있다. 이것이 無想定이라 불린다. 그는 이와 같이 증득하게 된다.

1.7.2. 멸진정(nirodhasamāpatti)의 증득

비상비비상처를 획득한 성자가 최고의 적정한 주함에 의해 주하기를 원할 때, 비상비비상처로부터 마음을 상승시킨다. 상승한 저 마음은 인식대상을 얻지 못한다. 얻지 못했을 때 [마음은] 소멸하고, 작동하지 않는다. 그와 같이 비소유처로부터 이욕한 有學에게나 또는 [일시적으로] 주함의 관념상에 의존하는 작의에 의거한 아라한에게 심과 심소법들은 소멸된다. 바

장을 비판하는 맥락에서 나온다. AKBh 436,9f.에서는 이 문장을 인용하면서 수행자가 비상비비상처에 들어가려고 함을 보여 준다. SamBh 4.1.3.3.2에서도 이 문장의 앞부분이 無想定(asaṃjñāsamāpatti)의 설명에서 인용되고 있다.

324 유가론 본지분의 제8장인 유심지는 심작용을 수반한 영역을 5종으로 구분하는데, 그중에서 상태의 확립에 의한 구분에서 유심지를 다음과 같이 설명한다. "심작용을 수반한 地는 여섯 상태들을 제외하고 [다른 상태를 가리킨다고] 알아야 한다. 여섯 상태들이란 무엇인가? 심이 없는 수면의 상태, 심이 없는 기절의 상태, 무상정, 무상천, 멸진정 그리고 무여의 열반이다. 반면에 이들 여섯 상태들은 무심지이다." (ed. in: Schmithausen 1987)

325 복합어의 미지막 부분에서 -pūrvaka는 "~을 선행요소로 하는, ~에 의존하는"을 의미하거나 또는 "~에 의해 수반되는, ~과 결부된"(PW)으로 풀이될 수 있다.

326 遍淨天(śubhakṛtsna)은 제3정려에 대응하는 색계의 영역이며, 廣果天(Bṛhatphala)은 제4정려에 대응하는 색계의 영역이다.

로 이것이 '멸진정'이라고 한다. 이와 같이 이 [멸진정]은 획득된다.

1.8. 5종 신통(abhijñā) (ŚrBh 460,19; Ch. 49a25)

그는 정려에 의지한 후에 5종 신통력(abhijñā)[327]을 성취하게 된다. 어떻게 성취하는가? 정려수행자가 매우 청정한 정려를 얻었을 때, 그는 바로 그 청정한 정려에 의지한 후에, 신변의 경계(ṛddhiviṣaya)나 전생[에 대한 기억], 또는 신적인 청각, [중생들의] 죽음과 재생[에 대한 앎], 또는 타심통과 관련해서 신통력을 주제로 한 가르침을 듣고, 수지하고, 획득하게 된다. 그는 바로 그 [가르침]을 사마히타의 단계에 속한 작의를 통해서 작의하면서 의미를 요지하거나 또는 법을 요지한다. 의미를 요지하고 법을 요지하면서, 또 반복수행의 결과로 이러저러한 의식작용들을(cittāni) 강력하게 지향하는 그에게 수습의 결과로 생겨난 5종 신통력이 일어나는 때가 있고, 경우가 있다.

1.8.1. 신변(ṛddhi) (ŚrBh 462,1; Ch. 469b4)

나아가 그렇게 의미를 요지하고 법을 요지하게 된 그는 모든 신통력을 완성하기 위해 12종의 관념(想)을 수습한다. 즉, 가벼움의 관념, 부드러움의 관념, 허공계의 관념, 심신의 혼합의 관념, 승해의 관념, 이전에 경험했던 행위들의 순서를 기억하는 관념, 다양한 종류의 소리가 뒤섞여 나오는 관념, 광명과 [중생들의] 신체의 현상적 특징의 관념, 번뇌에 의해 행해진 신체의 변화의 관념, 해탈의 관념, 완전히 제압했다는 관념, 변처(遍處)의 관

327 『보살지』(BoBh 40,12ff) 위력품에서는 이하의 5종 신통력에 더해 루의 소멸에 대한 인식(āsravakṣayajñāna)의 6종이 언급된다.

념이다.[328]

(i) 가벼움의 관념이란 바로 그 관념상에 의해 자신이 예를 들면 바람 속에 있는 뚤라綿(tūlapicu)이나 까르빠사綿(karpāsapicu)[329]처럼 가볍다고 승해한다. 그가 그렇게 승해할 때, 바로 승해적인 작의를 통하여 자신을 이곳저곳으로, 즉 침대에서 의자로, 의자에서 침대로, 이와 같이 침대에서 풀방석으로, 풀방석에서 침대로 나아가게 한다.

(ii) 부드러움의 관념이란 바로 그 상을 통해서 자신의 몸이 예를 들면, 뚤라면이나, 까르빠사면처럼 부드럽다고 승해하는 것이다. 그와 같이 이 부드러움의 상은 가벼움의 상에 자양분을 주고 포섭하기 때문에, 그 상에 의해 포섭되는 가벼움의 상이 증대되고, 커지고, 넓혀지게 된다.

(iii) 허공계의 관념이란 바로 그 상에 의해 자신의 가벼움과 부드러움을 승해하는 것이다. 만약 그가 어딘가로 가기를 원한다면, 그곳으로 가기 위해 중간에 장애하는 물질을 승해에서 일어나는 작의를 통해서 허공이라고 승해한다.

(iv) 심신의 혼합의 관념이란 바로 그 상에 의해 마음을 몸과 결합하거나, 몸을 마음과 결합한다. 그 때문에 그의 몸은 매우 가볍게 되고, 매우 부드럽게 되며, 매우 작용가능성이 있고, 매우 빛나고, 마음을 잘 따르고, 마음과 결합되고, 마음에 의지해서 작동한다.

(v) 승해의 관념이란 바로 그 상을 통해서 먼 것을 가깝다고, 가까운 것

---

328 12종의 신변(ṛddhi)을 BoBh 40,16ff(= 보살지 p. 102)의 설명과 비교하라.

329 tūlapicur vā karpāsapicur vā 표현에 대응하는 경전의 묘사에 대해서는 Deleanu(2006: II, 569, fn. 263)의 상세하고 풍부한 인용과 설명을 참조하라. 그는 Ayoguḷasutta(SN V 284,1f) 등의 구절을 제시한다. 거기서 어떻게 여래가 意生身뿐 아니라 4대로 이루어진 신체를 갖고 범천계에 갈 수 있는지를 서술하고 있다. 명상의 힘과 신변에 의해 그는 "허공에 뚤라면이나 카빠사면처럼 가볍게" 땅에서 떠오를 수 있다고 기술한다.

을 멀다고, 세밀한 것을 거칠다고, 거친 것을 세밀하다고, 흙을 물이라고, 물을 흙이라고 승해하는 것이다. 이와 같이 각각의 대종들은 서로서로 혼합된다고 승해한다. 색의 변화와 소리의 변화는 그와 같이 변화한 것이라고 승해한다.

이들 수습을 통해 완성된 다섯 가지 관념들에 의해 [요가행자는] 많은 종류의 신변의 영역(ṛddhi-viṣaya)을 경험한다. 즉, 하나인 후에 승해적이고 변화적인 관념상을 통하여 많은 종류로 스스로를 나타내며, 그리고 많은 종류로 스스로를 드러낸 후에 변화가 사라진 승해의 관념상을 통해 하나로 된다. 그는 신체를 갖고 방해받지 않고 벽과 바위, 담장을 통과해 간다. 그는 땅에서도 마치 물에서처럼 떠오르고 들어가며, 물에서도 마치 땅에서처럼 가라앉지 않고 걸어간다. 그는 가부좌를 하고 마치 새처럼 허공으로 올라간다. 또는 그는 손으로 그러한 커다란 위력을 가진 해와 달을 문지르고 두드리며, 범천의 세계에 이르기까지 몸으로 자재함을 행한다.[330] 그는 가볍고 부드러운 허공계에 심신이 섞여 있다는 관념상에 의해 포섭된 승해의 관념상을 통해 이 모든 것을 행한다고 이치에 따라 이해해야 한다.

그중에서 몸으로 범천의 세계에 대한 자재함은 2종이다. 그가 [실제로 그곳으로] 감에 의해 자재함을 행하거나 또는 원하는 대로 승해함에 의해서 범천의 세계에 이르기까지 [그 세계를 구성하는] 4대와 4대소조색들에 대한 [자재함을 행하는 것]이다.[331]

---

330 이상 신통의 영역에 대한 위의 기술은 기본적으로 Kevaddhasutta (DN i 213)에서 iddhi-pāṭihāriya 아래 언급된 것이다. Cf. 『보살지』 p. 102에서 ṛddhi의 종류 참조.

331 두 가지 자재함에서 전자는 원하는 대로 몸으로, 즉 실제로 범천의 세계에 가는 것이고, 후자는 범천의 세계를 구성하는 물질적 요소에 대해 변화시키는 등의 행위를 통해 그것에 대해 자재함을 행하는 것이다.

1.8.2. 과거생에 대한 기억 (ŚrBh 464,14; Ch. 469c13)

(vi) 이전에 경험했던 것을 순서대로 기억하는 관념이란 바로 그 상을 통하여 어린이부터 그것에 대한 기억이 일어나지 잊어버리지 않으며, 어디로 그가 가고, 서고, 앉고, 자는 등 이전에 경험했던 모든 행동을 구체적이며 순서가 어긋나지 않고 빠뜨리지 않게 기억하면서 안다. 그것을 수습하기 때문에 수습의 결과에서 생긴 무수한 과거의 상태를 종류와 지역을 포함해서 기억한다.

1.8.3. 천이통 (ŚrBh 465,6; Ch. 469c19)

(vii) 그중에서 다양한 종류의 소리가 뒤섞인 소음의 관념이란 마을이나 도시, 길드, 마을의 회합, 집회, 공회당, 집, 은밀한 장소에 다양한 종류의 사람들이 모여 앉아 있을 때에 여러 뒤섞인 소음들이 일어나거나 ―그것은 함성 소리라고도 한다― 또는 흐르고 있는 큰 강에 의해 소음이 일어난다. 그것에 대한 관념상을 취한 후에 [요가행자는] 사마히타 상태에 속한 작의를 통해서 성스럽거나 성스럽지 않은 소리들 또는 신과 인간의 소리들 또는 가깝거나 먼 소리들에 대해 주의를 유지한다. 그것을 반복하기 때문에, 수습의 결과로서의 천이통을 얻는다. 그것에 의해 가깝거나 멀거나 간에 신과 인간들의 소리들을 듣는다.

1.8.4. 천안통 (ŚrBh 465,18; Ch. 469c27)

(viii) 광명 및 [중생들의] 신체의 현상적 특징의 관념[332]이란 앞에서처럼[333]

---

332 복합어 avabhāsa-rūpa-nimitta-saṃjñā는 이하에서 ālokanimittam udgṛhya tad eva nimittaṃ manaskaroti 및 sattvavaicitryāc ca nimittam udgṛhya … tad eva nimittaṃ manaskaroti로 풀이된다. 따라서 이 복합어는 avabhāsa-nimitta-saṃjñā 와 rūpa-nimitta-saṃjñā로 분석되는 것이 타당할 것이다. 여기서 rūpa(色)는 바로 아래 문장의 rūpa처럼 중생들의 신체를 의미할 것이

광명의 현상적 특징을 취한 후에, 그는 바로 그 현상적 특징을 작의하고, 또한 다양한 종류의 중생들로부터 현상적 특징을 취한 후에, 선업과 불선업의 수행 등의 차이에 의해 바로 그 현상적 특징을 작의하는 것이 광명 및 [중생들의] 신체의 현상적 특징의 관념이라고 한다. 그것을 수습하기 때문에, 그는 수습의 결과에서 생겨난 [중생들의] 죽음과 재생에 대한 인식(cyutyupapādajñāna)을 얻게 된다. 이 [인식]에 의해 몸이 파괴되고 죽은 후에, 선취, 천계에서 신중들 속에 태어남에 이를 때까지 청정한 천안통(天眼通)을 통해서 [본다].

1.8.5. 타심통 (ŚrBh 466,3; Ch. 470a5)

(ix) 번뇌에 의해서 행해진 신체의 변화의 관념이란 바로 그 관념에 의해 貪瞋癡에 빠진 자들 및 분노와 원망, 숨김(覆), 번민(惱), 속임(誑), 산란, 자신에 대한 부끄러움이 없음, 타인에 대한 부끄러움이 없음이라는 번뇌와 수번뇌에 의해 마음이 묶인 중생들에게서 신체의 상태를 검사하고 분석한다. 탐착하는 자에 있어 신체의 상태는 다음과 같은 신체의 변화가 있다. 즉 감각기관이 들뜨고, 감각기관이 흥분되고, 얼굴은 미소짓는다. 분노하는 자의 신체의 상태는 다음과 같이 신체의 변화가 있다. 즉 얼굴이 창백하게 되고, 목소리는 떨리며, 인상쓰고 있다. 어리석은 자의 신체의 상태는 다음과 같은 신체의 변화가 있다. 즉, 멍하고, 대상의 관찰과 관련해 올바르지 않음, 저속한 말로 소통하는 것이다. 이러한 종류들과 이러한 형태들에 의해 자신에 대한 부끄러움이 없음과 타인에 대한 부끄러움이 없음

다. Cf. Deleanu 2006: 464. 여기서 이 복합어는 the ideation of the visible characteristic of light로 풀이되고 있다.

333 ŚrBh III.3.5.4.1.(iv) = ŚrBh 416,2-4.

에 이르기까지의 [번뇌들에] 의해 분출된 자에 있어 신체의 상태는 변화가 있는 것이다. 그 때문에 그 특징(nimitta)을 취해서 작의한다. 그것을 반복해 수습하기 때문에 수습의 결과에서 나오는 타심지(cetaḥparyāyajñāna)가 일어난다. 그에 의해 다른 중생들과 다른 사람들의 거친 사유를 수반하고 미세한 사유를 수반하는 마음을 마음으로 여실하게 안다.

(x-xii) 해탈과 勝處(abhibhvāyatana), 변처의 관념의 수습이란 앞에서 사마히타지(Samāhitā bhūmiḥ)[334]에서 설했던 대로 이해해야 한다. 그 수습에 의해 사태를 변화시키고(vastu-pariṇāminī), 화작과 관련되고(nairmāṇikī),[335] 승해와 관련된(ādhimokṣikī) 성스러운 신변(ṛddhi)을 산출한다. 즉(tadyathā),[336] 무쟁

---

334 이것은 본지분 Samāhitā Bhūmiḥ의 네 번째 주제인 〈경의 종요〉 항목에서 상세히 설명한 것을 가리킨다(SamBh 136-140). 사마히타지의 인용은 마치 『성문지』 이전에 사마히타지가 성립되어 있다는 인상을 주지만, 이는 『유가론』의 최종 편집 단계에서 가필된 것이라고 보는 것이 타당할 것이다. Deleanu(2006: 150)도 동일한 최종편집자에 의한 가필이라고 해석하고 있다.

335 화작과 관련되고(nairmāṇikī), 사태를 변화시키는(vastu-pariṇāminī) 두 종류의 신변의 구별은 BoBh 40,16ff (=보살지 p. 102ff) 참조. 변화한다는 의미에서 화작과 관련된 신변이란 "진동시킴, 화염, 관통함, 시현, 다른 상태로 만드는 것, 왕래, 압축, 펼침, 모든 물질적 형태 속으로 들어오게 함, 비슷한 종류로 가는 것, 현현하게 하고 사라지게 함, 자재함을 야기함, 타인의 신변을 제압함, 변재(辯才)의 제공, 주의력의 제공, 즐거움의 제공, 그리고 광명의 발산"으로, 그리고 변화시키는 신변이란 "토대 없이 바꾸는 것이다. 바꾸는 마음을 갖고 원하는 대로 의욕된 것을 바꾸는 것이 다른 것으로 바꾸는 신변이라고 한다."

336 tadyathā의 의미는 기본적으로 앞의 설명을 분명히 하거나 또는 예시하는 역할을 한다. Deleanu(2006: 581, fn. 300)는 뒤따르는 설명이 어느 경우도 적합하지 않기에 다른 용법이 아닌가 추정하면서, 한역 及能引에 따라 신변과 다른 정신적 성취를 초래하는 것으로 해석한다. 하지만 여기서 세 가지는 바로 직전에 언급된 신변을 형용하는 세 가지 형용사에 대응하는 것이 아닌가 생각된다. 다시 말해, 願智는 "원하는 대로 의욕된 것을 바꾸는 것"의 의미에서 vastu-pariṇāminī를, 4무애해는 "변재(辯才)의 제공"의 의미에서 nairmāṇikī를 구체적으로 제시한 것으로 보인다. 다만 無諍(araṇa)이 어떤 방식으로 승해와 관련된(ādhimokṣikī) 신변으로 규정될 수 있는지는 분명하지 않다. Cf. AS 96,3ff에서도 해탈과 승처, 변처가 설명된 후에 無諍과 願智, 무애해가 차례대로 설명되고 있다.

(araṇa),[337] 願에서 나온 지혜(praṇidhi-jñāna, 願智)[338] 및 법의 무애해, 의미의 무애해, 어원의 무애해, 변재의 무애해라는 네 가지 無礙解(pratisaṃvid)[339]를 산출한다.

성스러운 신변과 성스럽지 않은 신변의 차이는 다음과 같다. 성스런 신변은 변화시키고자 하는 어떤 사태라도, 변화를 일으키고자 하는 어떤 변

337 araṇa (한역: 無諍)는 CPD에서 "free from passion (beyond strife)", 그리고 BHSD에서 "free(dom) from depravity, passion; impurity"로 풀이된다. AS 96,15f: araṇā katamā/ dhyānaṃ niśritya kleśotpattyanurakṣāvihārasamṛddhau samādhiḥ prajñā tatsaṃprayuktāś ca cittacaitasikā dharmāḥ// ("無諍이란 무엇인가? 정려에 의지한 후에 [타인들의] 번뇌의 생기로부터 보호하기 위해 주함이 성공할 경우의 삼매이며, 지혜이며, 그것과 상응하는 심심소법들이다.").

338 AS 96,17f: praṇidhijñānaṃ katamat/ dhyānaṃ niśritya jñeyajñānapraṇidhisamṛddhau samādhiḥ prajñā śeṣaṃ pūrvavat// ("願智란 무엇인가? 정려에 의지한 후에 인식되어야 할 것에 대한 앎이 성공할 경우의 삼매이며 지혜이며, 나머지는 앞과 같다."). Cf. AKBh 418,5f: praṇidhipūrvakaṃ jñānaṃ praṇidhijñānaṃ/ yad dhi pranidhāya prāntakoṭikaṃ caturthaṃ dhyānaṃ samapadyate idaṃ jānīyām iti/ tad yathābhūtaṃ jānāti, yāvāṃs tatsamādhiviṣayaḥ/ (Deleanu 2006: 582, n. 302에 따라 수정된 것을 인용) "praṇidhijñāna(願智)란 원에 의존한 지혜이다. 왜냐하면 어떤 것을 원한 후에 그는 '나는 이것을 알고 싶다'고 생각하면서 최고의 제4정려에 들어갈 때, 그의 삼매의 영역인 한에서 그것을 여실하게 안다."

339 4종은 차례로 dharma-pratisaṃvit, artha-, nirukti-, pratibhāna-pratisaṃvit이다. pratisaṃvit는 thorough knowledge 정도로 영역된다. 『구사론』(AKBh 418,13ff)에서 법의 무애해는 명구문의 그룹들에 관한 앎으로서, 그리고 의미의 무애해는 그러한 명구문의 그룹들의 의미에 관한 앎으로 정의된다. 어원의 무애해는 단어나 텍스트의 의미의 설명이다. 마지막으로 변재의 무애해는 삼매에 자재한 자에 의해 획득된 명료성에 관한 장애를 떠난 앎이다. Cf. 『보살지』에서 무애해는 5명처에 대한 능숙함에 도달하기 위한 것으로 설명된다. 『보살지』 p. 289: "보살에게 네 가지 보살의 無碍解(pratisaṃvit)란 무엇인가? 일체법의 일체 방식들에 관하여 존재하는 한도에서의 전체성(盡所有性)과 존재하는 방식에 관한 진실성(如所有性)에 의해 수습으로 이루어진, 장애를 여의고 물러서지 않는 지혜가 이 [보살]들의 법(dharma)에 대한 무애해이다. 또한 바로 일체법의 일체 특징들에 관하여 … 지혜가 이 [보살]들의 의미(artha)에 대한 무애해이다. 또한 바로 일체법의 일체 언사들에 관하여 … 지혜가 이 [보살]들의 어원(nirukti)에 대한 무애해이다. 또한 바로 일체법의 일체 종류의 문장의 차이에 관하여 … 지혜가 이 [보살]들의 변설(pratibhāna)의 무애해이다."

화라도, 승해하는 어떤 것이라도, 그것은 바로 그렇게 되지, 다른 방식으로 되지 않으며, 모든 방식으로 해야 할 일이 행해질 수 있다. 성스럽지 않은 신변은 그렇지 않고, 다만 환술사가 단지 보여 주는 것만이 나타난다.[340]

이와 같이 12종의 관념들에 의해 반복해서 수행하기 때문에 이치대로 다섯 신통력을 획득하며, 범부와 공통되지 않은 성스러운 공덕들을 이치대로 산출한다고 알아야 한다.

1.9. 수행과 재생처의 대응관계 (ŚrBh 468,10; Ch. 470b4)

초정려를 하·중·상으로 수습한다면, 梵衆天과, 梵輔天과, 大梵天의 천중들 속에서 순서대로 태어난다. 제2정려를 하·중·상으로 수습한다면, 少光天과, 無量光天과, 極光天의 천중들 속에서 순서대로 태어난다. 제3정려를 하·중·상으로 수습한다면, 小淨天, 無量光天, 遍淨天의 천중들 속에서 순서대로 태어난다. 제4정려를 하·중·상으로 수습한다면, 無雲天, 福生天, 廣果天의 천중들 속에 순서대로 태어난다. 만약 그가 불환과를 얻은 성자라면, 그는 무루와 유루의 4선을 증대해서 수습하면서 그것에 대해서도 하·중·상·상상·극상으로 수습한다면, 범청이 주하는 다섯 장소인 無煩天, 無熱天, 善現天, 色究竟天의 신중들 속에서 순서대로 태어난다.

공무변처와 식무변처, 무소유처와 비상비비상처를 하·중·상으로 수습

---

340 이는 일반인들이나 비불교도 수행자들도 5신통을 얻을 수 있음을 의미하지만, 이 경우 "범부와 공통되지 않은 성자들의 공덕"은 획득되지 못할 것이다. 성자들의 공덕은 위에서 언급된 4종 무애해로서의 성자들의 신변일 것이다. Kevaddhasutta(DN 11경)의 맥락에서 일상적인 신변(ṛddhi)과 교법을 통해 획득된 신변 및 다른 신통력이 구별되는데, 후자의 서술에서 언급된 신변도 내용면에서 일상적인 그것과 동일하기 때문에, 그 차이는 교법에서 제시된 것들을 집중상태의 샤마타와 비파샤나를 통해 수습하는 것이라고 생각된다.

한다면, 공무변처와 식무변처, 무소유처와 비상비비상처에 사는 신들에 해당하는 영역에 태어난다. 그 신들에게는 물질이 없기 때문에, 따라서 그들에게 다른 장소를 차별화하여 구별할 수는 없지만 머무는 곳의 구별은 있는 것이다.

무상정을 수습한다면, 관념상이 없는 중생들인 천신들에 해당하는 영역에 태어난다.

1.10. 이욕한 자의 표식 (ŚrBh 469,12; Ch. 470b22)

탐착을 여읜 [자]의 표식이란 무엇인가?

답: 신체의 행동이 견고해지고, 감각기관이 동요하지 않고, 그의 행동거지가 조급하게 끝나지 않고, 하나의 행동거지만으로도 오랫동안 질리지 않고, 오랜 시간이 지나도 행하고, 다른 행동거지에 대해 신속하게 기뻐하지 않고, 말을 적게 하고, 조용히 말하고, 어리석은 말을 즐기지 않고, 번잡한 일을 좋아하지 않으며, 그의 말은 확고하고, 눈으로 색들을 본 후에 사물을 분석하고, 색들에 대한 욕망이 현행하지 않는다. 그와 마찬가지로 성·향·미·촉에 대한 탐착이 일어나지 않고, 두려움이 없고, 지혜가 깊고, 매우 강력한 정화를 통해 몸과 마음이 경쾌하고, 탐심이 없고, 산란됨이 없고, 인내심을 갖고 있으며, 그의 마음에 욕망에 의한 분별 등에 의해 산란이 없다. 그러한 것과 상응하는 것들이 탐착을 여읜 표식이라고 알아야 한다.

이것이 세간도에 의해 나아가는 것을 분류한 것이다.

2. 출세간도에 따른 수행도

(ŚrBh 470,7; Ch. 470c12)

그런데 그가 출세간도를 통해 나아가고자 하는 자라면, 그는 사성제를 주제로 한 후에 아라한의 상태를 획득하기까지 특징을 요지하는 작의(lakṣaṇa-pratisaṃvedī manaskāraḥ, 了相作意)로부터 가행의 구극에 이른 결과를 갖는 작의(prayoganiṣṭhāphalo manaskāraḥ)에 이를 때까지 7종 作意(manaskāra)[341]를 차례로 일으킨다.

341 앞에서 설명했듯이 作意(manaskāra) 개념은 『유가론』에서 매우 핵심적 역할을 수행하며, 특히 ŚrBh IV.에서 세간도와 출세간도에 따른 7종 수행단계를 구별할 때, 하나의 전문용어로 사용되고 있다. 여기서 7종 작의는 了相作意(lakṣaṇapratisaṃvedī manaskāraḥ), 勝解作意(ādhimokṣiko manaskāraḥ), 遠離作意(prāvivekyo manaskāraḥ), 觀察作意(mīmāmsāmanaskāraḥ), 攝樂作意(ratisaṃgrāhako manaskāraḥ), 加行究竟作意(prayoganiṣṭho manaskāraḥ), 加行究竟果作意(prayoganiṣṭhāphalo manaskāraḥ)이다.
여기서 작의의 의미는 Sakuma(1990: 28,5-6)가 ŚrBh 443,16-17을 교정하면서 보여 주듯이 "색계와 관련된 집중상태에 속한 작의(rūpāvacāro samāhitabhūmiko manaskāraḥ)"이다. 즉, 작의는 정려상태에서 행해지는 집중(attention, concentration)의 맥락에서 사용되고 있다. Deleanu(2006: 468-9)는 아비달마 문헌에서 manaskāra가 대상에 대한 심의 지향/ 향함(manaskāraś cetasa ābhogaḥ)이라는 의미에서 이를 'attention', 'mental orientation'의 의미가 있지만, 보다 넓은 맥락에서 contemplation을 제안하고 있다. 여하튼 그는 작의 개념에서 변행심소 내지 대지법에 속한 심소로서의 의미가 기본적이라고 보고 있지만, 수행도의 맥락에서 사용된 이 개념이 과연 같을지는 의문이다.

2.1. 특징을 요지하는 작의(了相作意)

2.1.1. 사제 16행상에 따른 了相作意의 요약

그중에서 요약적으로 설해진 사성제와 상세히 설해진 사성제의 청문에 의해 파악한 요가행자는 작의를 잘 수습했거나 또는 근본정려와 무색[정]을 얻었든 간에, 네 가지 측면에서, 즉 무상의 측면(anityākāra), 고의 측면(duḥkhākāra), 공의 측면(śūnyatākāra),[342] 무아의 측면(anātmākāra)에서 고제의 특징을 요지한다. 또한 네 가지 측면에서, 즉 原因(hetutaḥ), 集(samudayataḥ), 生(prabhavataḥ), 緣(pratyayataḥ)의 측면에서 집제의 특징을 요지한다. 또한 네 가지 측면에서, 즉, 滅(norodhataḥ), 靜(śāntataḥ), 妙(praṇītataḥ), 離(niḥsaraṇataḥ)의 측면에서 멸제의 특징을 요지한다. 또한 네 가지 측면에서, 즉 道(mārgataḥ), 如(nyāyataḥ), 行(pratipattitaḥ), 出(nairyāṇikataḥ)의 측면에서 도제의 특징을 요지한다.[343] 그것이 바로 그 [사성제]의 특징을 요지하는 작의이다.

2.1.2. 요상작의에 대한 상세한 설명

2.1.2.1. 10종 측면에서 고제의 4행상의 관찰 (ŚrBh 471,1; Ch. 470c23)

그가 10종 측면에서 고제를 심사할 때 네 가지 행상을 이해하게 된다. 10종이란 무엇인가? 變異의 측면(vipariṇāmākāra), 滅壞의 측면(vināśākāra[344]), 분리의 측면(viyogākāra), 법성의 측면(dharmatākāra), 만남의 측면(sannihitākāra),[345]

---

342 ŚrBh 470,14에서 śūnyatākāreṇa가 누락되어 있지만, 내용상 보완되어야 하며, 또 티벳역과 한역에서도 보완해서 읽고 있다.

343 출세간도란 4제를 16행상에 의해 관찰하는 것이다. 불교인식론의 맥락에서 16행상의 의미에 대해서 Eltschinger 2014를 참조하라.

344 ŚrBh 471,3: avināśākāreṇa. 앞의 부정어 a는 탈락되어야 한다.

345 ŚrBh 471,3-4에서 합회의 측면과 법성의 측면의 순서로 쓰여 있지만, 한역과 티벳역에 따라 바꾸어 번역했다. 뒤의 상세한 설명에서도 법성의 측면과 합회의 측면의 순서로 설명되

結縛의 측면(saṃjojanabandhanākāra), 좋아하지 않는 측면(aniṣṭākāra), 不安隱의 측면(ayogakṣemākāra), 무지각의 측면(anupalambhākāra), 그리고 不自在의 측면(asvātantryākāra[346])에 의해서이다.

2.1.2.1.1. 무상성의 관찰 (ŚrBh 471,1; Ch. 470c28)

그리고 그는 그 10종 측면들을 證成道理(upapattisādhanayukti)[347]에 의해 관찰한다. 그중에서 먼저 성언량이란 세존께서 일체 유위는 무상하다고 설하신 것이다. 그들 유위도 요약하면 2종으로, 중생세간과 기세간이다.

그중에서 세존께서 중생세간에 대해 설하신 것과 관련해 "비구들이여, 나는 인간의 작용을 넘어선, 청정한 天眼에 의해 죽고 태어나는 중생들을 보며, 내지 신체[348]가 무너지고 죽은 후에 선취에서 천계에서 신들 속에 태어날 때까지도 본다고 설한다."는 법문에 의해서[349] 눈을 갖고, 현량으로 보는 세존께서 먼저 중생세간의 무상성을 해설하신 것이다.

세존께서는 기세간에 관해 다음과 같이 설하셨다. 『일곱 태양의 비유를 설하는 경』에서, "예를 들어 비구들이여, 오랜 시간이 지난 후에 세간에 차례로 일곱 개의 태양들이 나타나게 된다. 이 대지와 산의 왕인 수메르산과

고 있다.

346 ŚrBh 471,6: asvātantra-; Ms에 따라 교정.

347 upapatti-sādhana-yukti는 4종의 yukti(道理)의 하나로서, ŚrBh와 『해심밀경』, 『아비달마집론』 등의 초기유식문헌에 많이 등장하는 용어이다. 여기서 'yukti(道理)'는 tarka('사변')의 동의어로서 reasoning이나 logic으로 번역되거나, 또는 수행자들이 불교 이론을 이해하기 위해 사용하는 해석학적 원리나 근거를 의미한다. 증성도리는 "논증에 따른 증명이라는 원리, 근거(principle that consists in proof by means of arguments)"를 의미하며, 인도 논리학(pramāṇa) 전통이 확립되기 이전의 초기 논리학에 따라 설명하는 방식이다.

348 ŚrBh 472,1: kāsasya; kāyasya의 오기.

349 ŚrBh472,2-3: ity anena tāvat paryāyeṇa 중복 필사.

범천의 세간에 이르기까지 모든 기세간을 태우고 태워 소멸시킨 후에, 연기도 없고 남은 재도 없게 되는 때도 있고, 그 상태도 있게 된다."고 설하신 이 법문에 의해서는 현량으로 보는 눈을 가진 세존께서 기세간의 무상성을 설하신 것이기 때문에 요가행자는 먼저 성언량에 의지한 후에 믿음(信)에 의지하여, 일체 유위의 무상성에 관한 결정성을 획득하게 된다.

그는 그와 같이 결정성을 획득한 후에 믿음에 의지해서 무상성을 직접 지각(현량)하고, 직접 보고(parokṣatām), 또 다른 것에 의존하지 않고 반복해서 관찰한다.

2.1.2.1.1.1. 내·외의 사태에 대한 변이의 무상성의 관찰

(ŚrBh 473,11; Ch. 471a15)

문: 그는 어떻게 관찰하는가? 답: 두 가지 사태(vastu)를 확립시킨다. 둘이란 무엇인가? 내적 사태와 외적 사태이다.

그중에 내적 사태는 6처(āyatana)이다. 외적 사태는 16종이다. 즉, 성과 마을, 집과 가게 등의 地라는 사태, 나무와 뿌리, 약초와 숲 등의 정원이라는 사태, 다양한 산에 주하는 山이라는 사태, 못과 호수, 연못과 하천 등의 水라는 사태, 논밭 등의 작업이라는 사태, 창고 등의 축적이라는 사태, 먹을 것이라는 사태, 마실 것이라는 사태, 탈 것이라는 사태,[350] 의복이라는 사태, 장엄구라는 사태, 웃음과 음악, 악기소리라는 사태, 향과 화환, 화장품이라는 사태, 생활필수품이라는 사태, 광명이라는 사태[351] 그리고 남녀가 유희하는 사태이다. 그것들이 16종의 외적 사태이다.

---

350 ŚrBh 474,2: kośasannidhi-vastrā-; Ms에 따라 kośasannidhivastu〈/〉 bhojanapānayāna-vastrā-로 수정해서 읽었음.

351 ŚrBh 474,3: -māṇḍopaskāraloka-; Ms: -bhāṇḍopaskārālokā-의 읽기도 -bhāṇḍopaskarāloka-로 수정해야 함.

2.1.2.1.1.1.1. 내적 사태에 대한 변이의 무상성의 관찰

(ŚrBh 474,6; Ch. 471a25)

그는 그와 같이 내적 사태와 외적 사태를 확립한 후에, 먼저 현량과 관련된 작의를 통해 내적 사태에 대해 變異의 무상성(vipariṇāmānityatā)을 관찰한다. 그중에서 내적 사태의 변이는 15종이고, 변이의 원인은 8종이다.

(1) 15종의 내적 사태의 변이는 무엇인가? 즉, 상태에서 생겨난 변이, 색깔에서 생겨난 변이, 형태에서 생겨난 변이, 흥성과 쇠퇴에서 생겨난 변이, 구비되고 구비되지 못한 지절에서 생겨난 변이, 피곤에서 생겨난 변이, 다른 손해에서 생겨난 변이, 추위와 더위에서 생겨난 변이, 행동방식에서 생겨난 변이, 접촉에서 생겨난 변이, 잡염에서 생겨난 변이, 질병에서 생겨난 변이, [시체의] 푸르러짐 등에서 생겨난 변이, 일체 경우와 일체 시에 현현하지 않고 소멸된 것에서 생겨난 변이이다.

(2) 그중에서 8종의 변이의 원인은 무엇인가? 즉, 시간에 머묾, 다른 것에 의해 손상됨, 향수, 계절에 따른 변이, 불에 의해 타는 것, 물에 의해 운반되는 것, 바람에 의해 건조되는 것 그리고 다른 조건과 만나는 것이다.

그중에서 시간에 따른 변이란 즉, 어떤 물질적인 것을 좋은 장소에 두더라도 다른 때에 낡아지고 색이 변화되어 나타나는 따위이다. 다른 것에 의해 손상됨이란 즉, 다른 것이 여러 가지 색들을 여러 가지 칼들과 여러 가지 특별한 손상에 의해 다양하게 변형시키는 것이다. 향수란 즉, 다양한 색을 향수하는 각각의 주인들이 향수의 힘에 의지해서 변형시키는 것이다. 계절에 따른 변이란 즉, 겨울에는 뿌리와 약과 수풀 등이 생하고 번성하지만, 봄과 여름에는 푸르고 생장하는 것과 같이, 과일이 생장하고 꽃이 증장하게 되는 등이다. 그것들의 흥성과 쇠퇴도 마찬가지다. 불에 의해 탄 것이란 즉, 불이 났을 때 성과 마을, 왕성과 주변지역이 불타는 것이다. 물에 의해 운반되는 것이란 즉, 커다란 물이 다가와서 성과 마을, 왕성과 주변지역에 도달하는 것이다. 바람에 의해 건조되는 것이란 즉, 큰 바람에 의해 습지들이 바로 신속하게 건조되는 것이며, 젖은 옷들과 축축한 곡식도 마찬가지다. 다른 조건을 만나는 것이란 즉, 즐거움을 일으킬 수 있는 접촉을 조건으로 해서 즐거운 감수를 느끼는 자가 괴로움을 일으킬 수 있는 접촉과 만나는 것이며, 그와 같이 괴로움을 일으킬 수 있는 접촉을 조건으로 해서 괴로운 감수를 느끼는 자가 즐거움을 일으킬 수 있는 접촉과 만나는 것이며, 불고불락수를 감수하게 되는 접촉에 의지해서 불고불락수를 느끼는 자가 즐거움이나 괴로움을 일으킬 수 있는 접촉과 만나는 것이다. 그와 같이 애착하는 자가 증오의 원인과 만나면 그것과 만나기 때문에 탐욕의 분출(paryavasthāna, 纏)[352]과 분리되지만, 증오의 분출이 생겨나게 된다. 그와 같이 증오하고 미혹한 자는 비슷하지 않은 번뇌의 생기의 원인과 만난다고 알아야 한다.

또한 예를 들면 안식이 현전할 때 소리(聲)의 영역과 만나고 향·미·촉·법의 관념상과 만날 때, 저 다른 영역과 비슷하지 않은 식이 생겨나는 것이다. 이들 여덟 가지가 변이의 원인이다. 물질적이거나 비물질적인 요소들이 변이될 때, 그들 일체의 원인이 여덟 가지이다. 그보다 위도 없고 그보다 뛰어난 것도 없다.

(3) 15종의 내적 상태의 변이 (ŚrBh ; Ch. 47)

(i) 그중에서 내적 사태에서 어떻게 상태로부터 생겨난 변이의 무상성을 관찰하는가? 이에 대해 그는 자신이나 다른 사람의 아이의 상태로부터 노인의 상태에 이르기까지를 보게 된다. 그 제행의 흐름이 전후에 같지 않고

---

352 여기서 '분출'이라고 번역한 산스크리트 단어는 paryavasthāna이다. 『유가론』에서 이 용어는 번뇌의 잠재성을 나타내는 anuśaya(隨眠)와 대비되는 개념으로 번뇌의 현재적 일어남으로서 現起를 나타낸다.

매우 구별되며, 변이했음을 본 후에 그는 '오! 이들 유위는 무상하다'고 생각한다. 왜냐하면 이와 같이 내적 유위들에서 상태로부터 생겨난 이러한 변이들이 바로 현량의 측면에서 지각되기 때문이다.[353]

(ii) 그중에서 내적 사태에서 어떻게 색깔로부터 생겨난 변이의 무상성을 관찰하는가? 이에 대해서 그는 자신이나 타인들의 이전 피부색이 더 좋은 색깔을 가졌고, 더 맑고 더 깨끗함을 보고, 후에 아름답지 않은 색깔과 맑지 않고 깨끗하지 않음을 본다. 본 후에도 다시 역으로 다른 때에 바로 그 피부색이 더 좋은 색깔을 가졌고 더 맑고 깨끗함을 본 후에 그는 다음과 같이 '오! 이 유위들은 무상하다'고 생각한다. 왜냐하면 내적 사태에서 색깔로부터 생겨난 이러한 변이들이 바로 현량의 측면에서 지각되기 때문이다.

(iii) 그중에서 내적 사태에서 어떻게 형태로부터 생겨난 변이의 무상성을 관찰하는가? 색깔에 대해 설한 것처럼 형태도 작고 거친 것이라고 알아야 한다.[354]

(iv) 그중에서 내적 사태에서 어떻게 홍성과 쇠퇴로부터 생겨난 변이의 무상성을 관찰하는가?[355] 홍성이라는 것은 즉, 친족의 홍성과 수용물의 홍성, 계와 견해의 홍성이다. 그와 반대되는 것이 쇠퇴이다(p.478). 이에 대해 그는 자신이나 타인들의 그러한 홍성과 쇠퇴를 본 후에 그는 '오! 이 유위들은 무상하다'고 생각한다. 왜냐하면 내적 사태에서 홍성과 쇠퇴로부터 생겨난 그러한 변이가 바로 현량의 측면에서 지각되기 때문이다.[356]

---

353 티벳역은 산스크리트본과 한역에는 없는 de ltar na nang gi dngos po'i gnas skabs las gyur ba'i 'gyur ba'i mi rtag pa nyid yongs su tshol bar byed do//를 덧붙인다.

354 티벳역은 이하에서 이 구절을 상세히 부연 설명하고 있지만, 산스크리트문이나 한역에는 대응하는 문장들이 없이 압축되어 표현되어 있다.

355 ŚrBh 477,19에서 이 항목의 도입문이 누락되어 있다.

(v) 그중에서 내적 사태에서 어떻게 구비되고 구비되지 않은 지절로부터 (p.478) 생겨난 변이의 무상성을 관찰하는가? 이것에 대해 그는 자신이나 타인들의 지절이 이전에 구비되었다고 보고 후에 다른 때에 왕이나 도둑이나 사람이나 사람이 아닌 자들에 의해 구비되지 않게 됨을 본다. 본 후에 그는 '오! 이 유위들은 무상하다'고 생각한다. [이하] 앞에서와 같다.

(vi) 그중에서 내적 사태에서 어떻게 피곤으로부터 생겨난 변이의 무상성을 관찰하는가? 이것에 대해 그는 자신과 타인들의 신체가 이전에 달렸거나 수영을 했거나 점프를 했거나 오르거나 다양한 행위를 빠르게 함에 의해 그 신체가 피곤하고 극히 지쳤다고 보며, 그는 다른 때에는 피곤과 극도의 지침이 없다고 본다. 그는 '오! 이 유위는 무상하다'고 생각한다. [이후는] 앞에서와 같다. 이와 같이 피곤으로부터 생겨난 변이의 무상성을 관찰한다.[357]

(vii) 그중에서 내적 사태에서 어떻게 다른 것에 의해 손상됨에서 생겨난 변이의 무상성을 관찰하는가? 이것에 대해 그는[358] 자신이나 타인들의 신체가 다른 것에 의해 손상됨, 즉, 채찍이나 말가죽, 나무껍질(p.479), 가죽끈으로 때리거나 그와 같이 모기와 등에, 뱀 등의 다양한 접촉에 의해 변이되었음을 보고, 그는 다른 때에 변이된 그것들은 비존재한다고 본다. 본 후에 그는 '오! 유위들은 무상하다'고 생각한다. [이하] 앞에서와 같다. 이와 같이 다른 것에 의해 손상됨에서 생겨난 변이의 무상성을 관찰한다.

(viii) 그중에서 내적 사태에서 어떻게 추위와 더위에서 생겨난 변이의 무상성을 관찰하는가? 이것에 대해 그는 추운 때에는 자신이나 타인들의 신

356 ŚrBh 477,21-478,6의 문장이 착종되고 또 누락되어 있다.

357 이 마지막 문장은 다른 항목의 설명에서 나타나지 않지만, 여기서 범본에 다시 나타난다. 한역에는 대응 문장이 없다.

358 ŚrBh 478,18에 이 항목의 도입 문장이 누락되어 있다.

체가 배고프고 몸 떨리고 추위의 분출을 통해 고통을 받기 때문에, 따뜻함을 원한다고 본다면, 더운 때에는 신체에 배고픔이 없고 신체의 떨림도 없고 신체의 땀 흘림과 신체의 갈망, 갈증과 목마름에 의해 고통 받아서 시원한 접촉을 원한다고 본다. 본 후에 다시 반대로 추운 때에 앞에서 설해진 바로 그 행상을 보고, 본 후에 그는 다음과 같이 '오! 이 유위들은 무상하다'고 생각한다. [이하] 앞에서와 같다. 이와 같이 추위와 더위에서 생겨난 변이의 무상성을 관찰한다.

(ix) 그중에서 내적 사태에서 어떻게 행동거지(威儀)로부터 생겨난 변이의 무상성을 관찰하는가?[359] 이것에 대해 그는 자신이나 타인들이 행주좌와의 행동거지로부터 어떤 때에 자신이나 다른 사람에게 어떤 것도 타당한 행동거지가 자신에 의해 손상됨을 보고 어떤 때는 바로 그들에 의해 도움이 됨을 본다. 본 후에도 그는 '오! 이 유위들은 무상하다'고 생각한다. [이하] 앞에서와 같다. 이와 같이 행동거지로부터 생겨난 변이의 무상성을 관찰한다.

(x) 그중에서 내적 사태에서 어떻게 접촉으로부터 생겨난 변이의 무상성을 관찰하는가? 낙수를 일으키게 하는 접촉을 통해 감촉한 자가 낙수를 일으키게 하는 접촉에 의지해서 생겨난 낙수를 경험한다면, 스스로 낙수의 상태를 바르게 분석한다. 낙수의 상태에 대해서처럼, 고수와 불고불락수의 상태에 대해서도 마찬가지다. 그는 그 감수들이 전후에 계속 새로워지고 오래되지 않고, 생한 후에 멸하고, 멸괴하고 오랜 기간 머물지 않고, 다른 것으로 변하는 것을 본다. 본 후에 또한 그는 '오! 이 유위들은 무상하다'고 생각한다. [이하] 앞에서와 같다.

(xi) 그중에서 내적 사태에서 어떻게 잡염[360]에서 생겨난 변이의 무상성

---

359 Ms 및 ŚrBh 479,17에 해당되는 katham īryāpathakṛtāṃ vipariṇāmānityatāṃ paryeṣate 누락.

을 관찰하는가? 이것에 대해 그는 자신이나 타인들의 마음이 탐을 갖고 있거나 貪을 여의고 있으며, 瞋을 갖고 있거나 진을 여의고 있으며, 癡를 갖고 있거나 치를 여의고 있다고 변지하고 심이 어떤 타당한 수번뇌에 의해 수번뇌로 될 때에도 수번뇌라고 하는 것으로 변지하고, 수번뇌가 없을 때에도 수번뇌가 없다고 변지한다. 번뇌와 수번뇌들에 의해 전후에 염오되어 변화되고 변화되지 않는 심의 상속들을 본 후에, 또한 그는 '오! 이 유위들은 무상하다'고 생각한다. 왜냐하면 그와 같이 잡염에서 생겨난 변이가 바로 현량의 측면에서 지각되기 때문이다.

(xii) 그중에서 어떻게 병으로부터 생겨난 내적 사태에서 변이의 무상성을 관찰하는가? 이것에 대해 그는 어떤 때에는 자신이나 타인들이 병이 없이 즐겁고 강성하다고 보지만, 그는 다른 때에는 자신이나 타인들이 병과 고통과 심각한 병과 신체의 괴로운 감수를 견딜 수 없으며, 강하고 즐거워할 만하지 않은 신체의 감수와 접촉함을 본다. 그는 또한 다른 때에 병이 없고 즐겁고 강성하다고 본다. 이하 앞에서와 같다.[361]

(xiii) 그중에서 내적 사태에서 어떻게 죽음으로부터 생겨난 변이의 무상성을 관찰하는가? 이에 대해 그는 어떤 때에는 이 생명력이 유지되었고, 주했고, 유지되었다고 보고, 그것이 다른 때에는 죽어 사라지고 식이 떠났다고 본다. 본 후에 또한 그는 다음과 같이 생각한다. 이하 앞에서와 같다.

(xiv) 그중에서 내적 사태에서 어떻게 푸르게 됨 등으로부터 생겨난 변이의 무상성을 관찰하는가? 이에 대해 그는 시체 바로 그것을 어떤 때에 푸르게 됨의 상태로 보고 어떤 때는 고름의 상태로 보며, 그와 같이 어떤 때에는 해골의 상태로 본 후에 그는 '오! 이 유위들은 무상하다'고 생각한다.

---

360 ŚrBh 480,12: kleśakṛtāṃ; saṃkleśakṛtāṃ으로 교정해야 한다.

361 이어지는 ŚrBh 481,5-12는 중복필사와 착종이다.

자세한 것은 앞에서와 같다.[362]

(xv) 그중에서 내적 사태에서 어떻게 일체 방식으로 현현되지 않고 멸해진 것으로부터 생겨난 변이의 무상성을 관찰하는가? 이에 대해 그는 다른 때에 해골의 상태 바로 그것도 일체 방식으로 파괴되고 변괴되었으며, 현현하지 않는 것은 일체 방식으로 이전의 눈에 나타나지 않는다고 본다. 본 후에 또한 그는 '오! 이 유위들은 무상하다'고 생각한다. 왜냐하면 이것들에 대해 전후에 바로 현량의 측면에서 그러한 형태를 가진 변이라고 지각하기 때문이다.

이와 같이 먼저 현량의 영향을 받은 작의에 의해 내적 사태에서 15종으로 변이의 무상성을 관찰한다.

2.1.2.1.1.1.2. 외적 사태에 대한 변이의 무상성의 관찰

(ŚrBh 482,12; Ch. 472b22)

그와 같이 관찰한 후에 그는 외적 사태에서 16종으로 변이의 무상성을 관찰한다.

그는 먼저 地의 부분이 만들어지지 않았다고 본다. 즉 집이라는 사태와 가게라는 사태, 복덕이 행해지는 영역, 거실과 신전과 사찰이라는 사태의 종류들로 만들어진 것을 보지 못하고, 후에 [그것들이] 만들어졌거나 만들어지지 않았으며, 잘 만들어지고 잘 보호되고 있음을 본다. 그는 다른 때에 그것들이 낡았고 부서지고 쪼개지고 무너지고 더러워지고 조각나고 갈라지고 불에 의해 소실되거나 물에 의해 운반되었음을 본다. 본 후에 또한 그

362 iti vistareṇa pūrvvavat 대신에 티벳역은 앞의 경우처럼 모든 문장을 제시하고 있다. de ltar na nang gi dngos po'i rnam par bsngos pa la sogs pa las gyur pa'i 'gyur ba'i mi rtag pa nyid yongs su tshol bar byed do//

는 '오! 이 유위들은 무상하다'고 생각한다. 왜냐하면 이것들에 대해 이러한 형태를 가진 변이가 전후에 현량의 측면에서 지각되기 때문이다. 그와 같이 地에 대해 변이의 무상성을 관찰한다.

마찬가지로 그는 나무와 뿌리, 약과 수풀과 동산 등 정원들이 어떤 때는 꽃과 열매가 무성해서, 푸르고 깨끗하고 즐거운 곳이라고 보지만, 다른 때에는 마르고 꽃과 열매가 사라지고 불에 의해 소실되거나 물에 의해 운반되었다고[363] 본다.

마찬가지로 그는 산들이 어떤 때는 암석으로 가득 차 있다고 보고 어떤 때는 암석이 없고 정상이 무너지고 언덕이 끊어지고 불에 의해 소실되거나 물에 의해 운반되었다고 본다.

마찬가지로 못과 호수와 소와 강과 연못 등의 물은 어떤 때에는 물이 넘치는 것을 보고, 어떤 때에는 물이 메말라서 모든 방식으로 매우 건조하고 먼지로 된 메마른 나무들을 본다.

마찬가지로 그는 농업과 선박업과 상업과 세공업 영역들과 같은 작업들도 어떤 때는 홍성하다고 보고 어떤 때는 쇠퇴하다고 본다.

마찬가지로 그는 다양한 저장과 창고들이 어떤 때는 증대함을 보고 어떤 때는 줄어듦을 본다.

마찬가지로 그는 음식이 어떤 때는 잘 갖추어진 상태로 있다고 보고, 어떤 때는 갖추어지지 않은 상태로 있으며, 어떤 때는 침에 의해 습해지고 어떤 때는 대변과 소변의 상태로 있다고 본다.

마찬가지로 그는 다양한 수레도 어떤 때는 아름답게 꾸며지고 잘 장엄되고 새로운 것으로 보고 어떤 때는 꾸밈이 없고 장엄되지 않고 오래된 것으로 본다.

---

363 ŚrBh 483,6에 udakābhṣyanditāni가 누락되어 있다.

마찬가지로 그는 다양한 종류의 의복들도 어떤 때는 새것으로 보고 어떤 때는 오래되고 낡은 것으로 보며, 어떤 때는 깨끗한 것으로 보고 어떤 때는 더러운 것으로 본다.

마찬가지로 그는 다양한 종류의 장엄들도 어떤 때는 매우 아름답게 보고 다른 때에는 아름답지 않게 보며, 어떤 때는 견고하게 보고 어떤 때는 파괴되고 멸한 것으로 본다.

마찬가지로 그는 다양한 음악이 모인 것에서 생겨나는 춤과 노래, 악기 소리들도 어떤 때는 풍부하게 보고 어떤 때는 정지된 것으로 본다.

마찬가지로 그는 향과 화만과 향수들도 어떤 때는 새롭고 향이 좋고 건조되었다고 보고, 다른 때에는 매우 향이 좋지도 않고 향이 나쁘지도 않지만, 습하고 건조하지 않다고 본다.[364]

마찬가지로 그는 항아리와 생활필수품들도 아직 만들어지지 않은 것과 만들어진 것, 그리고 견고한 것과 조각난 것을 본다.

마찬가지로 그는 광명과 어둠(anukāra) 양자가 생기고 사라지는 것을 본다.

마찬가지로 그는 남녀의 행위의 일어남과 사라짐이 견고하지 않다고 본다.

이를 본 후에 그는 '오! 이 유위들은 무상하다'고 생각한다. 왜냐하면 이 외적 제행들, 즉 6종의 섭수하는 사태들과 10종의 신체에 필요한 것들의 변화와 변이가 현량의 관점에서 지각되기 때문이다. 모든 항목들에 대해 이 [문장]이 적용된다고 알아야 한다.[365]

---

364 티벳역은 이를 각기 lan 'ga' ni (어떤 때는)로 나열하지만, 한역은 범본과 같이 "먼저는, 그다음은"으로 번역하고 있다.

365 한역과 티벳역은 이에 따라 각 항목의 뒤에 이 마지막 문장을 부연하고 있다.

앞에서 설한 이들 8종의 원인들에 의해 그는 내·외의 사태에서 이치에 따라 현량과 관련된 작의를 통해 이와 같이 변이의 측면을 통해 무상성을 관찰한다.

그가 그처럼 변이의 무상성을 직접 보고 경험하면서, 다른 연을 따르지 않게 되고 다른 것에 의해 이끌리지 않을 때, 바로 그와 같이 기억하는 그는 관찰한다. [그에게] 확실한 결정성이 생겨나기 때문에 그 때문에 현량과 관련된 작의라고 부른다.

2.1.2.1.1.2. **멸괴의 측면에서 무상성의 추론** (ŚrBh 485,6; Ch. 473b3)

그는 그와 같이 현량과 관련된 작의를 통해 변이의 무상성을 관찰한 후에, 존재하는 물질적인 제행들이 한 찰나에 생하고 소멸하지만, 사라지는 것(avilīnatā)[366]을 지각하지는 못한다. 그것에 대해서 그는 현량과 관련된 작의에 의지한 후에 추론을 행한다. 그는 다음과 같이 추론한다. 찰나에 생하고 소멸하며, 사라지는 이들 제행의 전후 변화는 타당하지만, 바로 그와 같이 존속하는 [제행]의 [변화는] 타당하지 않다. 왜냐하면 제행은 찰나적이고 그러그러한 연이 있을 때 그러그러하게 생겨나지만, 생겨난 것들은 멸이라는 원인에 의존하지 않고 저절로 멸하는 것이다.

그런데 이들 [8종] 변이의 원인들은 달리 생기하기 위해 일어나며, 변이된 생기의 원인으로 되지만, 소멸의 [원인은] 아니다. 그것은 무엇 때문인가? 왜냐하면 저 소멸의 원인과 동시에 소멸된 제행의 일어남은 비슷하지 않게 지각되지만, 일체방식으로 일어나지 않는 것은 아니기 때문이다.

또는 일체방식으로 제행은 일어나지 않는다고 지각되는 것도 있다. 예를

---

366 ŚrBh는 vilīnatā로 수정하고 있다. 한역(473b5) 滅壞도 이를 따르고 있다. 그런데 티벳역 med pa ma yin pa은 avilīnatā로 읽은 것으로 보인다.

들면 물을 끓일 때 모든 방식으로 [물은] 증발되며, 불에 의해 타버린 기세간에 연기나 남은 재조차 인식되지 않는 것처럼, 그것들은 이후의 원인이 소진된 후에 마지막에 일체방식으로 비존재하게 되는 것이지만, 오직 불이 그렇게 만든 것은 아니다. 따라서 그와 같이 설해진 여덟 [원인]들이 변이의 원인이지, 소멸은 바로 자연적으로 일어나는 것이다.

그는 그와 같이 추론적인 작의를 통해 제행이[367] 찰나에 생멸하고, 사라진다는 사실과 관련하여 결정성을 획득한 후에, 또한 현량[의 대상]이 아닌 외부 세간에서 제행의 발생에 대해 추론한다.

또한 그는 다음과 같이 추론한다. 형색이 좋거나 나쁘며, 종성이 높거나 낮으며, 부유한 집안에서 태어나거나 가난한 집안에서 태어나며, 권세가 작거나 크며, 수명이 길거나 짧으며, 말이 이해하기 좋거나 이해하기 어렵고, 이해력이 날카롭거나 우둔한 유정들이 있다. 다양한 그 유정들에게 다양한 업이 있는 것은 타당하지만, 없는 것은 타당하지 않기 때문에, 그러한 유정들이 이전에 다양한 선과 불선업 등을 의심할 바 없이 행했고 적집한 것이다. 저들 원인과 저들 조건에 의해 그들의 다양한 신체 등이 산출되는 것이다.

또한 그것이 이슈바라에 의한 변화를 원인으로 한다는 것은 타당하지 않다. 만약 [그것이] 이슈바라에 의한 변화를 원인으로 하는 것이라면, 그것은 바로 이슈바라를 조건으로 하거나 또는 이슈바라에 의해 변화된 다른 조건을 갖게 될 것이다.

만약 이슈바라가 바로 조건이라면, 그렇다면 이슈바라와 이들 제행 양자는 동시적인 것이어야 할 것이다. 또는 만약 이슈바라가 선행하고 제행이 이후라면, 제행은 이슈바라를 조건으로 하지 않게 된다. 또는 만약 이슈

---

367 ŚrBh 486,15: saṃskāreṇā-; saṃskārāṇāṃ으로 교정해야 함.

바라의 소원이 변화의 원인이지 이슈바라만은 아니라고 한다면, 그렇다면 [그 산출은] 원인을 갖고 있거나 아니면 원인이 없는 것으로서 욕구를 수반하게 될 것이다. 만약 그것이 원인을 가진 것이라면 바로 이슈바라를 원인으로 하기 때문에, 따라서 이전과 같은 허물로 되기 때문에 타당하지 않다. 만약 그것이 다른 원인을 가진 것이라면, 그렇다면 욕구와 추구와 서원은 이슈바라와 독립해 있는 다른 요소를 원인으로 가질 것이며 일체 제행도 단지 [다른] 요소를 원인으로 해서 생겨날 것이기 때문에, 망분별된 것을 이슈바라로 가설할 필요가 있겠는가?

이와 같이 그러한 종류의 추론적인 작의에 의해 다른 세계에서 제행의 생기에 관한 확정성이 획득되게 된다. 그는 그와 같이 3종의 작의의 힘에 의해, 즉 믿음과 현량, 추론의 지배적 힘에 의해 무상성을 관찰한다.

그중에서 앞에서 설한 5종의 수습을 수반한 5종의 무상 중에서 변이의 측면과 멸괴의 측면은 이미 설했다.

2.1.2.1.1.3. **분리의 측면에서 무상성의 관찰** (ŚrBh 488,11; Ch. 474c21)

분리의 측면을 가진 무상성이란 무엇인가? 그것도 내적, 외적인 것과 관련된다고 알아야 한다. 그중에서 내적인 것과 관련된 것이란 몇몇은 이전에 타인들의 주인으로 되었고 노비가 아니고 심부름꾼이 아니며, 독립적이며, 하인이 아닌 자로 되었기 때문에, 그는 다른 때에 주인, 즉 노비가 아닌 상태를 버리고 다른 사람의 노비로 된다. 주인이라는 상태와 떨어진다. 마찬가지로 갖고 있고 존속하고 변화되지 않고 파괴되지 않은 재산들이 왕이나 도둑들이나 싫어하는 자들에 의해 빼앗기거나, 잘못 놓았기 때문에 잃어버리거나, 구하지만 얻지 못하는 이러한 것 따위가 분리의 측면을 가진 무상성이라고 알아야 한다.

2.1.2.1.1.4. 법성의 측면에서 무상성의 관찰

그중에서 법성의 측면을 가진 무상성이란 무엇인가? 저 변이의 무상성과 소멸의 무상성, 별리의 무상성이 현재시기에 근접해 있지 않더라도 미래시기에 그와 같은 성질을 가진 제행이 그와 같은 것이 될 것이라고 요지한다.

2.1.2.1.1.5. 만남의 측면에서 무상성의 관찰

그중에서 만남의 측면을 가진 무상성은 무엇인가? 현전하는 변이의 무상성과 멸괴의 무상성, 분리의 무상성들을 구별하는 것이다.

2.1.2.1.1.6-8. 結縛의 측면, 좋아하지 않는 측면, 不安隱의 측면에서 고의 행상의 요지 (ŚrBh 489,9; Ch. 474a11)

그는 그와 같이 내·외의 유위들의 5종 무상성에 관하여 5종의 측면들을 통해 이치에 따라 많이 작의하기 때문에, 또 증성도리에 따른 수습에 의거하기 때문에, 확정성을[368] 획득한 후에 그 직후에 고의 행상을 이해한다. 그는 다음과 같이 생각한다.

무상한 제행의 무상성은 生의 법성이라고 알아야 한다. 그렇다면 이들 제행은 생이라는 성질을 가진 것이지만, 생은 고이고, 생과 같이 노·병·사와 원증회고, 애별리고, 구득불고 또한 마찬가지라고 알아야 한다고 생각한다. 그와 같이 그는 어떤 때는 무상의 측면을 통해 고의 측면을 이해한다.

그는 루를 수반하고 취착을 수반한, 즐거움을 일으킬 수 있는 온들에 대해 結과 縛의 측면을 가진 것으로서 고의 행상이라고 이해한다. 왜냐하면

368 ŚrBh 489,11-12: niyeyaṃ. 그러나 niścayaṃ으로 교정해야 함.

그것들은 애결의 토대이지만, 애결도 생·노·병·사와 憂悲苦惱와 결합한, 탐·진·치라는 [3종] 縛의 토대이기 때문이다.

좋아하지 않는 측면을 통해 고를 일으킬 수 있는 온들에 대해 고의 행상으로 이해한다. 왜냐하면 고를 불러일으킬 수 있는 요소들은 루를 수반하고 취착을 수반한 것이고 심적 고통을 수반하고 추중을 수반하고, 고통으로부터 벗어나지 못한 것이고, 무상하고, 소멸의 성질을 가진 것이기 때문이다.[369]

그중에서 불안은(不安隱)의 측면에 의해서는 불고불락을 불러일으킬 수 있는 온들에 대해 고의 행상으로 이해한다. 왜냐하면 불고불락을 불러일으킬 수 있는 온들은 루를 수반하고(sāsrava) 취착을 수반하고(sopādāna), 추중을 수반한 것이고, 고·락의 종자와 결합되어 있고, 고고성과 괴고성으로부터 벗어나지 못한 것이고,[370] 무상하고 소멸의 성질을 가진 것이기 때문이다.

그와 같이 요가행자는 즐거움을 불러일으킬 수 있는 제행들과 낙수에 대해 즉 結과 縛의 측면을 가진 것으로서 壞苦性으로 이해한다. 또 괴로움을 불러일으킬 수 있는 제행과 고수에 대해 즉 원하지 않는 측면을 가진 것으로서 苦苦性으로 이해한다. 또 불고불락을 불러일으킬 수 있는 제행과 불고불락수에 대해 즉 불안은의 측면을 가진 것으로서 行苦性으로 이해한다.[371]

그는 다음과 같이 생각한다. 結과 縛의 측면과 좋아하지 않는 측면, 불안은의 측면과 관련하여 세 가지 감수에 대해 그것이 어떤 것이든 그것들은 여기에서 고라고 생각한다. 그와 같이 그는 무상의 측면에 의거하는 작의

---

369 이 단락 전체가 ŚrBh 490에 누락되어 있다,

370 위의 구절은 Schmithausen(1987: n. 490)에 교정된 문장이 제시되어 있으며, 그것에 따라 번역했다.

371 3종 苦性에 대해서는 Schmithausen 1977을 볼 것.

를 통해 고의 행상을 이해하는 것이다.

2.1.2.1.1.9-10. 부자재의 측면과 무지각의 측면에서 무아와 공성의 관찰

그는 다음과 같이 생각한다. 나는 오직 근과 오직 경계와 오직 그것에서 생겨난 감수와 오직 심을 지각할 뿐이지, 아와 아소라고 하는 것은 단지 명칭일 뿐이고 단지 현현일 뿐이고 단지 시설일 뿐이다. 그것보다 우월한 것도 없고 그것보다 뛰어난 것도 없다.

그와 같이 [아와 아소가] 존재한다면, 그것은 단지 온뿐인 것(skandha-mātra)으로서 존재한다. 만일 영원하고 견고하고 상주하고 자재하는 어떠한 자아나 중생이 태어나고, 늙고, 병들고 죽는다면, 그는 온들 속에 존재하지 않는다. 왜냐하면 그가 이러저러한 업을 짓고, 지은 이숙과를 감수하게 되는 것은 결코 없기 때문이다. 따라서 제행은 공하고 무아이다. 이와 같이 무지각의 측면(anupalambhākāra)에 의해 공의 행상을 이해한다. 그는 '自相과 무상의 특징, 고의 특징(苦相)과 결합한 제행 또한 조건지어 생겨난 것이기 때문에 자재함이 없는 것이며, 자재함이 없는 것은 무아이다'라고 생각한다. 그와 같이 부자재의 측면을 통해 무아의 행상을 이해하게 된다.

2.1.2.1.2. 10종 측면에서 고제의 관찰의 결론

요가행자는 다음과 같이 10종 측면들에 의해 포섭된[372] 4종 행상에 의해 고제의 특징을 요지한다. 그중에서 무상의 행상은 5종의 측면들에 의해 포섭된다. 즉 변이의 측면, 멸괴의 측면,[373] 분리의 측면, 만남의 측면, 법성의

---

372 ŚrBh 492,6-7: daśākāraṃ gṛhītaiś; Ms: daśākārāsaṃgṛhītaiś.

373 ŚrBh 492,9에 vināśākāreṇa가 누락되어 있다.

측면[374]에 의해서이다. 고의 행상은 3종 측면들에 의해서 포섭된다. 즉 結과 縛의 측면, 원하지 않는 측면, 불안은의 측면에 의해서이다. 공의 행상은 하나의 측면에 의해 포섭된다. 즉 비지각의 측면에 의해서이다. 무아의 행상은 하나의 측면에 의해 포섭된다. 즉 자재하지 않음의 측면에 의해서이다. 그는 그와 같이 10종 측면들에 의해 4종 행상을 이해하면서 고의 특징을 요지한다.

2.1.2.2. 집제의 4행상의 특징의 관찰 (ŚrBh 493,1; Ch. 474b26)

이 고의 원인(hetu)은 무엇이며, 集(samudaya)은 무엇이며, 생기(prabhava)는 무엇이며, 조건(pratyaya)은 무엇인가? 어떤 것이 끊어졌기에 이 고가 끊어지게 되는가? 이러한 4종의 행상들에 의해 집제의 특징을 요지한다. 갈애는 고를 이끌어내는 것이기 때문에 원인의 관점에서이며, [고가] 이끌어진 후에 산출하는 것이기 때문에 또 일으키기 때문에 집의 관점에서이며, 고가 이미 산출된 후에 일어났기 때문에 생기의 관점에서이며, 다시 미래에 고의 종자를 포섭하기 때문에 또 순서대로 고의 집을 인도하기 때문에 조건의 관점에서이다.

다른 설명방식이다. 갈애가 취착의 원인임을 요지했기 때문에,[375] 또 취착을 원인으로 하는 有(bhava)가 모여 이르렀기 때문에, 또 有에 의존하는 生이 일어났기 때문에, 또 생을 조건으로 하는 생노병사와 憂 등을 산출하기 때문에, [각기] 원인의 관점에서, 집의 관점에서, 생기의 관점에서, 조건의 관점에서 [설명한 것]이다.

---

374 ŚrBh 492,9-10에 따라 순서대로 번역했다. 한역(T30: 474b21-22)에는 마지막 두 측면의 나열 순서가 바뀌어 있다.

375 ŚrBh 493,9에 대응하는 문장이 누락되어 있다. 한역에는 了知愛是取因故로 제시되어 있다.

다른 설명방식이다. 갈애의 수면 등 의지체에 부착된[376] [번뇌의] 수면[377]이 미래에 後有를 산출하기 위한 원인이 되고, 또 그것에서 생겨난 분출(paryavasthāna, 纏)이 이치에 따라 모이고, 생기하고, 조건이 되는 것이다. 그중에서 후유로 이끄는 갈애를 인기하기 때문에 集의 관점에서이다. 그리고 후유로 이끄는 갈애가 기쁨과 탐욕을 수반하는 갈애의 생기가 있으며, 또한 기쁨과 탐욕을 수반해서 일어난 갈애가 이곳저곳에서 기쁨을 찾는 갈애의 조건이 된다. 이와 같이 그 [갈애]가 수면에 속하고 또 3종 분출에 속한다는 사실과 관련하여 후유의 산출이 있고 나타남이 있는 것이다. 그러므로 원인의 관점에서, 집의 관점에서, 생기의 관점에서, 조건의 관점에서 말한 것이다.

이와 같이 요가행자는 이 4종의 행상들에 의해 집제의 특징을 각각 요지한다.

---

376 ŚrBh 49316: āśrayas tṛṣṇānuśayādikaḥ; 하지만 사본에 따라 āśraya-sanniviṣṭas anuśayādikaḥ로 교정되어야 한다.

377 번뇌의 수면이란 kleśa-anuśaya를 tatpuruṣa로 풀이한 것이다. 그 복합어 해석은 AKBh에서 kāmarāga-anuśaya가 karmadhārya인지 아니면 tatpuruṣa인지에 대한 질문에 대해 각기 유부와 경량부의 해석상의 차이를 보여 주는 것이다. 즉, 유부는 "바로 감각적 욕망에 대한 탐욕이 수면"(kāmarāga eva anuśaya)이라고 해석하고, 반면에 경량부는 "감각적 욕망의 수면"(kāmarāgasya anuśaya)이라고 간주하는 것이다. 이 문제는 수면을 번뇌의 잠재성으로 인정하는가 아니면 단지 번뇌의 미세한 형태에 지나지 않는다고 보는가에 달려 있다. 세친은 경량부의 해석에 동의하는데, 유식학파도 마찬가지로 번뇌의 분출과 그 잠재성을 명확히 구별함으로써 이 복합어 해석에서 경량부의 설에 동의할 것이다(이에 대해서는 Waldron 2003: 70f 참조). 성문지도 anuśaya(隨眠)과 paryavasthāna(纏) 사이를 명확히 구별함으로써 구사론 이전에 이미 요가행자들의 명상 경험에서 이런 구별이 수행되고 있음을 보여 준다. 특히 위의 구절은 수면을 의지체에 부착된 것으로 보고, 또 번뇌의 분출을 그 [번뇌의 수면]에서 생겨난 것으로 본다는 점에서 신체에 부착된 추중이나 잠재적 번뇌와 관련해서 알라야식의 유래를 논의하는, 그런 생리학적 해석을 공유하고 있음을 보여 준다.

2.1.2.3. 멸제의 4행상의 특징의 관찰 (ŚrBh 494,8; Ch. 474c15)

집제의 특징을 요지한 후에 이 집제의 남김없는 정지와 소멸을 소멸의 관점에서 나타낸다. 고제의 남김없는 적정을 원하기 때문에, 제일이고 최상이고 최고이기 때문에 우수함의 관점에서(praṇītatas, 妙)이며, 영원하기 때문에 벗어남의 관점에서(niḥsaraṇatas, 出)이다. 이와 같이 그는 네 가지 행상들에 의해 멸제의 특징을 각각 요지한다.

2.1.2.4. 도제의 4행상의 특징의 관찰 (ŚrBh 494,14; Ch. 474c20)

[멸제의 특징을] 요지한 후에 알아야 할 것을 탐색하기 위해, 진실한 것을 탐색하기 위해, 네 가지 문[378]에 따라 나아가기 위해, 그리고 열반으로 인도하는 하나의 길이라는 의미에서 道를 도의 관점에서, 논리의 관점에서, 정행의 관점에서, 벗어남의 관점에서 나타낸다. 그는 이와 같이 네 가지 행상들에 의해 도제[379]의 특징을 각각 요지한다. 이것이 사성제에 대한 내적이고 개별적인 특징을 요지하는 작의라고 불린다.

2.1.3. 요상작의에 대한 결론 (ŚrBh 494,20; Ch. 474c25)

그는 이와 같이 내적인 온들을 [사]제의 이치에 따라[380] 관찰한 후에, [즉] 사유한 후에 직접 지각되지 않고(viparokṣa,[381] 不現見), 동일한 영역(界)에 속하지 않은 온들을 추론의 관점에서 다음과 같이 사유한다.[382] 모든 곳에서 모

---

378 ŚrBh 494,14: duḥkhair = Ms; 그러나 한역과 티벳역에 따라 mukhair로 교정해야 함.

379 ŚrBh 494,16: mārgatyasya; Ms에 따라 mārgasatyasya로 교정.

380 ŚrBh 494,20: pratyayenopa-; Ms에 따라 satyanyāyenopa-로 교정.

381 ŚrBh 495,1: viparokṣakān; Ms에 따라 viparokṣān으로 교정.

382 ŚrBh 495,2: parāhanti = Ms; 그러나 티벳역과 한역에 따라 vicārayati로 교정해야 함.

든 방식으로, 어떤 것이든 만들어진 것들은 이러한 성질을 갖고 있으며,[383] 이런 방식에 떨어진 것이다. 이와 같이 모든 것이[384] 이런 본성을 갖고 있을 때, 그것의 소멸과 적정, 도와 출리로 이끄는 것이다.

그것이 직접 지각된,[385] 내적인, 온들에 대한 [사]제의 智(satyajñāna)이며, 또한 직접 지각되지 않고, 동일하지 않은 영역에 속하는 [온들에] 대한 추론지(anumānajñāna)이다. 그것이 법에 따른 인식(dharma-jñāna, 法智)과 유비적 인식(anvaya-jñāna, 類智) 양자가 생겨나기 위한 종자를 일으킬 수 있는 것이다. 그리고 이 특징을 요지하는 작의(lakṣaṇapratisaṃvedī manaskāraḥ, 了相作意)는 청문과 사유가 섞여 있다고 알아야 한다.

2.2. 승해작의(勝解作意) (ŚrBh 495,15; Ch. 475a6)

요가수행자는 저 [사]제들에 대해 이와 같이 올바른 사유를 수행하기 때문에, 이들 16종의 행상들에 의해, 즉 [제법의] 전체성(盡所有性)이나 진실성(如所有性)[386]을 證成道理(upapatti-sādhana-yukti)를 통해 사성제에 대한 확정성을 얻게 될 때, 그는 청문과 사유로 이루어진 작의를 초월한 후에 섞여 일어나는 것을(vyavakīrṇavarttina) 한결같은 수습의 측면에 의해 勝解한다(adhimucyate).[387] 이것이 저 [요가수행자]의 승해하는 작의(ādhimokṣiko

---

383 ŚrBh 495,2-3: te py evaṃ dharmāṇaḥ는 te 'py evaṃdharmāṇaḥ로 복합어로 읽어야 한다. 이어지는 495,4-8까지 [ ] 안에 있는 문장은 중복필사로 소거.

384 ŚrBh 495,8: evaṃ; sarvaṃ으로 교정해야 함.

385 ŚrBh 495,10: yadā vipakṣoktesu; Ms에 따라 yad aviparokṣeṣu로 교정.

386 ŚrBh 495,18: yāvadbhāvikatāṃ vā; 하지만 한역과 티벳역에 따라 yathāvadbhāvikātāṃ vā를 보충해야 한다.

387 현장은 adhimokṣa(동사형 adhimucyate)를 勝解 또는 信解로 번역하고 있다. Schmithausen(1982: fn. 34)은 ŚrBh의 맥락을 언급하면서, 명상수행의 맥락에서 승해는 "어떤 대상에 특정방식

manaskāraḥ, 勝解作意)로서, [사]제를 대상으로 하며, 한결같이 집중된 상태에 있는 것(samāhita)이다. 그는 그것에 의거해서 고제와 집제의 두 개의 진리와 관련하여 끝없는 인식을 얻으며, 그것에 의해 無常을 무상이라고 생각하는 무상의 끝없음을[388] 승해한다.

이와 같이 그는 고의 끝없음과 공과 무아의 끝없음,[389] 잡염의 끝없음,[390] 나쁜 존재형태(durgati)로 가는 것의 끝없음, 흥성과 쇠퇴의 끝없음, 노·병·사[391]와 愁·悲·憂·苦·번민의 끝없음(śokaparidevaduḥkhadaurmanasyopāyāsāparyantatāṃ)을 [승해한다].

그중에서 끝이 없음이란 생사를 윤회하는 자에게 이들 요소들의 끝이 없는 것, 끝이 존재하지 않는 것이며, 내지 윤회를 구성하고 있는(saṃsārabhāvin) 이들 법이나 윤회가 남김없이 식별한 것이다. '그렇지 않다면 이 [법]들의 식별은 없다'라고 일체의 존재와 일체의 존재영역에서 죽고 재생함에 있어서, 그는 무원의 행상에 의해, 무근거의 행상에 의해, 거역의 행상에 의해 승해하면서 승해작의를 수습한다.

그는 이와 같이 모든 존재와 모든 재생으로부터 심을 염리한 후에 두려워한다. 두려워한 후에 그는 강한 의향을 갖고 열반에 대해 더욱 커다란 행

으로 집중하다", "의도적으로 (많은 경우 자의적으로) 특정방식으로 관념 속에서 현전화하거나 觀想하다"라는 특별한 의미로 사용되고 있다고 지적한다. 그런 의미에서 이 단어는 유식학파의 중요한 명상기법을 보여 준다. ŚrBh에서의 이 단어의 용례에 대해서는 상기 Schmithausen 1982a: 408-409 (한글 번역: 슈미트하우젠 2006) 참조. (Odani 2000: 206-209도 이를 따르고 있다. 안성두 2002 참조). 그렇지만 심소법의 맥락에서 adhimokṣa 또는 adhimukti는 확인("ascertainment")의 의미로 사용된다. 이에 대해서는 Deleanu 2006: 470-473, fn.15 참조.

388 ŚrBh 496,2: āparyantaṃ; Ms에 따라 aparyantatāṃ으로 교정.

389 ŚrBh 496,2: śūnyākārāparyantatāṃ; Ms에 따라 śūnyānā⟨t⟩māparyantatāṃ으로 교정.

390 ŚrBh 496,4: saṃkleśāparyantaṃ; 그러나 한역은 惡行無邊際로서 duścaritāparyantatāṃ으로 읽는다.

391 ŚrBh 496,5-6: sa vyādhimaraṇa- ; 한역과 티벳역에 따라 Ms를 ⟨ja⟩rāvyadhimaraṇa-로 교정.

상을 갖고 원한다. 오랫동안 그의 심은 색에 대해 즐거워했고 성·향·미·촉에 대해 즐거워했고, 색·성·향·미·촉들에 의해 증대되고 적집되었다. 저 강한 의향에 의해서 열반을 바라고 있지만 그는 들어가지 못하고 깨끗해지지 못하며, 안주하지 못하고, 승해하지 못하고,[392] 마음은 적정한 영역을 알아차리지 못하기 때문에 물러서게 된다.[393] [열반에 대한] 공포 때문에[394] 그는 반복해서 그 마음을 염리하고 두려워한다. 고제와 집제에 대해 염리와 두려움을 반복해서 의향하는 그는 열반에 대해 원하지만, 그와 같이 그는 들어가지 못한다.

그 이유는 무엇인가? 왜냐하면 현관을 장애하는 저 거친 아만(asmimāna)이 간격이 있거나 없거나 간에 작의를 따라 들어와서 [다음과 같이] 작동하기 때문이다. "나는 생사윤회하고 있으며, 나는 생사윤회하게 될 것이다. 나는 열반에 들어갈 것이며, 열반하기 위해 선법들을 수습한다. 나는 고통을 고통이라고 보는 자이며, [고통의] 일어남을 일어남이라고 보는 자이며, [고통의] 소멸을 소멸이라고 보는 자이고, 도를 도라고 보는 자이다. 나는 공한 것을 공하다고 보고, 無願(apraṇihita)을 무원이라고 보고, 無相(ānimitta)을 무상이라고 보는 자이다. 이 법들은 나의 것이다."[395] 그 때문에 그 심은 열반을 강하게 의향하고 있더라도 그 [열반]에 들어가지 못한다.

---

392 ŚrBh 498,2: vimucyate. 하지만 한역 勝解는 adhimucyate로 읽고 있다고 보인다.

393 ŚrBh 498,2: na pratyudāvartate. 하지만 한역에 따라 부정사 na를 빼야 한다.

394 ŚrBh 497,3: paritamanām upādāya, 한역: 有疑慮故.

395 여기서 요가행자는 심의 흐름 속에서 후념이 전념을 관찰하고 있을 때, 비록 사성제와 삼해탈문을 대상으로 해서 수행하고 있지만, 전념에서 관찰한 의식내용과 후념의 관찰행위를 분리시키고 있으며, 그럼으로써 의식은 이전의 의식내용을 소취로서 파악하고 있는 능취로서 구별시키는 것이다. 이것이 거친 아만(asmimāna)으로 규정되어 있는데, 슈미트하우젠(2006: 150)의 표현을 빌면, "일체 현존요소의 완전한 소멸인 열반을 이 명상행위의 주체에 대한 부정으로서 받아들이고 있으며 그것을 정서적으로 거부하고 있다는 것"이다.

그는 이와 같이 아만이 장애를 하고 있음을 신속히 지혜를 통해 통달한 후에, 저절로 작동하는 작의를 버린 후에, 외적으로 인식되어야 할 것들로부터 물러난 후에, [사]제의 관찰들이 작의에 들어갔고 또 작의에 의해 이해되었다는 데에서 시작한다. 그는 심이 계속해서 생겨나고 소멸하며, [끊어지지 않고][396] 흐름의 연속의 방식으로 진행되고 있음을 본다. 그와 같이 그는 심에 의해 심을 대상으로 하며, [즉, 거기에] 안주한다. 그의 [거친] 아만(asmimāna)은 작의 속으로 들어가자마자, 현관을 장애하는 것으로서 다시 생겨날 여지가 없다.[397]

그와 같이 수행하는 요가수행자가 이 심상속의 서로 이어짐과 계속해서 새롭게 생겨나고 사라짐, 잠시적인 상태와 갑자기 출현하는 상태를 연속해서 보는 것이 저 [심상속]의 무상성을 [보는 것]이다. 심상속이 [5]취온에 들어갔다고 보는 것이 [심상속의] 苦性을 [보는 것]이다. 거기서 심과 법을 지각하지 않는 것이 이 맥락에서 공성을 [보는 것]이다. 바로 그 심상속이 조건지어 생겨난다는 것과 자재력이 없음을 보는 것이 무아성을 [보는 것]이다.

이와 같이 먼저 고제를 이해하게 된다.

그는 다음과 같이 생각한다. 나의 이 심상속도 갈애를 원인으로 하고, 갈애로부터 생겨나며, 갈애로부터 생기하고, 갈애를 조건으로 한다. 이 심상속의 소멸은 적정하다. 소멸로 인도하는, 이 [심상속]의 도는 출리적인 것이다.[398] 이와 같이 [이전에] 관찰되지 않았던 것을 작의의 관찰의 방식으로

---

396 한역(475b15) 無有間斷은 ŚrBh 498,3의 pravāhānuprabandhayogena를 보충해 풀이한 것이다.

397 ŚrBh 498,7: punar bhavaty utpattaye. 하지만 Schmithausen(1992: n. 119)은 사본에 따라 punar 〈na〉 …로 교정한다.

398 한역은 멸제와 도제의 8행상을 모두 나열하고 있다. T30: 475b26-c1: 次復觀察此心相續所有擇滅, 是永滅性, 是永靜性, 是永妙性, 是永離性. 如是名爲悟入滅諦. 次復觀察此心相續究竟對治趣滅之道, 是眞

미세한 지혜(prajñā)에 의해 사성제를 이해하는 것이다.[399] 이와 같이 그 지혜에 친숙해지고 반복 수습했기 때문에 그에게 능연과 소연이 완전히 평등한 正智[400]가 생겨난다. 그것에 의해 그에게 열반에 대한 희열을 장애하는 거친 아만이 현행의 측면에서 끊어진다. 또한 희망의 측면에서 열반을 향한 마음을 정한 그는 심을 나아가게 하지, 두려움 때문에 물러서게 하지 않는다.

또한 그는 강한 의향(adhyāśaya)의 측면에서 희열을 취한다. 그가 그와 같이 되었을 때, 약한 단계의 忍(kṣānti)을 수반하는, 능연과 소연이 완전히 평등한 正智가 煖(ūṣmagata)이라고 불린다. 중간 단계의 忍에 포섭된 것은 頂(mūrdhan)이라고 불린다. 강한 단계의 忍에 포섭된 것은 [사]제와 상응하는 忍(satyānulomā kṣāntiḥ, 諦順忍)이라 불린다.

그가 바로 이와 같이 장애하는 아만을 끊고 열반에 대한 강한 의향의 희열을 포섭한 후에, 이후의 심을 관찰하는 의욕작용(abhisaṃskāra)을 버린 후에 의욕작용이 없는 상태 속에 분별을 여읜 심을 세운다. 그때 그에게 그 심은 마치 소멸한 것처럼 보이지만, 그 [심]은 소멸한 것이 아니다. [그 심은] 마치 대상을 갖지 않은 것처럼 보이지만, 그것은 대상을 갖고 있지 않은 것이 아니다. 그의 심은 완전히 사라진 것처럼 보이지만, 그것은 사라진 것이 아니다.[401] 그때 그의 심은 열병(madhuraka)[402]에 걸린 것처럼 혼침에

道性, 是眞如性, 是眞行性, 是眞出性. 如是名爲悟入道諦.

399 ŚrBh 499,6: na tāny āryasatyāny avatīrṇṇo bhavati/. 하지만 부정사 na는 한역에 없고 맥락상 없는 것이 맞다.

400 ŚrBh 499,7-8: tasyāḥ samasamālambyālambakajñānam. 하지만 Schmithausen(1982a, fn. 120)에 따르면 사본은 tasyāḥ prajñāyāḥ samasamālambyālambakaṃ jñānam으로 읽고 있다.

401 Schmithausen(1982a, fn. 125)에 따라 ŚrBh 499,20ff. 이하를 교정. tasya tac cittaṃ tasmin samaye niruddham iva khyāti, na ca tan niruddhaṃ bhavati. ālambanam iva khyāti, na ca tad anālambanaṃ bhavati. tasya tac cittaṃ praśāntaṃ vigatam iva khyāti, na catad vigataṃ bhavati.

빠진 것이 아니라, 오히려 완전한 샤마타의 상태 속에 있다.[403] 왜냐하면 어떤 일부의, 어리석고 극히 우매한 자들은 열병에 걸린 것처럼 그 심이 혼침에 덮여 있을 때, 마치 소멸한 것처럼 보이지만 소멸한 것이 아닌 심이 現觀(abhisamaya)이라고 생각한다. [그러나 이것은 그렇지 않다.] 오히려 바로 현관을 향하는 이 심은 오래지 않아 지금 定性離生(samyaktvaniyāma)[404]에 들어갈 것이다. 만일 심의 상태가 이러한 모습이라면, 그의 심은 최후의 모든 분별을 떠난 것이다. 그 직후에 이전에 고찰했던 [사]제들에(satyeṣu)[405] 내적으로 주목(ābhoga)한다. 그것이 世第一法이다. 그 이후에 오직 출세간적인 심이 일어나지, 세간적인 [심은 일어나지 않는다]. 이것이 세간적인 제행의 한계이며, 끝이다. 따라서 세제일법이라고 불린다.

2.3. 원리작의(遠離作意) (ŚrBh 500,11; Ch. 475c27)

그 직후에 그는 앞에서 관찰했던 [사]제들에 집중한다. 집중한 직후에 앞에서 관찰했던 [사]제들에 대해 바로 점차적으로 확정하는 정지(niścaya-jñāna)와 현전하는 정지(pratyakṣa-jñāna)가 —그것이 분별을 떠난 것(nirvikalpa)[406]이든 아니면 현전하는 것이든 간에— 생겨난다.[407] 그것이 생겨

---

402 Schmithausen(1982a, fn. 126)은 사본 madhukara 및 티벳역 sbrang rtsi byed pa와 반대로 한역 美(madhura)가 함축하듯이 madhuraka로 읽는 것이 타당하다고 간주한다. 본 번역은 그의 제안에 따랐다.

403 사본에 이 구절은 누락되어 있지만, 티벳역(230a7)과 한역(475c17-18: 唯有分明無高無下 奢摩他行)에 따라 보충해서 번역했다.

404 이 현관하는 심이 abhisamayajñāna로서, 이는 YBh 232,13ff.에서 제시된 6종 현관 중에서 네 번째 현관인 現觀智諦現觀(abhisamayajñānasatya-abhisamaya)을 가리킬 것이다.

405 사본과 ŚrBh 500,8: satveṣu.

406 여기서 nirvikalpa(無分別)는 대승적 의미에서 사용된 것이 아니라, 샤마타의 방식에 의해 인

나기 때문에 삼계에 속하는 견도소단의 번뇌들의 부분과 의지체에 부착된 추중이[408] 끊어진다. 그것이 끊어지기 때문에 만일 그가 이전에 욕계로부터 이욕한 자라면 [사]제를 현관한 후에 그때 不還者(anāgāmin)가 된다. 그의 특징들은 바로 앞서 설했던 이욕자의 특징들과 같다고 알아야 한다.

그렇지만 다음과 같은 차이가 있다. 그가 化生이라면 그곳에서 반열반하지, 다시 이 세계에 돌아오지 않는다. 반면 만일 그가 대부분의 [욕망들로부터] 이욕한 자라면 [사]제의 현관과[409] 동시에 一來者(sakṛdāgāmin)가 된다.

식대상에 대한 혼란을 제거하는 맥락에서 사용된다. 이는 제2유가처에서 분별을 여읜 영상을 샤마타의 인식대상으로 설명하는 방식과 연관될 것이다. 슈미트하우젠(2006: 153)은 위의 맥락에서 '분별을 여읜'은 확실성을 부정적으로 표현한 것으로서, 반성적 행위와 검사행위라는 산란시키는 사고를 벗어난 것이라고 해석한다.

407 ŚrBh 500,15-17: ābhogasamanantaraṃ yathāpūrvānukramaḥ vicāriteṣu satyeṣu anupūrveṇaiva nirvikalpapratyakṣaparokṣeṣu // niścayajñānaṃ pratyakṣajñānam utpadyate / 여기서 yathāpūrvānukrama-vicāriteṣu로 복합어로 읽어야 하는 것은 당연하겠지만, 문제는 밑줄 친 문장이다. 이를 티벳역은 다음과 같이 번역하고 있다. bden pa mngon sum dang lkog tu gyur pa dag la rim gyis rnam par mi rtog pa shin tu nges pa'i ye shes dang/ mngon sum gyi ye shes skye par 'gyur ro//. 이런 이해는 Yamabe(2017: 35, fn. 36: pratyakṣaparokṣeṣu nirvikalpa-niścayajñānaṃ pratyakṣajñānam utpadyate)가 보여 주듯이 nirvikalpa를 niścayajñānaṃ과 연결시켜 이해하는 것이다. 하지만 이 해석은 과연 niścayajñānaṃ이 분별을 여읜 것인지의 문제 외에도 사본의 읽기를 지나치게 변형시킨다는 단점이 있을 것이다. 반면 한역(475c28-476a1: 作意無間 隨前次第 所觀諸諦, 若是現見若非現見諸聖諦中, 如其次第有無分別, 決定智現見智生)의 이해는 언뜻 보면 티벳역과 일치하는 듯이 보이지만, 만일 Yamabe처럼 如其次第有無分別을 뒷문장과 연결시키는 대신에, 사본의 방식대로 사성제에 대한 두 가지 관찰방식인 若是現見若非現見과 연결시킨다면 오히려 anupūrveṇaiva(如其次第)의 의미를 살릴 수 있다고 보인다. Yamabe는 有無分別에서 有의 글자가 번역자의 첨가라고 간주하면서 이 단어를 決定智와 연결시키지만, nirvikalpa를 단지 pratyakṣa를 수식하는 형용사로 이해하고 따라서 parokṣeṣu를 nirvikalpa의 성격을 가진 것이 아니라고 본다면, 현장역은 그 의미를 살린 번역이 될 것이다.

408 ŚrBh 500,19: dauṣṭhulyasanniśrayasanniviṣṭaṃ. 하지만 이것은 dauṣṭhulyaṃ āśrayasanniviṣṭaṃ.으로 교정되어야 한다. 한역 附屬所依 諸煩惱品 一切麁重도 이를 지지한다.

409 ŚrBh 501,5-6: saha gatyā abhisamayāt. 이는 saha satyābhisamayāt로 교정되어야 함.

반면 만일 그가 [이전에] 이욕하지 못한 자라면, 그는 [사제의 현관 후에] 저추중을 제거했기 때문에 예류자(srotaāpanna)가 된다.

정지가 현량의 방식으로 인식되어야 할 대상과 만났기 때문에 현관이라고 설한다. 예를 들면 크샤트리아가 크샤트리아와 함께 대면하고 있는 것을 그에게 이르렀다(tadanvabhisamāgata)고 하는 것과 같다. 바라문 등도 마찬가지라고 알아야 한다.

그것의 특징은 다음과 같다. 네 가지 正智가 획득되었다. 모든[410] 행동과 주함의 작의들에 대해 고찰하는 자에게 오직 법뿐이라는 정지와 단멸이 없다는 정지, 상주함이 없다는 정지, 조건지어 생겨난 제행을 환과 같다고 보는 정지이다. 그가 인식영역에서 행할 때에도 매우 강력한 번뇌의 분출이 만일 정념의 상실 때문에 생겨난다면, 그것도 그에게 있어서는 단지 [인식대상을] 향함(ābhoga)만으로 매우 신속하게 사라진다.

그는 필히 나쁜 존재형태들에 가지 않으며, 고의로 훈련항목을 범하지 않는다. 동물들의 생명을 목숨에서 빼앗지 않으며, 훈련항목을 거부한 후에 물러서지 않는다. 5종 무간업을 결코 짓지 않는다. 고락이 자신이 지은 것도 아니고, 타인이 지은 것도 아니고, 자신과 타인이 [함께] 지은 것도 아니며, 자신이 짓지 않은 것도 아니고 타인이 짓지 않은 것도 아닌 것으로, 원인 없이 생겨난 것도 아니라고 안다. 그는 다른 비불교도 스승들을 찾지 않고 공경할 만한 자로 구하지 않는다. 그는 다른 사문과 바라문들의 얼굴을[411] 보지 않고, 얼굴을 관찰하지 않으며, 오직 법만을 보고, 법만을 증득하며, 법만을 이해하고, 의혹을 건넜고, 의심을 건넜다. 스승의 교설에 관해 타인에 의해 인도되지 않으며, 법들에 대한 無畏를 얻었다. 그는 축제와

---

410 ŚrBh 501,14: sattva-. 한역(一切)은 sarva로 읽었다.

411 ŚrBh 502,7: sukha-; mukha-로 교정.

행운 속에서 청정을 구하지 않으며, 또한 여덟 번째 생을 받지 않으며, 네 가지 맑은 믿음을 갖추고 있다.

세제일법에 이르기까지는 그에게 승해작의가 있고, [사]제를 현관한 그가 견도에서 제거되어야 할 번뇌들을 끊었을 때에 원리작의가 있다.

2.4. 관찰작의(觀察作意) (ŚrBh 503,1; Ch. 476b3)

그 이후에 그와 같이 획득된 수행도(mārga)를 수습하고 행하는 자는[412] 욕계에 속한 상급과 중급의 번뇌들을 끊기 때문에 일래자(sakṛtāgamin)가 된다. 예류자(srotaāpanna)에게 있는 모든 특징들이 그에게도 있다고 알아야 한다. 차이는 다음과 같다. 강한 번뇌의 분출을 일으킬 수 있는 어떤 영역에 대해서 정념의 상실 때문에 그가 미약한 번뇌의 분출을 일으켰을 때, 그는 [그것을] 신속히 제거한다. 그는 한 차례 이 세상에 온 후에, 고통의 끝을 행하고 不還者(anāgamin)나 앞에서 설했던 불환의 특징들을 얻는다. 거기서 관찰작의(mīmāṃsamanaskāra)에 의해 이미 끊어지거나 끊어지지 않은 상태를 계속 개별관찰한 후에[413] 모든 수도(bhāvanāmārga)는 그와 같이 획득된 도의 반복수행으로 특징지어지는 것이다.

---

412 한역에 의하면 조금 다른 구문으로 보인다. 復從此後爲欲進斷修所斷惑. 如所得道更數修習: "그 이후에 수도단의 번뇌의 끊음으로 나아가기 위해 도를 획득된 바에 따라 자주 수습하면서,"

413 관찰작의가 이미 끊어진 번뇌들이나 아직 끊어지지 않은 번뇌들의 상태를 개별 관찰한 후에 획득된 도를 반복수행한다는 말은 번뇌들이 수행도의 여러 단계들에서 일어나는 양태들을 관찰하는 것으로 이해될 수 있다.

2.5. 섭락작의(攝樂作意) (ŚrBh 503,12; Ch. 476b12)

그중에서 수습의 자성은 무엇인가? [수습의] 행위는 무엇인가? [수습의] 양태의 차이는 무엇인가?

2.5.1. 세간적이고 출세간적인, 사마히타의 단계에 속한 작의에 의해 선한 유위법들의 반복수행, 능숙함, 항시 존중하면서 행하는 것, 그리고 심의 상속이 그 [수습]으로 이루어진 상태가 수습의 자성이라고 설해진다.

2.5.2. 수습의 행위는 8종이다. (i) 한 종류의 법들을 수습하면서 얻는다. (ii) 한 종류의 법들을 수습을 통해 친숙하게 된다. (iii) 한 종류의 법들을 정화시킨다. (iv) 한 종류의 법들을 제어한다. (v) 한 종류의 법들을 변지한다. (vi) 한 종류의 법들을 끊는다. (vii) 한 종류의 법들을 촉증한다. (viii) 한 종류의 법들을 멀리한다.

(i) 그중에서 먼저 아직 획득되지 못한 수승한 선법들이 그 [수습]됨을 얻은 것이다.

(ii) 한 종류의 법들이 수습에 의해 획득되고 현전되어 일어났다면, 그것들을 친숙하게 한다.

(iii) 그중에서 획득되었지만 아직 현전되지 않은 법들은 그것과 같은 종류의, 친숙하게 되어야 할 법들에 의해 미래에 현전시켜야 하며, 더욱 청정하고 더욱 깨끗한 것으로 일어난다.

(iv) 그중에서 정념의 상실 때문에 염오된 법들을 현행시키는 자들은 선법들의 반복훈련의 힘에 의해 그것들을 용인하지 않고, 끊고, 제어한다.

(v) 또는 아직 생겨나지 않은, 제거되어야 할 법들을 병이라고 변지하고, 厭離하며, 화살, 종기, 장애, 무상, 고, 공, 무아라고 변지하고, 염리한다.

(vi) 그것의 변지를 반복수행함에 의해 번뇌를 끊기 위한 무간도(ānantarya-mārga)가 생겨나고, 그 [무간도]에 의해 끊어진다.

(vii) 그리고 [번뇌들이] 끊어졌을 때, 해탈을 촉증한다.

(viii) 구경에 이르기까지 상지로 나아가면 나아갈수록 하지에 속한 끊어진 법들을 멀리하게 된다.

이것이 8종의 수습되어야 할 행위라고 알아야 한다.

2.5.3. 수습의 양태의 차이는 11종이라고 알아야 한다. 샤마타의 수습, 비파샤나의 수습, 세간도의 수습, 출세간도의 수습, 하품과 중품, 상품의 수습, 가행도의 수습, 무간도의 수습, 해탈도(vimuktimārga)의 수습, 승진도(viśeṣamārga)의 수습이다.[414]

(i) 그중에서 샤마타의 수습이란 앞에서처럼 9종의 심주에 대해서이다.

(ii) 비파샤나의 수습이란 앞에서와 같다.

(iii) 세간도의 수습이란 하지에 속한 것들의 거침을 봄에 의해, 또 상지의 적정을 봄에 의해 내지 무소유처로부터의 이욕으로 가는 것이다.

(iv) 출세간의 수습이란 苦를 고라고 작의하는 자 내지 道를 도라고 작의하는 자가 정견 등의 무루의 도에 의해 비상비비상처로부터의 이욕으로 가는 것이다.

(v) 하품의 도의 수습이란 그 [수습]에 의해 강하고 거친 번뇌들을 끊는 것이다.

(vi) 중품의 도의 수습이란 그 [수습]에 의해 중간 정도의 번뇌들을 끊는

---

414 여기서는 11종의 수습의 양태를 구별하지만, AKBh 381,19f에서는 도의 차이(mārga-bheda)에 대해 세간도와 출세간도, 견도·수도·무학도의 3종, 그리고 가행도 등의 4종으로 구분하고 있다. 이에 의거하면, 위의 하·중·상의 수습의 구별은 AKBh의 견도·수도·무학도의 구별에 대응할 것이다.

것이다.

(vii) 상품의 도의 수습이란 그 [수습]에 의해 미세한 번뇌의 유형을 끊는 것이다. 모든 [미세한 번뇌의 유형]은 최후에 끊어져야 하는 것이다.

(viii) 가행도(prayogamārga)[415]의 수습이란 그 [수습]에 의해 번뇌를 끊기 위한 가행을 시작하는 것이다.

(ix) 무간도(ānantaryamārga)의 수습이란 그 [수습]에 의해 [번뇌들을] 끊는 것이다.

(x) 해탈도(vimuktimārga)의 수습이란 그 [수습]에 의해 [번뇌가] 직후에 끊어졌을 때 번뇌로부터의 해탈을 촉증하는 것이다.

(xi) 승진도(viśeṣamārga)의 수습이란 그 [수습]에 의해 그 후에 다른 영역에 속한 번뇌를 [끊기 위한] 가행을 —만일 그것이 착수되지 않았다면— 시작하지 않는 것이며, 또한 구경에 이른 자는 [어떤 가행도] 시작하지 않는 것이다.[416]

이것이 11종의 수습의 양태의 차이라고 알아야 한다.

이와 같이 수습을 행하는 자가 적시에 끊어졌거나 아직 끊어지지 않은

---

415 가행도부터 승진도까지 4종의 도(mārga)는 AKBh 381,21ff에서 간략히 정의되고 있다. "가행도란 그 직후에 무간도가 생하게 하는 [도]이다. 무간도란 그것에 의해 [번뇌]장을 끊는 것이다. 해탈도란 그 [무간도]에 의해 끊어져야 할 [번뇌]장으로부터 벗어난 자가 최초로 일으키는 것이다. 승진도란 이 [3종과] 다른 도이다."

416 ŚrBh 506,3-5: tatra viśeṣamārgabhāvanā yayā tata ūrdhvaṃ yāvad anyabhūmikasya kleśaprayogam ārabdhaṃ nārabhate/ niṣṭhāgato vā nārabhate/. 한역: 謂由此故 從是已後 修勝善法, 乃至未起餘地煩惱能治加行, 或復未起趣究竟位. 이에 의거해서 산스크리트를 교정하면 *…yāvad anyabhūmikasya kleśasya prayogam …"이 될 것이다. 반면 티벳역(D 193a1f: de la khyad par gyi lam bsgom pa ni gang gis de'i gong dus gzhan gyi sbyor ba brtsam par bya ba'i bar la rtsom par mi byed pa dang/ thar thug pa la rtsom par mi byed pa ste/)은 달리 이해하고 있다: "승진도란 그것에 의해 후에 시작되어야 할 다른 가행에 이르기까지 시작하지 않고 또 구경에 이른 자에 있어서는 착수하지 않는 것이다."

번뇌들을 관찰하고, 적시에 염리를 일으킬 수 있는 법들에 대해 심을 염리하고, 적시에 희열을 일으킬 수 있는 [법]들에 대해 희열할 때, 그것이 낙을 포섭하는 작의(ratisaṃgrāhako manaskāraḥ)이다.

2.6. 가행구경작의(加行究竟作意) (ŚrBh 506,10; Ch. 476c28)

그는 이 낙을 포섭하는 작의에 친숙하고 수습하고 반복해서 행하기 때문에, 수습에 의해 제거되어야 할 번뇌를 남김없이 끊기 위해 모든 것 중에서 최후의 훈련단계인 金剛喩定을 일으킨다. 그것이 생겨나기 때문에 수습에 의해 제거되어야 할 모든 번뇌들이 끊어진다.

문: 어떤 이유로 [저 삼매는] 금강과 같은 것(金剛喩定)이라고 불리는가?

답: 금강은 그것과 다른, 모든 마니, 진주, 유리, 조개, 벽옥, 산호 등의 보석 중에서 가장 견고하고 가장 강하며, 그 밖의 것들을 관통하지만, 다른 보석들에 의해서 관통되지 않는다. 이와 같이 이 삼매는 모든 유학의 삼매들 중에서 최고이고 최상이며 가장 견고한 것으로 모든 번뇌들을 제압하지만, [다른] 수번뇌[417]들에 의해 제압되지 않는다. 따라서 금강과 같은 [삼

---

417 Schmithausen(1982: 460+fn. 8)은 사본에 따라 이 문장을 na ca punar [utpatti-] kleśair abhibhūyete로 읽지만, fn. 8에서 한역과 티벳역과의 차이에 의거해 [utpatti-]의 읽기에 대한 의문을 제기한다. utpatti-는 한역(477a8: 非上煩惱所能蔽伏)에서 上(*upari-)으로, 그리고 티벳역(nyon mongs pa gzhan dag gyis zil gyis gnon par mi nus pas na)에서는 gzhan dag(apara)으로 차이를 보여 주기 때문이다. 따라서 Schmithausen은 utpatti-가 의미상으로도 적절하지 않기에 잘못된 필사거나 또는 잘못된 위치로 끼어든 것이라고 추정한다. 한역에서 上煩惱는 때로 수번뇌(upakleśa)를 대체하여 사용될 경우도 있고(雜阿毘曇心論 904a19; 913a15) 또는 BoBh(D) 218,13에서 ⟨saṃ-⟩kleśa-paryavasthānaṃ을 덧붙여 제시하고, BoBh(W) 318,23에서는 saṃkleśa-로 읽듯이(티벳역은 nyon mongs pa'i kun nas dris par로 saṃ- 없이 읽음), saṃkleśa로 읽는 경우도 있다. 성문지 사본의 경우는 upa-kleśa로 읽는 것이 무난하다고 보인다.

매]라고 불린다.

저 금강과 같은 삼매의 직후에 모든 번뇌에 속한 추중의 종자를 영단했기 때문에 궁극적으로 심은 해탈되고, 또 종성의 청정을 획득하며, 번뇌들이 끊어졌을 때 滅智(kṣaya-jñāna)가 생겨난다. 원인이 소멸했기 때문에 미래에 고통은 모든 방식으로 출현하지 않을 때, 無生智(anutpādajñāna)가 생겨난다.

그는 그때에 루가 소멸되었고, 행해야 할 것을 행했고, 의무를 행한 아라한이 된다. 그는 자신의 이익을 획득했고, 존재에의 결박을 끊었으며, 해탈적 통찰(samyagājñā)에 의해 그의 심은 잘 해탈되어 있으며, 또 無學의 정견과 정사유 내지 무학의 정해탈과 정지라는 10종 무학의 법들을 갖추고 있다.

또한 그는 주함과 작의와 관련하여 자신의 심에 자재하게 된다. 그가 각각의 성스런 주함(聖住)이나 천상적인 주함(天住), 梵住를 통해 바랄 때, 그것에 주한다. 그것이 무엇이든 선하고 이익을 초래하는 법을 작의하고자 원하면, 그는 세간적인 것이든 출세간적인 것이든 그 [법]을 작의한다.

그중에서 성스런 주함은 공성에 주함이고, 무원에 주함이고, 무상에 주함이며, 멸진정에 주함이다. 천상적인 주함이란 정려와 무색계에 주함이다. 범주란 자·비·희·사에 주함이다.

그는 극히 구경에 이르러서, 극도로 無垢하고 극도로 梵行을 완결하는 자가 된다.

그는[418] 장애가 없고(nirargaḍa), 빗장으로부터 벗어났으며(utkṣiptaparikha),[419]

---

418 Schmithausen(1982: fn. 24)은 이하의 문장에 대응하는 MN I 139의 문장을 제시한다: ukkhittapaligho … saṃkiṇṇaparikho … abbūḷhesiko … niraggaḷo … ariyo pannaddhajo …

419 Schmithausen(1982: fn. 25)에 따르면 parikṣipta-paligha의 원래 의미가 "[문의] 빗장을 들어 올린 자, 빗장을 연 자"이다. 티벳역 'obs dral ba("구덩이를 부순")과 한역 已出深坑("깊은 구덩이에서 나온 자")는 −parikha로 읽었다. parikha에 대해서는 BHSD parikha 참조.

구덩이를 메꾸었고(saṃkiṇṇaparikho),[420] 울타리의 말뚝을 허문 자(āvrīḍhesika)이며, 깃발을 내려놓은 성스러운 자(parṇṇadhvaja)이며, 다섯 개의 지분을 끊었고,[421] 여섯 개의 지분을 갖추고 있으며, 한결같이 [감각기관을] 보호하며, 네 가지 의지처에 의지하고, 분리된 진리를 제거했으며(praṇunna-pratyekasatya), 심사행위를 그쳤으며, 사유작용이 흐릿하지 않으며, 신체작용이 중지되었고, 그의 심이 잘 해탈되었고, 그의 지혜가 잘 해탈되었으며, 홀로 머물며, 최고의 대장부라고 한다.

그는 항시적으로 여섯 개의 주함을 갖추고 있다. 즉, 눈으로 색을 본 후에, 기뻐하지도 않고 슬퍼하지도 않고, 평정하게 정념을 갖고, 정지하면서 주한다. 마찬가지로 귀로 소리를, 코로 향을, 혀로 맛을, 몸으로 접촉대상들을, 意로 법들을 인지한 후에, 기뻐하지도 않고 슬퍼하지도 않고, 평정하게 정념을 갖고 정지하면서 주한다.

그는 그때에 남김없는 탐심의 소진을 경험하며, 남김없는 진에의 소진과 남김없는 미혹의 소진을 경험한다.[422] 탐·진·치가 소멸했기 때문에 그는 악을 행하지 않고 선에 친숙하다.

그는[423] 허공과 물과 같은 평등한 마음을 갖고 있으며,[424] 향기나는 전

---

420 이 번역은 Schmithausen(1982: fn. 26)을 따른 것이다. 여기서 한역과 티벳역의 차이 및 다른 텍스트의 용례도 간단히 소개되어 있다.

421 이하의 서술은 Daśo X.7을 볼 것.

422 한역(477b5-6)은 "탐의 소진을 경험한다."에 이어 領受瞋恚無餘永盡, 領受愚癡無餘永盡를 덧붙이는데 탐진치의 소멸이라는 맥락상 올바르다고 보인다. Schmithausen(1982: 468)도 한역과 티벳역에 따라 사본을 보완해서 읽는다.

423 Schmithausen(1982: fn. 44)은 Vin I. 238,8ff의 유사한 구절을 제시한다. arhan … ākāśapāṇitalasamacitto vāsīcandanakalpo … sendropendrāṇāṃ devānāṃ pūjyo mānyo 'bhivādyaś ca …

424 Schmithausen(1982: fn. 45)는 티벳역은 위의 각주처럼 -tala-를 덧붙이지만, 한역에는 없다고 지적하면서, Divya 551,18f 등에서 ākāśe pāṇisamena cetasā("허공에 있는 손과 같은 [즉, 어떤 것

단나무와 비슷하며, 인드라를 포함해 여러 천신들에게 존경받고 공양받는다.

유여의열반계에 안주하며, 저 건너편에 이미 건너갔고, 최후의 신체를 가진 자라고 불린다.

과거의 업과 번뇌에 의해 인도된 오온들이 자연적으로 소멸했기 때문에, 또한 다른 [오온]들에 대한 취착이 없기 때문에 결생하지 않는다는 점에서 무여의열반계로 반열반한다.[425]

그렇지만 우리의 체계에서(iha) 윤회에서 윤회하는 자가 없는 것처럼 반열반하는 자도 없다. 다만 고통이 있을 때, 그것이 소멸되었고, 그것이 적정해졌고, 그것이 청량해졌고, 그것이 사라진 것이다.

이 영역이 적정한 것이다. 즉, 모든 우파디(upadhi)에 대한 애착의 소멸, 이욕과 소멸, 열반이다.

이것의 표징들은 다음과 같은 부류라고 알아야 한다.

루가 완전히 소멸한 아라한인 비구는 다섯 가지 점들에 행할 수 없다. (i) 고의로 중생의 목숨을 빼앗을 수 없다. (ii) 주지 않은 것을 취할 수 없다. (iii) 범행이 아닌, 삿된 음욕을 행할 수 없다. (iv) 알면서 거짓말을 할 수 없다. (v) 욕망의 대상을 향수하는 도구들을 저장할 수 없다.

이와 같이 고·락이 자신이 지은 것이고, 타인이 지은 것이고, 자신과 타

에도 집착하지 않는] 마음을 갖고")라는 표현에 주목한다. 그 의미가 원래의 의미일 것이라고 추정하면서, -tala를 덧붙였을 때에는 이차적인 "허공이나 또는 [빈] 손/ [평평한] 물과 같은 마음"의 의미가 나온다고 설명한다.

425 Cf. YBh 202,21ff: tac ca vijñānaṃ … iha ca svarasanirodhād anyatra ca pūrvam eva hetunirodhād apratisandhito 'pariśeṣaṃ niruddhaṃ bhavati. ayaṃ ca nirupadhiśeṣo nirvānadhātur atyantaśāntaṃ padaṃ … ("또한 그 식은 … 여기서 저절로 소멸했기 때문에, 또 다른 곳에서 과거의 업이 소멸했기 때문에, 결생하지 않는 측면에서 남김없이 소멸하게 된다. 이 무여의 열반계는 극히 적정한 영역이며 …").

인이 지은 것이며, 자신과 타인이 짓지 않고 원인 없이 생겨난 것이라고 잘못 생각하지 않는다.

또한 설하지 말아야 할 것에 대해 두려워하지 않으며, 또 구름과 벼락, 천둥, 재앙 및 여러 공포를 주는 일들을 보고 두려움을 일으키지 않는다.

그중에서 금강유정이 가행의 구경에 이른 작의이다.

2.7. 가행구경과작의(加行究竟果作意) (ŚrBh 510,11; Ch. 477b25)

최고의 아라한과에 포섭되는 작의가 가행의 구경을 결과로 갖는 작의이다.

[출세간도의 결론:]

이들 7종 작의들에 의해 출세간도의 방식으로 구경의 상태에 이르기 때문이다.

[성문지 전체의 결론:]

이것이 성문지라고 불린다. 예를 들어 모든 명사와 문장, 음절의 그룹들 및 시와 주문, 논서들의 어머니(mātṛkā)가 자모(mātṛkā)인 것처럼,[426] [성문지는] 성문승과 상응하는 [교법]과 모든 정등각자의 교법의 어머니와 같기 때문이다.

요약송이다.

---

426 한역(477b29-c1: 猶如一切名句文身, 是所制造文章呪術異論根本)은 "마치 일체의 명·구·문의 그룹들이 바로 이것들에 의해 제작된 문장과 주문, 논서들의 근본인 것처럼"으로 번역하고 있다.

요상[작의]가 있고, 승해하는 [작의],
원리[작의]와 낙을 포함하는 [작의], 관찰하는 작의,
가행의 구경과 마지막으로 그것을 결과로 갖는 [작의]가 있다.

성문지에서 네 번째 유가처이다.

성문지를 끝냈다.

참고문헌

1차 자료

BoBh	Bodhisattvabhūmi. Ed. N. Dutt, 1978. (『보살지』, 안성두 역 2015)
DBh	Daśabhūmikasūtra. Ed. Rahder, 1926.
MAVBh	Madhyānta-vibhāga-Bhāṣya. Ed. G. Nagao. 1964.
MAVT	Madhyānta-vibhāga-Ṭīkā. Ed. S. Yamaguchi. 1934.
MSg	攝大乘論 上 (長尾雅人), 東京, 1982.
RGV	Ratnagotravibhāga, ed. E. H. Johnston, 1950.
SamBh	Samāhitabhūmi. Ed. M. Delhey, Wien 2009.
SNS	Saṃdhinirmocana Sūtra. Ed. Étienne Lamotte, Louvain 1935.
ŚrBh	Śrāvakabhūmi of Ācārya Asaṅga. ed. K. Shukla, 1973.
ŚrBh(ms)	*Facsimile Edition of the Śrāvakabhūmi Sanskrit Palm-leaf Manuscript*, Joint Publication of Taisho University (Tokyo) and China Library of Nationalities (Beijing). Beijing: Minzu chubanshe.
ŚrBh(1-3)	瑜伽論 聲聞地 第一瑜伽處(1998), 瑜伽論 聲聞地 第二瑜伽處(2007), 瑜伽論 聲聞地 第三瑜伽處(2018). 大正大學綜合佛教研究所 聲聞地研究會, 東京.
T	大正新修大藏經
UV	Udānavarga. F. Bernhard ed., *Udānavarga* Bd.I+II, (Sanskrittexte aus den Turfanfunden X) Göttingen 1965 & 1968.
VyY	Vyālchyāyukti(Vasubandhu) see Lee, Jong Cheol.
YBh	Yogācārabhūmi of Asaṅga. ed. V. Bhattacharya, Calcutta 1957.
〈記〉	瑜伽論記. 遁倫 韓國佛教全書 13+14.
〈略纂〉	瑜伽師論地略纂 (T43.1829). 基撰

2차 자료

강명희 2012, 「『유가사지론』 성문지에 나타난 편만소연의 의미와 특징」, 『불교학보』 62.

권오민 2014, 「先代軌範師의 '色心互熏說' 散考」, 『불교연구』 41.

______ 2015, 「先代軌範師의 '色心互熏說' 散考(續)」, 『불교연구』 42.

김성철 2010, 「『유가사지론』 〈성문지〉의 입출식념」, 『요가학연구』 4.

______ 2011, 「종성의 본질에 대한 유가행파와 여래장 사상의 해석: '6처의 특별한 양태(ṣaḍāyatanaviśeṣa)' 개념을 중심으로」, 『불교학리뷰』 10.

______ 2017, 「유가사지론 성문지의 '종성지'에 대해」, 『인도철학』 49.

김재성 2006, 「초기불교에서 오정심관(五停心觀)의 위치」, 『불교학연구』 14.

델하이 Delhey, Martin 2008, 「초기유가행파에 있어서의 선정—Yogācārabhūmi, Samāhitā Bhūmiḥ와 특히 관련하여」, 『보조사상』 29.

라모뜨 2006, 『인도불교사 Vol.1-2 』 (호진 옮김). 서울: 시공사.

슈미트하우젠 2006, 「성문지에서의 선정수행과 해탈경험」 (안성두역), 『불교학리뷰』 1.

안성두 2002, 「유가행파에 있어 견도설 (i)」, 『인도철학』 12-1.

______ 2003a, 「〈禪經〉에 나타난 유가행 유식파의 단초—4선근을 중심으로」, 『불교학연구』 6.

______ 2003b, 「瑜伽師地論에 있어 '128종 隨眠(anuśaya)'說의 성립과 그 특징」, 『인도철학』 12.2.

______ 2004, 「유가행파의 견도설 (ii)」, 『보조사상』 22.

______ 2010, 「유식학의 지관수행: 유가론의 지관쌍운을 중심으로」, 『불교사상과 문화』 2.

______ 2015, 「『해심밀경』에 나타난 3성설의 해석과 후대 인도-티벳 전통에 끼친 영향」, 『인도철학』 44.

안성두 역 2015, 『보살지』. 서울: 세창출판사.

이영진 2018, 「흑설(黑說)과 대설(大說)에 관하여」, 『보조사상』 52.

차상엽 2009, 「평정(upekṣā, 捨)의 위상과 역할에 대한 소고」, 『보조사상』 32.

Aramaki, Noritoshi 荒牧典俊 2000, "Toward an Understanding of the Vijñaptimātratā". Wisdom, Compassion, and the Search for Understanding: the Buddhist studies legacy of Gadjin M. Nagao. ed. Jonathan A. Silk, Honolulu.

Aronson, H.B., 1980, *Love and Sympathy in Theravāda Buddhism*, Delhi.

Choi, Jong-Nam 2001, *Die dreifache Schulung (śikṣā) in der Frühen Yogācāra-Schule: Der 7. Band des Hsien-yang sheng-chiao lun*. Frankfurt: Franz-Steiner Verlag.

Deleanu, Florian 1992: "Mindfulness of Breathing in the Dhyāna Sūtra", 國際東方學者會議紀要 37.

____________ 2006, *The Chapter on the Mundane Path (Laukikamārga) in the Śrāvakabhūmi*. Vol I+II. Tokyo: The International Institute for Buddhist Studies.

Delhey, Martin 2009, *Samāhitā Bhūmiḥ: Das Kapitel über die meditative Versenkung im Grundteil der Yogācārabhūmi (Teil 1+2)*. Wien

____________ 2013, "The Yogācārabhūmi Corpus". *The Foundations for Yoga Practitioners: The Buddhist Yogācārabhūmi Treatise and Its Adaptation in India, East Asia, and Tibet*. Ed. Ulrich Timme Kragh, Cambridge: Harvard University Press.

Eltschinger, Vincent 2014, "The Four Nobles' Truths and Their 16 Aspects: On the Dogmatic and Soteriological Presuppositions of the Buddhist Epistemologists' View on Niścaya". *Journal of Indian Philosophy* 42.

Enomoto, Fumio 1989, Śarīrārthagāthā: A Collection of Canonical Verses in the Yogācārabhūmi. Part 1: Text. Sanskrit-Wöterbuch des buddhistischen Texte aus den Turfan-Funden Beiheft 2. Göttingen: V&R.

Frauwallner, Erich 1969, *Die Philosophie des Buddhismus*.

____________ 1971, "Abhidharma-Studien III. Abhisamayavādaḥ" *Wiener Zeitschrift für die Kunde Südasiens* XV, Wien 1971: 69-102.

Gethin, Rupert 1992, *The Buddhist Path to Awakening: A Study of the Bodhipakkhiya Dhamma*. Brill Academic Publishers.

____________ 1998, *The Foundations of Buddhism*. Oxford: Oxford University Press.

Griffiths, Paul J. 1986. *On Being Mindless: Buddhist Meditation and the Mind-Body Problem*. Delhi: Sri Satguru Publications.

______________ 1992. "Memory in Classical Indian Yogācāra". Janet Gyatso, ed., *In the Mirror of Memory: Reflections on Mindfulness and Remembrance in Indian and Tibetan Buddhism*. Albany: State University of New York Press.

Hakamaya, Noriaki 袴谷憲昭 2001, 『唯識思想論考』. 東京.

Hirakawa, Akira et al., 1993, 『講座大乘佛教 8: 唯識思想』 (이만 역), 서울: 경서원.

Hopkins, Jeffrey 1981, *Meditation on Emptiness*, London.

Horuichi, Toshio 堀内俊郎 2015, 「梵行·勝義·欲 -『釈軌論』第二章の解釈にもとづく語義解釈·現代語譯例経節 9, 14, 17-22, 30 訳注」, 『國際哲學研究』 4.

Huimin, Bhikkhu 釋慧敏 1994, 『聲聞地における 所緣の研究』. 東京.

Jaini, Padmanabh S. 1962, "Review of *Analysis of the Śrāvakabhūmi Manuscript*, by Alex Wayman". *Bulletin of the School of Oriental and African Studies* 25.

de Jong, J. W. 1968, "Review of Śrāvakabhūmi of Ācārya Asaṅga, ed. by Karunesha Shukla". *Indo-Iranian Journal* 18 (3/4).

_____________ 1976. "Review of Śrāvakabhūmi of Acārya Asanga, ed. by Karunesha Shukla". *Indo-Iranian Journal* 18 (3/4): 307-310.

Kajiyama, Yuichi 2000. "Buddhist Cosmology as Presented in the Yogācārabhūmi". Jonathan Silk, ed. *Wisdom, Compassion, and the Search for Understanding: The Buddhist Studies Legacy of Gadjin M Nagao*. Honolulu: University of Hawai'i Press.

Kamata, Shigeo 鎌田茂雄 1955, 如所有性 yathāvadbhāvikatā 盡所有性 yāvadbhāvikatā. 『印度學佛教學研究』 3-2.

Kim, Seongcheol & Nagashima, Jundo 2017, *Śrāvakabhūmi and Buddhist Manuscripts*. Tokyo: Nombre.

Kragh, Ulrich Timme (ed.) 2013, *The Foundations of Yoga-Practitioners. The Buddhist Yogācābhūmi Treatise and Its Adaption in India, East Asia, and Tibet*. Harvard: Harvard University Press.

Kramer, Jowita 2005, *Kategorien der Wirklichkeit im frühen Yogācāra*. Wiesbaden.

Kritzer, Robert 1999, *Rebirth and Causation in the Yogācāra Abhidharma*. Wiener Studien zur Tibetologie und Buddhismuskunde Heft 44, Wien.

__________ 2005. *Vasubandhu and the Yogācārabhūmi: Yogācāra Elements in the Abhidharmakosabhāṣya*. Tokyo: The International Institute for Buddhist Studies.

Lamotte, Étienne 1970, *Le Traité de la Grande Vertu de Sagesse de Nāgārjuna (Mahāprajñāpāramitāśāstra)*. Bd. 3. Publications de l'Institut Orientaliste de Louvain 2. Louvain.

Lee, Jong Cheol 1994, *The Tibetan Text of the Vyākhyāyukti of Vasubandhu*, Tokyo.

Maithrimurthi, M., 1999, *Wohlwollen, Mitleid, Freude und Gleichmut*. Stuttgart.

Mathes, Klaus-Dieter. 1996. *Unterscheidung der Gegebenheiten von ihrem wahren Wesen (Dharmadharmatāvibhāga): Eine Lehrschrift von der Yogācāra-Schule in tibetischer Überlieferung*. Swisttal-Odendorf Indo et Tibetica Verlag.

Matsuda Kazunobu 松田和信 1984. Vasubandhu 研究 ノート (1). *IBK* 32 (2): 82-85.

__________ 1985. Vyākhyāyuktiの 二諦説 Vasubandhu 研究 ノート (2). *IBK* 33 (2): 114-120.

Mori, Toshihide 毛利俊英 1987,「聲聞地の修行道」,『印龍谷大學院研究紀要人文科學』8.

__________ 1989,「聲聞地の止觀」,『印龍谷大學院研究紀要人文科學』10.

Mukai, Akira 向井明 1981,「瑜伽論の成立とAsaṅgaの年代」,『印度學佛教學研究』29-2.

__________ 1985,「『瑜伽師地論』攝事分と『雜阿含經』」,『北海島大學文學紀要』33(2).

Nagao, Gajin 長尾雅人 1982,『攝大乘論 上』. 東京.

Nishi, Giyu 西義雄 1959,『阿毘達磨佛教の研究』. 東京.

Odani Nobuchiyo 小谷信千代 2000,『法と行の思想としての佛教』. 京都.

Otake, Susumu 大竹晋 2012,「眞諦『九識章』をめぐって」,『眞諦三藏研究論集』[船山徹 編]. 京都.

von Rospatt, Alexander. 1995. *The Buddhist Doctrine of Momentariness: A Survey of the Origins and Early Phase of this Doctrine up to Vasubandhu*. Stuttgart: Franz Steiner Verlag.

Saito, Akira et al., (ed) 2011,『倶舍論を中心とした五位七十五法の正義的用例集: Bauddhakośa II』. Tokyo: The Sankibo Press.

__________ 2014,『瑜伽行派の五位百法: Bauddhakośa I』. Tokyo: The Sankibo Press.

Sakuma, S. Hidenori 佐久間秀範 1990, *Die Āśrayaparivṛtti-Theorie in der Yogācārabhūmi*. Stuttgart: Franz Steiner Verlag.

Sakurabe, Hajime 櫻部建 1997,『佛教語の研究』. 京都.

Saṅkṛtyāyana, Rahula. 1935. "Sanskrit Palm-1eaf Mss. in Tibet". *Journal of the Bihar and Orissa Research Society* 21 (1): 21-43.

__________ 1937. "Second Search of Sanskrit Palm-leaf Mss. in Tibet". *Journal of the Bihar and Orissa Research Society* 23 (1): 1-57.

Schlingloff, Dieter 2006, *Ein buddhistisches Yogalehrbuch* (ed. Jens-Uwe Hartmann und Hermann-Josef Röllicke, originally published in 1964). Düsseldorf: Haus der Japanischen Kultur.

Schmithausen, Lambert 1969, "Zur Literaturgeschichte der älteren Yogācāra-Schule", *Zeitschrift der Deutschen Morgenländischen Gesellschaft*. Supplementa I.

__________ 1970, "Zu den Rezensionen des Udānavargaḥ". *Wiener Zeitschrift für die Kunde Südasiens* 14.

__________ 1973, "Spirituelle Praxis und Philosophische Theorie im Buddhismus". *Zeitschrift für Missionswissenschaft und Religionswissenschaft* 57

__________ 1976, "Die Vierkonzentrationen der Aufmerksamkeit: Zur geschichtlichen Entwicklung einer spirituellen Praxis des Buddismus". *Zeitschrift für Missionswissenschaft und Religionswissenschaft* 60.4.

__________ 1977, "Zur buddhistischen Lehre von der dreifachen Leidhaf-tigkeit", *Zeitschrift der Deutschen Morgenländischen Gesellschaft*. Supplementa III.

__________ 1982a, "Versenkungspraxis und Erlösende Erfahrung in der Śrāvakabhūmi" In: *Epiphanie des Heils: Zur Heilsgegenwart in Indischer und Christlicher Religion*. Ed. Gerhard Oberhammer. Wien.

__________ 1982b, "Die letzten Seiten der Śrāvakabhūmi", In: *Indological and Buddhist Studies. Volume in Honour of Professor J. W. de Jong on his Sixtieth*

Birthday, ed. by L. A. Hercus et al. Canberra.

__________ 1984, "On Vijñaptimātra Passage in Saṃdhinirmocanasūtra VIII.7". *Acta Indologica* 8.

__________ 1987. *Ālayavijñāna: On the Origin and the Early Development of a Central Concept of Yogācāra Philosophy*. Tokyo: The International Institute for Buddhist Studies.

__________ 2005. *On the Problem of the External World in the Ch'eng wei shih lun*. Tokyo: The International Institute for Buddhist Studies.

__________ 2014. *The Genesis of Yogācāra-Vijñānavāda: Responses and Reflections*. Tokyo: The International Institute for Buddhist Studies.

__________ 2020. *Fleischverzehr und Vegetarismus im indischen Buddhismus*. Bochum/Freiburg: Projektverlag.

Seyfort Ruegg, D. 1967, "On a Yoga Treatise in Sanskrit from Qizil", *Journal of the American Oriental Society* 87.

__________ 1976, "The Meaning of the Term Gotra and the Textual History of the Ratnagotravibhāga", *Bulletin of the School of Oriental and African Studies* 39.

Silk, Jonathan 2000, "The Yogācāra Bhikṣu", *Wisdom, Compassion, and the Search for Understanding: the Buddhist studies legacy of Gadjin M. Nagao*. ed. Jonathan A. Silk, Honolulu.

Skilling, Peter 1995, *Mahāsūtras: Great Discourses of the Buddha. vol. I: Texts, Critical editions of the Tibetan Mahāsūtras with Sanskrit and Pāli Counterparts as available*. Oxford.

Suguro Shinjo 勝呂信靜 1976, 「瑜伽論の成立に關する私見」, 『大崎學報』 129.

__________ 1990, 『初期唯識思想の研究』. 東京.

Takahashi, Koichi 高橋晃一 2005, 『『菩薩地』「眞實義品から「攝決擇分中菩薩地」への思想展開』. 東京.

Ui, Hakuju 宇井伯壽 1965, 『印度哲學研究 第六』 [초판: 1930]. 東京.

Waldron, Williams S. 2003, *The Buddhist Unconscious: The Ālaya-vijñāna in the Context of Indian Buddhist Thought*. London & New York.

Wayman, Alex 1961, *Analysis of the Śrāvakabhūmi Manuscript*. Berkeley/Los Angeles: University of California Press.

Yamabe, Nobuyoshi 1990, "Bīja Theory in Viniścayasaṃgrahaṇī", *IBK*.

____________ 1999a, *The Sūtra on the Ocean-like Samādhi of the Visualization of the Buddha: The Interfusion of the Chinese and Indian Cultures in Central Asia as Reflected in a Fifth Century Apocryphal Sūtra*. PhD Thesis of the Yale Univ.

____________ 1999b, "The Significance of the "Yogalehrbuch" for the Investigation into the Origin of Chinese Meditation Texts", 『佛教文化』 9 (九州龍谷短期大學 佛教文化研究所).

____________ 2017, "Once Again on 'Dhātu-vāda'", 『불교학리뷰』 21.

Yoshimizu, Chizuko 2010, "The Logic of the Saṃdhinirmocanasūtra: Establishing Right Reasoning based on Similarity (sarūpya) and Dissimilarity (vairūpya)", *Logic in Earliest Classical India*. Ed. Brendan S. Gillon. Delhi: Motilal Banarsidass.